BASTEI
LÜBBE

W. E. B. GRIFFIN
im BASTEI-LÜBBE-Taschenbuchprogramm:

SOLDATEN-SAGA

13 173 Band 1 Lieutenats
13 181 Band 2 Captains
13 196 Band 3 Majors
13 203 Band 4 Colonels
13 209 Band 5 Green Berets
13 217 Band 6 Generals
13 289 Band 7 Die neue Generation
13 325 Band 8 Die Flieger

DAS MARINE-CORPS

13 335 Band 1 Shanghai
13 355 Band 2 Wake Island
13 369 Band 3 Von Pearl Harbor nach Guadalcanal
13 389 Band 4 Inferno im Pazifik
13 424 Band 5 Die Beobachter von Buka Island
13 478 Band 6 Hölle auf den Salomonen
13 786 Band 7 Hinter den Linien

PHILADELPHIA-COPS

13 625 Band 1 Männer in Blau
13 657 Band 2 Sonderkommando
13 677 Band 3 Das Opfer
13 713 Band 4 Der Augenzeuge
13 732 Band 5 Der Bombenleger
13 768 Band 6 Das Mordkomplott

HONOR BOUND – Im Auftrag der Ehre

13 612 Band 1 Geheimauftrag Buenos Aires
In Vorbereitung: Band 2 Operation Outline Blue

W.E.B. GRIFFIN

SOLDATEN SAGA

Buch 5
Green Berets

Ins Deutsche übertragen von
Joachim Honnef

Militärtechnische und -historische Beratung
Oberstleutnant Hermann Grünwald

BASTEI LÜBBE

BASTEI-LÜBBE TASCHENBUCH
Allgemeine Reihe
Band 13 209

Erste Auflage: September 1989
Zweite Auflage: August 1990
Dritte Auflage: August 1992
Vierte Auflage: Februar 1997

Deutsche Lizenzausgabe 1989
Bastei-Verlag Gustav H. Lübbe GmbH & Co., Bergisch Gladbach
Originaltitel: BROTHERHOOD OF WAR V/Green Berets
Lektorat: Rainer Delfs
Titelillustration: Sebastian Boada/Norma Agency, Barcelona
Umschlaggestaltung: Quadro Grafik, Bensberg
Satz: VID Verlags- und Industriedrucke GmbH & Co. KG,
Villingen-Schwenningen
Druck und Verarbeitung:
Brodard & Taupin, La Flèche, Frankreich
Printed in France
ISBN 3-404-13209-2

Die Dienstgrade in der U.S. Army

US	General of the Army	General	Lieutenant General	Major General	Brigadier General	Colonel	Lieutenant Colonel
D	Feld-marschall	General	General-leutnant	General-major	Brigade-General	Oberst	Oberst-leutnant

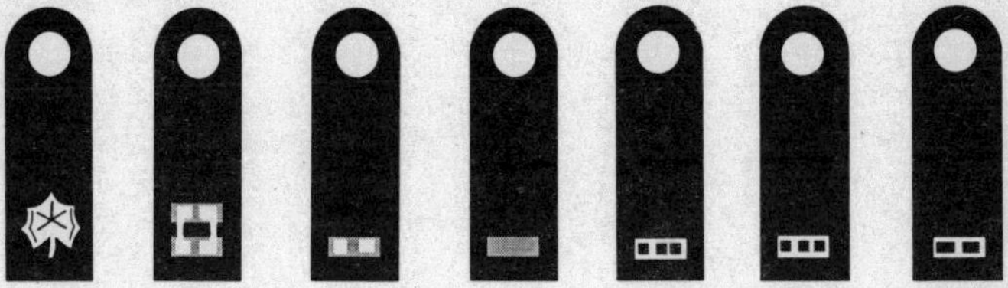

US	Major	Captain	First Lieutenant	Second Lieutenant	Chief Warrant Officer W-4	Chief Warrant Officer W-3	Chief Warrant Officer W-2
D	Major	Haupt-mann	Ober-leutnant	Leutnant			

Herausgehobene Unteroffiziere in speziellen Funktionen. Offizierdiensttuer. Vergleichbar dem Oberstabsfeldwebel vom Rang her. Besoldet in 4 Stufen, vergleichbar dem Staff/Command Sergeant Major/Oberstabsfeldwebel (Warrant Officer W-1) bis zum Captain/Hauptmann (Chief Warrant Officer W-4).

US	Warrant Officer W-1	Sergeant Major	First Sergeant	Master Sergeant	Sergeant first Class	Staff Sergeant	Sergeant
D		Hauptfeld-webel (nur in Stäben)	Oberfeld-webel	Oberfeld-webel	Feldwebel	Stabs-unter-offizier	Unter-offizier

US	Corporal	Private first Class	Specialist 9	Specialist 8	Specialist 7	Specialist 6	Specialist 5	Specialist 4
D	Haupt-gefreiter	Ober-gefreiter						

Soldaten mit speziellen Fachkenntnissen. Gemäß Besoldung vergleichbar dem Corporal/Hauptgefreiten (Specialist 4) bis zum First Sergeant/Oberfeldwebel (Specialist 9)

ASSOCIATED PRESS WASHINGTON
FÜR NATIONALE VERÖFFENTLICHUNG
19. JULI 1961, 20 UHR 15
SCHLAGZEILE: SALINGER: ›KEIN KOMMENTAR‹
BEZÜGLICH DER GEFANGENNAHME VON
AMERIKANERN
IN DER SCHWEINEBUCHT

Washington D.C. – 19. Juli. Der Pressesprecher des Präsidenten, Pierre Salinger, lehnte heute abend einen Kommentar zu der Frage ab, ob amerikanisches Militärpersonal in Kuba während der gescheiterten Invasion in der Schweinebucht gefangengenommen wurde, und er war entweder nicht in der Lage oder nicht willens preiszugeben, mit wem Präsident Kennedy abgesprochen hat, die Angelegenheit nicht öffentlich zu diskutieren.

Salinger wurde um 20 Uhr 05 von Associated Press im Anschluß an die heutige im nationalen Fernsehen ausgestrahlte Pressekonferenz des Präsidenten befragt und um eine Klärung des folgenden Wortwechsels gebeten:

Meg Green (*Chicago Sun-Times*): »Mr. President, es hat wiederholt Gerüchte gegeben, daß amerikanische Soldaten beim Scheitern der Schweinebucht-Operation gefangengenommen wurden, und Gerüchte, daß mindestens zwei dieser Gefangenen hingerichtet wurden. Was können Sie uns dazu sagen?«

Präsident Kennedy: »Tut mir leid, Meg, ich habe vereinbart, damit nicht an die Öffentlichkeit zu gehen.«

Meg Green: »Vereinbart mit wem, Mr. President?«

Präsident Kennedy: »Charley Whaley, ich glaube, Sie sind als nächster dran.«

Charley Whaley (*Conservative Digest*): »Mr. President, wurde irgendwelches amerikanisches Militärpersonal während der Invasion der Schweinebucht gefangengenommen?«

Präsident Kennedy: »Das habe ich soeben beantwortet.«

Als der Pressesprecher des Präsidenten, Salinger, um eine Klärung bedrängt wurde, sagte er: »Natürlich habe ich keinen Kommentar dazu.«

I

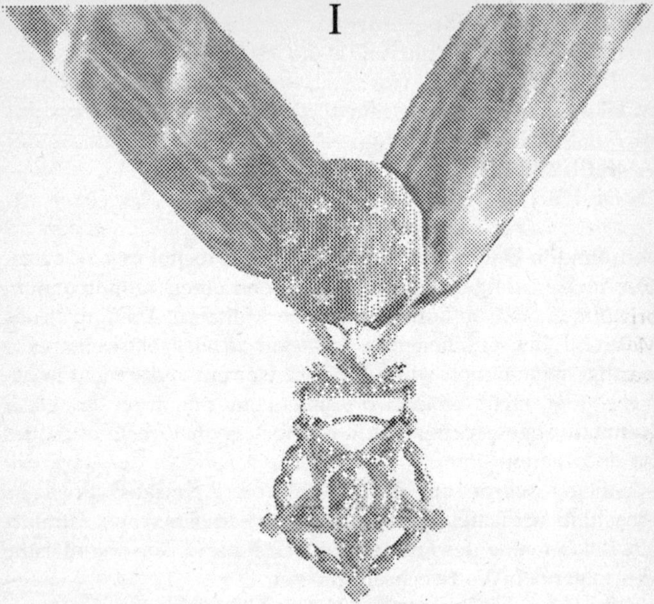

1

Key West, Florida

28. November 1961, 14 Uhr 30

Tom Ellis war noch nie auf einer Jacht gewesen. Ebensowenig war er je weiter im Meer gewesen als bis zur Hüfte im Wasser an einem kubanischen Strand. Er war ein hellhäutiger junger Mann mit hellbraunem Haar, der mit seiner zierlichen Gestalt wie ein Siebzehnjähriger wirkte. In Wirklichkeit war er 20. Er war der Typ netter junger Mann mit freundlichem Gesicht, den Ältere gern ›Sohn‹ nennen. Das machten sie selten ein zweites Mal. Tom Ellis konnte es nicht ausstehen, ›Sohn‹ genannt oder für einen netten Jungen gehalten zu werden, und wenn das geschah, nahmen seine Augen einen eisigen Ausdruck an, der jeden frösteln ließ, den er anschaute.

Tom Ellis war sich nicht ganz sicher, ob die *Over Draught II* tatsächlich eine Jacht war. Bei dem Begriff Jacht dachte er an den Präsidenten und Jackie auf seinem Segelboot oder an diesen reichen Griechen und seine Opernsängerin auf seinem privaten Luxusschiff. Er betrachtete *Over Draught II* nicht als *Motorboot*. Schließlich sagte er sich, daß es tatsächlich eine Jacht war. Jachten sind luxuriöse Boote, die dem Vergnügen dienen, nicht der Arbeit, und die Innenausstattung der *Over Draught II* war luxuriöser als alles, was Ellis jemals im Kino gesehen hatte. Der Boden war mit Teppich ausgelegt, und in der mit Teak verkleideten Hauptkabine gab es ein extra großes Doppelbett. Ellis fand, daß die Hauptkabine die schwimmende Version eines Wohnzimmers in einem Penthouse war. In einer Ecke befand sich eine dezente Bar mit einem eigenen kleinen Spülbecken und einem Kühlschrank. Es gab gepolsterte Sessel, schöne Gemälde, einen Fernseher und eine Stereoanlage.

Am Heck des Schiffs stand in Chromlettern wie die Typenbezeichnungen *Fury* beim Plymouth oder *Sedan de Ville* beim Cadillac eine Kennzeichnung, die das Schiff zuerst als *Bertram* und dann als *Sport Fisherman 42* auswies; die Ziffer bezog sich wohl auf die Länge des Schiffs, nahm er an.

Der Schiffseigner war an Bord. Er war ein grauhaariger Mann in mittlerem Alter, der mit seiner teuren Kleidung wie der Typ aussah, der so ein Schiff besaß. Der Kapitän hatte einen Freund dabei, der ebenfalls in mittleren Jahren und gebräunt war. Der Kapitän, ein gutaussehender Typ um die 30 mit blondem Haar, der sehr leger mit verwaschener Khakihose und Polohemd gekleidet war, hatte Tom Ellis dem Eigner und dem anderen Mitglied der Crew vorgestellt, das wie eine jüngere Version des Kapitäns aussah. Ellis fand, daß sie Brüder hätten sein können. Der junge blonde Mann war der Maat, und Tom Ellis war als Deckshelfer an Bord der *Over Draught II*.

»Ich hoffe, Ihnen ist bekannt, wie wenig ich über Schiffe weiß«, sagte Ellis, als der Maat ihm zeigte, wo er seine Sachen in der kleinen Kabine verstauen konnte.

»Das ist kein Problem«, sagte der Maat. »Wir haben vollgetankt und Proviant an Bord, und wir brauchen nur abzulegen und in See zu stechen.«

»Und wenn ich seekrank werde?«

Es war ihm peinlich, diese Frage zu stellen, aber er hatte gelernt, daß es auf lange Sicht gesehen weniger peinlich ist, sofort unangenehme Fragen zu stellen, anstatt sich später zu blamieren.

»Heute ist die See wie ein Spiegel«, sagte der Maat. »Ich würde mir in punkto Seekrankheit keine Sorgen machen. Aber nur um sicherzugehen können Sie ein paar hiervon nehmen, wenn Sie sich komisch fühlen.«

Er gab Ellis eine kleine Plastikröhre. Auf dem Etikett stand ›Dramamine‹.

»Dieses Zeug wirkt?«

»Zu 90 Prozent«, sagte der Maat. »Es gibt einige Leute, die anscheinend fest entschlossen sind, seekrank zu werden. Bei denen wirkt es nicht.«

Das Schiff erbebte, als die Motoren angelassen wurden. Ellis schaute den Maat fragend an.

»Jetzt werden wir ablegen«, erklärte der Maat lächelnd und wies Ellis mit einer Geste an, vor ihm die kleine Kabine zu verlassen.

Als sie am Heck des Schiffs waren – Ellis nannte es in Ermangelung eines besseren Worts die ›Veranda‹ –, wies der Maat auf ein Nylon-Tau, mit dem das Schiff am Pier festgemacht war.

»Sie erledigen das«, sagte er. »Ich gehe nach vorne. Wenn Captain Bligh den Befehl gibt, lösen Sie das Tau einfach, bringen es an Bord und verstauen es dort.« Er wies auf eine Luke in der niedrigen Wand, von der die ›Veranda‹ umgeben war.

»Geht klar«, sagte Ellis.

Wenn man ihn früher über diesen Job informiert hätte, dann hätte er sich Kenntnisse über Schiffe angeeignet und die richtigen Worte in der Seemannssprache gelernt. Es gab gewiß Bücher in der Bücherei, die er hätte lesen können. Er schaute dem Maat nach, der leichtfüßig davoneilte.

»Leinen los, längsschiffs«, rief der Kapitän vom Dach der Kabine herab. Ellis hatte bemerkt, daß das Schiff zwei Kommandoräume hatte, einen auf dem Dach und einen in der Kabine. Falls es regnet, dachte er. Oder wenn es stürmt.

Bei seinem Glück in solchen Dingen würde es vermutlich einen Hurrikan geben, wenn sie eine halbe Meile weit auf See waren.

Der Maat signalisierte ihm, die Taue einzuholen. Ellis mußte auf den Pier springen, um das zu schaffen. Als er es erledigt hatte, sprang er schnell auf die ›Veranda‹.

Das Geräusch der Dieselmotoren veränderte sich, und der Bug des Schiffes bewegte sich vom Kai fort.

Eine Unze Vorbeugung ist soviel wert wie ein Pfund Heilung, sagte sich Ellis. Er nahm das Plastikröhrchen mit den Dramamine-Pillen aus der Tasche, öffnete es und schluckte zwei Pillen.

Die *Over Draught II* gelangte in den breiten Teil des Hafens, verließ das Hafenbecken und fuhr zwischen zwei Reihen von Dingern, die sich im Wasser auf und ab bewegten.

»Das sind keine ›Dinger‹, sondern Bojen«, korrigierte sich Ellis und freute sich über sein Wissen.

Als sie in tiefem Wasser waren und beim ersten Seegang das ganze verdammte Schiff auf und nieder zu schwanken begann, war Tom Ellis froh, daß er die Dramamine-Pillen genommen hatte. Bald ging das gedämpfte Geräusch der Dieselmotoren in ein dumpfes Dröhnen über, und das Schiff gewann an Schnelligkeit.

Eine halbe Stunde später war sich Tom Ellis ziemlich sicher, daß er nicht seekrank werden und sich blamieren würde. Es war richtig angenehm, am Heck des Schiffs auf einer der gepolsterten Bänke zu sitzen und das Wasser seitlich des Schiffs aufschäumen und auseinanderfächern zu sehen.

Der Maat kehrte zurück und grinste ihn an.

»Alles okay?« fragte er.

»Ja, mir geht's prima«, erwiderte Ellis. »Wie schnell sind wir?«

»Oh.« Der Maat schaute zur Seite. »Ich schätze 18 bis 20 Knoten. Da ist Essen, wenn Sie Hunger haben.«

»Essen?« sagte Ellis ungläubig. »Nein danke.«

»Sie werden sich's noch anders überlegen«, sagte der Maat. »Auf einem kleinen Schiff bekommt man Appetit.«

Ellis bezweifelte das, sagte es jedoch nicht.

»Es gibt auch ein paar Sechserpackungen Limo«, sagte der Maat.

»Vielleicht später«, erwiderte Ellis.

Zwei Stunden später machte sich Ellis ein Schinken-Sandwich und spülte es mit einer Dose Seven-up hinunter. Es war nicht so schlimm, wie er gedacht hatte. Er erinnerte sich an die philosophische Weisheit, daß selten etwas so schlimm wird, wie man sich das vorstellt.

Als er das Schinkenbrötchen verzehrt hatte, kletterte er die Leiter hinauf zum Kapitän.

»Darf ich raufkommen?« fragte Ellis.

»Klar«, sagte der Kapitän. »Ich freue mich über die Gesellschaft.«

»Wie weit ist es noch?«

»30, vielleicht 45 Minuten«, sagte der Kapitän. »Ich nehme an, Sie sind vorbereitet?«

»Jawohl, Sir«, sagte Ellis.

Eine halbe Stunde später war ein leuchtender Punkt auf dem Radarschirm. Der Kapitän wies Ellis darauf hin.

»Das sind sie vermutlich«, sagte er.

»Woher können Sie das wissen?«

»Haben Sie jemals das Buch *Wendekreis des Krebses* von Henry Miller gelesen?«

»Ja, als ich auf dem College war.«

»Wir sind nur wenige Sekunden vom Wendekreis des Krebses entfernt«, sagte der Kapitän. »Und dort sollen wir sie treffen.«

Zwei Minuten später machte Ellis voraus den schwachen Umriß eines Boots am Horizont aus.

»Das werden sie sein«, sagte der Kapitän.

Als sie sich dem anderen Schiff näherten, konnte Ellis es deutlich sehen. Es war etwa so groß wie die *Over Draught II*, jedoch schmaler und tiefer im Wasser. Der Rumpf war grau, und die Aufbauten waren knallig blau.

Der Kapitän verlangsamte die Fahrt der *Over Draught II* und nahm noch mehr Tempo zurück, als sie näher heran waren. Etwa 50 Meter von dem graublauen Schiff entfernt ließ er die Maschinen vorübergehend rückwärts laufen. Das Schiff stoppte und bewegte sich im Seegang auf und ab. Ellis spürte einen Druck in den Schläfen. Er war ebenfalls ein wenig benommen, und Schweiß brach ihm aus.

»Lieber Gott«, betete er lautlos. »Bitte nicht jetzt!«

Ans Heck des anderen Schiffs war ein kleines Boot angebunden. Drei Männer in Khakikleidung – Kubaner – kletterten vom graublauen Schiff in das Boot, und dann war das Geräusch eines Außenbordmotors zu hören.

Ellis ging in die Kabine der *Over Draught II* und holte einen Aktenkoffer. Er überreichte ihn dem Maat.

»Der Koffer ist nicht abgeschlossen«, sagte er.

Der Maat nickte.

Als das Boot am Heck der *Over Draught II* war, warf einer der Kubaner dem Maat ein Tau zu. Der Maat fing es und band es an einen Messingpfosten. Ellis blickte ins Boot hinab. Darin lag ein in schwarzes Plastik gehülltes langes Objekt, umwickelt von einem Seil, das zu einer Schlinge geknüpft war. Als einer der Kubaner im Boot Ellis sah, warf er ihm das lose Ende des Seils zu. Ellis erwischte es nicht. Erst beim dritten Versuch gelang es ihm.

Der Kubaner stieg aus dem Boot über eine Leiter auf die *Over Draught II.*

Der Maat und Ellis zogen das in eine Plastikplane gehüllte Objekt an Bord.

Der Kapitän überreichte dem Mann, der an Bord gestiegen war, den Aktenkoffer. Der Kubaner öffnete ihn. Der Aktenkoffer enthielt Geld, 20-Dollar-Noten in Bündeln von jeweils 50 Scheinen. Die Bündel waren mit einer Banderole mit der Aufschrift *$ 1000 in $ 20* versehen. Es waren 50 Bündel.

Der Kubaner wählte arrogant, als hätte er es mit Leuten unter seiner Würde zu tun, die ihn wahrscheinlich zu betrügen versuchten, ein Bündel 20-Dollar-Noten aus, riß die Banderole ab und zählte die Scheine.

»Es stimmt alles«, sagte der Kapitän ärgerlich.

»Das werden wir sehen«, gab der Kubaner zurück, warf die losen Geldscheine auf die anderen Stapel und wählte ein neues Banknotenbündel aus.

Unterdessen hatten der Maat und Ellis das längliche, in schwarzes Plastik gehüllte Objekt aufs Deck gelegt.

Ellis ließ sich daneben auf die Knie nieder, zog schnell sein Hosenbein hoch und holte ein Messer hervor. Er atmete hörbar durch und bohrte die Messerspitze in die Plastikhülle. Das Plastik war hart, und er brauchte eine Weile, um eine Klappe herauszuschneiden. Er zog die Klappe zur Seite. Da war ein Gesicht. Augen und Mund waren geöffnet. Der Gestank von Verwesung stieg aus dem Plastik. Ellis wurde bleich.

Er sprang auf, fuhr zu dem Kubaner herum – der immer noch Geld zählte –, packte ihn, riß ihn herum und setzte ihm die Messerspitze an die Halsschlagader. Dabei stieß Ellis einen Schwall spanischer Worte hervor.

»Ellis!« rief der Kapitän alarmiert.

»Das ist nicht Commander Eaglebury«, sagte Ellis auf englisch. Von neuem stieß er zornig eine Flut spanischer Worte hervor, und der Kubaner schrie auf, als Ellis ihm mit der Messerspitze die Haut am Hals aufritzte.

Metallisches Klicken ertönte. Der ›Schiffseigner‹ und sein ›Freund‹ traten aus der Tür der Hauptkabine. Jeder hielt ein Armalite Ar-15 .223 Remington Automatikgewehr im Anschlag.

»Sind Sie sicher, Ellis?« fragte der ›Freund des Eigners‹.

Ellis gab keine Antwort.

Der Kubaner schrie vor Schmerz und Entsetzen auf, als Ellis ihn von neuem mit der Messerspitze ritzte. Dann stieß er hastig etwas hervor.

»Der verlogene Bastard sagt, er muß einen Fehler gemacht haben«, übersetzte Ellis. »Er sagt, daß er die Leiche durch Zufall mit derjenigen vertauscht hat, die wir haben wollen.«

Blut lief über den Hals des Kubaners und auf sein

Khakihemd. Seine weit aufgerissenen Augen spiegelten Todesangst wider, und er betete zur Heiligen Jungfrau Maria.

Ellis neigte sich über die Reling und sprach zu den Kubanern, die noch im Boot hockten. »Binden Sie das Tau los«, sagte er auf englisch zu dem Maat. »Ich schicke sie zurück. Sie sollen die richtige Leiche holen.«

»Und wenn sie einfach abhauen?«

»Dann schneide ich diesem Hurensohn die Kehle durch und verfüttere ihn an die Fische«, sagte Ellis.

»Nur die Ruhe, Ellis«, mahnte der Kapitän.

»Allmächtiger!« sagte Ellis empört. »Welch ein gemeiner Versuch von diesen Bastarden!«

Und dann fiel ihm noch etwas ein.

»Stop! Nehmt diese Leiche mit!« sagte er und wiederholte es auf spanisch. Er wandte sich an den Maat. »Helfen Sie mir, den Toten runterzulassen.«

Die Leiche wurde ins Boot hinabgelassen. Ellis wurde wieder totenbleich, als er den Verwesungsgestank wahrnahm.

Auf halbem Weg zu dem graublauen Schiff hoben die Kubaner die in schwarzes Plastik gehüllte Leiche über den Rand des kleinen Boots und ließen sie ins Meer fallen. Sie verschwand für einen Augenblick unter der Wasseroberfläche und tauchte dann wieder auf dem Wasser auf.

Fünf Minuten später wurde eine zweite Leiche an Bord der *Over Draught II* gehievt. Ellis nahm von neuem sein Messer und schlitzte die Umhüllung auf. Dann schaute er zum Kapitän und nickte. Der Kapitän sah, das Tränen in Ellis' Augen waren.

»Geben Sie dieser – Person – den Aktenkoffer!« befahl der Kapitän mit eisiger Stimme. »Und erlauben Sie ihm, ins Boot zu steigen. Aber lassen Sie es angebunden. Wir nehmen sie eine Meile oder so mit.«

»Ich würde ihm am liebsten die Kehle durchschneiden«, sagte Ellis.

»Nein, das können Sie nicht tun«, mahnte der Kapitän mit ruhiger Stimme. Und dann stieg er schnell die Leiter zur Brücke hinauf.

»Haben wir etwas Klebeband oder so was, um den Leichensack zuzukleben?« fragte Ellis.

»Ich besorge was«, sagte der Maat.

Ellis ließ sich auf die Knie sinken und wartete auf das Klebeband. Er hielt sich die Nase zu, um den Verwesungsgestank nicht so stark wahrzunehmen.

Die *Over Draught II* fuhr langsam etwa eine Meile, und dann wurde das Tau gekappt, mit dem das kleine Boot festgebunden war. Sofort ging der Kapitän auf volle Fahrt. Die Besatzung des graublauen Schiffs traf keine Anstalten, die *Over Draught II* zu verfolgen, und als klar war, daß sie nicht das Feuer eröffnen würde, ließen der ›Eigner‹ und sein ›Freund‹ ihre Armalite AR-15 sinken. Der Eigner ging in die Kabine und kehrte mit einer Wolldecke zurück, die er über der Leiche ausbreitete, die in Plastik gehüllt war.

»Ich halte es für das beste, ihn dort liegenzulassen«, sagte er sanft zu Ellis.

Ellis nickte. Er setzte sich und starrte über das Heck. Er vermied es, auf die Wolldecke und den Umriß darunter zu schauen.

Eine Viertelstunde später erhob er sich und ging in die Kabine. Er nahm eine Dose Schlitz-Bier aus dem Kühlschrank.

»Jesus!« stieß der ›Freund des Eigners‹ hervor. Ellis schaute ihn an und blickte in die Richtung, in die der Mann wies.

Etwa 100 Meter zu ihrer Rechten wurde das Wasser aufgewühlt, und ein großes, grauschwarzes U-Boot tauchte auf. Bevor der Rumpf sichtbar wurde, waren Gestalten zu sehen, und das Sternenbanner tauchte auf und flatterte in der Brise.

Der Kapitän der *Over Draught II* verlangsamte die Fahrt und manövrierte das Schiff näher an das U-Boot heran, und als es stoppte, war er nur noch zehn Meter entfernt.

Ein Offizier mit einem Megaphon tauchte auf dem U-Boot auf. »Der Captain läßt grüßen, Captain«, rief er. »Wollen Sie bitte an Bord kommen.« Seine verstärkte Stimme dröhnte.

Einen Augenblick später tauchte der Kapitän an der Kabinentür auf.

»Man will Sie ebenfalls sehen, Lieutenant«, sagte er.

Ellis folgte ihm mit der Bierdose in der Hand.

Matrosen des U-Boots warfen Matten aus geflochtenen Seilen

von Deck, um ein Kissen zwischen dem U-Boot und der *Over Draught II* zu bilden. Danach sprangen zwei Matrosen auf das Schiff und zogen es mit Bootshaken längsseits.

Der Kapitän hielt sich an einer Leiter an der Seite des U-Boots fest und begann hinaufzuklettern. Ellis trank noch einen Schluck Bier, warf die Dose ins Meer und folgte dem Kapitän.

Der Kapitän gelangte an Deck. Er grüßte den Offizier, der dort stand, und salutierte dann vor der Nationalflagge.

»Bitte um Erlaubnis, an Bord zu kommen, Sir.«

»Erlaubnis ist erteilt«, sagte der Navy-Offizier und erwiderte den Gruß.

Als Ellis hinaufkletterte, lächelte ihn der Navy-Offizier an.

»Willkommen an Bord, Sir«, sagte er.

Ellis grüßte schneidig und salutierte dann vor dem Sternenbanner, wie es der Kapitän getan hatte.

»Bitte um Erlaubnis, an Bord zu kommen, Sir.«

»Erlaubnis ist erteilt«, sagte der Navy-Offizier.

»Wollen Sie mir bitte folgen, Gentlemen«, sagte ein anderer Navy-Offizier in gestärkter Khakiuniform und stieg voran eine Leiter hinauf.

Oben wartete ein Offizier mit dem silbernen Adler eines Navy-Captains und reichte ihnen lächelnd die Hand.

»Lieutenant Davis?« fragte er.

»Jawohl, Sir.«

»Und Sie sind Lieutenant Ellis?«

»Jawohl, Sir.«

Der Captain gab Ellis einen Ausdruck der Entschlüsselungsmaschine. Der als geheim erklärte Text besagte im wesentlichen, daß sofort vom Hilfsschiff *Over Draught II* die sterblichen Überreste von Lieutenant Commander Edward B. Eaglebury, US-Navy, zu übernehmen und zum US Navy-Friedhof Philadelphia zu transportieren seien. Lieutenant Thomas J. Ellis habe den Transport zu begleiten.

Ellis gab dem Captain das Papier zurück, der es an Lieutenant Davis weiterreichte.

»Haben Sie Gepäck auf diesem Schiff, Lieutenant?« fragte der Captain.

»Nein, Sir«, antwortete Ellis.

»Wir können Sie vermutlich mit dem Notwendigen an Bord versorgen«, sagte der Captain.

Ellis war zuerst überrascht, als er ein sonderbares Pfeifen hörte und dann sah, daß der Captain salutierte. Er folgte dem Blick des Captains, der nach oben gerichtet war.

Eine eiserne Bahre – Ellis kannte die genaue Bezeichnung, doch sie fiel ihm nicht ein – war auf die *Over Draught II* herabgesenkt worden. Die in Plastik eingehüllte Leiche war darauf festgeschnallt worden und wurde jetzt an Bord gehievt. Ein halbes Dutzend Offiziere und zehn Matrosen nahmen Grundstellung ein und grüßten, während ein Matrose auf einer Bootsmannsmaatenpfeife blies.

Nachdem Lieutenant Commander Edward Eaglebury, US-Navy, von den Sicherheitskräften der Demokratischen Volksrepublik Kuba gefangengenommen, verhört und als Spion hingerichtet worden war, wurde jetzt seinen sterblichen Überresten die angemessene Ehre an Bord eines Kriegsschiffes der Vereinigten Staaten erwiesen. Als das in Plastik eingehüllte Bündel an Bord war, wurde es schnell ins U-Boot hineingelassen.

»Bitte um Erlaubnis, die Brücke und das Schiff zu verlassen, Sir«, sagte Lieutenant Davis, als das Pfeifen verstummt war.

»Erlaubnis erteilt«, sagte der Captain. »Gut gemacht, Lieutenant.«

»Ellis war derjenige, der seine Sache gut machte, Sir«, sagte Davis. Er reichte Ellis die Hand. »Ich hoffe, wir sehen uns irgendwann wieder, Lieutenant.«

»Danke für alles«, erwiderte Ellis.

Ellis schaute Davis nach, als er die Brücke verließ und zur Bertram-Jacht zurückkehrte. Als er dort an Bord war, manövrierte der Maat, der das Ruder übernommen hatte, die Jacht scharf vom U-Boot fort.

»Nach backbord abdrehen auf 15 Knoten«, sagte der U-Boot-Kommandant leise, und ein Unteroffizier, der hinter ihm stand, wiederholte den Befehl in ein Mikrofon. Das Wasser hinter dem Heck des U-Boots wurde aufgewühlt, und das U-Boot nahm Fahrt auf. Ellis schaute nach vorne und sah den letzten der Matrosen eilig in einer runden Öffnung im Deck verschwinden.

»Sie haben das Kommando, Sir«, sagte der Captain zu einem Offizier an seiner Seite. »Wenn Sie bereit sind, lassen Sie tauchen, Lieutenant Ellis und ich gehen nach unten.«

»Aye, aye, Sir«, sagte der Offizier und rief dann über die Schulter: »Captain verläßt die Brücke.«

»Captain verläßt die Brücke«, wiederholte der Matrose.

»Hier entlang, Lieutenant«, sagte der Captain und wies Ellis mit einer Geste an, die Leiter hinunterzusteigen.

Sie stiegen drei oder vier Etagen hinab, wie es Ellis vorkam, und gelangten in einen Raum voller Offiziere und Matrosen und einer Fülle von Anzeigegeräten und Kontrollinstrumenten.

»Ich verstehe nicht ganz Ihre Rolle bei dieser Sache, Lieutenant«, sagte der Captain. »Darf ich Ihnen diese Frage stellen?«

»Ich war mit Commander Eaglebury in Kuba«, erklärte Ellis. »Ein paar Tage vor der Invasion in der Schweinebucht sprang er mit meinem ›A‹-Team über Kuba ab.«

Der Captain hob überrascht die Augenbrauen.

»Ihr *›A‹-Team*? Eaglebury war als Green Beret dort?«

»Jawohl, Sir.«

»Ich verstehe«, sagte der Captain. Dann: »Sie sind zum ersten Mal in einem U-Boot?«

»Jawohl, Sir.«

»Nun, wir werden versuchen, es Ihnen angenehm zu machen.«

Ein Signalhorn ertönte.

»Tauchen, tauchen, tauchen«, sagte eine Stimme über den Lautsprecher.

Ellis hatte keine Ahnung, was vorging, aber er war beeindruckt und hatte das Gefühl, daß jeder wußte, was er tat, und es ohne Befehle ausführte. Nach einer Weile wurde die Aktivität weniger hektisch.

»Und jetzt tauchen wir?« fragte Ellis, als er spürte, daß sich das Deck ein wenig neigte.

Der Captain wies auf ein Meßgerät. Darauf stand TIEFE IN METERN, und der Zeiger ging langsam über 50 hinaus.

Der Offizier kam herauf und ging zu dem Captain.

»Gehen Sie auf 250 und auf 40 Knoten, Paul«, sagte der Captain.

»Aye, aye, Sir.«

»Sparks?« sagte der Captain, und ein Matrose kam zu ihm.

»Ja, Sir?«

»Nachricht an den Befehlshaber U-Boot-Flotte Atlantik«, befahl der Captain. »Melden Sie bezüglich des Einsatzbefehls Nummer soundso Vollzug.«

»Aye, aye, Sir«, sagte der Funker.

»Sie können von hier unten Nachrichten funken?« fragte Ellis überrascht.

Der Captain lächelte ihn an. »Nein, und wir können auch keine 40 Knoten schaffen«, antwortete er und lachte glucksend. »Ich werde in der Messe sein. Ich brauche eine Tasse Kaffee, und es würde mich nicht überraschen, wenn Lieutenant Ellis auch zu einer überredet werden könnte.«

2

Situation Room
The White House
Washington, D.C.

28. November 1961, 21 Uhr 05

Ein Warrant Officer der Army ließ den Lochstreifen durch die Entschlüsselungsmaschine laufen. Bald tauchte ein Ausdruck auf, und der Warrant Officer trug ihn zu einem Vizeadmiral, der mit in die Hüften gestemmten Händen dastand und die Positionskarte an der Wand anschaute. Der Warrant Officer wartete, bis der Admiral schließlich Notiz von ihm nahm, und überreichte ihm wortlos den Ausdruck.

»Danke«, sagte der Admiral geistesabwesend und las.

Man bestätigte, daß die Leiche von Lieutenant Commander

Eaglebury geborgen und auf dem Weg zum US-Navy-Friedhof Philadelphia war.

Der Admiral schaute sich in dem Raum um und ging dann zu einem kleinen Mann mit schütterem Haar, der in einem verknitterten grauen Anzug an einem Stenografenpult saß – das einer Schulbank ähnelte – und sich über einen Stapel von gelben Fernschreiben neigte.

Dem kleinen Mann war nicht anzumerken, ob er den Admiral wahrnahm.

»Haben Sie eine Minute Zeit, Felter?« fragte der Admiral.

Der kleine Mann schloß den Aktenhefter mit den Telex-Nachrichten und stand auf.

»Verzeihung«, sagte er »Ich war – wie soll ich es sagen – konzentriert.«

»Wir haben Nachricht von COMSUBFORATL (Commander Submarine Force Atlantic).« Der Admiral reichte ihm die entschlüsselte Nachricht. Als Felter sie gelesen hatte, fuhr der Admiral fort: »Sie gehen zum Präsidenten?«

»Sobald ich den zusammenfassenden Bericht fertig habe«, erwiderte Felter.

»Dann können Sie ihm dies geben«, sagte der Admiral.

»Jawohl, Sir.«

Der Admiral ging. Felter nahm wieder Platz und las weiter die Telexnachrichten. Als er damit fertig war, erhob er sich von seiner Stenografenbank und ging zu einem Schreibtisch, an dem ein Chief Petty Officer (Stabsbootsmann) saß. Felter lächelte ihn an und forderte ihn mit einer Geste auf, ihm seinen Platz zu überlassen.

Dann setzte er sich, zog eine Schreibtischlade auf und nahm ein Blatt Papier heraus. Als Kopf des Blatts waren drei Zeilen aufgedruckt:

TOP SECRET (Presidential)
Nur für den Präsidenten
Vervielfältigung ausdrücklich verboten

Am Fuß des Blatts stand noch einmal: TOP SECRET (Presidential)

Felter spannte das Blatt in die elektrische IBM-Schreibmaschine ein und begann sehr schnell zu tippen. Zuerst schrieb er das Datum, die Uhrzeit und den Vermerk, daß es sich nur um eine Seite handelte. Darunter führte er in kurzen Absätzen die Zusammenfassung der Informationen des Geheimdienstes auf, die seit der letzten Zusammenfassung am Mittag im Situation Room eingetroffen waren. Am Ende der Seite hielt er inne und überlegte, ob er als nächsten Punkt das Attentat auf einen türkischen Generalleutnant wählen oder der Bergung der Leiche von Lieutenant Commander Edward B. Eaglebury den Vorzug geben sollte.

Er entschied sich für das Attentat. Es war der wichtigere der beiden Punkte. Dann zog er das Blatt aus der Schreibmaschine und stand auf.

Er übergab dem Chief Petty Officer einen Stapel Fernschreiben und sagte: »Wenn dies bis 8 Uhr nicht benötigt wird, Chief, dann geben Sie es bitte in den Papierwolf.«

»Jawohl, Sir«, erwiderte der Chief Petty Officer.

Felter faltete den zusammenfassenden Bericht dreifach und steckte ihn in ein Kuvert. Dann verließ er den Situation Room. Ein Marineinfanterist hielt Wache an einem kleinen Pult beim Aufzug. Als der Mann Felter sah, zog er eine Schublade auf, nahm eine .45 Colt Pistole heraus und legte sie auf das Pult.

»Ich hole meine Waffe später ab«, sagte Felter. »Jetzt gehe ich rauf, nicht runter.«

»Jawohl, Sir«, sagte der Marineinfanterist und legte die Pistole in die Schublade zurück.

Felter fuhr mit dem Lift zu den Apartments des Präsidenten hinauf.

»Werden Sie erwartet, Sir?« fragte der Mann vom Secret Service im Foyer, als Felter aus dem Aufzug trat.

Felter verneinte.

»Nur einen Augenblick, Sir«, sagte der Mann vom Secret Service und ging zur doppelflügeligen Tür am Ende des Korridors. Er klopfte und öffnete sofort die Tür.

»Mr. Felter ist hier, Mr. President«, meldete er.

Dann wandte er sich zu Felter um und nickte ihm zu.

»Der Präsident will Sie sehen, Mr. Felter.«

Felter stieß die Tür auf und trat ein. Der Präsident saß in seinem Schaukelstuhl und hielt ein Glas Whisky in der Hand. Der Justizminister saß in einem Sessel und hielt ebenfalls ein gefülltes Glas in der Hand. Zwei gutaussehende Frauen saßen in anderen Sesseln, ebenfalls mit einem Drink.

»Ich hoffe, dies ist ein Gesellschaftsbesuch, Sandy«, sagte der Präsident.

»Ich habe den zusammenfassenden Bericht, Mr. President«, sagte Felter. »Und dies hier.«

Er überreichte dem Präsidenten das Kuvert mit dem Bericht. Der Präsident nahm den Bericht, las ihn und gab ihn an seinen Bruder weiter. Dann nahm er die Nachricht von COMSUBFORATL entgegen und las sie.

Der Justizminister legte den Bericht auf einen Tisch, so daß die beschriebene Seite zu sehen war.

»Sind Sie fertig damit, Mr. Kennedy?« fragte Felter und ging zu dem Tisch, in der offensichtlichen Absicht, den Bericht an sich zu nehmen.

»Das werde ich sein, sobald ich eine Kopie für den Kreml gemacht habe, Colonel«, schnauzte der Justizminister. Bobby Kennedy mochte Colonel Felter nicht – vermutlich weil sie sich so sehr ähnlich sind, dachte der Präsident.

»Ruhig, Bobby«, sagte der Präsident fast scharf. Er erhob sich, ging zum Tisch, nahm den Bericht und gab ihn Felter.

»Möchten Sie die Eagleburys informieren, Sandy?« fragte der Präsident.

»Nein, Sir.«

»In Ordnung«, sagte der Präsident und bemerkte, daß sein Bruder wieder einen Schmollmund machte. Er sagte sich, daß er eine einfache Frage gestellt und eine sofortige, direkte Antwort bekommen hatte. Er verstand Felters Geradlinigkeit und daß er sich kurz faßte. Bobby hielt das für unverschämt.

»Möchten Sie mich bei der Beisetzung vertreten?« fragte der Präsident.

»Wenn ich hier entbehrlich bin, wäre es mir eine Ehre, Sir.«

»Nun, planen Sie das mal«,sagte der Präsident. »Wir werden sehen, wie die Dinge laufen. Ich stelle mir vor, daß Colonel

Hanrahan und seine Leute an der Beisetzung teilnehmen möchten.«

»Jawohl, Sir«, sagte Felter.

»Ich möchte selbst dabei sein«, erklärte der Präsident.

»Jack, du wirst keine Zeit haben«, wandte der Justizminister ein.

»Vermutlich nicht«, stimmte der Präsident zu. »Aber bereiten Sie es trotzdem vor, ja, Felter? Still und heimlich. Wenn ich die Zeit finde, werde ich teilnehmen.«

»Jawohl, Sir.«

»Und sorgen Sie dafür, daß man auf dem Navy-Friedhof in Philadelphia weiß, was los ist. Ich bin überzeugt, daß die Leute alles richtig machen möchten.«

»Jawohl, Sir.«

»Es reicht zeitlich, wenn Sie das morgen erledigen«, sagte der Präsident. »Als erstes morgen früh. Gehen Sie jetzt heim, Sandy. Sie waren den ganzen Tag lang hier.«

»Jawohl, Sir.«

»Das ist kein Vorschlag, Felter«, fügte der Präsident hinzu.

»Jawohl, Sir.«

»Gute Nacht, Colonel Felter«, sagte der Präsident. »Ich möchte es wirklich nicht wiederholen.«

Felter nickte dem Präsidenten zu, machte kehrt und verließ den Raum.

Als die Tür hinter ihm gschlossen war, sagte der Justizminister: »Ich weiß nicht, was du an diesem Widerling findest, warum du dich mit ihm abgibst.«

»Er ist schlau – schlauer als du, Bobby.« Der Präsident lachte leise. »Man mag nie Leute, die gescheiter sind als man selbst und einen das wissen lassen.«

3

Headquarters U.S. Army Special Warfare School Fort Bragg, North Carolina

29. November 1961, 10 Uhr

Der Sergeant Major der Special Warfare School war ein großer muskulöser Master Sergeant namens E.B. Taylor. Das Telefon im Büro klingelte.

Sein Bürochef, ein Staff Sergeant, ebenfalls mit Bürstenschnitt und eine jüngere Version von Taylor, nahm den Hörer ab, lauschte kurz und klopfte zweimal mit den Knöcheln auf den Schreibtisch, zum Zeichen, daß der Anruf für den Sergeant Major war.

Taylor nahm den Hörer entgegen und meldete sich.

»Ich habe ein R-Gespräch von einem Lieutenant Thomas Ellis«, sagte der Telefonist. »Akzeptieren Sie die Gebühren?«

»Stellen Sie durch«, sagte Taylor mit einem Lächeln und forderte den Staff Sergeant mit einer Geste auf, mitzuhören. Als sich Ellis meldete, sagte Taylor mit gespielter Unterwürfigkeit: »Jawohl, Sir, Lieutenant Ellis, Sir. Wie kann ich dem Lieutenant heute morgen zu Diensten sein, Sir?«

»Ich bin in Philadelphia«, sagte Ellis.

»Wie schön für Sie, Sir«, sagte Taylor. »Ich bin sicher, der Colonel wird entzückt sein, das zu hören, Sir. Wie nett von Ihnen, anzurufen und uns das mitzuteilen, Sir!«

»Sie fragen besser den Colonel, ob er mit mir reden will«, sagte Ellis.

»Oh, ich bin sicher, daß der Colonel voller Freude mit Ihnen reden wird, Lieutenant, Sir«, erwiderte Taylor. »Nur einen Augenblick bitte, Sir.«

Er nahm den Hörer mit der rechten Hand vom Ohr und hielt die Sprechmuschel zu. Mit der Linken drückte er auf den Knopf der Gegensprechanlage.

»Colonel, Ellis ist am Telefon. R-Gespräch. Er klingt wie eine verlorene Seele.«

»Er ruft aus Philadelphia an?«

»Jawohl, Sir.«

»Ellis«, sagte Colonel Paul T. Hanrahan einen Augenblick später, und er ging leicht auf Taylors Spiel ein. »Wer hat Ihnen erlaubt, nach Philadelphia zu reisen?«

Ellis gab keine Antwort, und zu Sergeant Major Taylors Enttäuschung hatte Colonel Hanrahan Mitleid mit dem jungen Lieutenant. »Es ist schon okay, Ellis«, sagte Hanrahan und änderte den Tonfall. »Colonel Felter rief gestern abend an und erklärte die Situation. Geht alles bis jetzt klar?«

»Die Navy hat die Sache übernommen«, sagte Ellis. »Sie nahm ihn in einem Sarg an Bord des U-Boots, und dann gab es eine kleine Zeremonie, bevor sie den Sarg wegflogen. Sein Vater und seine Schwester waren am Kai. Das war ein bißchen hart. Jedenfalls wird er morgen beigesetzt. Ich möchte wirklich gern bis dahin hierbleiben, und die Schwester bat mich darum, aber ich habe keine Ersatzkleidung oder Uniformen und deshalb . . .«

»Wenn jemand – zum Beispiel Sergeant Major Taylor – in Ihr Quartier geht, glauben Sie, er würde dort genügend ordentliche Kleidung für Sie finden? Oder stimmen die Gerüchte, daß Ihre Bude einer Müllkippe ähnelt?«

»Nein, Sir, ich meine, jawohl, Sir. Da sind Uniformen im Schrank. Aber wie können Sie mir die Sachen schicken, Sir?«

»Wir kommen heute nachmittag dort rauf, Colonel MacMillan, Major Parker, Mr. Wojinski und ich. Wir bringen die Sachen mit. Sie besorgen uns Hotelzimmer.«

»In welchem Hotel, Sir?« fragte Ellis.

Gute Frage, dachte Colonel Hanrahan. Daran hatte er nicht gedacht. Und er brauchte auf die schnelle eine Antwort.

»Im Bellevue Stratford«, sagte er. Es war das einzige Hotel in Philadelphia, an dessen Namen er sich erinnerte. Ein berühmtes Nobelhotel und deshalb vermutlich höllisch teuer, aber es war eine Antwort. »Wenn Sie uns dort einquartiert haben, hinterlassen Sie eine Nachricht, wo Sie sind. Verstanden?«

»Jawohl, Sir«, sagte Ellis. »Das Bellevue Stratford.«

»Wir sehen uns dann«, sagte Hanrahan. »Und lassen Sie das Pokerspielen sein.« Ellis hatte eine Schwäche fürs Pokern.

Hanrahan legte den Hörer auf und spitzte die Lippen zu einem Pfiff. Er brauchte nicht zu pfeifen. Sergeant Major Taylor stand bereits auf der Türschwelle.

»Sie haben mitgehört?« erkundigte sich Hanrahan.

»Das Gepäck des Lieutenants mit einer grünen Uniform und einer Ausgehuniform, komplett mit seiner Auszeichnung, der Medaille für gute Führung, befindet sich bereits in meinem Büro, Colonel.«

4

Skeet- und Trapschießplatz
Fort Rucker, Alabama

29. November 1961, 11 Uhr 30

Colonel Jack Martinelli war ein guter Schütze, und er nahm das Skeetschießen ernst. Er hatte zwei doppelläufige Diana-Grade-Browning-Schrotflinten, deren Schäfte für ihn bei der *Fabrique Nationale des Armes de la Guerre* in Lüttich, Belgien, passend gemacht worden waren. Der Waffensatz bestand aus zwei Gehäusen und Schäften und vier Läufen. Zwei Läufe Kaliber 12 und 20 paßten zu einem Gehäuse und Schaft, und die Kaliber 28 und .410 zum zweiten.

Heute schoß Colonel Martinelli mit Kaliber 28 gegen einen Gegner, der die Mühe wert war. Er hätte es vorgezogen, mit Kaliber .410, der Experten-Waffe, zu schießen, doch sein Gegner, Lieutenant Colonel Craig W. Lowell, besaß keine Schrotflinte Kaliber .410. Lowell schoß mit einer Hans-Schröder-Schrotflinte Kaliber 28, die für ihn in dem kleinen österreichischen Ort Ferlach angefertigt worden war.

Colonel Martinelli, der sich mit Waffen auskannte, war sich im klaren darüber, daß die Schröder mehr wert war als sein ganzer Satz Diana Grade Brownings. Es war ihm ebenso klar, daß es eigentlich keine Schrotflinte zum Wurftaubenschießen war. Nach seiner erfahrenen Einschätzung waren Schrotflinten mit den Doppelläufen nebeneinander weniger zum Wurftaubenschießen geeignet als diejenigen mit Läufen über und untereinander, aber Lowell hatte das Kaliber der Schrotflinte ändern und verbessern lassen, denn es war eine Jagdwaffe.

Lieutenant Colonel Lowell schoß folglich mit dem falschen Typ Schrotflinte und mit nicht geeigneten Läufen, ein doppeltes Handikap. Dennoch schlug er Colonel Martinelli im Skeetschießen, und zwar schlimm.

Colonel Martinelli war ein großer, stämmiger Mann mit schwarzem Haar und dunkler Hautfarbe, die sich sogar noch verdunkelte, wenn er danebenschoß. Lieutenant Colonel Lowell war groß, blond, muskulös und hatte einen Schnurrbart. Seine Freunde nannten ihn ›Duke‹.

Über ihrer Zivilkleidung (leuchtend bunte Freizeithosen und Sporthemden; die Art Kleidung, die normalerweise auf Golfplätzen getragen wird) trugen beide Offiziere ärmellose Skeet-Westen. Auf Colonel Martinellis Weste prangten die Insignien, die Zeugnis davon gaben, daß er Mitglied der National Skeet Shooting Association und Mitglied auf Lebenszeit der National Rifle Association war. Darüber hinaus wiesen ihn Abzeichen als Ausbilder im Schießen mit der Schrotflinte aus, als ein ›Distinguished Shotgun Marksman‹ (Scharfschütze mit der Schrotflinte) und als jemand, der ohne Fehlschuß 25, 50, 75, 100, 150 und 200 Wurftauben in Folge getroffen hatte.

Lowell trug auf seiner Weste nur das Abzeichen einer Mitgliedschaft auf Lebenszeit bei der National Rifle Association und ein kleines, gesticktes Infanterie-Kampfabzeichen.

Es verstieß eigentlich gegen die Vorschriften, ein solches Qualifikationsabzeichen zu Zivilkleidung zu tragen, und Colonel Martinelli erinnerte sich ärgerlich daran, daß Lowell einmal gesagt hatte, das Infanterie-Kampfabzeichen sei das einzige Scharfschützenabzeichen, das etwas wert sei, denn das Schießen auf Ziele, die zurückschießen, sei unbestreitbar schwieriger als das Ballern auf wehrlose Tontauben.

Colonel Martinelli war Artillerist, und er hatte mehr als genügend Schüsse im Ernstfall gehört, aber im Gegensatz zur Infanterie, den Panzer- und den Sanitätstruppen hatten

Artilleristen kein Abzeichen, das der Welt diese Tatsache verkündete. Colonel Martinelli wußte nicht genau, warum ihn das verstimmte, aber er ärgerte sich darüber.

»Konzentrieren Sie sich, Jack«, riet Lieutenant Colonel Lowell hilfreich. »Halten Sie die Wange am Schaft.«

Der Hurensohn sagt das, um mich nervlich fertigzumachen, dachte Colonel Martinelli, und damit hatte er völlig recht. Er schaute Lowell finster an.

»Sie sind heute nicht so ganz in Form«, sagte Lieutenant Colonel Lowell verständnisvoll und mitfühlend. »Vielleicht bemühen Sie sich zu sehr und verkrampfen dabei, Jack. Denken Sie an fließendes Wasser oder so was.«

»Danke.« Colonel Martinelli zwang sich zu einem Lächeln.

Er gab vor, den Mechanismus der Browning-Schrotflinte zu überprüfen, um einen Augenblick Zeit zu haben, seinen Groll unter Kontrolle zu bringen.

»Stimmt was nicht mit der Waffe?« fragte Lowell besorgt.

»Ich glaube, da ist irgendwo ein Schrotkügelchen drin«, sagte Martinelli.

»Brauchen Sie Hilfe?« fragte Lowell.

»Danke, ich nehme an, jetzt ist alles in Ordnung.« Und Martnelli dachte: *Du bist ein Klugscheißer, Lowell. Du treibst die Leute zur Weißglut. Daß du alles fickst, das einen Weiberrock trägt, ist nicht der einzige Grund, weshalb du so lange Major warst, ohne befördert zu werden.*

Lieutenant Colonel Lowell war sowohl einer der jüngsten Majors in der Army gewesen als auch einer der ältesten, bis er endlich befördert worden war. Martinelli fand, daß Lowell einer der besten Offiziere war, die er je gekannt hatte, und darüber hinaus – wenn man Major General Paul Jiggs, dem Kommandeur von Fort Rucker, glauben konnte – ein hervorragender Führer im Kampf. Aber in seiner Karriere hatte es mal Zeiten mit unglaublich gutem Dienst gegeben und mal Zeiten mit unglaublich dummen Episoden. Vielleicht machten ihm die Konsequenzen nichts aus, weil er so reich war. Jedenfalls war er nahe daran gewesen, unfreiwillig aus der Army auszuscheiden, nachdem man ihn zweimal bei der Beförderung übergangen hatte, bevor er dann doch noch zum Lieutenant Colonel befördert worden war. Und vom Weißen Haus, nicht vom Pentagon, war die Beförderung dem Senat zur Billigung vorgelegt worden. Beim Pentagon war man herzlich wenig an der Fortsetzung von Lowells Karriere in der Army interessiert.

Nach Lowells tapferer Rettung von Felter und einer Reihe anderer während des Fiaskos in der Schweinebucht auf Kuba hatte General E.Z. Black, der Oberbefehlshaber Pazifik, dem Präsidenten geschrieben und sich persönlich dafür eingesetzt, daß Lowell in der Army behalten und befördert wurde. Der Präsident, der eine Schwäche für tapfere und brillante Exzentriker hatte, war einverstanden gewesen, und Lowells Karriere war ein weiteres Mal gerettet worden. Lowell hatte seine Fürsprecher wie General Black und General Jiggs und sogar Jack Martinelli, aber ebenso hatte er Feinde.

Zu solchen Zeiten wie jetzt war Craig Lowell jedoch für Jack Martinelli das, was das rote Tuch für den Stier ist.

Martinelli schob zwei Patronen in die Browning-Schrotflinte, klappte sie zu und überprüfte, ob die Flinte entsichert war. Er lud seine eigene Munition, weil er davon überzeugt war, daß er bessere Patronen herstellte, als sie zu kaufen waren; heute nutzte ihm das jedoch nichts. Dennoch konnte er sich nicht erklären, weshalb heute alles schiefging. Vielleicht war Öl an die Zündhütchen gekommen, oder das Pulver hatte Feuchtigkeit absorbiert, oder irgendeine andere Panne wie zum Beispiel das vergessene Entsichern der Flinte war der Grund für sein Versagen gewesen. Mit Lowell im Rücken war es für ihn ungeheuer wichtig, die Ziele zu zerschmettern, aber er schaffte es einfach nicht.

Wie jetzt, als der Master Sergeant, der die Verantwortung über den Schießplatz hatte und als Schiedsrichter fungierte, auf einen Knopf drückte und die Wurftaube abschoß.

Martinelli riß die Browning-Schrotflinte, die er mit dem Kolben gegen die Hüfte gehalten hatte, an die Schulter, zielte und feuerte.

Das kreisförmige Ziel wackelte – *so* nahe war er drangewesen –, setzte jedoch die Flugbahn fort.

Martinelli hörte, daß Lowell ein betrübtes ›ts-ts‹ des Mitgefühls ausstieß, während er auf die zweite Wurftaube schoß, die aus dem unteren Teil der Anlage auftauchte. Von allen Zielen bei einer Serie im Skeetschießen war das vermutlich der leichtere Schuß. Man konnte fast hinaufreichen und das Ziel mit der Mündung treffen. Martinelli feuerte von neuem, und wieder schien die Tontaube zu trudeln, um dann wie zögernd die Flugbahn fortzusetzen.

»Pech, Jack«, sagte Lowell mit offenkundig geheucheltem Mitleid. »Beide nur gestreift. Was sagte der Arzt bei der letzten Untersuchung über Ihre Augen?«

Martinelli fand keine Worte.

Lowell schoß dann zwei Wurftauben perfekt ab. Er wandte sich zu Martinelli um und lächelte gütig. »Vielleicht werden Sie ein bißchen zu alt für diesen Sport, Jack«, sagte er milde.

Martinelli starrte Lowell zornig an, und dann schweifte sein Blick zu der Grasfläche jenseits der Anlage, wo die Wurftauben gelandet waren, die sich nicht wie bei Lowells Schüssen in grauschwarze Staubwölkchen aufgelöst hatten. Martinelli schaute genauer hin. Er sah ein halbes Dutzend heil gebliebene Tontauben, die fast vertikal im hohen Gras steckten. Sie glänzten und reflektierten die Herbstsonne. Wurftauben bestehen aus Ton! dachte er verblüfft, daher auch die Bezeichnung Tontauben! Und dann dachte er weiter:

Normalerweise zerbrechen sie beim Aufprall, und sie glänzen verdammt nicht im Sonnenschein!

Martinelli drückte Lowell die Schrotflinte in die Hand.

»Sie bleiben hier, Lowell!« sagte er, und dann rannte er zu den unversehrten Wurftauben.

»Sergeant«, hörte er Lowell fragen, »haben Sie das Gefühl, daß der Colonel den Verdacht hat, da stimmt irgendwas nicht?«

Der Master Sergeant lachte.

Martinelli hob eine der Wurftauben auf. Sie war weiß angestrichen und trug den Stempel WINCHESTER WESTERN, aber sie war nicht aus Ton. Genauer gesagt, es war weder eine Ton- noch eine Wurftaube – sondern ein Aschenbecher – ein Geschenkartikel aus Aluminium, der in der Form einer Wurftaube hergestellt war.

»Sie Hurensohn!« schrie Martinelli und schaute zur Feuerlinie. Lowell lachte. Der Master Sergeant hatte große Mühe, sich ein Lachen zu verkneifen. Martinelli schaute sich um und sammelte sieben Aluminium-Aschenbecher auf.

Und dann verschwand sein Ärger, als ihm klarwurde, wie raffiniert Lowell und die Jungs vom Schießplatz ihn hereingelegt hatten. Diese Sache hatte einiger Vorbereitungen bedurft! Martinellis Zorn verrauchte, und er mußte lachen. Er ging mit einem Stapel Aschenbecher zu Lowell und bemühte sich, ärgerlich zu wirken.

Ein Stabswagen hielt auf dem Parkplatz neben Martinellis Buick-Kombi. Als der Passagier ausstieg, sah Martinelli die goldene Schnur und die beiden Silbersterne eines Major General an der Mütze.

Hat Lowell, dieser Bastard, tatsächlich Paul Jiggs eingeladen, damit er Zeuge wird, wie man mich verarscht? dachte er. Von neuem stieg eine Woge des Zorns in ihm auf.

Martinelli grüßte schneidig, als er zu Jiggs gelangte, der bei Lowell stand. Eigentlich brauchte man nicht zu grüßen, wenn man Zivilkleidung trug, aber Martinelli sagte sich, ein General ist ein General.

»Hat man Sie tatsächlich eingeladen, um das hier zu sehen?«

»*Was* zu sehen, Jack?« fragte Jiggs.

»Der Bastard ließ mich auf Aluminiumziele schießen«, erklärte Martinelli.

»Ich berufe mich auf den Schutz des 31st Article of War«, sagte Lowell, »und verweigere die Aussage, weil sie mich belasten könnte.«

»Nun, Sie haben es mir gegeben«, sagte Martinelli. »Aber von jetzt an werden Sie nie mehr tief schlafen können, und Sie werden viel Zeit damit verbringen müssen, über Ihre Schulter zu blicken.«

»Ich rief beim Board an«, sagte General Jiggs, »und Ihre Sekretärin sagte mir – widerwillig, möchte ich hinzufügen –, daß Sie beide Ihre erforderlichen Übungen absolvieren. Ich wußte, was damit gemeint war, und so fuhr ich her.«

»Ist etwas los?« fragte Martinelli.

»In erster Linie hatte ich einen Vorwand, um aus dem Büro rauszukommen. Ich dachte mir, vielleicht gibt es hier eine überzählige Waffe.«

»Klar«, sagte Lowell. »Ich habe eine 12kalibrige im Wagen.«

»Erledigen wir zuerst das Geschäftliche«, sagte General Jiggs. »Lowell wird gebeten, bei der Beisetzung als Sargträger zu fingieren. Wenn es keinen Grund gibt, der dagegenspricht – und es müßte schon ein sehr triftiger sein –, dann möchte ich, daß er die Aufgabe übernimmt.«

»Ich sehe nichts, was dagegenspricht, oder Sie, Craig?« fragte Martinelli.

»Nein, Sir, nichts spricht dagegen«, sagte Lowell.

»Das ist gut, denn die Bitte kam von Felter«, erklärte Jiggs. »Was gleichbedeutend mit dem Wunsch des Weißen Hauses ist.«

»Wer ist der Tote?« fragte Martinelli.

»Ein Navy-Offizier, ein Commander Edward B. Eaglebury«, sagte General Jiggs.

»Ein Freund von Ihnen, Lowell?« erkundigte sich Martinelli.

»Ja, Sir«, erwiderte Lowell schlicht.

Martinelli erkannte, daß mehr an dieser Sache dran war, als man ihm erzählt hatte, und es wurde ihm klar, daß er wahrscheinlich nicht mehr darüber erfahren würde.

»Es sieht für mich wie Dienst aus«, sagte Jiggs. »Lowell ist aufgefordert worden, dorthin zu reisen. Nicht, daß er etwas dagegen hätte, aber es kam nahe an einen Befehl heran.«

»Wohin reist er denn?« fragte Martinelli.

»Nach Philadelphia«, antwortete Jiggs. »Die Beisetzung findet morgen statt.«

»Hat Felter gesagt, wie er an den Leichnam kam?« fragte Lowell.

Jiggs bedachte ihn mit einem kalten Blick. Lowell redete über etwas, über das nicht gesprochen werden sollte.

»Kommen Sie schon, Paul«, sagte Lowell. »Die Kubaner wissen, daß Eaglebury tot ist. Schließlich haben sie ihn erschossen.«

»Felter sagte es nicht. Vermutlich durch Vermittlung der Schweiz.«

»Eaglebury war ein feiner Kerl«, sagte Lowell. Und dann: »Ich hole Ihnen die Flinte.«

II

1

Philadelphia International Airport

29. November 1961, 18 Uhr

Als die Passagiere des Flugs 208 der Northeast Airlines in Philadelphia vom Flugsteig 3 kamen, warteten Lieutenant Colonel Craig W. Lowell und First Lieutenant Thomas J. Ellis in der Halle. Lieutenant Ellis trug eine Khakihose, ein Khakihemd mit offenem Kragen und eine blaugraue, abgesteppte Skijacke aus Nylon, die er vor einer Stunde im Herrenbekleidungsgeschäft in der Halle des Bellevue Stratford Hotels gekauft hatte. Er wirkte wie ein Junge auf dem Heimweg vom College. Colonel Lowell sah wie ein Offizier der Army aus. Ellis fand, daß Lowell wie auf dem Plakat aussah, das im Uniformgeschäft in Fort Bragg hing: ›Der gutgekleidete Army-Offizier.‹

Die Uniform war aus besten Material und hervorragend geschneidert. Sie stammte aus London von einer Firma, die schon vor der Amerikanischen Revolution und seither britische Offiziere beliefert hatte und seit dem Ersten Weltkrieg auch amerikanische Offiziere ausstattete – die wenigen, die es sich erlauben konnten.

Die in Orange und Schwarz gestickten Insignien des Army Aviation Center waren auf dem linken Ärmel seines Uniformrocks aufgenäht. Die einzigen anderen Insignien waren die silbernen Eichenblätter seines Rangs, die Kavallerie-Säbel über einem Panzer, das Abzeichen der Panzertruppe, die Heeresflieger-Schwingen mit einem Stern (erfahrener Pilot) und darüber die (nicht genehmigte) Miniatur eines Infanterie-Kampfabzeichens mit einem Stern auf der silbern umrankten Muskete zum Zeichen der zweiten Verleihung.

Colonel Lowell war mit seiner großen, muskulösen Gestalt und dem blonden Haar und Schnurrbart ein gutaussehender Mann, und in seiner Uniform, komplett mit der Mütze, auf deren Schirm die goldenen ›Rühreier‹ eines Stabsoffiziers prangten, zog er bewundernde Blicke von Zivilisten im Terminal auf sich. Ellis fühlte sich neben Lowell wie ein Pennbruder.

Vier der Passagiere, die in Atlanta an Bord der Maschine der Northeast Airlines gegangen waren und jetzt in den Terminal kamen, trugen ebenfalls Uniform: Colonel Paul T. Hanrahan, auf dessen Uniformrock die gekreuzten Gewehre der Infanterie zu sehen waren. Hanrahan war rothaarig, schlank und hatte ein rötliches Gesicht. Als nächster kam Lieutenant Colonel Rudolph G. MacMillan, ebenfalls Infanterist, stämmig und mit rundlichem Gesicht. Es folgten Major Philip Sheridan Parker IV von der Panzertruppe, breitschultrig, fast zwei Meter groß, über zwei Zentner schwer und sehr schwarz, und

Warrant Officer (Junior Grade) Stefan T. Wojinski, mit faßartigem Oberkörper und Stiernacken und noch ein paar Kilo schwerer als der schwarze Parker, obwohl er einen Kopf kleiner war.

Abgesehen von den unterschiedlichen Rangabzeichen trugen sie alle die gleiche grüne Uniform der Army. Alle trugen Fallschirmspringerabzeichen und glänzende Fallschirmspringerstiefel, über denen sich die Hosenbeine wölbten. Alle hatten Infanterie-Kampfabzeichen. MacMillan und Parker trugen die Schwingen der Heeresflieger, MacMillan hatte den umkränzten Stern eines besonders erfahrenen Piloten. Alle vier trugen einen Streifen mit der aufgestickten Aufschrift AIRBORNE, was sie als Mitglieder der Luftlandetruppe auswies, und darunter die gestickten Insignien der Special Forces. Und alle trugen grüne Mützen – die Green Berets.

Lowell ging zu Colonel Hanrahan und schüttelte ihm die Hand.

»Hoo-hooo«, rief er über Hanrahans Schulter Major Parker zu. »Kleines Mädchen, ich nehme zwei Schachteln Schokoladenbonbons und eine mit Vanillewaffeln.«

Major Parker schüttelte den Kopf, aber er mußte lächeln. Seine entblößten Zähne wirkten ungewöhnlich weiß im Kontrast zu seiner tiefschwarzen Haut.

»Um Himmels willen, Craig«, sagte Colonel Hanrahan ärgerlich. Er hatte schon genug Probleme wegen der Green Berets und konnte auf Craig W. Lowells diesbezüglichen blöden Scherz verzichten.

Vor zwei Tagen hatte er eine Anweisung vom CONARC (Continental Army Command - Oberkommando des Heeres auf dem US-Festland) erhalten. Sie war nicht durch normale Verteilerkanäle gekommen. Statt dessen war seine Kopie in einem Umschlag mit der Aufschrift ›zur persönlichen Kenntnisnahme von Col. Paul T. Hanrahan‹ und der Rücksendeadresse ›Büro des kommandierenden Generals, Headquarters, Continental Army Command, Fort Monroe, Virginia‹ gewesen. Es hatte kein Begleitschreiben gegeben. Die Adresse hatte alles gesagt, was zu sagen war. Die CONARC-Anweisung verbot das Tragen von ›nicht dem Standard entsprechender Kopfbedeckung‹, einschließlich der fremdartig aussehenden Art ›Baskenmütze‹.

Hanrahan nahm an, daß Lieutenant General Howard (Dreifach H) hinter der Anweisung stand. Erst vor kurzem hatte er sich Howards internem Befehl widersetzt, mit dem er die grünen Mützen verbannte, indem er darauf verwiesen hatte, daß das Special Warfare Center zwar in Fort Bragg stationiert, aber nicht dem General unterstellt war. Howard hatte nicht die Befehlsgewalt, die der CONARC-Kommandeur über die Special Forces hatte.

Hanrahan hatte keinem etwas von der CONARC-Anweisung erzählt, nicht einmal Sergeant Major Taylor, der im allgemeinen alles wußte, was Hanrahan tat. Wenn er wieder in Bragg war, würde Hanrahan die Anweisung durchführen müssen. Aber bis dahin würde er versuchen, sie zu ignorieren.

Er sagte sich, daß es vielleicht passend war, das Beret sozusagen mit Lieutenant Commander Ed Eaglebury zu beerdigen, mit einem Offizier der Navy, der das Recht erworben hatte, die grüne Mütze zu tragen, und der als Green Beret über Kuba mit dem Fallschirm abgesprungen war.

»Ich finde, ihr seht alle prächtig aus!« fuhr Lowell unbeeindruckt und heiter fort. »Ich werde heute nacht tief und fest schlafen, in dem Wissen, daß die Verteidigung der Nation in euren fähigen Händen liegt.«

»Igitt«, sagte Wojinski in gespielter Empörung.

»Wie geht es, Ski?« fragte Lowell zu Wojinski und schüttelte ihm die Hand.

»Hallo, Ellis«, sagte Colonel Hanrahan. »Ich sehe, daß Sie sich im Nu teuflischen Kumpanen anschließen.«

»Guten Abend, Sir«, sagte Ellis.

»Und ein Glück für Sie, daß er das getan hat«, sagte Lowell. »Da ihr alle dafür bekannt seid, daß ihr nicht allein den Weg aus einem Klo herausfindet, habe ich die logistische Verantwortung für diese Mission übernommen. Wenn Sie bitte alle Ihr Gepäck holen und mir folgen . . .«

»Was heißt das?« unterbrach Hanrahan.

»Das mit der Logistik?« fragte Lowell. Hanrahan nickte. »Ich habe Hotelzimmer, einen fahrbaren Untersatz und den Ablaufplan. Außerdem habe ich vorher das Gebiet erkundet. Ich weiß, wo wir hingehen.«

»Und Sie haben Whisky geschluckt?«

»Ja, ich habe einen oder zwei Schlückchen genommen«, bekannte Lowell. »Witwen und diese Dinge deprimieren mich.«

»Ich bedaure, daß Sie durch all dies Unannehmlichkeiten hatten«, sagte Hanrahan sarkastisch.

»Sie haben vermutlich nichts von der Maus gehört, oder?« fragte Lowell und ignorierte die spöttische Bemerkung.

Hanrahan schüttelte den Kopf. »Felter ist nicht hier?«

»Nein, und als ich im Weißen Haus anzurufen versuchte, hörte ich dieses Gelaber ›ich werde Ihre Nachricht an Colonel Felter weiterleiten‹«, sagte Lowell.

»Vielleicht kommt er mit dem Wagen«, überlegte Hanrahan. »Vielleicht bringt er seine Frau Sharon mit.«

»Ja, das ist möglich«, stimmte Lowell zu.

Sie gingen zum Gepäckband. Ein livrierter Chauffeur, dem ein Mann mit einer roten Mütze folgte, eilte herbei.

»Zeigen Sie diesen Gentlemen Ihre Gepäckstücke«, sagte Lowell und wies auf Chauffeur und Gepäckträger, »und geben Sie ihnen die Namen an.«

»Ist er einfach nur so gekleidet?« fragte Hanrahan leise. »Oder hat er eine lange, schwarze Limousine zu dieser Uniform?«

»Die Limousine ist eigentlich kastanienbraun«, erwiderte Lowell. »Und darin gibt es keine Trennwand, also passen Sie auf, was Sie sagen.« Er sah den Ausdruck in Hanrahans Augen. »Der Wagen ist nicht so teuer, wie Sie denken, Paul, und es ist nur vernünftig, einen Wagen für uns alle und darüber hinaus jemand zu haben, der sich darum kümmert und Botengänge erledigt.«

»Einem geschenkten Gaul schaut man nicht ins Maul, sage ich immer«, bemerkte Hanrahan.

Er fühlte sich ein wenig schuldig. Lowell hatte wahrscheinlich recht, was den Wagen betraf. Hanrahan, der noch nie eine Limousine mit Chauffeur gemietet hatte, wußte nicht, wieviel so etwas kostete. Aber es war vermutlich billiger als die Fahrt mit zwei Taxis, und mit all ihrem Gepäck würden sie zwei brauchen.

Als alle in der Limousine waren, kündigte Lowell an, daß sie zum Old Original Bookbinder's Restaurant fuhren. Ellis würde jedoch weitergefahren werden, zum Hotel, wo er schnell eine Uniform anziehen und ihnen dann zum Restaurant folgen würde. Nach dem Essen im Bookbinder's würden alle nach Swarthmore hinausfahren und Eaglebury's Angehörigen ihre Aufwartung machen.

»Und anschließend fahren wir zum Hotel«, sagte Lowell. »Gibt es irgendwelche Fragen?«

»Sie haben anscheinend alles unter Kontrolle, Colonel«, sagte Hanrahan, und fügte nach einer kurzen Pause hinzu: »Ausnahmsweise einmal in Ihrem Leben.«

»Für den Fall, daß jemand verlorengeht«, sagte Lowell, »und da MacMillan mit von der Partie ist, müssen wir immer mit so etwas rechnen, wir sind im Bellevue Stratford Hotel einquartiert. Im Penthouse B.«

»*Penthouse B*?« fragte Hanrahan entgeistert.

»Man machte mir ein gutes Angebot«, erklärte Lowell. »Sie wären überrascht, Paul, wie selten die Leute eine solche Suite vermieten können. Sie waren zum Handeln bereit.«

Das Penthouse, eine zweigeschossige Terrassenwohnung auf dem Dach des Hotels, war das erste, das Lieutenant Ellis je gesehen hatte. Er war auch noch nie in einer solchen Luxuslimousine gefahren. Ellis hatte gehört, daß Colonel Lowell sehr reich sein sollte, aber bis heute hatte er diese Geschichten für Blödsinn gehalten. Wenn jemand mehr Geld besaß, als er ausgeben konnte, was tat er dann in der Army?

2

Apartments des Präsidenten
Im Weißen Haus
Washington, D.C.

29. November 1961, 18 Uhr 15

Der Präsident blickte von dem zusammenfassenden Bericht auf, der die Zeit von 12 bis 16 Uhr umfaßte, und hielt nach dem Verfasser Ausschau. Colonel Sanford T. Felter sprach an einem der Verschlüsselungstelefone. Der Präsident wartete, bis Felter fertig war, und rief dann seinen Namen.

Felter ging zu ihm.

»Ist alles für die Reise nach Philadelphia vorbereitet?« fragte der Präsident.

»Jawohl, Sir.«

»Ich habe mich entschlossen, hinzufliegen«, sagte der Präsident. »Was sollen wir Salinger der Presse sagen lassen?«

Etwas, das nahe an ein Lächeln herankam, spielte um Felters dünne Lippen. »Das ist nicht mein Spezialgebiet, Sir.«

Pierre Salinger, der Pressesprecher des Präsidenten, hörte seinen Namen und schaute durch den Raum zu Kennedy. Der Präsident winkte ihn herbei.

»Sie werden die Gentlemen von der Presse informieren, daß ich in zehn Minuten mit einem Hubschrauber nach Camp David abreise. Nur Mr. Felter wird mich begleiten.«

»Sie fliegen nach Camp David? Warum?«

»In Wirklichkeit fliege ich nach Philadelphia«, sagte der Präsident. »Aber ich will nicht, daß die Presse eine Beerdigung stört. Was der Fall sein würde.«

»Jack«, sagte Salinger, »ist das klug?«

»Ich bin für seinen Tod verantwortlich«, sagte der Präsident. »Da kann ich wenigstens seinen Angehörigen mein Bedauern aussprechen. Und ihnen die Presse ersparen, wenn er beigesetzt wird.«

»Was werden Sie Johnson sagen?«

»Ich nehme an, der Secret Service weiß, wo er ist«, erwiderte der Präsident. »Ich sehe keinen Grund, weshalb er davon erfahren sollte. Sagen Sie ihm nur etwas, wenn es sein muß. Ich werde von Philadelphia aus nach Camp David fliegen, damit sie mich knipsen, wenn ich in den Hubschrauber steige.«

3

Old Original Bookbinder's Restaurant Philadelphia, Pennsylvania

29. November 1961, 18 Uhr 35

Sie erhielten einen Tisch im zweiten Stock. Auf dem Weg dorthin kamen sie an einem Glaskasten mit lebenden Hummern vorbei.

»Wenn der Kellner kommt, wird er Sie anlügen«, kündigte Lowell an, als sie am Tisch Platz nahmen. »Er wird die vertrauliche Information anbieten, daß die meisten Leute kleine Hummer für schmackhafter halten. Das stimmt einfach nicht.«

Der Kellner sagte genau das, was Lowell prophezeit hatte.

»Bringen Sie uns die fünf größten Hummer, die Sie haben«, sagte Lowell. »Vorher gedünstete Muscheln. Und Bier für jeden.«

»Wir brauchen getrennte Rechnungen«, sagte Hanrahan zum Kellner. Es war ihm gleichgültig, daß Lowell enorm reich war und spielend die Zeche übernehmen konnte, aber Hanrahan war kein Abstauber und entschlossen, selbst zu bezahlen.

»Ja, Sir«, sagte der Kellner.

Lowell schaute Hanrahan an, lächelte und schüttelte den Kopf.

Das Bier wurde sofort serviert.

»Tun Sie mir einen Gefallen, Craig«, sagte Hanrahan. »Machen Sie sich nicht über Ellis lustig.«

»Das hatte ich nicht vor«, erwiderte Lowell.

»Ich glaube, die Sache mit der Leiche auf dem U-Boot hat ihm mehr zu schaffen gemacht, als er zugibt.«

»Oh, ich fragte mich schon, warum er so verbiestert ist.« Lowell musterte Hanrahan. »Warum zur Hölle haben Sie ihn überhaupt hingeschickt? Ich hätte das leicht erledigen können.«

»Felter hatte die Idee, ihn hinzuschicken«, sagte Hanrahan.

»Ellis erzählte mir, die Kubaner versuchten, uns eine falsche Leiche anzudrehen«, sagte Lowell.

Zwei Köpfe ruckten am Nebentisch herum. Lowell lächelte die Leute höflich an. Sie lächelten zurück und waren überzeugt, sich verhört zu haben. Hanrahan schüttelte den Kopf.

Lieutenant Ellis, jetzt in Uniform, traf ein, als der Kellner die Muscheln servierte.

»Bringen Sie dem Lieutenant ein Bier«, sagte Lowell.

Der Kellner musterte Ellis.

»Ich brauche irgendeinen Beweis, daß er 21 ist«, sagte der Kellner.

Lowell nahm sein Wasserglas und schüttete das Wasser auf den Boden. Dann füllte er das Glas mit Bier aus seiner Flasche und stellte es vor Ellis hin.

»Jetzt bringen Sie *mir* ein Bier, und zwar schnell«, sagte Lowell eisig, »denn ich werde sehr ungemütlich und mache häßliche Szenen, wenn ich den Eindruck gewinne, daß ein Offizier der U.S. Army von einem pöbelhaften Teller-Jockey beleidigt wird.«

Der Maitre d'Hotel spürte Probleme und eilte an den Tisch.

»Ist alles in Ordnung, Colonel Lowell?«

»Wir brauchen eine Runde Bier und einen anderen Kellner«, sagte Lowell. »Abgesehen davon ist alles prima.«

Weitere Gäste wandten den Kopf und schauten herüber. Der Maitre traf eine schnelle Entscheidung.

»Natürlich«, sagte er. »Sofort.«

»Das ist ein guter Mann.« Lowell nahm sein Bierglas. »Prost, Lieutenant Ellis«, sagte er.

Verlegen, aber bewegt, weil Lowell sich so heftig für ihn eingesetzt hatte, trank Ellis einen Schluck Bier. Dann stellte er das Glas ab und entfernte vorsichtig das heiße Tuch, das seine

Muscheln bedeckte. Er schaute mißtrauisch auf die Venusmuscheln. Die Dinger mußt du also essen, sagte er sich. Und den Hummer, der folgen würde. Beides hatte er noch nie gegessen.

Während er zuschaute, wie MacMillan mit der Gabel eine Muschel aufspießte, sie in geschmolzene Butter tauchte und dann in den Mund schob, dachte Ellis: Das ist wieder wie die Feldübung auf der Eglin Air Base. Hochklassig, aber im Grunde das gleiche. Ich muß sonderbares Zeug essen, weil ich sonst Hunger habe und mich vor den anderen blamiere.

Das brachte ihn auf den Gedanken an Edward B. Eaglebury, der morgen beigesetzt werden würde. Eaglebury, mit den Winkeln eines Army-Sergeant First Class, war ein Mitglied von Ellis' ›A‹-Team (Ausbildung) 59-23 in Eglin gewesen. Erst nach der Rückkehr nach Fort Bragg, nachdem sie all die Zeit in den Sümpfen von Eglin verbracht hatten und schließlich gezwungen gewesen waren, ein Wildschwein zu erlegen, weil sie nichts mehr zu essen gehabt hatten, war herausgekommen, wer Eaglebury in Wirklichkeit war. Erst da hatte Ellis erfahren, daß Eaglebury ein Annapolis-Absolvent und ein Lieutenant Commander der Navy war, der die Aufgabe gehabt hatte, ihn in der Rolle eines Sergeant First Class zu prüfen und zu beurteilen.

»Die Muscheln scheinen Ihnen nicht ganz geheuer zu sein, Ellis«, bemerkte Lowell.

»Ich hab' noch nie welche gegessen, Colonel.« Ellis spießte eine Muschel auf, tauchte sie in die zerlassene Butter und schob sie in den Mund. Sie schmeckte gar nicht so schlecht, wie er gedacht hatte. Sonderbar, jedoch nicht schleimig. Er hatte befürchtet, daß sie schleimig sein würde.

»Ich dachte, ihr Green Berets seid alle darin ausgebildet, exotische Sachen zu essen«, sagte Lowell unschuldig. »Schlangen, Eidechsen und so.«

»Halten Sie die Klappe, Lowell«, sagte MacMillan. »Hören Sie mit Ihren Bemerkungen über die Green Berets auf.«

»Oh, es tut mir *von Herzen* leid, Colonel MacMillan«, entgegnete Lowell gespielt zerknirscht. »Ich bin einfach nur fasziniert von all den Geschichten, die ich über euch Jungs mit den Hütchen von Pfadfinderinnen höre.«

»Nun, Sie brauchen nicht viel länger fasziniert zu sein«, sagte MacMillan. »Diese Hurensöhne vom CONARC haben sie soeben verboten.«

»Wo haben Sie das gehört?« fragte Hanrahan.

»Ich habe Freunde oben«, sagte Mac. »Ich wollte es Ihnen sagen, sobald ich eine Minute mit Ihnen allein bin.«

»Ich habe es vor zwei Tagen erfahren«, sagte Hanrahan. »Man schickte mir eine Kopie der Weisung.«

»Kommen die damit durch?« fragte Mac.

»Ich werde den Befehl weitergeben müssen, wenn wir zurückkehren«, sagte Hanrahan.

»Kann Felter helfen?« fragte Mac.

»Nein«, erwiderte Hanrahan knapp.

»Scheiße«, sagte Ellis, lauter als beabsichtigt.

»Das wußte ich natürlich nicht«, sagte Lowell. »Es sollte nur ein Scherz sein.«

»Ich scheiße auf Ihre Scherze, Lowell!« knurrte MacMillan.

Lowell erkannte, daß MacMillan weitaus wütender wegen des Verbots der Green Berets war als auf ihn.

»Hüten Sie Ihre Zunge, Mac!« fuhr Hanrahan ihn an.

»Ellis, der Stolz von Mauch Chunk namens MacMillan glaubt, er kann mit mir in dieser obszönen und unfeinen Art sprechen«, erklärte Lowell leichthin, »weil er das Privileg hatte, mich zu kennen, seit ich Private First Class war.«

»Das *Privileg?«* stieß MacMillan ungläubig hervor.

»Nun, dann will ich es etwas volkstümlicher bezeichnen: die Ehre«, sagte Lowell liebenswürdig.

»Er war ein lausiger Private, Ellis«, sagte MacMillan. Der peinliche Augenblick war vorüber, wie Lowell hoffte.

»Ich war sehr jung und leicht zu beeindrucken«, erzählte Lowell. »Und ich vertraute MacMillan, als er an mich herantrat und mir sagte, er würde mich zum Offizier machen, ich würde mehr Sold und schönere Uniformen bekommen, und die Leute würden vor mir salutieren und mich ›Sir‹ nennen. So stimmte ich zu. Und als nächstes lande ich auf einem Hügel in Griechenland, und meine Besoldungs-Akten sind verschwunden. Auf dem Hügel ist es drei Grad kälter als am Nordpol, und es gibt da keine amerikanischen Uniformen, und so trage ich einen britischen Kampfanzug, der aus ausgesonderten Pferdedecken gemacht wurde, und Leute schießen auf mich.«

Hanrahan lachte.

»MacMillan, der sich wie immer bedeckt hält, ist unterdessen in die Staaten zurückgekehrt«, fuhr Lowell fort. »Deshalb werden Sie verstehen, warum ich immer, wenn er mir was sagt, eine Hand auf meine Brieftasche und die andere auf die Familienjuwelen halte.«

»Ellis«, sagte Hanrahan, »was Lowell sagt, ist als Fehlinformation bekannt. Ein komplexes Lügengebäude, das auf einem wackligen Fundament der Wahrheit errichtet ist.«

»Es ist *alles* wahr«, beharrte Lowell. »Revidieren Sie nicht Geschichte.«

»Ich war Berater bei einer griechischen Gebirgsjäger-Division, Ellis«, erzählte Hanrahan. »Und ich forderte erfahrene Panzeroffiziere im Rang Captain und darüber an. Und was schickte man mir? Lowell, der 18 Jahre jung und ein Second Lieutenant war und nie in einem Panzer gewesen war. Soviel ist wenigstens wahr.«

»Es ist *alles* wahr«, wiederholte Lowell. »Da war ich, zitternd vor Kälte in meiner Pferdedecken-Uniform, 18jährig, und der Colonel hier hielt täglich eine Ansprache, wie sehr das gesamte Schicksal der westlichen Zivilisation, wie wir sie kennen, auf meinen Schultern ruhte.«

»Mr. Wojinski erzählte mir über Ihre Zeit in Griechenland, Colonel«, sagte Ellis.

»Wojinski lügt«, sagte Lowell und nickte zu dem Warrant Officer in mittlerem Alter.

»Woher wissen Sie denn, was ich ihm sagte, Duke?« fragte Wojinski.

»Ellis, Sie müssen sich bei Colonel Lowell vor Augen halten, daß er geisteskrank ist«, sagte Major Parker. »Wenn Sie das berücksichtigen, werden Sie alles besser verstehen.«

»*Ich* bin geisteskrank? Ich bin umgeben von Leuten, die Schlangen essen, aus perfekt funktionierenden Flugzeugen springen und Hütchen von Pfadfinderinnen tragen, und *ich* bin geisteskrank?«

»Da fängt er schon wieder mit diesem Scheiß von den

Mützen an«, sagte MacMillan. Dann verstummte er, als zwei Kellner auftauchten, die Tabletts mit dampfenden Hummern trugen.

»Was das ›Hütchen‹ anbetrifft, Craig, so haben wir Ihnen eines mitgebracht«, sagte Colonel Hanrahan.

»Ich verstehe nicht«, murmelte Lowell.

»Sie werden das Green Beret morgen tragen«, sagte Hanrahan. Es war ein klarer Befehl.

»Darf ich fragen, warum?« erkundigte sich Lowell. Es war die höfliche Frage eines Untergebenen an einen Vorgesetzten, keine Aufsässigkeit.

»Weil Lieutenant Commander Eaglebury als Green Beret starb und von Green Berets zu Grabe getragen wird. Dies wird vermutlich die letzte Zeremonie sein, bei der Leute Green Berets tragen werden. Seien Sie nachsichtig mit mir; wir Iren sind emotional und lieben Symbolik.«

»Ich bin kein Green Beret, Colonel«, sagte Lowell sanft.

»Sie tragen das Green Beret und streiten nicht mit mir«, sagte Hanrahan ärgerlich, und dann wurde sein Tonfall weicher. »Aber Sie *sind* ein Green Beret. Sie haben ausländische Truppen im Kampf geführt. Sie sind berechtigt, sich Green Beret zu nennen wie Felter und ich.«

»Jawohl, Sir.« Lowell blickte einen Moment nachdenklich vor sich hin und zuckte dann die Achseln.

Er schaute zu MacMillan.

»Essen Sie nicht das Rote, Mac«, sagte Lowell. »Öffnen Sie es, und essen Sie, was darin ist.«

»Sie können mich mal, Lowell«, brummte Lieutenant Colonel MacMillan.

4

C-Kompanie, Erstes Bataillon
11. Infanterieregiment
Grundausbildungszentrum des Heeres
Fort Jackson, South Carolina

29. November 1961, 21 Uhr 05

Die C-Kompanie belegte vier zweigeschossige Holzgebäude. Sie waren 1941 errichtet worden, eigentlich nur für die Dauer von fünf Jahren. Jeweils zwei dieser Gebäude standen sich auf einer freien Fläche gegenüber, die etwa so lang war wie ein solches Gebäude. An einer Seite standen zwei einstöckige Gebäude. Eines beherbergte die Schreibstube, das Postzimmer und die Waffenkammer, das andere das Versorgungslager.

Die C-Kompanie bestand aus vier Zügen zu jeweils 40 Mann. Jeder Zug hatte ein Unterkunftsgebäude, und der dritte Zug belegte eines der Gebäude, das am nächsten zur Schreibstube und dem Versorgungslager stand. Jeder Zug bestand aus vier Gruppen zu zehn Mann. Die dritte und vierte Gruppe des dritten Zuges belegten das Obergeschoß im Gebäude des dritten Zugs. Oben an der Treppe waren zwei Türen, die zu privaten Unterkünften führten. Das waren die Quartiere der diensthabenden Gruppenführer der beiden Züge im Gebäude. Die Kojen der Rekruten standen in einem großen Raum, jeweils neun auf jeder Seite.

Neben jedem Bett war ein Regal angebracht. Darin lagen die Helme der Rekruten, Schutzhelm, Stahlhelm, und ihre Mützen, Arbeitsmützen, Dienstmütze, Schirmmütze. Die Stützpfosten, an denen die Regale hingen, waren durchbohrt worden, und man hatte Leitungsrohre hindurchgezogen. Die Rekruten hängten ihre Uniformen auf die Rohre: Mantel, Regenmantel, Feldjacke, Uniformrock Nr. 1 (mit Hose darunter), Uniformrock Nr. 2, Khakihemden Nr. 1 bis Nr. 3, Arbeitsjacke Nr. 1 (mit Arbeitshose darunter), Arbeitsjacke Nr. 2. Neben Arbeitsjacke Nr. 2 hing Badetuch Nr. 1 (auf einem Drahtbügel) und genau in der Mitte darüber Handtuch Nr. 1. Jeder Rekrut stellte sein Schuhwerk an die linke Seite des Betts nahe dem Mittelgang auf: seine zwei Paar Kampfstiefel, sein Paar Halbschuhe und die Badeschuhe, alle mit den Spitzen in einer Reihe, die mit der linken Bettkante abschloß. Der Wäschesack war ans Kopfende der Koje gebunden, gleich links vom Namensschild.

Im Spind am Fußende des Betts waren in vorgeschriebener Anordnung Badetuch Nr. 2, Handtuch Nr. 2 und andere Dinge untergebracht (Unterwäsche, Socken usw.).

Die Anordnung der Kleidungsstücke und des Schuhwerks wurde ständig inspiziert, und in den siebeneinhalb Wochen, in denen die Männer der C-1-11 (C-Kompanie, 1. Bataillon, 11. Regiment) in der Grundausbildung waren, hatten sie gelernt, ihre Sachen ordentlich und den Vorschriften entsprechend aufzubewahren.

Die Vorschriften verboten die Benutzung der Betten zwischen 3 Uhr 55 (dem Wecken) und 20 Uhr 55 (wenn über die Lautsprecheranlage ›Licht aus!‹ befohlen wurde). An diesem besonderen Abend war aus irgendeinem Grund kein ›Licht-aus!-Befehl‹ ertönt, obwohl er seit zehn Minuten fällig gewesen wäre. Weil den Rekruten beigebracht worden war, nichts zu tun, was nicht ausdrücklich befohlen wurde, hatten sie sich nicht getraut, die Decke, die in der vorgeschriebenen Weise über das Kissen gezogen war, zurückzuschlagen und ins Bett zu gehen.

Einige von ihnen lagen auf dem Boden neben den Kojen; einige saßen am Fußende des Betts, und andere hatten sich um die rot angestrichenen 10 Kippen-Becher versammelt, die längs des Mittelgangs zwischen den beiden Bettenreihen an Pfosten genagelt waren.

Alle fragten sich, ob Staff Sergeant Douglas B. Foster, ihr Zug-Sergeant, tatsächlich tun würde, was er angedroht hatte. Er hatte angedroht, etwas von der Klugscheißerei aus Rekrut Geoffrey Craig II herauszubrechen.

Wie die meisten Männer seiner Familie (sein Vater war die auffallende Ausnahme) war Geoffrey Craig II groß, blond, geschmeidig wie ein Tennisspieler, hatte ein sympathisch wirkendes Gesicht und blaue Augen. Wie 40 Prozent der anderen Rekruten war er Wehrpflichtiger, einberufen für zwei Jahre aktiven Wehrdienst, dem entweder drei Jahre Dienst in der aktiven Reserve der National Guard oder fünf Jahre in der inaktiven Reserve folgen würden.

Wie 25 Prozent der anderen Eingezogenen hatte Rekrut Craig zwei oder mehr Jahre das College besucht, in seinem Fall Princetown. Er war der erste Craig in sechs Generationen, der nicht das Harvard College in Cambridge, Massachussetts, besucht hatte. Nach Meinung seines Vaters Porter Craig (38) war dieses College von den Juden und den Kommunisten verdorben worden. Er hatte sein Mißfallen darüber klargemacht, indem er die halbjährlichen Bitten um eine Spende ignoriert und seine beiden Söhne nach Princetown geschickt hatte, dem College, dem er nun den nicht unerheblichen Betrag schickte, den er sonst Harvard gespendet hatte.

Porter Craig senior hatte sich noch nicht entschieden, was er bezüglich der St. Mark's School unternehmen sollte, die er, sein Vater und sein Großvater besucht hatten. St. Mark's war seiner Meinung nach ähnlich verkommen wie Harvard, denn man ermunterte fast jeden Pöbel, sich dort einzuschreiben. Doch der Unterschied, hatte man Porter Craig senior informiert, bestand darin, daß die ›rekrutierten‹ Studenten allein auf der Basis von Testergebnissen eingezogen worden waren, und nicht, weil sie zu irgendeiner rassischen oder ethnischen Minderheit zählten. Das war die eine Sache. Was Harvard machte, war etwas anderes; Harvard kämmte die Slums und den Süden nach ›benachteiligten‹ Leuten ab, um sie nach Cambridge zu bringen.

Rekrut Geoffrey Craig war nach der Vollendung seines vorletzten Studienjahrs in Princetown zum Militärdienst eingezogen worden, nachdem die Universität seine Einberufungsbehörde informiert hatte, daß er keinen befriedigenden akademischen Durchschnitt erreicht hatte. Sein Vater war weniger beunruhigt über Geoffreys Noten, als er vorgab, denn er selbst hatte sein Studium so gerade mit Ach und Krach geschafft. So hatte er ihn, nach entsprechendem Schimpfen und Meckern, über den Sommer nach Europa geschickt mit der Ermahnung, er solle sich ernsthaft Gedanken um seine Zukunft machen. Zu diesem Zeitpunkt hatten sie beide gehofft, daß Geoffrey nicht eingezogen werden würde, obwohl er die Freistellung wegen des Studiums verloren hatte. Schließlich wurde nicht jeder eingezogen.

Doch seine gesichtlosen ›Freunde und Nachbarn‹ (die Einberufungskommission) hatten sich nach entsprechender Abwägung der für sie verfügbaren jungen Männer entschlossen, daß die Verteidigung des Landes den Militärdienst von Geoffrey Craig II erforderte und daß Geoff aus Salzburg heimkehren und sich im Armed Forces Induction Center in Lower Manhattan zur ärztlichen Untersuchung vor der Einberufung melden mußte.

Insgeheim hatten Vater und Sohn gehofft, daß die Ärzte irgendeinen Schaden finden würden – keinen zu großen, aber genügend, um ihn untauglich zu machen. Diese Hoffnung hatte sich nicht erfüllt. Man bescheinigte Geoff, daß er in perfekter körperlicher Verfassung war, und belehrte ihn, daß er seine persönlichen Angelegenheiten erledigen und auf die Einberufung warten sollte.

Am betreffenden Tag zur betreffenden Stunde war Geoffrey Craig – ziemlich verkatert – mit einem Taxi zum Armed Forces Induction Center gefahren. Er hatte mit dem Gedanken gespielt und ihn schließlich verworfen, sich bei dem Klapsdoktor der Army als schwul auszugeben. Und so war er an einem sonnigen Nachmittag Anfang September einen Schritt vorgetreten, hatte die Hand gehoben und feierlich geschworen, die Verfassung der Vereinigten Staaten gegen alle Feinde, ausländische und inländische, zu verteidigen und die Befehle der Offiziere und Unteroffiziere zu erfüllen, die seine Vorgesetzten waren.

Geoffrey Craig und 66 andere junge Männer, die meisten davon Eingezogene, waren per Bus nach Fort Dix, New Jersey, gebracht worden, wo sie eine Reihe von Schutzimpfungen erhalten hatten. Ein Offizier hatte sie über Rechte und Pflichten der Soldaten belehrt, man hatte ihnen einen kurzen Haarschnitt und Uniformen verpaßt, und sie hatten eine Reihe von Tests machen müssen, mit denen man festgestellt hatte, für welche der verschiedenen Ausbildungsreihen sie geeignet waren.

Rekrut Craig wurde von einem Sergeant, der die Army Security Agency vertrat, zu einem Gespräch bestellt. Der Sergeant sagte Geoffrey Craig, seine Schulbildung und die wirklich guten Punktzahlen beim Army General Classification Test (AGCT) qualifizierten ihn für die Army Security Agency. Nach der Grundausbildung – wenn er sich so entscheiden sollte – würde er eine Sonderausbildung erhalten und danach einen Dienst versehen, der mit der Sicherheit der Kommunikationswege der Army zu tun hatte.

Geoffrey hatte von einem Kommilitonen in Princetown alles über die Army Security Agency gehört. Abgesehen von dem Blödsinn lehrten sie einen dort das Morsealphabet, und man saß acht Stunden pro Tag an einer Schreibmaschine und übertrug abgefangene Funknachrichten. Der frühere ASA-Mann, den Geoff in Princetown kennenlernte, hatte gesagt, es wäre der vermutlich beschissenste Job in der beschissenen Army.

Geoff erklärte dem Sergeant, daß er nicht an diesem Dienst interessiert war, und blieb immun gegen die Schmeicheleien und Drohungen, die folgten. Der Sergeant, der Mühe hatte, sein Kontingent an Rekruten zusammenzubekommen, machte deutlich klar, was passieren würde, wenn Rekrut Craig nicht die goldene Chance nutzen würde, die er ihm bot. Man würde ihm ein verdammtes Gewehr geben, und er würde seine zwei Jahre Hügel hinauf und hinunter rennen und auf dem Boden schlafen.

Rekrut Craig wurde von Fort Dix, New Jersey, nach Fort Jackson, South Carolina, befohlen, wo er eine Grundausbildung als Infanterist erhalten würde.

Als Rekrut Craig in Fort Jackson aus dem Bus stieg, machte er sofort Bekanntschaft mit Staff Sergeant Douglas B. Foster. Foster war 30, ein gutgebauter, ziemlich kleiner Mann, der seit 13 Jahren bei der Army war. Er hatte sich freiwillig gemeldet, nachdem er das vorletzte Jahr in der Westwego High School in Louisiana nicht geschafft hatte. Als der Koreakrieg ausbrach, war Foster als Private in Deutschland gewesen, zwei Jahre später war er nach Korea geschickt worden, wo er bei der 45. Infanterie-Division gedient hatte, die zur Oklahoma National Guard gehörte.

Obwohl er bei der 45. Infanterie-Division schließlich zum Sergeant befördert wurde, war seine Dienstzeit dort keine glückliche. 80 Prozent der Offiziere, Unteroffiziere und Mannschaften waren entweder Angehörige der National Guard oder Reservisten, die die Berufsarmee in unterschiedlichem Maße verachteten. Foster betrachtete jeden, der kein Berufssoldat war, mit der gleichen Verachtung. Er verabscheute immer noch Wehrpflichtige und Yankees, und sogar noch mehr verabscheute er wehrpflichtige Yankees, die das College besucht hatten und dachten, ihre Scheiße stinke nicht.

Nach seiner Rückkehr aus Korea hatte Sergeant Foster bei der ersten Infanterie-Division (›The Big Red One‹) in Fort Riley, Kansas, als Gruppenführer in der F-Kompanie des 18. Infanterie-Regiments gedient. Dort hatte er ein Mädchen aus Manhattan, Kansas, kennengelernt und geheiratet, und sechs Monate später war ihr erstes Kind, ein Mädchen, zur Welt gekommen. Einen Monat nach seiner Beförderung zum Staff Sergeant im Jahre 1960 war seine zweite Tochter geboren worden. Es war schwierig, mit dem Sold eines Staff Sergeants auszukommen. Wenn es etwas gab, das Staff Sergeant Foster mehr haßte als einen wehrpflichtigen Yankee und College-Jungen, dann war es ein *reicher* wehrpflichtiger Yankee und College-Junge.

Weil er gehört hatte, daß man hier schnell befördert wurde, hatte Staff Sergeant Foster kurz nach Lisbeth Maries Geburt um Dienst als Grundausbilder ersucht und war akzeptiert worden. Foster diente jetzt seit 20 Monaten in Fort Jackson und war nicht befördert worden. Er hatte zehnmal Rekruten ausgebildet, ohne von seinen Vorgesetzten ein freundliches Nicken zu sehen oder ein nettes Wort zu hören.

Vom ersten Augenblick an hatten Rekrut Craig und Staff Sergeant Foster einander nicht ausstehen können. Craig hatte Foster offen in die Augen gesehen, wie es seiner Meinung nach unter Menschen üblich ist.

»Ich schaue *Sie* an, Soldat«, hatte Staff Sergeant Foster zu

Rekrut Craig gesagt, »aber wenn ich will, daß Sie *mich* anschauen, dann werde ich Ihnen das sagen!«

»Jawohl, Sir.«

»Sagen Sie nicht ›Sir‹ zu Sergeants, Soldat!«

»Jawohl, Sergeant.«

»Sie scheinen mir ein Klugscheißer zu sein, Soldat«, hatte Foster gesagt. »Sind Sie ein Klugscheißer?«

»Ich versuche es unter den gegebenen Umständen nicht zu sein, Sergeant.«

Das einzige, was Rekrut Craig in der Grundausbildung gemacht und was den Anforderungen von Staff Sergeant Foster genügt hatte, war ausgezeichnetes Schießen mit dem Gewehr, dem M 1, gewesen. Das wurde durch die Anzahl der Löcher in der Mitte der Zielscheibe bewiesen und war keine Ansichtssache.

Andererseits hatte Rekrut Craig nicht Staff Sergeant Fosters Vorstellungen von einem sauberen Gewehr erfüllen können, und er mußte im Durchschnitt viermal pro Tag sein Gewehr reinigen. Ebensowenig konnte er seine Stiefel und Schuhe so blank polieren, daß er den Sergeant zufriedenstellte. Auch sein Bettenbauen fand keine Billigung des Sergeants. Um sein Mißfallen zu bekunden, pflegte der Sergeant das gesamte Bett umzukippen.

Wenn Staff Sergeant Foster allein mit seinem Zug war, bezeichnete er Rekrut Craig als ›Rekrut Arschloch‹ oder auch kurz als ›Arschloch‹.

Rekrut Arschloch gelangte zu dem Schluß, daß Staff Sergeant Foster versuchte, ihn zu provozieren, damit er eine Dummheit beging, wie zum Beispiel ihm eine zu knallen, und er schwor sich, die Kontrolle über sich zu behalten. Die Grundausbildung würde schließlich zu Ende gehen, und er würde woanders hinkommen. Es konnte nicht überall so schlimm in der Army sein.

Wenn er den lispelnden Second Lieutenant richtig verstanden hatte, der die Rekruten belehrt hatte, dann wurde Gewaltanwendung gegenüber einem Unteroffizier in Ausübung seines Dienstes ›mit dem Tod oder einer anderen Strafe, die das Kriegsgericht verhängt‹, bestraft. Rekrut Arschloch glaubte nicht, daß man ihn tatsächlich zum Tode verurteilen würde, aber er würde sich vermutlich im Militärgefängnis wiederfinden. Und die Zeit im Militärgefängnis wurde nicht auf das eine Jahr, die neun Monate und die Tage angerechnet, die er noch dienen mußte.

An diesem Tag hatte der Zugführer, ein Second Lieutenant, der erst vor drei Monaten von der Offiziersanwärterschule gekommen war, auf Grund seiner anderen Pflichten den täglichen Kontrollgang durch die Unterkünfte nicht selbst machen können. Staff Sergeant Foster hatte die Inspektion durchgeführt.

Rekrut Arschlochs Bett war schlampig gemacht, und es wurde umgekippt. Rekrut Arschlochs Handtuch hing schief über seinem Badetuch und wurde zu Boden geworfen.

Und dann stellte Staff Sergeant Foster fest, daß das Knopfloch auf Rekrut Arschlochs linker Gesäßtasche ausgefranst war. Er riß den Knopf ab und faßte Rekrut Arschloch ins Auge.

»Glaubst du, es würde helfen, daran zu denken, daß Knöpfe fest angenäht sein müssen, wenn du einen davon frißt, Arschloch?«

»Das bezweifle ich, Sergeant.«

»Friß ihn, Arschloch!«

»Das lehne ich respektvoll ab, Sergeant.«

»Das ist ein Befehl, Arschloch!«

»Ich glaube, es ist ein gesetzwidriger Befehl, Sergeant.«

»Sie weigern sich, einen Befehl zu befolgen?«

»Ich lehne es respektvoll ab, einen Befehl zu befolgen, den ich für gesetzwidrig halte, Sergeant.«

»Sie können mich nicht leiden, Arschloch, wie?«

Rekrut Arschloch sagte nichts.

»Ich habe eine Frage gestellt, Arschloch!«

»Stimmt, Sergeant, ich kann Sie nicht leiden«, sagte Rekrut Arschloch.

»Was *denken* Sie über mich, Arschloch?«

Als Rekrut Arschloch schwieg, wiederholte Staff Sergeant Foster: »Ich habe eine Frage gestellt, Arschloch!«

»Ich denke, daß Sie ein halbgebildeter Kretin mit psychologischen Problemen sind«, antwortete Rekrut Arschloch.

Staff Sergeant Foster wußte, was *halbgebildet* und was *psychologische Probleme* bedeuten, aber er wollte verdammt sein, wenn er Rekrut Arschloch fragte, was ein *Kretin* ist.

»Und warum tun Sie dann nichts dagegen, Arschloch? Sind Sie schwul oder was?«

»Ich bin kein Dummkopf, Sergeant«, erwiderte Rekrut Arschloch. Er wußte, daß er mehr sagte, als er sollte, aber er konnte sich nicht mehr zurückhalten. »Ich würde Ihnen gern was aufs Maul geben, aber ich bin nicht bereit, für dieses Vergnügen in den Bau zu wandern.«

»Ist das alles, was dich davon abhält, Arschloch?« Staff Sergeant Foster nahm begierig die Herausforderung an. »Dann sage ich dir folgendes: Heute abend gehen wir beide vor die Kaserne, und ich ziehe meine Jacke aus, und dann machen wir es unter uns aus. Mann gegen Arschloch. Willst du das versuchen?«

»Ich wüßte nichts, was mir lieber wäre«, hörte sich Rekrut Arschloch sagen.

Er bedauerte es im Laufe des Tages. Es war eine Sache, bei der er nicht gewinnen konnte.

Um 21 Uhr 07 tauchte Staff Sergeant Foster oben auf der Treppe auf.

»Achtung!« rief einer der Rekruten, und alle sprangen auf und standen still.

»Rekrut Craig«, rief Staff Sergeant Foster freundlich, »kann ich Sie einen Moment draußen sehen?«

Rekrut Craig ging über den Mittelgang zur Treppe.

Als er auf dem oberen Treppenabsatz war, schaltete Staff Sergeant Foster das Licht in der Unterkunft der Rekruten aus.

»Ihr anderen haut euch in die Falle«, sagte er.

Die Rekruten taten es, doch keiner schlief. Sie wußten, was geschehen würde.

Es gab Gerede, ob nicht jemand zur Kompanie nebenan gehen und den Zugführer aus seinem Quartier rufen sollte. Es herrschte allgemein Übereinstimmung, daß Staff Sergeant Foster mehr tun würde, als Craig nur zu schlagen; der Mann war fähig, ihn ernsthaft zu verletzen. Alle waren der Ansicht, daß jemand den Lieutenant rufen und es ihm sagen sollte, aber keiner war bereit, sich freiwillig zu melden und es zu tun.

Zehn Minuten später klang es, als fiele jemand die Treppe hinauf. Eine tapfere Seele stieg aus dem Bett, knipste eine Taschenlampe an und eilte schnell über den Gang, um zu sehen, wer da kam.

Es war Rekrut Arschloch. Er sah schrecklich aus. Er blutete aus dem Mund. Seine Nase war blutig und schief wie gebrochen, und er hielt sein rechtes Handgelenk mit der linken Hand.

»Ich glaube, die Hand ist gebrochen«, ächzte er, als zwei Mann ihm zu seinem Bett halfen.

»Du hast ihn geschlagen, was?«

»Geschlagen? Ich hoffe, ich habe den Bastard umgebracht!«

Zehn Minuten später ertönte eine Sirene, und bald darauf war das Rotieren roter Lichter zu sehen. Ein mutiger Rekrut ging zum Fenster, spähte hinaus und berichtete, daß draußen ein Krankenwagen war.

Fünf Minuten später danach kam der Lieutenant, schaltete das Licht an und erklärte Rekrut Craig, daß er unter Arrest war.

Wiederum fünf Minuten später kamen zwei Militärpolizisten, führten Rekrut Arschloch ab, brachten ihn in ihren Jeep und fuhren mit ihm davon.

5

Wallingford Road 204
Swarthmore, Pennsylvania

29. November 1961, 20 Uhr 45

Als die Soldaten hereinkamen, saß Dianne Eaglebury, das 19jährige, honigblonde Mädchen, neben ihrer Mutter und ihrer Schwägerin auf einer Couch im Wohnzimmer.

In der Mitte des Wohnzimmers stand der mit einem Sternenbanner bedeckte Sarg ihres Bruders. Der Sarg war geschlossen und versiegelt, und es war etwas Unwirkliches an der Vorstellung, daß Ed darin lag, tot war und sie ihn niemals wiedersehen würde. Als ihr Vater sie im Tri-Delt House in Duke, wo sie im zweiten Jahr studierte, angerufen hatte, um ihr das Entsetzliche zu sagen, hatte sie geweint. Zuvor waren Navy-Offiziere zu Eds Quartier in der Anacostia Naval Air Station gegangen und hatten seiner Frau Suzanne gesagt, daß Ed bei der Invasion in der Schweinebucht Kubas gefallen war und ›die Bergung seiner sterblichen Überreste unwahrscheinlich sei‹. Suzanne hat Eds Vater angerufen, und er hatte gleich danach mit Dianne telefoniert.

Dianne hatte geweint, als sie es erfahren hatte, und auch später in der Nacht, als sie allein im Bett gelegen hatte. Ebenfalls geweint hatte sie, als sie heimgekommen war, um am Trauergottesdienst in der St. James Church teilzunehmen. Sie hatte jedoch nicht mehr geweint, seit die Navy die Angehörigen informiert hatte, daß Eds sterbliche Überreste geborgen worden waren; ebensowenig als sie mit ihrem Vater und den Leuten vom Bestattungsinstitut zum Hafen von Philadelphia gefahren war, um auf das U-Boot mit dem Sarg zu warten; auch hier im Haus hatte sie nicht mehr geweint. Sie fragte sich, warum nicht.

Ed sollte mit vollen militärischen Ehren beigesetzt werden, und als sie jetzt die Soldaten sah, wunderte sie sich von neuem darüber. Warum sagte sie nicht ›mit den Ehren der Marine‹? Ed war Marineoffizier gewesen. Was hatte hier die Army zu suchen?

Sie hatten keine Einzelheiten erfahren, wie Ed gestorben war – man hatte ihnen nur förmlich gesagt, ›daß er im Dienst in Zusammenhang mit Aktivitäten bei Kuba‹ gefallen war. Diannes Vater hatte den Captain bedrängt, der sie zum Marinehafen gebracht hatte, aber der Captain hatte erklärt, daß er einfach keine näheren Einzelheiten wisse. Er hatte das anscheinend wirklich bedauert, aber Diannes Vater war von Schmerz erfüllt und zornig gewesen und hatte ihn angeschrien.

»Ich habe meinen einzigen Sohn verloren, und niemand weiß, wie es passierte? Verdammt noch mal!«

Einer der Soldaten, die jetzt das Wohnzimmer betraten, war ein Schwarzer. Ein Hüne von Mann, wie Dianne sah. Er blieb neben einem großen, atemberaubend gutaussehenden blonden Offizier stehen, während drei der anderen, vermutlich Katholiken, zu dem Betpult gingen, das bei dem Sarg für Eds katholische Freunde aufgestellt worden war. Einen dieser drei Männer erkannte Dianne wieder. Sie hatte ihn im Marinehafen gesehen. Da hatte sie wie jetzt auch noch gedacht, daß er nicht alt genug aussah, um Offizier zu sein. Dennoch trug er die Rangabzeichen eines Lieutenants, also mußte er einer sein. Alle Soldaten hielten etwas Grünes in der linken Hand, und nach einer Weile erkannte Dianne, daß es Mützen waren, so etwas wie Baskenmützen. Sie hatte noch nie Soldaten mit solchen Mützen gsehen, und sie wunderte sich auch darüber.

Während die drei Katholiken bei Eds Sarg beteten, kam Diannes Vater aus dem Eßzimmer, in dem ein Büffet und eine Bar aufgebaut worden waren. Dianne sah an seinem geröteten Gesicht, daß er getrunken hatte, und zwar viel.

Der ungemein attraktive Colonel ging voran zu den Eagleburys. Als sich der junge Lieutenant näherte, sah Dianne, daß er sogar noch jünger sein mußte, als sie gedacht hatte. Vielleicht ist er der Sohn von irgend jemand, sagte sie sich. Aber dann verwarf sie das, als sie sah, daß alle die gleiche Art Uniform trugen.

»Hallo, Suzanne«, sagte der Colonel zu der Witwe.

»Hallo, Craig«, erwiderte Suzanne. »Es war gut von Ihnen, zu kommen. Dad, dies ist Colonel Lowell. Er und Ed waren Freunde.«

»Colonel«, sagte Ed Eaglebury's Vater zu Lowell.
»Guten Abend, Sir«, sagte Lowell.
»Und dies sind Eds Mutter und seine Schwester«, stellte Suzanne vor. »Meine Eltern sind hier irgendwo im Haus.«
Lowell schüttelte die dargebotenen Hände.
»Darf ich diese Gentlemen vorstellen?« fragte er.
»Bitte tun Sie das«, sagte Mr. Eaglebury.
»Colonel Hanrahan«, sagte Lowell. »Lieutenant Colonel MacMillan, Major Parker, Warrant Officer Wojinski und Lieutenant Ellis.«
»Sie sind Lieutenant Ellis?« sagte Suzanne Eaglebury überrascht. »Sie waren mit meinem Mann in Florida?«
»Ja, Ma'am.« Ellis fühlte sich sichtlich unbehaglich.
»Mein Mann hat Sie mir als ›knallharten Kerl‹ beschrieben, Lieutenant. Ich stellte mir jemanden vor, der 100 Kilo schwer und zehn Jahre älter ist und Stacheldraht ißt.«
Dianne wurde abgelenkt durch jemanden, der das Wohnzimmer betrat. Ein adrett gekleideter Mann in einem Straßenanzug. Der Mann trug ein Blumengebinde auf einem Metallständer. Er durchquerte das Wohnzimmer und stellte das Blumengesteck genau vor den Sarg, wodurch er die beiden Gebinde verdeckte, die dahinter standen. Dann wandte er sich um und verließ das Wohnzimmer.
»Liebling«, sagte Diannes Vater mit einer Spur von Ärger in der Stimme, »sieh mal, was das zu bedeuten hat.«
Dianne ging zu den Blumen, neigte sich darüber und nahm die Karte aus einem Kuvert, das an dem Ständer befestigt war.
Während sie damit beschäftigt war, betrat ein großer Mann das Wohnzimmer und ging mit schnellen Schritten zum Sarg. Er bekreuzigte sich und kniete sich auf das Betpult.
Wer mag das sein? dachte Dianne. *Er sieht fast aus wie Kennedy.*
Sie senkte den Blick auf die Karte in ihrer Hand. Darauf war ein goldenes Nationalsiegel eingeprägt, und Dianne las:

THE PRESIDENT
and
Mrs. John Fitzgerald Kennedy

Dianne schaute zu dem knienden Mann, und für einen Augenblick trafen sich ihre Blicke. Dann erhob sich der Präsident und ging zu den Soldaten und den anderen Eaglaburys. Es war zweifellos Kennedy; die Soldaten standen still, und Dianne hörte Geflüster. Als sie hinter dem Präsidenten herging, sah sie zwei Männer bei der Tür stehen. Der Secret Service. Ein kleiner, drahtiger Mann mit stark gelichtetem Haar, der einen nicht sehr gut sitzenden Anzug anhatte, kam zur Tür, und die Männer vom Secret Service ließen ihn passieren.

». . . war ein tapferer Mann, Mrs. Eaglebury«, hörte Dianne den letzten Teil des Satzes, »und sein Tod war nicht vergebens.«

»Es ist uns eine Ehre, daß Sie kommen konnten, Mr. President«, sagte Suzanne.

»Es ist *mir* eine Ehre«, erwiderte der Präsident.

»Mr. President«, sagte Diannes Vater. »Ich möchte wissen, wie mein Sohn starb.«

Dianne fragte sich, ob ihr Vater den Mut gehabt hätte, das zum Präsidenten der Vereinigten Staaten zu sagen, wenn er nicht halb betrunken gewesen wäre. Sie sagte sich, daß er es auch nüchtern getan hätte.

»Können wir irgendwo ungestört reden?« fragte Kennedy.

»Da ist ein Anrichteraum neben dem Eßzimmer«, sagte Mr. Eaglebury.

Der Präsident blickte über die Schulter und sprach mit dem kleinen Mann in dem schlecht sitzenden Anzug.

»Felter, erkundigen Sie sich bitte, welcher dieser Gentlemen, die vielleicht die Information haben, die Mr. Eaglebury wünscht, mit uns kommen möchte, ja?«

»Jawohl, Mr. President«, sagte Felter.

Dianne stellte überrascht fest, daß sich im Eßzimmer zwei weitere Männer des Secret Service aufhielten. Als sie sahen, welches Ziel Diannes Vater hatte, dem der Präsident folgte, eilten sie durch das Eßzimmer voraus in den Anrichteraum.

Der Präsident wandte sich um und schaute Dianne an.

»Ich bin John Kennedy«, sagte er und reichte ihr die Hand.

»Das ist Eds Schwester Dianne«, sagte Diannes Mutter.

»Das mit Ihrem Bruder tut mir sehr leid, Miß Eaglebury«, sagte der Präsident.

Felter kam in den Anrichteraum, gefolgt von dem Colonel und dem sehr jungen Lieutenant.

»Colonel Hanrahan und Lieutenant Ellis, Mr. President«, sagte Felter.

»Danke, Felter«, sagte der Präsident. »Diese Offiziere waren zusammen mit Commander Eaglebury bei der Mission der Special Warfare School; Lieutenant Ellis war der Führer der Gruppe der Special Forces, mit der Commander Eaglebury in Kuba einsickerte. Möchten Sie übernehmen, Hanrahan?«

Hanrahan zögerte. So begann Felter mit der Geschichte.

»Die Mission hatte zwei Ziele«, sagte er. »Lieutenant Ellis' A-Team hatte den Auftrag, einen Funkpeilsender am Boden zu installieren, eine Orientierungshilfe für die Flugzeugbesatzungen am Ort der Invasion. Commander Eaglebury hatte einen geheimen Auftrag von noch größerem Vorrang, und er sprang mit Ellis' Team in der Uniform eines Army-Sergeants ab.

»Was war diese Mission von noch größerem Vorrang?« fragte Mr. Eaglebury.

Felter schaute den Präsidenten an.

»Sagen Sie es ihm, Felter«, forderte der Präsident ihn auf. »*Ich* entscheide, wer es wissen muß.«

»Commander Eaglebury glaubte, daß die Russen Raketenstützpunkte in Kuba errichteten«, sagte Felter. »Er wollte den Beweis dafür erbringen.«

»Die erste Phase der Mission verlief erfolgreich«, sagte Colonel Hanrahan. »Das heißt, der Fallschirmabsprung.«

»Mein Mann sprang mit dem Fallschirm über Kuba ab?« fragte Suzanne Eaglebury überrascht.

»Ja, Ma'am«, sagte Hanrahan.

»Und Sie auch, Ellis?« fragte Suzanne Eaglebury.

»Ja, Ma'am«, antwortete Ellis.

Dianne schaute ihn ungläubig an. Er war doch noch ein Junge!

»Und was geschah dann?« fragte Suzanne. Hanrahan forderte Ellis mit einer Geste auf, es zu erzählen.

»Als wir an Ort und Stelle waren, machte sich Commander Eaglebury auf den Weg zu seinem Ziel, welches auch immer das war«, sagte Ellis.

»Aber er schaffte es nicht«, warf Mister Eaglebury ein.

»Er erbrachte den Beweis – Fotos, meine ich«, sagte Hanrahan.

»Gemäß Plan versteckte er Abzüge der Fotos und versuchte, zu Ellis zurückzukehren.«

»Aber er schaffte es nicht?« beharrte Mr. Eaglebury.

»So ist es, Sir«, sagte der Präsident. »Er wurde gefangengenommen und sofort hingerichtet.«

»Ohne Prozeß?« fragte Commander Eaglebury Mutter.

»Und für nichts«, sagte Mr. Eaglebury.

»Nein Sir, nicht für nichts«, widersprach der Präsident. »Die Mission wurde von Colonel Felter fortgesetzt.«

»Wer ist das?« fragte Mr. Eaglebury.

»Dieser Colonel Felter«, sagte der Präsident und wies auf ihn, »sprang mit dem Fallschirm über Kuba ab, nahm die Filmkopien an sich, machte einige weitere Aufnahmen und schaffte es, zu Ellis zurückzukehren. Schließlich schlugen sie sich bis zur Küste durch, wo sie von Colonel Lowell aufgelesen und heimgeflogen wurden.«

»Die Russen haben Raketen in Kuba?« fragte Diannes Vater. »Was werden wir dagegen unternehmen?«

»Die Sache wird zur Zeit geprüft«, sagte der Präsident. »Es ist noch keine Entscheidung getroffen worden.«

Mr. Eaglebury schaute den Präsidenten an.

»Wird zur Zeit geprüft«, zitierte er bitter.

»Commander Eaglebury ist posthum das Distinguished Service Cross verliehen worden«, sagte der Präsident. »Ich befürchte jedoch, daß es unter den gegebenen Umständen nicht öffentlich verkündet werden kann.«

»Das DSC, die zweithöchste Auszeichnung der Nation für Tapferkeit?« fragte Mr. Eaglebury. »Warum? Weil er sich umbringen ließ?«

»Nein«, sagte der Präsident. »Weil er über seine Pflicht

hinaus seinem Land gedient hat. Ihr Sohn, Mr. Eaglebury, hielt es für seine Pflicht, sein Leben einzusetzen, um zu beweisen, daß sich der Präsident der Vereinigten Staaten irrt. Ich glaubte wirklich nicht, daß die Russen tun, was Ihr Sohn annahm.«

»Ich habe Sie nicht gewählt, Mr. President«, sagte Mr. Eaglebury. »Ich habe irgendwie das Gefühl, Ihnen das sagen zu müssen.«

»Ich bezweifle, daß Ed Eaglebury mich gewählt hat«, sagte der Präsident. »Aber als ich das Amt übernahm, wurde ich sein Oberbefehlshaber, und er entschied sich, mir mit einer Hingabe zu dienen, die ihn schließlich das Leben kostete. Das ist hervorragende Pflichterfüllung, finde ich, Mr. Eaglebury. Er verdiente sich diese Medaille.«

Präsident Kennedy und Mr. Eaglebury schauten sich einen Moment lang in die Augen.

»Es war gut von Ihnen, herzukommen, Mr. President«, sagte Mr. Eaglebury. »Wir sind Ihnen dankbar. Und dankbar dafür, daß Sie uns gesagt haben, was passierte.«

»Es tut mir leid, daß ich nicht eher kommen konnte und daß ich nicht länger bleiben kann«, sagte Präsident Kennedy. Er warf einen Blick über die Schulter. »Felter!«

Felter überreichte ihm eine rechteckige Schachtel.

»Ich dachte, daß heute abend vielleicht der falsche Zeitpunkt dafür ist«, erklärte der Präsident. »Aber schließlich sagte ich mir, Mrs. Eaglebury, daß eines Tages Eds Söhne vielleicht gern erfahren, daß Sie dies aus der Hand des Präsidenten erhielten.«

Er öffnete die Schachtel und reichte sie Suzanne.

Als sie auf die Medaille in der Schachtel schaute, stieg ein Schluchzen aus ihrer Kehle, aber sie kämpfte dagegen an, fand ihre Stimme wieder und zwang sich zu einem Lächeln.

»Ich finde, dies gehört auf das Kissen zu Eds anderen Auszeichnungen«, sagte sie.

Der Präsident brauchte einen Augenblick, um zu verstehen, was sie meinte.

»Ja«, sagte er dann, »das denke ich auch.« Er streckte die Hand aus, und Suzanne gab ihm die Schachtel mit der Medaille zurück. Präsident Kennedy nahm die Medaille und überreichte Suzanne die Schachtel.

Dann ging er allen voran aus dem Anrichteraum, durch das Eßzimmer und ins Wohnzimmer zum Sarg. Als er sich vergewissert hatte, daß alle bei ihm standen, heftete Präsident Kennedy das Distinguished Service Cross an das blaue Kissen, das auf der Flagge auf dem Sarg neben Lieutenant Commander Eagleburys Mütze, seinem Säbel und seinen anderen militärischen Auszeichnungen lag. Er heftete es gleich unter Eagleburys goldene Schwingen des Navy-Piloten und sein silbernes Fallschirmspringerabzeichen der Army. Dann schüttelte er Eagleburys Angehörigen die Hände, nickte den Offizieren zu und ging mit schnellen Schritten vom Sarg fort und aus dem Zimmer.

III

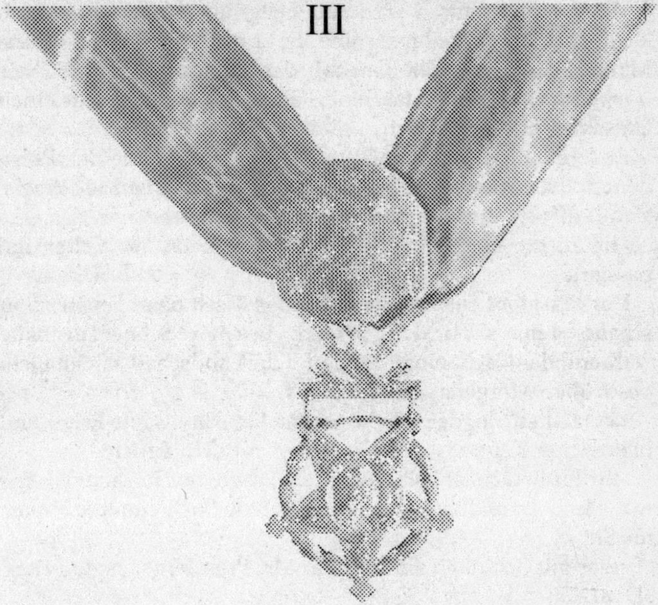

1

Camp David, Maryland

30. November 1961, 7 Uhr 15

Der Marineinfanterist der Wache fand Lieutenant Colonel Sanford T. Felter im Kommunikationsraum.

»Sir«, sagte er und wartete, bis Felter von der IBM-Schreibmaschine auf dem Schreibtisch des Fernmeldeoffiziers aufblickte. Dann fuhr er fort: »Der Präsident wünscht, daß Sie zu ihm kommen, Sir.«

»Ich komme sofort«, erwiderte Felter und konzentrierte sich wieder auf die Schreibmaschine. Er tippte schnell zwei weitere Minuten lang, zog das Blatt mit der Aufschrift TOP SECRET *(Presidential)* aus der Maschine, faltete es, steckte es in einen Umschlag und erhob sich.

Er folgte dem Marineinfanteristen zum Gebäude des Präsidenten. Der Mann vom Secret Service, der draußen auf Wache stand, öffnete ihm die Tür.

»Er suchte soeben nach Ihnen«, sagte er, als Felter ihn passierte.

Der Präsident saß an einem kleinen Tisch beim Fenster und schaute hinaus zu den Bergen. Leichter Schneefall hatte während der Nacht eingesetzt, und die Landschaft sah im Licht des frühen Morgens sehr weiß aus.

»Verzeihen Sie, daß ich Sie warten ließ, Sir«, sagte Felter und überreichte Kennedy den Umschlag mit dem Bericht.

»Ihr Frühstück ist kalt geworden«, sagte der Präsident. »Das war alles.« Dann fügte er hinzu: »Ich bestellte Eier mit Schinken für Sie.«

»Eier mit Schinken sind prima, Mr. President«, sagte Felter. »Danke.«

Er setzte sich an den Tisch, entfaltete eine Serviette und legte sie auf seinen Schoß. Ein Navy-Steward in weißem Jackett schenkte Kaffee in seine Tasse ein, und Felter bedankte sich mit einem Nicken.

Der Präsident las den zusammenfassenden Bericht und gab ihn Felter zurück.

»Das wäre alles, ich danke Ihnen«, sagte Präsident Kennedy zu dem Steward.

Felter schnitt ein Stück Schinken ab, spießte es auf die Gabel und tunkte es in das Gelb eines Spiegeleis.

»Ich war gestern sehr beeindruckt von diesem jungen Lieutenant der Green Berets«, sagte der Präsident.

»Lieutenant Ellis.« Felter nickte. »Ein sehr interessanter junger Mann. Seine Mutter ist Puertoricanerin. Er wuchs in Spanish Harlem auf. Wenn ich Sie korrigieren darf, Mr. President, die richtige Bezeichnung lautet nicht Green Berets, sondern *Special Forces*.«

»Ich dachte, sie selbst möchten gern Green Berets genannt werden.«

»Das ist fraglich geworden, Mr. President. Der CONARC-Befehlshaber hat es für nötig gehalten, das Tragen von ›ausländisch aussehender‹ Kopfbedeckung zu verbieten.«

»Ist das sozusagen ein ›subtiles Ersuchen an einen höheren Vorgesetzten‹, Felter?« fragte der Präsident lächelnd.

»Es ist offenbar entschieden worden, daß die Special Forces eigentlich zu der Familie der Luftlandetruppen gehören, Mr. President, und sich dementsprechend kleiden sollten.«

»Als ich auf Ausbildungs-Booten fuhr, Sandy, pflegten wir die Stäbchen aus unseren Mützen zu nehmen und die goldenen Tressen in Seewasser zu tränken, damit sie zerfressen wurden. Wir wollten nicht, daß uns jemand irrtümlich für Schlachtschiff-Matrosen hielt. Und jedesmal wenn uns ein Admiral sah, wandte er sich an unseren Commander und befahl ihm, dafür Sorge zu tragen, daß wir uns wie Marine-Offiziere kleiden. Wir erfüllten natürlich diesen Befehl. Manchmal eine ganze Woche lang.«

»Ich möchte ja nicht darauf herumreiten, Mr. President . . .«

»Aber . . .?«

»Die Green Berets sind ein Symbol der Unabhängigkeit.«

»Sie finden, die Special Forces sollten unabhängig von der Luftlandetruppe sein? So etwas wie Elitesoldaten?«

»Ich finde, sie wären von größerem Wert, wenn sie nicht nur als ein weiteres Anhängsel der Luftlandetruppe betrachtet würden, Mr. President.«

»Max Taylor will eine Menge Flugzeuge und um die fünftausend ›Berater‹ nach Indochina schicken. Haben Sie Kenntnis davon?«

»Nein, das wußte ich nicht«, erwiderte Felter, »aber es überrascht mich nicht.«

»Wie denken Sie darüber?«

»Ich möchte mir nicht anmaßen, General Taylors Empfehlungen zu kommentieren, Sir.«

»Wie denken Sie darüber, Felter?« wiederholte der Präsident.

»General Taylor ist der beste Mann, den Sie nach Indochina schicken konnten, Mr. President. Seine militärischen Referenzen sind tadellos. Er ist darüber hinaus ein erfahrener Mann. Seine Empfehlungen sollten sehr sorgfältig in Betracht gezogen werden.«

»Präsident Truman schickte amerikanische Truppen nach Griechenland, um die griechische Armee zu beraten. Sie schafften es, die Kommunisten aus Griechenland herauszuhalten. Sie, Felter, waren dort. Warum klappte das?«

»Weil wir im großen und ganzen hochqualifizierte, äußerst motivierte Leute nach Griechenland schickten. Colonel Hanrahan ist ein gutes Beispiel. Er war während des Kriegs in Griechenland. Er kannte und mochte die Griechen. Und sie mochten ihn. In Griechenland spielte ebenfalls ein starkes religiöses Element eine Rolle. Die Leute dort hielten die Kommunisten für gottlos. Die Griechen glaubten, ihre Kirche genauso wie ihr Land zu verteidigen.«

»Würde die gleiche Art Operation in Indochina gelingen?«

»Die Kommunisten wurden in Griechenland besiegt, Mr. President. Sie lernen von ihren Fehlern. In Indochina werden sie die religiösen Gefühle der Bevölkerung zu ihrem Vorteil nutzen. Sie werden die Buddhisten und die Mitglieder der anderen asiatischen Religionen gegen die römisch-katholische Kirche und gegeneinander ausspielen. Sie werden ebenso in der Lage sein, die amerikanischen Streitkräfte als Kolonialisten hinzustellen. Diese Taktik wandten sie erfolgreich gegen die Franzosen an.«

»Sie waren in Dien Bien Phu, nicht wahr?«

»Jawohl, Sir. Präsident Eisenhower schickte mich dorthin, kurz bevor es fiel.«

»Kurz gesagt, wie schätzen Sie die Viet Minh ein?«

»Als einen gefährlichen Feind, Sir.«

»Und wie denken unsere hohen Offiziere Ihrer Meinung nach darüber?«

Felter zögerte sichtlich, zu sagen, was er dachte.

»Na, sagen Sie es schon«, verlangte der Präsident.

»Unsere Offiziere machten zwei Fehler, Sir. Sie hielten nicht viel von der französischen Armee, und daraus resultierte die Ansicht, daß unsere Army Dinge vollbringen kann, die den Franzosen nicht gelingen.«

»Die Franzosen haben in letzter Zeit keine Kriege gewonnen«, sagte der Präsident trocken. »Dieses Gefühl unserer Offiziere ist verständlich.«

»Das 3. Fallschirmjäger-Regiment der Fremdenlegion, das in Dien Bien Phu aufgerieben wurde, war so gut wie jedes Regiment, das ich je gesehen habe, Mr. President.«

»Sie sprachen von *zwei* Fehlern.«

»Sie hielten den Viet Minh für einen Haufen von unwissenden Eingeborenen, ausgerüstet mit schrottreifen Waffen aus dem Zweiten Weltkrieg, die zusammenbrechen, wenn sie es mit modernen, gut ausgerüsteten Streitkräften zu tun bekommen.«

»Nun, angenommen, wir müssen etwas gegen sie unternehmen, was würden Sie empfehlen?«

»General Taylor ist weitaus besser qualifiziert als ich, um eine solche Frage zu beantworten, Mr. President.«

»Ich habe ihn bereits gefragt. Jetzt frage ich Sie.«

»Ich würde versuchen zu wiederholen, was wir in Griechenland getan haben, Mr. President, anstatt den Versuch zu unternehmen, den Viet Minh mit konventionellen Waffen zu besiegen.«

»Glauben Sie, das wird funktionieren?«

»Nein, Sir, das glaube ich nicht«, sagte Felter. »Ich bin der Ansicht, wir sollten nicht nach Indochina gehen.«

»Zu Ihrer Information, der gleichen Meinung ist General Taylor«, sagte der Präsident. Als Felter dazu schwieg, fuhr Kennedy fort: »Ich werde die Flugzeuge schicken, und ich werde Berater hinschicken. Aber ich habe mich noch nicht entschieden, wie ich sie bezeichnen soll. Man hat vorgeschlagen, daß sich diese fünftausend Soldaten als Hochwasserschutz-Ingenieure ausgeben. Vielleicht nenne ich sie jedoch das, was sie sind.«

Das Flappen von Rotorblättern eines Hubschraubers ertönte.

»Ah, Pierre Salinger und die Gentlemen von der Presse«, sagte Präsident Kennedy.

»Mit Ihrer Erlaubnis, Sir, gehe ich, damit Sie sich auf sie vorbereiten können«, sagte Felter.

»Sandy, ich möchte mir die Green Berets in Fort Bragg

ansehen«, sagte der Präsident, »und zwar bald. Werden Sie eine Art Reiseplan ausarbeiten?«

»Jawohl, Sir.«

»Vielleicht können wir Lieutenant Ellis auszeichnen oder so was.«

»Jawohl, Sir.«

2

Standortlazarett
Fort Jackson, South Carolina

30. November 1961, 8 Uhr 15

Rekrut Geoffrey Craig wurde mit einem Streifenwagen zur Notaufnahme des Standortlazaretts gefahren. Der Wagen war ein olivfarbener, viertüriger Chevrolet, dessen Haube und Kofferraumdeckel weiß angstrichen und auf dessen Dach Rotlicht und Sirene angebracht waren.

Rekrut Craig trug einen Arbeitsanzug. Ein großes P (für Prisoner – Gefangener) war auf den Rücken der Jacke geprägt worden, und kleinere P befanden sich auf den Hosenbeinen oberhalb der Knie.

Zusätzlich zu den beiden Militärpolizisten, der Streifenwagenbesatzung, wurde Craig von einem Sergeant der MP begleitet, an den er mit Handschellen gefesselt war. Normalerweise wurden Gefangenen die Hände mit Handschellen hinter dem Rücken gefesselt, aber Rekrut Craigs rechte Hand und das Gelenk waren so sehr geschwollen, daß sich die Smith & Wesson-Handschellen nicht ums Handgelenk schließen ließen.

Früher, um 4 Uhr 30, hatte der Gefangene den Unteroffizier vom Dienst gerufen und ihn auf die schmerzende geschwollene Hand aufmerksam gemacht. Der Unteroffizier vom Dienst im Militärgefängnis hatte die Sache dem diensthabenden Militärpolizisten gemeldet, und der Sergeant hatte ihm gesagt, der

Gefangene müsse warten, bis der Arzt des Militärgefängnisses um 7 Uhr 15 seinen Dienst antreten würde – es sei denn, es sehe aus, als würde der Bastard abkratzen oder verbluten oder so.

Der Sanitäter vom Dienst des Militärgefängnisses hatte den Gefangenen untersucht und erklärt, daß er ins Lazarett gebracht werden müsse. Es sehe aus, als sei das Handgelenk gebrochen, vermutlich auch einige Finger. Das wurde dem Kommandanten des Militärgefängnisses gemeldet, und es wurde die Entscheidung getroffen, da keine unmittelbare Gefahr bestand, mit dem Transport des Gefangenen ins Lazarett zu warten, ›bis die Anklage gegen ihn zu Ende erhoben sei‹. Der Kommandant schlug vor, dem Gefangenen unterdessen ein paar Schmerzpillen zu geben.

Um 8 Uhr 15 wurde der Gefangene aus der Zelle geholt und zum Verwaltungsgebäude des Militärgefängnisses gebracht. Dort wurde er vom befehlshabenden Offizier der C-Kompanie, Erstes Bataillon, 11. Infanterieregiment (Ausbildung) informiert, daß er in Haft gehalten werde, bis die Ermittlungen gegen ihn abgeschlossen seien.

Rekrut Craig wurde belehrt, daß er laut *31st Article of War* keinerlei Fragen zu beantworten brauche und das Recht habe, sich während des Verhörs von einem gesetzeskundigen Offizier beraten zu lassen, und daß alles, was er sage, gegen ihn vor dem Kriegsgericht verwendet werden könne und würde. Er wurde gefragt, ob er alles verstanden hatte.

»Jawohl, Sir.«

»Also dann, Craig?«

»Ich denke, ich rede besser mit einem Anwalt, Sir.«

»Mit anderen Worten, Sie weigern sich, irgendwelche Fragen zu beantworten?«

»Jawohl, Sir.«

»In diesem Fall, Rekrut Craig, ist es meine Pflicht, Sie zu informieren, daß ich eine Untersuchung der Anklagen gegen Sie durchgeführt und mich entschieden habe, die Fakten des Falls, wie ich sie sehe, einem Ausschuß von Offizieren vorzutragen und zu empfehlen, Sie wegen eines tätlichen Angriffs auf einen Unteroffizier anzuklagen, der in Ausübung seines Dienstes war. Haben Sie verstanden, was ich gesagt habe?«

»Jawohl, Sir.«

»Ich habe weiterhin entschieden, angesichts der gewalttätigen Natur der Anklagen gegen Sie, daß es zum Besten des Dienstes ist, Sie bis zur Verhandlung in Haft zu halten. Haben Sie das verstanden?«

»Jawohl, Sir.«

»Des weiteren informiere ich Sie, daß ich zur Zeit andere Anklagepunkte gegen Sie untersuche und daß andere Anklagen möglicherweise gegen Sie erhoben werden. Haben Sie das verstanden?«

»Jawohl, Sir.«

»Ich informiere Sie jetzt über die Anklagen, die ich gegen Sie erhebe«, sagte der Captain. »Sie werden die Anklagepunkte lesen, und wenn Sie irgendwelche Fragen haben, werde ich versuchen, sie zu beantworten. Dann werden Sie unterschreiben, was nur bestätigt, daß Sie die Anklagepunkte verstehen, nicht, daß Sie zugeben, irgendeinen der Anklagepunkte begangen zu haben. Ist Ihnen das klar?«

»Jawohl, Sir.«

Als offensichtlich wurde, daß Rekrut Craig die Anklageschrift nicht mit seiner unversehrten Hand unterschreiben konnte, durfte er sich hinsetzen, und die Akte wurde auf dem Schreibtisch des Kommandanten des Militärgefängnisses vor Craig hingelegt. Als der Aktendeckel vor ihm aufgeschlagen wurde, sah er in dem kurzen Augenblick, bevor die Akte wieder fortgenommen wurde, die mit Schreibmaschine getippte Ansprache, die der Kompaniechef ihm gehalten hatte. Er wunderte sich darüber und fragte sich, ob der Captain zuvor all diese gesetzlich vorgeschriebenen Dinge auswendig gelernt hatte oder ob er sie sich an diesem Morgen eingeprägt hatte, bevor man ihn ins Militärgefängnis gebracht hatte.

Da die Anklagen – ›tätlicher Angriff auf Staff Sergeant Douglas B. Foster, RA 14234303, C-Kompanie, 11. Infanterieregiment (Ausbildung), ein Unteroffizier in Ausübung seines Dienstes‹ – bereits fertig getippt waren, hatte er mit der Aussageverweigerung ganz klar die richtige Entscheidung getroffen. Die Entscheidung, ihn vors Kriegsgericht zu bringen, war offenbar bereits getroffen worden.

»Ich kann meine Hand nicht benutzen, Sir«, sagte Rekrut Craig. »Wie soll ich das unterschreiben?«

»Benutzen Sie Ihre linke Hand«, sagte der Kompaniechef.

Nach dem Gespräch mit seinem Kompaniechef wurde Rekrut Craig vom Verwaltungsgebäude in den Gefängniskomplex gebracht. Es war eine Ansammlung von zwölf zweigeschossigen Kasernen- und Verwaltungsgebäuden. Sie waren von zwei Stacheldrahtzäunen umgeben, die etwa drei Meter voneinander entfernt waren. Der Raum zwischen den Zäunen war mit Stacheldrahtrollen ausgefüllt. An jeder Ecke des Gefängnishofs gab es Wachtürme, und der Komplex konnte mit Flutlicht erhellt werden.

Die normale Prozedur bei der Einweisung ins Militärgefängnis begann für den Gefangenen mit dem Befehl, sich zu entkleiden und zu duschen. Danach erhielt er den Arbeitsanzug eines Gefangenen (mit den P darauf), einen Haarschnitt, und man nahm seine Fingerabdrücke und fotografierte ihn. Als nächstes erhielt er die ›Informationen für neu inhaftierte Gefangene‹. Im Fall des Rekruten Craig, der offensichtlich nicht in der Lage war, selbst zu duschen, und dem man mit der geschwollenen Hand keine Fingerabdrücke abnehmen konnte, wurde entschieden, daß er nur den Arbeitsanzug und den Haarschnitt erhielt. Wenn seine Hand und das Gelenk versorgt waren, konnte der Rest der Prozedur erledigt werden. Schließlich war es an der Zeit, ihn ins Lazarett zu schicken. Im Standortlazarett wurden Craig und seine Bewacher von einem Sanitäter in eine Kabine gewiesen, und als sie darin waren, zog der Sanitäter einen weißen Vorhang zu.

Zwei Minuten später kam ein stämmiger Mann mit schütterem, grauen Haar und einem Arztkittel in die Kabine. Ein Schildchen war an den Kittel geheftet und gab seinen Namen preis (J.W. Caen, M.D.), aber keinen Dienstrang, obwohl er ein Uniformhemd und die Uniformhose unter dem hellgrünen Arztkittel trug.

»Nehmen Sie ihm die Handschellen ab, Sergeant«, sagte der Arzt, »und warten Sie draußen.«

Der Sergeant befreite Craigs Hand von der Handschelle und trat bis an den weißen Vorhang zurück.

Dr Arzt ergriff behutsam Craigs geschwollene Hand. Dann blickte er auf.

»Ich sagte, warten Sie draußen.«

»Ich darf den Gefangenen nicht verlassen«, sagte der Sergeant.

»Raus, Sergeant!« sagte der Arzt gepreßt.

Der Sergeant zögerte und verließ dann die Kabine.

»Keine Frage, daß etwas gebrochen ist«, sagte der Arzt im Plauderton. »Wir werden röntgen und sehen, wie viele Knochen gebrochen sind.«

Er betastete Craigs Brust. Craig zuckte zusammen und stieß einen erstickten Schmerzensschrei aus.

»Wir werden Ihre Rippen ebenfalls röntgen«, sagte der Arzt. Dann schaute er Craig in die Augen. »Sie denken doch nicht daran, irgend etwas Dummes zu tun, oder? Wie zum Beispiel wegzulaufen?«

»Nein, Sir«, sagte Craig.

Der Arzt schaute ihm noch einmal prüfend in die Augen. Dann wandte er sich um und zog den weißen Vorhang zur Seite.

»Sie können gehen, Sergeant«, sagte er. »Ich übernehme diesen Mann.«

»Ich muß ihn ins Krankenrevier des Gefängnisses begleiten, Sir«, sagte der Sergeant, »und Sie für ihn unterschreiben lassen.«

»Das wird nicht nötig sein«, sagte der Arzt. »Ich habe soeben die Verantwortung über ihn übernommen.«

»Verzeihung, Sir, aber das können Sie nicht«, wandte der Sergeant ein.

»Sergeant«, sagte der Arzt. »Ich bin der Kommandant dieses Lazaretts. Sagen Sie mir nicht, was ich kann oder nicht. Es geht genau anders herum. Ich habe Ihnen soeben den Befehl gegeben, sich zu entfernen.«

»Darf ich das Büro des Kommandeurs der Militärpolizei anrufen, Sir?«

»Sie können anrufen, wen Sie wollen.« Der Arzt ergriff behutsam Craigs Arm und führte Craig aus der Kabine.

Einen Augenblick lang sah es so aus, als wollte der Sergeant ihm folgen, doch dann ging er zu einem Telefon, das an der Wand hing.

Nach drei Minuten gelangten sie durch ein Labyrinth von Gängen in den Röntgenraum. Ein Sanitäter stand mehr oder weniger stramm.

»Sohn, gehen Sie zur PN-Station, lassen Sie ein Zimmer herrichten und besorgen Sie bitte Pyjamas, einen Morgenmantel und Pantoffeln, ja?«

»Jawohl, Sir«, sagte der Sanitäter.

»Die Hand, die *Hände* zuerst, denke ich«, sagte Dr. Caen zu Craig. »Dann Ihre Rippen. Können Sie Ihre Hand und das Handgelenk flach gegen dieses Ding halten?« Er wies auf die graue Platte eines Röntgenapparats.

»Jawohl, Sir.«

»PN steht für Psychoneurose«, erklärte Dr. Caen, »auch als Klapsmühle bekannt. Jeder, der einen Sergeant zusammenschlägt, ist höchstwahrscheinlich verrückt. Und Sie werden es dort komfortabler haben als im Krankenrevier des Gefängnisses.«

»Ich glaube nicht, daß ich verrückt bin, Sir.«

»Ich habe noch keinen Irren kennengelernt, der das glaubt«, sagte der Doktor.

Er zog behutsam Craigs geschwollenes Handgelenk in die gewünschte Position, stellte den Röntgenapparat ein und trat hinter eine Schutzwand. Der Apparat surrte, und einen Augenblick später ertönte noch einmal das gleiche Geräusch. Dr. Caen tauchte wieder auf, brachte Craigs andere Hand in die gewünschte Position und wiederholte die Prozedur.

»Ich bin ein Knochenspezialist«, sagte er. »Und ich suche, seit ich hier Arzt bin, nach einem Röntgenarzt, der anständige Aufnahmen macht. Ich fühle mich wie Diogenes.«

Craig lachte leise.

»Sie wissen, wer Diogenes war, wie?« fragte der Arzt. Und dann: »Die Hand ruhighalten!«

»Jawohl, Sir«, sagte Craig, als Dr. Caen wieder auftauchte.

»Sie waren auf dem College?«

»Jawohl, Sir.«

»Wehrpflichtiger?«

»Jawohl, Sir.«

»Da haben Sie sich was Höllisches eingebrockt, ist Ihnen das klar?«

»Jawohl, Sir.«

Der Sanitäter kehrte zurück. Er brachte einen weißen Pyjama, einen purpurfarbenen Morgenmantel und weiße Stoffpantoffeln.

»Ziehen Sie die Pyjamahose an«, sagte Dr. Caen. »Und dann legen Sie sich auf den Tisch. Brauchen Sie Hilfe bei den Stiefeln?«

»Ich denke, das schaffe ich, Sir«, erwiderte Craig.

»Helfen Sie ihm«, befahl der Arzt, »und dann entwickeln Sie die Aufnahmen.«

Als Craig auf dem Röntgentisch lag, stach ein scharfer Schmerz durch seine Brust, und als er sich auf den Befehl des Arztes hin auf die Seite und auf den Bauch wälzte, spürte er einen weiteren so starken Schmerz, daß er aufstöhnte.

»Der Sergeant hat auch ein paar Verletzungen, wie ich weiß«, sagte Dr. Caen.

»Er landete den ersten Treffer«, sagte Craig. »Als ich aus der Tür trat, hämmerte mir der Hurensohn in die Rippen.«

»Spielte sich das so ab?«

»Jawohl, Sir.«

»Wer lehrte Sie das Kämpfen?« fragte Dr. Caen.

»Ich war auf dem College in der Boxmannschaft«, sagte Craig.

»Nun, Sie haben den Sergeant fertiggemacht, wenn es ein Trost für Sie ist«, sagte Dr. Caen. »Ich habe die halbe Nacht an ihm gearbeitet. Sie haben ihm die Nase und den Kiefer gebrochen – an mehreren Stellen. Da war sehr viel zu tun. Er wird einen Monat lang nur flüssige Nahrung zu sich nehmen können.«

Als Craig dazu schwieg, sagte Dr. Caen: »Ich entdecke keine Anzeichen von Bedauern.«

»Ich bedaure, daß ich vors Kriegsgericht komme«, sagte Craig.

»Verfügen Sie über Geld?«

»Jawohl, Sir.«

»In ein oder zwei Tagen wird man Ihnen einen Verteidiger schicken. Sagen Sie ihm, daß Sie einen zivilen Anwalt haben wollen. Das ist Ihr Recht. Bestehen Sie darauf.«

»Das wußte ich nicht«, sagte Craig. »Danke, Sir.«

»Man wird Sie vermutlich trotzdem schuldig sprechen«, sagte Dr. Caen. »Um die anderen zu entmutigen. Sie verstehen, was ich meine?«

»Ja, Sir, als abschreckendes Beispiel.«

»Aber ein ziviler Anwalt, der seine Titel verdient, kann sie dazu bringen, daß sie alle möglichen verfahrenstechnischen Fehler machen, wodurch bei der Berufung Ihre Verurteilung abgeschmettert werden wird. Sie werden vermutlich nur ein paar Monate im Militärgefängnis sein.«

»Es zählt nicht, daß ich nicht angefangen habe?«

»Nein«, sagte Dr. Caen. »Das wird wohl nicht zählen.«

»Ich weiß Ihren Rat zu schätzen, Doktor«, sagte Craig. »Sie waren sehr freundlich. Vielen Dank.«

»In regelmäßigen Abständen taucht hier einer von Staff Sergeant Fosters Rekruten auf«, sagte Dr. Caen. »Mit verschiedenen Blutergüssen, Quetschungen und Brüchen, die er sich angeblich beim ›Sturz von einer Treppe‹ oder beim ›Ausrutschen unter der Dusche‹ zugezogen hat. Ich hatte kein großes Mitleid mit Foster, als man ihn heute nacht herbrachte.«

3

Wallingford Road 204
Swarthmore, Pennsylvania

30. November 1961, 8 Uhr 30

Dianne Eaglebury ging die Treppe hinunter, als die Türglocke anschlug. Sie öffnete die Tür.

Colonel Hanrahan und der Soldat, der wie ein Junge wirkte, standen auf der Veranda. Jenseits davon sah Dianne eine kastanienfarbene Cadillac-Limousine rückwärts aus dem Zufahrtsweg fahren.

»Guten Morgen«, sagte Hanrahan. »Ich hielt es für eine gute Idee, mit Ellis jetzt zu kommen, falls wir gebraucht werden. Die anderen werden später hier sein.«

»Bitte, treten Sie ein«, sagte Dianne.

Beide Männer trugen Uniform, eine blaue Uniform, die Dianne noch nie gesehen hatte. Lieutenant Ellis hatte offensichtlich keine Medaillen, denn sein Uniformrock war kahl. Colonel Hanrahans Brust war jedoch voller Auszeichnungen. Zu diesem Anlaß trug er die Orden in voller Größe, nicht die kleinen Ordensbänder als Symbol dafür. Dianne erkannte unter den Auszeichnungen das Distinguished Service Cross, die einzige Medaille, die sie identifizieren konnte.

Ellis lächelte sie scheu an.

»Haben Sie gefrühstückt?« fragte Dianne. »Ich wollte gerade etwas für mich zurechtmachen.«

»Wir hatten ein Frühstück«, sagte Hanrahan. »Trotzdem vielen Dank.«

»Wie wäre es mit einer Tasse Kaffee?«

»Ich trinke gern eine, danke«, sagte Ellis.

Dianne führte sie durch die Diele ins Eßzimmer, nicht durchs Wohnzimmer, wo der Sarg mit Eds Leichnam stand.

»Die anderen sollten bald eintreffen«, sagte Dianne. »Meine Eltern schlafen noch, nehme ich an.«

Weder Hanrahan noch Ellis sagten etwas.

»Da ist guter Schinken«, sagte Dianne. »Möchten Sie wirklich nichts? Schinken und Eier?«

»Wenn es Ihnen keine Umstände macht«, sagte Ellis.

»Überhaupt nicht«, beteuerte Dianne. »Colonel?«

»Nicht für mich, danke«, sagte Hanrahan. »Aber ich trinke eine Tasse Kaffee.«

Dianne ging durch den Anrichteraum in die Küche und bestellte Frühstück. Die Türglocke schlug an, als Dianne zurückkehrte, und abermals öffnete sie.

Ein Navy-Captain stand vor der Tür, und zwei andere Marine-Offiziere waren in seiner Begleitung.

»Kommen Sie bitte herein«, sagte Dianne. »Die Army ist bereits hier.«

»Tatsächlich?«

»Zwei davon«, erklärte Dianne. »Möchten Sie Kaffee?«

»Das ist sehr freundlich von Ihnen«, sagte der Captain. »Ich muß mit der Army sprechen.«

Dianne führte sie ins Eßzimmer und bot ihnen Frühstück an, was sie dankend ablehnten. Alle akzeptierten jedoch Kaffee, und so ging Dianne in die Küche, um mehr Tassen und Unterteller zu holen.

Als sie zurückkehrte, hatte der Navy-Captain seine Aktentasche auf dem Eßzimmertisch geöffnet und schaute zu, während Colonel Hanrahan einige zusammengeheftete Papiere las.

Der Captain sagte: »Die Sargträger ehrenhalber – ich bin sicher, das Protokoll ist das gleiche bei der Army – werden gleich hinter dem Sarg gehen, der von Commander Eaglebury's Klassenkameraden der Akademie getragen wird, mit Ausnahme von einem. Einer der Sargträger ist ein Klassenkamerad von Pensacola.«

Colonel Hanrahan schaute den Captain an und blickte dann zu Dianne, die das Gefühl hatte, daß ihre Anwesenheit unerwünscht war.

»Warrant Officer Wojinski, Lieutenant Colonel Lowell, Lieutenant Ellis und ich werden zu den Sargträgern zählen, Captain«, sagte Colonel Hanrahan.

»Wie bitte?«

»Ich sagte, daß die Hälfte der Sargträger Soldaten sein werden«, sagte Hanrahan.

»Ich befürchte, das kommt nicht in Frage, Colonel«, entgegnete der Captain. »Der Admiral persönlich hat diese Pläne genehmigt.«

»Welcher Admiral ist das?« fragte Hanrahan.

»Rear Admiral (Konteradmiral) Foster, dessen Flagge an der Marinewerft Philadelphia flattert.«

»Was hat er mit der Sache zu tun?« fragte Hanrahan.

»Ich verstehe Ihr Verhalten nicht ganz, Colonel«, sagte der Captain. »Ich nehme an, Sie wissen vom persönlichen Interesse des Präsidenten an der Beisetzung?«

Hanrahan nickte.

»Als der Admiral von dem Interesse des Präsidenten erfuhr, weckte das natürlich sein persönliches Interesse«, erklärte der Captain. »Und, um es zu wiederholen, er genehmigte dieses Szenario. Jede Änderung würde von ihm befohlen werden müssen.«

»Ich hoffe, ich brauche dies nicht weiter zu erörtern«, sagte Hanrahan. »Ein höheres Hauptquartier als die Marinewerft Philadelphia hat entschieden, daß Personal der Special Forces zu den Sargträgern zählen wird. Ich finde, wir bringen hiermit Miß Eaglebury in eine peinliche Situation, Captain.«

»Ich weiß nicht, weshalb Sie sich streiten«, sagte Dianne, »aber ich denke, sowohl mein Vater als auch meine Schwester erwarten, daß Colonel Hanrahan und Lieutenant Ellis den Sarg tragen.«

»Ich verstehe Ihre Gefühle, Miß Eaglebury«, sagte der Captain, »aber ganz so einfach ist die Sache nicht. Hier geht es um die Tradition der Marine. Und, um mich zu wiederholen, diese Pläne sind vom Admiral genehmigt worden.«

»Jetzt reicht es«, sagte Hanrahan eisig. »Commander Eaglebury diente vor seinem Tod als Green Beret. Und Green Berets werden ihn zu Grabe tragen.«

»Ich verstehe natürlich Ihre Gefühle«, sagte der Captain, »aber die Pläne sind vom Admiral genehmigt – und damit hat sich's, befürchte ich.«

»Er war mein Bruder«, hörte sich Dianne sagen, »und die Soldaten werden seinen Sarg tragen!«

Der Captain fühlte sich sichtlich unbehaglich.

»Sprechen Sie für Mrs. Eaglebury?« fragte er.

»Wollen Sie, daß ich sie hole?« fragte Dianne. Sie erkannte, daß sie den Tränen nahe war.

»Ihre Wünsche werden selbstverständlich berücksichtigt«, sagte der Captain, »aber ich werde dies mit dem Admiral besprechen müssen.«

»Tun Sie das«, blaffte Hanrahan.

»Gibt es irgendwelche sonstigen Einwände der Army?« fragte der Marine-Captain.

»Ich bestehe darauf, daß die erwähnten Leute als Sargträger fungieren«, sagte Hanrahan. »Abgesehen davon sind Ihre Pläne prima, Captain.«

Der Captain verließ das Eßzimmer, als ein Mädchen das Frühstück brachte.

»Ich bedaure das sehr, Miß Eaglebury«, sagte Hanrahan.

»Machen Sie sich keine Sorgen deswegen«, sagte Dianne. »Ich bin froh, daß Sie darauf bestanden haben.«

In Wahrheit hatte sie den Navy-Captain vom ersten Augenblick an nicht ausstehen können.

»Danke für Ihre Hilfe«, sagte Ellis. »Die Alternative bestand darin, diesen Clown in einen Schneehaufen zu werfen.«

Einen Augenblick später kam Suzanne Eaglebury ins Eßzimmer. Niemand erwähnte bei ihr etwas von dem Streit.

Eine knappe Stunde später, als Dianne die Haustür öffnete, um Reverend Helmsley hereinzulassen, sah sie Lieutenant Ellis trotz der Kälte auf dem Verandageländer sitzen. Sie gab dem Impuls nach, holte ihm eine Tasse Kaffee und brachte sie ihm.

»Ich dachte, Sie können einen Kaffee gebrauchen«, sagte sie.

»Danke«, erwiderte er.

»Was machen Sie hier? Ist es Ihnen nicht kalt?«

»Dies hier ist bekannt als ›aus der Schußlinie bleiben‹«, erklärte er. »Wenn Lieutenants in der Nähe von Colonels sind, dann finden die Colonels für gewöhnlich irgendeine Arbeit.«

»Darf ich Sie etwas Persönliches fragen?« hörte Dianne sich

sagen, und dann platzte sie mit dem Rest heraus: »Sind Sie nicht sehr jung für einen Offizier?«

»Ich bin 20«, antwortete er.

»Dann müssen Sie sehr jung vom College abgegangen sein«, sagte Dianne.

»Ich war nicht auf dem College«, erwiderte Ellis.

Dianne fragte sich, ob sie ihn in Verlegenheit gebracht hatte. Sie hatte angenommen, daß man das College besucht haben mußte, wenn man Offizier der Army werden wollte. Die Grünflächen auf dem Gelände des Duke College waren oftmals voller junger Männer, die in ihren Uniformen des Reserve Officer Training Corps herummarschierten.

»Oh«, sagte Dianne verlegen.

»Ich wurde nach dem Besuch der OCS Offizier«, sagte Ellis. »Das ist die Officer Candidate School (Offiziersanwärterschule). Ich ging zur Army, um Koch zu werden.«

»Koch?«

»Das war ein Fehler«, sagte er. »So ging ich auf die Offiziersanwärterschule.«

»Oh.«

»Ich nehme an, Sie sind auf dem College?« fragte er.

»Ja«, sagte Dianne. »Auf dem Duke College. Das ist in North Carolina.«

»Ich weiß«, sagte Ellis. »Ich bin in Fort Bragg, North Carolina, stationiert.«

»Sie müssen mich mal besuchen«, sagte Dianne.

»Nun, vielleicht«, erwiderte Ellis, sichtlich verlegen.

Dianne flüchtete förmlich. Sie war sich darüber im klaren, daß sie wie eine Närrin geklungen haben mußte. Sie fragte sich, weshalb Lieutenant Ellis sie so durcheinandergebracht hatte.

Zwei Stunden später wurde Lieutenant Commander Edward Eaglebury zur letzten Ruhe gebetet. Er wurde von Sargträgern zu Grabe getragen, die zur Hälfte Offiziere der Army und zur Hälfte Offiziere der Navy waren. Ein Ehrensalutkommando des Marinekorps feuerte die traditionellen drei Salven über das offene Grab, und einen Augenblick später flogen fünf Kampfflugzeuge der Navy, Jets von der Willow Grove Air Station, tief über den Friedhof. Eine Stelle in der Formation war frei und symbolisierte den gefallenen Flieger. Genau über der Grabstätte betätigten sie ihre Nachbrenner und rasten mit einem gewaltigen Donnern außer Sicht. Ein Matrose spielte den Zapfenstreich.

Dianne Eaglebury sah Lieutenant Tom Ellis mit den anderen Army-Offizieren in eine kastanienfarbene Limousine steigen, aber sie ließen sich nicht mehr im Haus blicken. So hatte sie keine Gelegenheit mehr, mit Tom Ellis zu sprechen.

4

Quartier 33
Fort Bragg, North Carolina

30. November 1961, 18 Uhr 30

Beerdigungen erinnerten Paul Hanrahan immer daran, daß es auch ihn irgendwann mal erwischen konnte. Aber er schob diese Gedanken auch immer schnell wieder von sich. Noch war er gesund und munter und konnte seine Kinder groß werden sehen, und – noch wichtiger – seine Frau leicht in den Po kneifen, um seine fleischlichen Gelüste zu signalisieren.

Was er sofort tat, nachdem er sein Haus betreten hatte. Er und MacMillan, Wojinski und Ellis waren zehn Minuten zuvor auf der Pope Air Force Base eingetroffen. Roxy MacMillan hatte einen ihrer Wagen für Mac auf Pope zurückgelassen, und Mac hatte ihn zu dem zweigeschossigen Backsteinhaus in der ›Colonel's Row‹ von Fort Bragg gefahren.

»Die Kinder!« flüsterte ihm Patricia ins Ohr, als er sie an sich zog. Aus irgendeinem Grund hatte sie sich feingemacht. Der Ausschnitt ihres Kleids enthüllte den Ansatz ihrer wohlgeformten Brüste. Trotz der vier Kinder und der zwanzig Ehejahre hatte Patricia Hanrahan einen schönen Körper behalten.

»Schick sie zum Spielen auf die Straße«, sagte er. Das war ein

Scherz. Die Kinder waren zu alt, um zum Spielen hinausgeschickt zu werden.

»Wir werden zum Spielen hinausgehen«, sagte Patricia. Sie zog sich aus seiner Reichweite zurück, hielt jedoch seine Hand fest.

»Was?« fragte er ruhig.

Er wollte aus seiner Uniform heraus, Freizeithose und Pullover anziehen und sich einen sehr großen, sehr kühlen Martini einschenken. Nur einen, denn nach mehr als einem wurde er albern. Aber einen. Darauf hatte er ein Recht. Danach wollte er einfach zu Abend essen, sich anschließend gemütlich hinsetzen und fernsehen, bis er Patricia ins Ehebett locken konnte. Er wollte nicht ausgehen.

Das erklärte natürlich, weshalb sie sich feingemacht hatte. Er ärgerte sich, weil sie einfach bestimmt hatte, daß sie irgendwohin gingen. Ein Ehemann hat für seine Frau und die Kinder zu sorgen, sagte er sich ärgerlich. Nirgendwo im Eheversprechen heißt es, daß der Mann verpflichtet ist, seine Frau auszuführen, damit sie sich gesellschaftlich amüsiert.

»Mit dem General«, sagte Patricia.

»Was?« Und als er überzeugt war, daß sie es ernst meinte: »Mit welchem General?«

»Mit *dem* General«, sagte Patricia.

Es gab ein halbes Dutzend Offiziere im Generalsrang in Fort Bragg, aber nur einer wurde als ›der General‹ bezeichnet: Lieutenant General H.H. (Dreifach H) Howard, der kommandierende General des XVIII. Luftlandekorps der Vereinigten Staaten und von Fort Bragg.

Eigentlich war Colonel Paul T. Hanrahan kein Untergebener von General Howard. Das U.S. Army Special Warfare Center war dem Deputy Chief of Staff for Operations (DCSOPS – Stellvertretender Stabschef für Operationen) im Führungsstab des Heeres unterstellt. Hanrahan erhielt seine Befehle vom DCSOPS, und seine Beurteilungen wurden von dessen Stellvertreter geschrieben und vom DCSOPS unterzeichnet. Er hatte offiziell also nicht das geringste mit Howard zu tun, wenn der General die Mütze des Kommandeurs des XVIII. Luftlandekorps trug. Wenn er die Mütze des Kommandeurs von Fort

Bragg trug, war General Howard dafür verantwortlich, dem Special Warfare Center logistische und administrative Unterstützung zu gewähren. Er stellte die Unterkünfte, er sorgte für die Militärgerichtsbarkeit, für die Besoldung, für die Verpflegung, die Munition und die Betriebsstoffe und auch für die Wartung des Wehrmaterials des Special Warfare Center, von den Schreibmaschinen über Waffen bis zu den Luftfahrzeugen.

Hanrahan hatte General Howard erst kennengelernt, als er nach Fort Bragg gekommen war, um das Kommando über das Special Warfare Center und die Schule zu übernehmen. Hanrahan war nicht General Howards Wahl für die Aufgabe gewesen, und es gab ernste Meinungsverschiedenheiten zwischen ihnen über die Rolle der Special Forces hinsichtlich der ›Luftlande-Familie‹ und innerhalb der Army. Ihre Beziehung war angespannt und formell.

»Howard?« fragte er.

»Er rief persönlich an«, sagte Patricia.

Das war ebenfalls ungewöhnlich. Der offizielle Kontakt zwischen ihnen war entweder schriftlich gewesen oder hatte über einen General oder Obersten des XVIII. Luftlandekorps stattgefunden. Es hatte so gut wie keinen inoffiziellen, halb offiziellen oder gesellschaftlichen persönlichen Kontakt zwischen ihnen gegeben. General Howard hatte nicht die Macht, Hanrahan aus Fort Bragg zu verbannen, aber er brauchte nicht mit ihm zu reden und daran erinnert zu werden, daß er nicht befugt war, ihm zu Befehle zu erteilen.

»Was sagte er genau?« fragte Hanrahan.

»Er sagte, er hätte soeben Nachricht von Pope erhalten, daß du in einem zivilen Flugzeug warst . . . Wo ist übrigens Craig Lowell? Ich dachte, er würde hier übernachten?«

»Als er sich in Bragg anmeldete, sagte ihm Jiggs, er solle heimkommen«, antwortete Hanrahan ungeduldig. »Erzähl schon weiter, Schatz.«

»Er sagte, du wärst in einer Stunde hier, und wenn wir nichts für heute abend geplant hätten, würde er uns gern zum Abendessen einladen. Im Klub. In Zivil. Um 19 Uhr.«

»Ich frage mich, was zur Hölle das alles soll«, sagte Hanrahan.

»Es ist halb sieben, Paul«, sagte Patricia.

Eine persönliche Einladung des Kommandierenden Generals des XVIII. Luftlandekorps und von Fort Bragg zum Abendessen war ein Befehl, keine Einladung, und Patricia war sich darüber im klaren gewesen.

Anstatt in die Küche zu gehen und sich einen Martini zu mixen, ging Paul Hanrahan die Treppe hinauf ins Obergeschoß und knöpfte schon auf dem Weg seinen Uniformrock auf und zog die Krawatte aus.

Als er nach einer Dusche aus dem Badezimmer kam, war er nackt. Er war ein drahtiger Mann und nicht sehr behaart. Die Haut in seinem Nacken und an den Armen war ständig gebräunt; der Rest seines Körpers war bleich.

Patricia saß an ihrem Frisiertisch und schminkte sich die Lippen. Ihre Blicke trafen sich im Spiegel.

»Du weißt, was ich in Wirklichkeit tun möchte«, sagte er.

»Nun, dann trink nicht zuviel beim Abendessen, und dann kannst du es vielleicht tun«, erwiderte sie.

Ein Plaid-Anzug lag auf dem Bett. Als sie in Saigon, Französisch-Indochina, gewesen waren, hatte er Patricia mit zweitausend Dollar in Reiseschecks nach Hongkong geschickt, die sie ausgeben konnte, wie sie wollte.

Sie hatte über die Hälfte des Geldes für Paul ausgegeben. Bei einem Schneider in Kowloon hatte sie ihm fünf Anzüge, drei Sakkos, ein Dutzend Hemden und ein halbes Dutzend Freizeithosen gekauft. Es war mehr als Selbstlosigkeit von ihr gewesen, es war Voraussicht gewesen. Sie beide hatten geglaubt, daß er bald Zivilist werden würde. Er war zu diesem Zeitpunkt Lieutenant Colonel gewesen, der seine Chancen einer Beförderung gleich Null betrachtet hatte. Ohne Beförderung wäre Paul nach Beendigung von 20 Jahren Dienst unfreiwillig aus der Army ausgeschieden.

Die Kleidungsstücke waren für seine zivile Garderobe bestimmt gewesen. Mit vier Kindern auf dem College konnte er nicht allein von der Pension leben. Folglich würde er sich einen Job suchen müssen.

Auf dem Heimflug von Asien hatten sich alle diese Zukunftssorgen in Nichts aufgelöst. Paul war in Honolulu aus dem Flugzeug gerufen worden, und man hatte ihm mitgeteilt, daß er zum Colonel befördert worden war und das Kommando über das U.S. Army Special Warfare Center übernehmen würde.

Zwei der Anzüge, die Patricia für ihn gekauft hatte, waren noch ungetragen. Er brauchte nicht oft Zivilkleidung, und wenn er welche trug, dann gefiel ihm diejenige, die Patricia für ihn herausgelegt hatte. Der Plaid-Anzug war der schönste Anzug, den er je besessen hatte. Darin sah er wie ein erfolgreicher Zivilist aus, fand er, nicht wie ein Offizier in Zivilklamotten.

Sie fuhren zum Main Club, ein Backsteingebäude, und parkten auf einem der Plätze, die für Colonels reserviert waren.

Sie besuchten den Main Club so selten, daß die Hosteß am Eingang zum Hauptspeiseraum nicht wußte, wer er war.

»Haben Sie reserviert?« fragte sie.

»Colonel Hanrahan«, sagte er. »Ich bin mit General Howard verabredet.«

»Oh. Der General ist nicht hier, aber ich werde Sie zu seinem Tisch bringen.«

Der Tisch befand sich in einer Ecke an einem Fenster, außer Hörweite von anderen Tischen. Es war für vier Personen gedeckt, was eine weitere Überraschung für Paul Hanrahan war. Er hatte mit einem halben Dutzend Colonels und ihren Frauen gerechnet.

Sofort tauchte ein Kellner auf. Hanrahan lechzte förmlich nach einem Martini, aber er bezwang sich.

»Patricia?«

»Ein Glas Weißwein, bitte«, sagte Patricia.

»Zweimal«, bestellte Hanrahan.

Lieutenant General H.H. Howard und Gattin erschienen, als der Wein serviert wurde. Der General trug Uniform. Hanrahan erhob sich.

»Paul«, sagte Howard, »Ich glaube, Sie haben meine Frau schon kennengelernt?«

»Ja, Sir«, sagte Hanrahan. »Guten Abend, Mrs. Howard.«

»Colonel.« Mrs. Howard nickte ihm zu und lächelte Patricia

an. »Hallo, Pat«, sagte sie. »Sie müssen wissen, daß dies für mich genauso überraschend kam wie für Sie.«

»Sie hat es eine halbe Minute eher erfahren«, sagte General Howard.

»Wir hatten nichts vor, Jeanne«, sagte Patricia. »Dies ist sehr nett.«

»Ich wurde aufgehalten«, sagte General Howard. »Da hielt ich es für besser, in Uniform zu kommen, als erst nach Hause zu fahren, mich umzuziehen und noch später zu kommen.«

Ein Kellner kam an den Tisch.

»Nun, die Hanrahans trinken Wein, bringen Sie uns also auch eine Flasche von dieser Sorte«, bestellte der General.

»Jawohl, Sir«, sagte der Kellner.

»Wie war die Beerdigung?« fragte General Howard.

»Das ist aber ein wenig geschmackvoller Beginn einer Unterhaltung«, sagte Mrs. Howard.

Ihr Mann schaute sie sonderbar an und lachte dann.

Hanrahan sagte sich, daß das Geheimnis der Einladung gelöst war. Der Kampf, den er mit der Navy ausgefochten hatte, wer Eaglebury's Sarg tragen würde, war bereits Howard berichtet worden.

»Ich bestand darauf, daß Green Berets als Sargträger fungierten«, sagte Hanrahan. »Es gab eine Diskussion darüber, aber ich konnte mich durchsetzen.«

»Gut für Sie«, sagte Howard und überraschte damit Hanrahan. »Er starb als Green Beret, auch wenn er zur Marine gehörte.«

»Die Unterhaltung geht von schrecklich auf abscheulich über«, sagte Mrs. Howard.

»Dies ist, wie Paul sicher erwartet hat, eine Art Arbeitsessen«, sagte General Howard.

Der Kellner brachte den Wein. Es folgte das Ritual des Flaschenöffnens und Kostens, und dann überreichte der Kellner die Speisekarten.

»General, wenn ich Sie erinnern darf, es ist heute Hummer-Abend.«

Howard schloß die Speisekarte sofort. »Damit steht meine Bestellung fest.«

Einmal im Monat ließ der Klub Hummer per Luftfracht aus Maine kommen. Eigentlich mußte er im voraus bestellt werden, aber es gab immer ein Dutzend oder so überzählige Hummer, und der erste Anspruch darauf war ein Privileg des Rangs von General Howard.

Patricia schloß ihre Speisekarte. Alle bestellten Hummer und gedünstete Muscheln als Vorspeise.

»Wir nehmen uns immer vor, zum Hummer-Abend herzugehen«, sagte Patricia, »und dann tun wir es nie.«

»So geht es mir auch«, sagte Jeanne Howard.

»Paul«, sagte General Howard aus heiterem Himmel, »Sie sollten wissen, daß ich nichts mit der CONARC-Anweisung bezüglich des Verbots ›fremdartig aussehender Kopfbedekkung‹ zu tun habe.«

Das verschlug Hanrahan die Sprache.

»Was ist das?« fragte Patricia, und es war ihr sofort anzusehen, daß sie die Frage bereute.

»CONARC hat die Berets verbannt«, erklärte Hanrahan.

Er fragte sich, ob das der Grund für die Einladung zum Abendessen war.

»Obwohl ich sie nicht mag«, sagte Howard, »und weiterhin der Meinung bin, daß Sie damit aussehen wie Franzosen, habe ich mich entschieden, daß es mich nichts angeht, wenn Ihnen die Berets wichtig sind.«

»Nun, trotzdem vielen Dank, General«, sagte Hanrahan.

»Ich hatte ebenfalls in letzter Zeit Gelegenheit, meine Einstellung zu den Special Forces im allgemeinen zu überdenken«, fuhr General Howard fort.

»Und sind Sie zu einer anderen Meinung gelangt, General?« fragte Hanrahan.

»Lassen Sie es mich so formulieren, wie es mir in etwa vorgetragen wurde: Wenn nichts sonst, dann repräsentieren Sie einen Bestand von ein paar tausend Offizieren und Unteroffizieren, die den Kader einer weiteren Luftlandedivision bilden könnten, wenn es notwendig sein sollte, eine zu mobilisieren.«

»Das stimmt natürlich, General«, sagte Hanrahan, »aber das ist nicht das, wozu die Männer ausgebildet werden.«

»Und, natürlich, Sie könnten gerade was anderes mit ihnen vorhaben«, sagte General Howard.

Hanrahan spürte, daß Zorn in ihm aufstieg, aber er war sich nicht ganz im klaren, was genau ihn ärgerte. General Howard sprach nicht so geringschätzig über die Special Forces, wie es normalerweise der Fall war.

»Ich habe das gleiche heute nachmittag gesagt, als ich von Washington zurückkehrte«, sagte General Howard. »Zu General Harke. Ich glaube nicht, daß ich es schaffte, ihn zu bekehren.«

Major General Kenneth L. Harke, früher der Kommandeur der 82. Luftlandedivision, war vor kurzem Stabschef des XVIII. Luftlandekorps geworden. Man nahm allgemein an, daß er als zukünftiger Kommandierender General des Korps aufgebaut wurde, wenn ›Dreifach H‹ Howard befördert oder versetzt werden sollte.

»Darf ich fragen, General, wie das Thema zur Sprache kam?« sagte Hanrahan.

»General Harke wird das XVIII. Luftlandekorps praktisch für die nächsten sechs Monate oder so führen«, sagte General Howard. »Ich versuchte, ihm klarzumachen, wie er das meiner Meinung nach tun sollte.«

»Sie werden versetzt, General?« fragte Hanrahan.

»Gestern wurde ich nach Washington gebeten«, sagte Howard. »Heute morgen traf ich mich mit dem Secretary of the Army, dem Chief of Staff und dem DCSOPS. Der Verteidigungsminister ist nicht zufrieden mit Vorschlägen, die ihm in Anbetracht der Zukunft des Heeresfliegerwesens unterbreitet wurden. Er traf sich offenbar mit dem Stabschef des Heeres, mit Brigadier General Bob Bellmon, dem Direktor der Army Aviation, und mit einem Lieutenant Colonel namens Lowell, den Sie, glaube ich, kennen.«

»Ja, Lowell ist ein alter Freund«, sagte Hanrahan.

»Der Verteidigungsminister hat offenbar das Gefühl, er muß wählen, ob er das Heeresfliegerwesen aufgibt oder es wesentlich ausweitet«, sagte Howard. »Er machte dem Secretary of the Army den ›Vorschlag‹, daß General Bellmon einen überarbeiteten Vorschlag unterbreitet, eine Art Wunschliste, und gab ihm fünfzehn Tage dafür. Der Vorschlag wurde am 20. Oktober eingereicht. Es gab bereits eine Antwort darauf, die erkennen ließ, daß General Bellmon wiederum nicht die Größe der Ausweitung erfaßte, die dem Verteidigungsminister vorschwebt. So wurde ein weiterer Vorschlag angefordert. Ich wurde angewiesen, die Vorbereitung des neuen Vorschlags zu überwachen.«

»Hochinteressant«, dachte Hanrahan laut.

»Damit ich die Probleme der Fliegerei besser verstehen kann, hat der Verteidigungsminister das Verbot aufgehoben, daß ranghöhere Offiziere als Piloten ausgebildet werden.«

»Was?« fragte Jeanne Howard ungläubig.

»Während Bellmon einen weiteren Versuch für ein Konzept ›Das Heeresfliegerwesen der 70er Jahre‹ macht, werde ich in Fort Rucker das Fliegen lernen«, erklärte General Howard.

»Das ist ja absurd«, sagte Jeanne Howard. »Du bist zu alt dafür!«

»Wie dem auch sei«, erwiderte er, offensichtlich ärgerlich auf sie, »der springende Punkt dieser Unterhaltung ist nicht meine Altersschwäche, sondern die Tatsache, daß ich häufig von der Garnison fort sein werde. Während meiner Abwesenheit wird General Harke das Kommando haben.«

»Ich verstehe, Sir«, sagte Hanrahan. Howard hatte ihn gewarnt, daß Harke ein weiterer ranghoher Offizier war, der gegen die Special Forces eingestellt war. Das war bei den meisten älteren traditionsbewußten Offizieren der Luftlandetruppen der Fall. Und der Grund von Howards Einladung zum Abendessen war ebenfalls ziemlich klar. Bis zum nächsten Mittag würde jedem ranghohen Offizier in der Garnison bekannt sein, daß der General und der Colonel der Green Berets und ihre Frauen gemeinsam im Main Club zu Abend gegessen hatten. Das würde darauf hinweisen, daß Dreifach H Howard Hanrahan mehr schätzte, als man allgemein glaubte.

Hanrahan fand, daß es wirklich eine sehr nette Geste von Dreifach H. Howard war.

»Wie Sie gut wissen, Paul«, fuhr Howard fort, »kann man keinem Offizier das Kommando übergeben und dann jede seiner Entscheidungen im nachhinein kritisieren. Andererseits werde ich weder als Kommandeur der Garnison noch des Korps abgelöst, und ich möchte, daß Sie zu mir kommen – *ich erwarte es* –, wenn es irgendwelche Probleme bei Ihnen geben sollte, die General Harke vielleicht nicht verstehen wird.«

Das bedeutete zweierlei: daß Harke es wirklich auf ihn, Hanrahan, und die Special Forces abgesehen hatte, offenbar mit dem Segen des CONARC-Commanders, und daß Howard anbot, wenigstens bis zu einem gewissen Grade, Hanrahan persönlich und die Special Forces im allgemeinen vor Harke zu schützen.

»Vielen Dank, General«, sagte Hanrahan. »Ich werde versuchen, Sie nicht zu behelligen.«

»Schatz«, sagte Jeanne Howard und legte ihre Hand auf die ihres Mannes, »du wirst doch nicht wirklich versuchen, das Fliegen zu lernen?«

»Entdeckt sonst noch jemand einen gewissen Zweifel bei mir, daß ich dazu nicht fähig bin?« fragte General Howard. »Oder irre ich mich?«

»Du bist 51!« sagte Jeanne.

»Da ich ein sehr netter Mensch bin, werde ich das nicht mit gleicher Münze zurückzahlen und darauf verzichten, dein Alter zur Sprache bringen«, sagte General Howard.

Die Muscheln wurden serviert.

General Howard wandte sich an Hanrahan.

»Sagen Sie mir, Paul, als Experte für exotische Gerichte, haben diese Muscheln die gleiche Wirkung auf die Manneskraft wie Austern?«

»Ich werde es testen«, sagte Hanrahan.

»Heute nacht?«

Was du heute kannst besorgen, das verschiebe nicht auf morgen, General«, sagte Hanrahan.

»Ihr seid schmutzige alte Männer!« sagte Jeanne Howard so laut, daß andere Gäste den Kopf wandten und herüberschauten.

IV

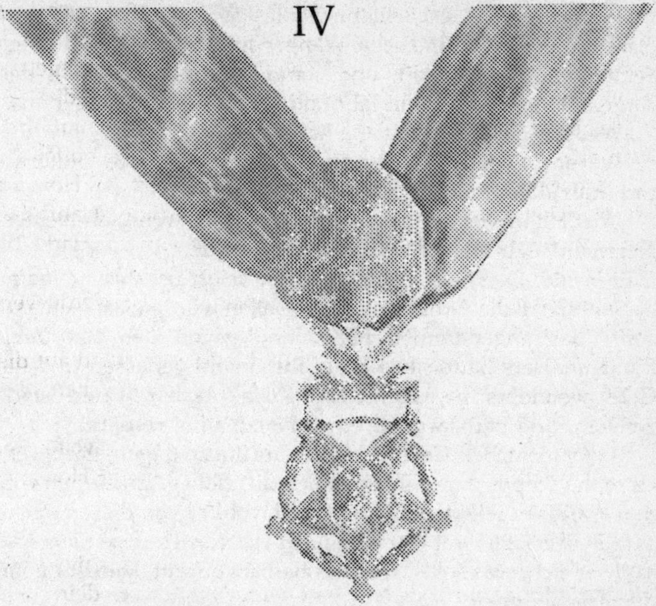

1

Die Farm
Fairfax, Virginia

10. Dezember 1961, 16 Uhr 45

»Schnell unter die Dusche!« befahl Barbara Bellmon sofort ihrem Mann, Brigadier General Robert F. Bellmon, als er eintrat. »Ich sprach mit Jeanne, und du mußt eine schwarze Krawatte tragen.«

»Warum?« fragte er. Bellmon war fast 50 und mittelgroß. Sein Haar war gelichtet, und seine Wangen hingen schon ein wenig. Seine Frau war schlank und sommersprossig. Obwohl der Altersunterschied nur ein Jahr betrug, sah sie viel jünger aus.

»Weil ich das meine«, sagte Barbara.

»Warum?« wiederholte er und begann bereits den Uniformrock aufzuknöpfen. »Es ist nur ein Theaterbesuch.«

»Weil ich immer meine, *ich weiß nicht was*, wenn ich meinen Nerzmantel zu meiner Latzhose tragen muß.«

Er lachte. Den Nerzmantel hatte sie selbst bezahlt. Sie hatte geglaubt, daß die Aktien von Kodak fallen würden, als niemand sonst das angenommen hatte, und gegen den Rat ihres Börsenmaklers hatte sie sich auf ihr Gefühl verlassen und ihr Geld woanders investiert. Die Kodak-Aktien waren stark gefallen, und Barbara hatte einen Nerzmantel verdient.

Es gibt nicht viele Gelegenheiten, um ihn zu tragen, dachte er, als er die Treppe zum Schlafzimmer hinaufstieg, abgesehen von den Anlässen wie dem heutigen. Obwohl er von diesem nicht gerade begeistert war – er hielt nicht viel von Theaterstücken –, sagte er sich, was soll's, wenn es Barbara erfreut, kannst du ihr den Spaß gönnen.

Das Schlafzimmer war in einem Stil möbliert, den er als ›Fu Mandschu modern‹ bezeichnete. Zwischen dem Zweiten Weltkrieg und dem Koreakrieg hatten sie eine Reise nach Japan gemacht und dort diese Möbel gekauft. Es waren keine echten japanischen Möbel (das Bett hatte einen geschnitzten und lackierten Kopf- und Fußteil; die Schlafstätte des Japaners dagegen war ebenerdig), aber es war offensichtlich kein westlicher Stil.

Das Farmhaus war mit einer großen Palette von Stilen möbliert. Jeder der jeweiligen Bewohner hatte etwas hinzugefügt oder von irgendwelchen Reisen ins Ausland mitgebracht.

Die Farm hatte vier Generationen lang der Familie Waterford (Barbaras Familie) gehört. Brigadier General (später Lieutenant General) Porterman K. Waterford senior hatte die Farm zu seiner Beförderung zu diesem Rang und zur Ernennung als Deputy Chief der Kavallerie vor dem Ersten Weltkrieg gekauft. Er hatte sich gesagt, daß es viel sinnvoller war, etwas von seinem angesammelten Bargeld zu nehmen und eine Farm in Virginia zu kaufen, als es für irgendein Sandsteinhaus ohne Land im Distrikt Columbia auszugeben.

Er hatte zu Recht geglaubt, daß er eines Tages Kommandeur der Kavallerie und Major General werden würde, was zu dieser Zeit bedeutete, daß man von ihm erwartete, in dem Haus zu wohnen, das bei Fort Meyer für den Offizier mit diesem Posten gebaut worden war. Er hatte dieses Haus gesehen und wollte nicht darin wohnen.

So kaufte er die Farm, ein Bruchsteinhaus mit sechs Zimmern und 120 Morgen Land. Er baute zwei Räume an und konnte das Ganze mit seinen 50 Prozent vom Ertrag des Landes bezahlen, das er an einen einheimischen Farmer verpachtet hatte.

Als er sich zur Ruhe setzte und Washington verließ, verkaufte er die Farm nicht. Er vermietete sie an seinen Nachfolger, dem das Haus, das von Fort Meyer gestellt wurde, ebensowenig gefiel. Sechs Jahre später wurde sein Sohn, Lieutenant Colonel (später Major General) James D. Waterford, zum Kriegsministerium versetzt und blieb 15 Jahre lang in Washington. Während seiner Zeit auf der Farm baute er zwei weitere Räume und eine Küche an und erwarb angrenzende 360 Morgen Land.

Sein Sohn, Porterman K. Waterford II (schließlich Major General) lebte drei Perioden während seiner militärischen Karriere auf der Farm, und in dieser Zeit baute er vier weitere Räume ans Farmhaus an und erwarb weitere 640 Morgen Farmland.

Unter Major General (damals Colonel) Porterman K. Waterford II wurde die etwas einfallslos genannte ›Virginia Farm Incorporated‹ nach den Gesetzen von Delaware gegründet. Aktien wurden an verschiedene Mitglieder der Familie ausgegeben, Vorstandsmitglieder wurden gewählt, und danach, unter der peinlich genauen Beachtung der Bestimmungen des Steueramtes, wurde die Farm als Geschäft betrieben.

Jedesmal wenn die männlichen Waterfords oder die Ehemänner der weiblichen Waterfords mal in Washington stationiert waren (was in einer Offizierskarriere eigentlich zwangsläufig der Fall war), durften sie auf der Farm wohnen und brauchten der Gesellschaft nur eine Miete in Höhe der Wohnzulage zu bezahlen. Manchmal waren zwei solcher Männer zur gleichen Zeit in Washington stationiert, und das hatte den Bau einer zweiten Küche erforderlich gemacht, damit es in dieser Hinsicht keine Probleme gab. Später hatte die Familie ein zweites Haus erbaut, das ›Gästehaus‹, in dem der rangniedrigere Offizier und seine Angehörigen wohnten.

Der Bewohner mußte die Farm während der Zeit als Mieter führen. Er wurde vom jeweiligen Pächter des Farmlands beraten. Das erlaubte nach den Vorschriften des Steueramts der Virginia Farm Inc., den Manager mit einem Auto auszustatten, zusätzlich zu dem Kombiwagen, den Jeeps und den anderen Fahrzeugen, die bereits zum Besitz der Farm zählten.

Die Farm hatte jetzt 1240 Morgen Land. Es gab 16 Räume im Farmhaus und sieben im Gästehaus. Draußen gab es einen Swimmingpool, zwei Tennisplätze und einen Skeet- und Trapschießstand. Wenn Brigadier General Bellmon und seine Frau für ihren diesjährigen Anteil an Getreide und Sojabohnen soviel Geld bekamen, wie sie erhofften, dann würden sie ernsthaft erwägen, ein Stück Brachland zu planieren und eine einfache Flugzeughalle zu errichten.

Das Fahrzeug des Managers der Farm war eine Cadillac Fleetwood Limousine, acht Monate alt, und trug keines der militärischen Kennzeichen wie das Buick Coupé und der Ford-Kombi, mit denen General Bellmon jeweils zum Pentagon zur Arbeit fuhr.

Der Cadillac fuhr selten ›offiziell‹ zum Pentagon. Offiziere, sogar Brigadier Generals, ließen sich ebenso ungern in Cadillac Fleetwoods sehen, wie sie sich mit ihren Frauen in Nerzmänteln zeigten. Es gab auch nichts Indiskreteres als ein Schild, das Besuchern den Weg zur Farm anzeigte. Statt dessen war ein alter Pflug aus einem der Stallgebäude geholt, vom Rost befreit, schwarz angestrichen und auf einem Sandsteinpfosten aufgestellt worden.

Besucher, die zum ersten Mal kamen, erhielten die Anweisung: »Biegen Sie von der Landstraße ab, wenn Sie zu dem schwarzen Pflug gelangen, und fahren Sie noch anderthalb Meilen. Es ist das erste Haus, zu dem Sie kommen, ein altes Bruchstein-Ding hinter einer Steinmauer.«

Heute abend gingen die Bellmons ins Theater und dann zum Abendessen. Sie waren Gäste von Lieutenant Colonel Craig W. Lowell, der vorübergehenden Dienst in Washington hatte, wo er für Brigadier General Bill Roberts arbeitete. Lowell war über das Wochenende Gast auf der Farm gewesen. Barabara Bellmon hatte beiläufig erwähnt, daß sie keine Karten für das Gastspiel eines Broadway-Theaters bekommen hatte, das eine Show zeigte, die sie gern sehen würde. Sie war nicht nur frustiert, sondern auch ärgerlich gewesen. Sie hatte die Reklame in der *Washington Post* gelesen und keine halbe Stunde später Karten kaufen wollen, und man hatte ihr erklärt, daß es keine mehr gebe.

Am Montag, kurz vor 12 Uhr, hatte Craig Lowell auf der Farm angerufen und angekündigt, daß er ›zufällig‹ Karten für die Aufführung am Mittwochabend bekommen hatte. Wenn Barbara und Bob nichts vorhätten, seien sie eingeladen. Ob Craig Lowell sich für die Gastfreundschaft revanchieren oder zeigen wollte, wie sehr er Barbara mochte, war gleichgültig. Barabara hatte eine Gelegenheit, ihren Nerzmantel zu tragen. Sie würden ins Theater und anschließend essen gehen.

Barabara fuhr den Cadillac Fleetwood. Sie war eine gute Fahrerin, fuhr gern, und Bob hatte ja an diesem Tag bereits eine Reise zum Potomac und zurück gemacht. Sie überquerten die Fourteenth Street Bridge, fuhren am Weißen Haus vorbei und bogen auf den Lafayette Square ein.

»Du wirst niemals einen Parkplatz finden«, sagte General Bellmon. »Du wirst in das Parkhaus fahren müssen.«

»Ha, sieh mal!« Barbara hielt vor der Markise des Hay Adams Hotel.

Der livrierte Portier eilte zum Wagen.

»General Bellmon und Frau als Gäste von Colonel Lowell«, sagte Barbara. »Kümmern Sie sich bitte um den Wagen?«

»Gewiß, Madam.« Der Livrierte hob die Hand und schnickte mit den Fingern. Ein Hotelboy tauchte auf und wartete, während Barbara ausstieg.

Als sie durch die Halle zu den Aufzügen gingen, nahm Bellmon seine Frau am Arm und flüsterte ihr ins Ohr: »Warst du schon mal hier? Du hast anscheinend alles ziemlich gut organisiert.«

»Ich sollte dir sagen, daß ich es jeden Nachmittag mit Craig hier trieb«, sagte Barbara, »aber du könntest es glatt glauben. Craig sagte mir, was ich tun soll.«

Lowell hatte ihr nicht gesagt, welchen Weg sie vom Lift aus nehmen sollte, und es dauerte lange, bis sie die Tür mit der Nr. 623 fanden.

Lowell, im Smoking, öffnete auf das Klopfen hin. Er umarmte Barbara begeistert, und sie begrüßte ihn ebenso überschwenglich, hauptsächlich weil sie beide wußten, daß sich General Bellmon darüber ärgerte.

»Einem geschenkten Gaul schaut man nicht ins Maul«, sagte General Bellmon, »aber es würde mich interessieren, wie Sie es geschafft haben, Karten für die Show zu bekommen.«

»Wo ein Wille ist, da ist ein Weg, General«, erwiderte Lowell. »Man hänge sein Herz an etwas und lasse nicht locker.«

Er spricht nicht über Theaterkarten, dachte Bellmon. Sein Gefühl sagte ihm, daß Lowell etwas im Schilde führte. Wenn Lowell ihn mit ›General‹ ansprach, war Bellmon stets alarmiert.

Bill und Jeanne – Brigadier General und Mrs. William R. Roberts – saßen im Wohnzimmer der Suite. Sie waren offenbar gerade erst eingetroffen. Die Frauen lächelten sich an; sie waren nicht der Typ, der sich mit Küßchen auf die Wangen begrüßt. Die Männer begrüßten sich mit Handschlag.

»Sehr schön hier«, sagte Barbara und schaute sich in der Suite um.

»Ja, es ist komfortabel«, sagte Lowell. »Und dort drüben gibt es ein Büro.« Er führte sie zu einem Raum, der an das Wohnzimmer grenzte. Barbara stellte überrascht fest, daß es tatsächlich ein Büro war – mit einem funktionellen grauen Metallschreibtisch und einer elektrischen IBM-Schreibmaschine –, ein richtiges Büro, nicht nur eine Reiseschreibmaschine auf einem Schreibtisch. Sie sah, daß es komplett mit Telefon, Diktiergerät und sogar mit einem großen Safe mit Kombinationsschloß ausgestattet war.

»Sehr schön«, wiederholte Barbara.

»Hier kann man gut arbeiten«, sagte Lowell.

Es klopfte an der Tür, und Barbara fragte sich, wem Craig Lowell sonst noch die Gastfreundschaft zurückzahlte. Es war jedoch ein Kellner, der einen Servierwagen mit silbernem, abgedecktem Geschirr schob.

Der Kellner entfernte die silbernen Hauben nahezu graziös eine nach der anderen. Barbara sah, daß Craig Lowell wie sie überrascht und erfreut von dem Angebotenen war. Dafür mußte es eine Erklärung geben: Lowell hatte vermutlich keine genaueren Angaben gemacht, welche Horsd'œuvres er haben wollte.

»Ich habe ein paar Leute für einen Drink hier. Schicken Sie etwas zum Knabbern herauf?«

Er dachte vermutlich an Käsehappen, Kräcker und Erdnüsse. Das Hotel lieferte Austern und Muscheln, Shrimps, Schinken, Kaviar, Räucherlachs und belegte Schnittchen. Dazu gab es eine Ecke Brie und einen Halbmond Stilton. Und zwei silberne Sektkühler, aus denen große Flaschen Champagner ragten.

»Wie nett, nicht wahr«, sagte Lowell unschuldig. »Ich habe Wein bestellt. Natürlich ist auch was Härteres da, aber nach zwei scharfen Drinks würde ich im Theater beim zweiten Akt tief und fest schlafen.«

»Ich dachte, wir essen erst nach dem Theaterbesuch«, sagte Bill Roberts.

»So ist es.« Lowell wandte sich an den Kellner. »Ist das all der Wein?«

»Insgesamt sechs Flaschen, Colonel«, sagte der Kellner.

»Nun, das sollte reichen«, sagte Lowell. »Wir können uns selbst bedienen, danke.«

Er gab dem Kellner eine gefaltete Banknote.

Barbara sah, daß ihr Mann angesichts der exquisiten Horsd'œuvres den Kopf schüttelte. Wie sie hatte er geschätzt, was das alles kostete. Im Gegensatz zu ihr war er überzeugt, daß das nur ein weiteres Beispiel dafür war, wie Lowell das Geld aus dem Fenster warf. Barbara dachte anders darüber. Lowell schaute nicht auf das Geld wie andere Leute. Er hatte Monat für Monat mehr Geld, als er ausgeben konnte. Im Beisein seiner Untergebenen oder von Leuten, die er nicht kannte, achtete er sorgfältig darauf, seinen Reichtum nicht zu zeigen (seine teuren

Uniformen, die Luxusautos und das Flugzeug waren die Ausnahmen), aber hier und jetzt, da er sich in der Gesellschaft von Freunden zu befinden glaubte, war seine einzige Sorge, ob ihnen gefiel, was er anbot. Barbara war überzeugt davon, daß er überhaupt nicht an die Kosten gedacht hatte. Es gab Leute in den Büros der Investmentgesellschaft Craig, Powell, Kenyon & Dawes, die ausschließlich damit beschäftigt waren, Craig Lowells persönliche Rechnungen zu prüfen und dann zu bezahlen. Er sah die Rechnungen nicht einmal.

Lowell öffnete die Champagnerflaschen und schenkte ein. Als er den Gästen die gefüllten Gläser reichte, klopfte es von neuem an der Tür. Barbara war am nächsten bei der Tür und öffnete.

Eine kleine, schwarzhaarige Frau mit großen Augen stand auf dem Flur.

»Sandy konnte nicht kommen«, erklärte Sharon Felter.

»Nun, wenigstens sind *Sie* hier«, sagte Barbara.

Lowell ging schnell zu Sharon Felter und überreichte ihr ein Glas Champagner.

»Bin ich zu spät?« fragte Sharon. »Ich mußte auf den Babysitter warten.«

»Überhaupt nicht«, erwiderte Lowell. »Wir haben gerade erst die Flaschen geöffnet, und ich wollte den ersten Toast ausbringen.«

Die anderen schauten ihn neugierig an.

»Auf den Flug des Eagle«, sagte Lowell, »und auf diejenigen, die ihn fliegen sollen.«

Eagle war offenbar irgendein Flugzeugtyp. Barbara hatte noch nie etwas davon gehört. Sie warf einen Blick zu ihrem Mann und dann zu Bill Roberts. Ihre starren Mienen verrieten, daß ihnen das Thema offensichtlich mißfiel.

»Und eine Frage, Gentlemen«, fuhr Lowell fort. »Wie kommt es, daß ich hier bin und Papierkram erledige, anstatt selbst einen Eagle zu fliegen?«

»Himmel, das ist als geheim erklärt, Craig«, sagte Bill Roberts. »Wissen Sie das nicht?«

»Und hier sind drei Agentinnen des Kremls, wenn ich je welche gesehen habe«, sagte Lowell und nickte zu den Frauen hin. »Sharon spricht sogar russisch.«

»Es ist geheim, Craig«, wiederholte Roberts.

»Diese Suite ist vermutlich sicherer als das Lagezentrum im Weißen Haus«, sagte Lowell. »Voll mit raffinierten kleinen Vorrichtungen, die Wanzen entdecken.«

»Ihre Beteiligung an dem Eagle-Flugprogramm wurde in Erwägung gezogen, Craig«, sagte Bob Bellmon. »Man entschied sich dagegen. Und ich finde, wir sollten das Thema wechseln.«

»Was ist das Eagle-Flugprogramm?« fragte Barbara.

»Wir schicken Luftfahrzeuge und dreihundert Piloten nach Vietnam«, erklärte Lowell. »Und ich stehe nicht auf der Liste.«

»Das war ein krasser Verstoß gegen die Sicherheitsvorschriften«, sagte Bellmon. »Ist Ihnen das klar?«

»Ah, kommen Sie schon, Bob«, sagte Lowell. »Versuchen Sie nicht den Tatsachen auszuweichen, indem Sie so anfangen.«

Bellmon schaute ihn finster an.

»Dieser Major von Ihnen, wie heißt er noch? Brokenhammer?« wandte sich Lowell an Bill Roberts. »Der Typ, der immer an seiner Pfeife nuckelt.«

»Brochhammer«, korrigierte General Roberts automatisch.

»Also Brochhammer. Es gibt keinen Grund, weshalb er nicht die Arbeit übernehmen könnte, die Sie mir übertragen haben. Er kann es sogar besser.«

Roberts gab keine Antwort.

»Phil Parker fliegt mit«, sagte Lowell.

»Sie haben die Liste gesehen?« fragte Bellmon.

»Klar habe ich die Liste gesehen.«

»Ich möchte wissen, wer sie Ihnen gezeigt hat«, sagte Bellmon ärgerlich.

»Jemand, der so überrascht wie ich feststellte, daß ich nicht darauf stehe«, sagte Lowell.

»Ich sagte schon, daß die Entscheidung gefällt ist«, sagte Bellmon.

»Ich finde, daß ich ein Recht auf eine Erklärung habe«, sagte Lowell.

»Wie kommen Sie auf diesen Gedanken?« fragte Bellmon. »Ein *Recht!*«

Barbara war jetzt alarmiert. Die Situation war nahe daran, außer Kontrolle zu geraten.

»Craig«, sagte General Roberts, »wenn es die peinliche Situation beendet, werde ich Ihnen eine Erklärung geben.«

»Okay«, sagte Lowell.

»Es gibt einen Grund zu der Annahme, daß sowohl Sie als auch Jim Brochhammer bald eine Aufgabe bekommen, mit der Sie einen wichtigeren Beitrag leisten können als beim Fliegen in Indochina.«

»Welche Aufgabe?« erkundigte sich Lowell. »Noch mehr Papierkram?«

Roberts setzte zu einer Antwort an, als ein Geräusch an der Tür zu hören war. Ein Schlüssel wurde ins Schloß geschoben.

Roberts schaute offenen Mundes zur Tür.

Ein untersetzter, gutgekleideter Mann, den Roberts auf Mitte 40 schätzte, stieß die Tür auf. Er hatte Mühe, den Schlüssel aus dem Schloß zu ziehen, und es dauerte einen Augenblick, bis er bemerkte, daß sich Leute in der Suite aufhielten. Ein Ausdruck von Ärger huschte über sein Gesicht, der schnell einem gezwungenen Lächeln wich.

Es war Porter Craig, Craig Lowells Cousin, der Aufsichtsratsvorsitzende und leitende Direktor von Craig, Powell, Kenyon & Dawes, Wall Street 13.

»Guten Abend«, sagte er.

»Dein Timing ist hervorragend, Porter«, sagte Craig Lowell scharf.

»Ich würde sagen, Colonel, daß er gerade zum richtigen Zeitpunkt kommt«, sagte General Bellmon. »Hallo, Porter.«

»Störe ich?«

»Wie kommen Sie denn auf so was!« sagte Barbara.

»Komm rein und erstick an deinem Zahnstocher, Porter«, sagte Lowell.

»Wo zur Hölle warst du?« fragte Porter Craig, während er geistesabwesend Barbara Bellmon und dann Lowell die Hand schüttelte.

Lowell gab keine Antwort.

»Als ich endlich herausfand, wo du vermutlich im Pentagon bist, sagte man mir, daß du zu Hause bist. So rief ich hier an, bekam aber keine Verbindung.«

»Das lag vielleicht daran, daß ich das Telefon abstellte«, sagte Lowell. »Ich habe hier gearbeitet.«

»Ist es jetzt angeschlossen?« fragte Porter Craig alarmiert. »Ich habe bei beiden Senatoren angerufen, und sie rufen hier zurück.«

»Es ist angeschlossen«, sagte Lowell. »Was ist los?«

»Die Army hat Geoff in Fort Jackson ins Gefängnis gesteckt«, stieß Porter Craig hervor.

»Das ging aber schnell«, sagte Lowell amüsiert. »Er ist erst zwei Monate dabei.«

»Das ist nicht lustig, verdammt«, erregte sich Porter. »Er muß mit zwanzig Jahren Leavenworth rechnen!«

»Was hat er denn getan?« fragte Barbara Bellmon.

Sie fing einen mahnenden Blick ihres Mannes auf. Sie verstand. Er befürchtete, in die Probleme verwickelt zu werden, die Geoffrey Craig in Fort Jackson hatte. Porter Craig verstand nichts von der Army. Ein General konnte sich nicht im Interesse von Unteroffizieren und Mannschaften verwenden.

»Es gibt ein halbes Dutzend Anklagepunkte«, sagte Porter. »Der schlimmste ist tätlicher Angriff auf einen Unteroffizier.«

»Er schlug einen Uffz.«, übersetzte Lowell. »Ich hätte ihm gar nicht zugetraut, daß er das Zeug dazu hat.«

»Craig!« sagte Sharon tadelnd.

»Ich mußte Dorothys Arzt kommen lassen«, sagte Porter Craig. »Meine Frau wurde hysterisch, als sie es erfuhr!«

»Du hättest es ihr nicht sagen sollen«, sagte Lowell. »Du bist selbst ziemlich hysterisch. Das ist offenbar ansteckend.«

»Verdammt, wenn es dein Sohn wäre . . .!«

»Trink etwas Champagner«, schlug Lowell vor. »Besser noch, schluck einen Whisky. Beruhige dich, und dann erzähle von Anfang an.«

»Ich will keinen verdammten Whisky!« brauste Porter Craig auf.

»Trink trotzdem einen.« Lowell ging zur Bar, schenkte Scotch ein und brachte Porter das halbvolle Glas. »Trink, Porter. Wenn du Geoff helfen willst, dann mußt du dich beruhigen. Du hast bereits eine verdammte Dummheit begangen.«

Porter trank einen Schluck Scotch.

»Welche Dummheit?«

»Wenn du willst, daß die führenden Leute in Jackson es Geoff heimzahlen, dann laß deine Senatoren telefonieren«, sagte Lowell. »Ich hoffe, du bist nicht bis zu ihnen durchgekommen.«

Porter Craig schüttelte den Kopf. »Einer von ihnen ist ›zur Zeit nicht zu erreichen‹. Ich nehme an, er ist wieder besoffen umgefallen. Und der andere ist zum Essen und dann zu irgendeiner verdammten Theatervorführung ausgegangen. Meine Sekretärin versucht, sie ausfindig zu machen.«

»Nun, wenn deine Sekretärin sie erreicht und sie hier anrufen, dann sagst du ihnen, daß du nur mal ›hallo‹ sagen wolltest.«

»Hast du nicht gehört, was ich gesagt habe? Geoff muß mit 20 Jahren Gefängnis rechnen!«

»Sag mir, wie du all dies erfahren hast. Rief Geoff an und erzählte es dir?«

»Geoff hat kein Sterbenswort gesagt«, erwiderte Porter Craig. »Und als ich dort anrief, wollte man mich nicht mal mit ihm sprechen lassen.«

»Was weißt du genau, und woher hast du es erfahren?«

»Geoff schrieb einen Scheck für einen dortigen Anwalt aus. 1500 Dollar«, antwortete Porter Craig. »Man hielt das für ungewöhnlich und zeigte mir den Scheck. So versuchte ich, Geoff anzurufen, und irgendein Sergeant war am Apparat und erzählte mir, daß Geoff eingesperrt ist und daß ich nicht mit ihm reden kann. Und dann wurde ich hin und her verbunden, und schließlich sagte mir irgendein Lieutenant Colonel, daß er über den Fall nicht mit mir sprechen könne. Schließlich rief ich den Anwalt an, der aus Columbia ist, und er redete um den heißen Brei herum. Aber dann erzählte er mir doch noch, was los ist. Daraufhin versuchte ich, dich anzurufen, aber du hattest das Telefon abgestellt.«

Barbara hatte Mitleid mit ihm.

»Vielleicht ist es nicht so schlimm, wie es den Anschein hat«, sagte sie.

»Es gibt eine Möglichkeit, das herauszufinden«, sagte Lowell. Er setzte sich auf die Couch und zog das Telefon auf dem Couchtisch zu sich heran.

»Was haben Sie vor?« fragte General Bellmon.

»Ich rufe in Jackson an«, erklärte Lowell, während er die Nummer der Vermittlung wählte.

Porter Craig nahm neben ihm Platz.

»Vielleicht sollten wir diesen Abend abblasen«, sagte General Bellmon leise zu General Roberts.

»Seien Sie nicht albern«, sagte Lowell, der es mitbekommen hatte. »*Sie* haben keinen Unteroffizier geschlagen. Essen Sie eine Auster oder was anderes; diese Sache dauert nicht lange.«

Barbara Bellmon ging zum Tisch, legte ein paar der belegten Schnittchen auf einen Teller und brachte sie zu Porter Craig. Er schüttelte den Kopf.

»Sie haben noch nichts gegessen«, sagte Barbara. »Und Sie haben den Whisky getrunken.«

»Bring mir bitte ein paar davon, Barbara«, sagte Lowell. Und dann ins Telefon: »Fort Jackson, South Carolina, bitte.«

»Ich bin mir nicht sicher, ob das eine gute Idee ist«, sagte Bob Bellmon.

»Keiner hat dich gefragt«, sagte Barbara. Sie starrten einander in die Augen, und dann zuckte er die Achseln, ging zum Büffet und bediente sich mit Muschelsalat.

»Das Militärgefängnis, bitte«, sagte Lowell. »Stellen Sie bitte zum Offizier vom Dienst durch, Sergeant . . . Lieutenant, hier spricht Colonel Lowell. Sie haben einen Gefangenen namens Craig, Geoffrey, II. Wessen ist er angeklagt? . . . Natürlich können Sie mir das sagen, Lieutenant. Das ist keine als geheim erklärte Information . . . Danke, Lieutenant.«

Er legte den Hörer auf.

»Er wird wegen verschiedener Anklagepunkte vor ein Hauptkriegsgericht gestellt werden«, sagte er sowohl zu Bellmon und Roberts als auch zu Porter Craig. »Der wichtigste davon ist tätlicher Angriff auf einen Unteroffizier in Ausübung seines Dienstes.«

»Hauptkriegsgericht?« fragte General Roberts. Es gibt drei Stufen von Kriegsgerichtsverfahren bei der Army: ein Schnellkriegsgericht, ein Sonderkriegsgericht und ein Hauptkriegsgericht. Letzteres kann die schwersten Strafen verhängen.

»Sie versuchen offenbar, ihn fertigzumachen«, sagte Lowell. »Nun, da muß ich etwas unternehmen.«

»Was heißt das?« fragte Roberts.

»Das heißt, daß ich hinfliegen sollte«, erwiderte Lowell.

»Craig . . .«, begann Roberts und verstummte.

»Zuerst die Pflicht, General, ich weiß.«

»Ich . . . äh . . . kann nicht zulassen . . .«

»›Beschaffung und Finanzierung von geplantem Fluggerät bis zum Haushaltsjahr 1965‹, geheim klassifiziert und in fünffacher Ausfertigung, abgelegt in meinem Safe«, sagte Lowell.

»Sie sind damit fertig?« Roberts war ehrlich überrascht.

»Und Sie glaubten mir nicht, als ich sagte, daß ich hier effizienter arbeiten kann, nicht wahr?«

»Ich bin überrascht«, gab Roberts zu. Obwohl es ein Eilauftrag war, hatte er die Vorausplanung frühestens in drei oder vier Tagen erwartet.

»Tut mir leid«, sagte Lowell.

»Was?«

»Wenn ich gewußt hätte, daß meine Fähigkeiten als Papierkrambändiger verhindern, daß ich einen Eagle fliege, dann wäre mein Einsatz weit weniger hingebungsvoll gewesen.«

»Sie spielen mit dem Gedanken, noch heute nacht dorthin zu fliegen?« fragte Bellmon. Es war mehr ein Vorwurf.

»Wenn ich gleich am Morgen dort bin, kann ich gegen 13 Uhr wieder hier sein, vielleicht auch etwas später. So wird Major Brokenhammer den ganzen Morgen Zeit haben, Fehler in der Vorausplanung bis 65 zu finden.«

»*Brochhammer*«, korrigierte Roberts wieder automatisch.

»Sie haben getrunken«, sagte Bellmon. »Sie sollten nicht fliegen.«

»Ich werde einen Piloten von Butler Aviation bekommen«, sagte Lowell. »Da ist immer jemand in Bereitschaft.« Er schaute Porter Craig an.

»Du wirst die Rechnung dafür erhalten, Porter. Und du kannst mit mir zum Flughafen fahren und in das Pendelflugzeug nach New York steigen.«

»Danke, Craig«, sagte Porter.

»Bevor du in Tränen der Rührung ausbrichst, Porter, solltest du dir eines vor Augen halten: Wenn Geoff schuldig im Sinne der Anklage ist, wird er höchstwahrscheinlich in den Knast wandern. Und ich werde nichts dagegen tun. Ich werde dorthin fliegen, um mich zu vergewissern, daß man ihn nicht bescheißt. Aber das ist schon alles.«

»Er ist doch noch ein Junge, Craig!«

»Als er zur Army kam, las man ihm die Spielregeln vor – auch als Vorschriften bekannt«, sagte Lowell. »Ganz oben auf der Liste steht, daß man seinen Sergeant nicht zusammenschlagen darf.«

»Woher weißt du, daß er das getan hat?«

»Der Lieutenant am Telefon sagte soeben: ›Oh, das ist der Klugscheißer, der seinen Sergeant mit einem gebrochenen Kiefer ins Lazarett brachte.‹«

»Wenn das stimmt«, sagte Porter Craig, »dann muß Geoff seine Gründe gehabt haben.«

»Ich bin sicher, daß er das glaubt«, erwiderte Lowell. »Aber ich befürchte, daß ihm niemand diese Gründe abkauft. Die einzige Entschuldigung, die zählt, ist Notwehr.«

Er ging aus dem Wohnzimmer ins Büro und kehrte nach einer Minute mit einer Aktentasche zurück.

»Hier sind die Planungen '65, Bill«, sagte er und übergab Roberts die Tasche.

»Was soll ich damit machen?«

»Sie wollen doch nicht wirklich eine Antwort darauf von jemand hören, der nicht den Eagle fliegen darf, General, oder?« entgegnete Lowell. »Wenn ich eine Antwort geben würde, dann würde mich Bellmon zusammen mit Geoff einsperren lassen.«

Jeanne Roberts kicherte. Barbara Bellmon lachte. Ihre Männer starrten sie finster an.

Porter Craig blickte verwirrt drein.

Barbara Bellmon ging zum Büffet und nahm die Magnumflasche Champagner aus dem Kühler. »Möchte jemand Champagner?« fragte sie heiter.

2

Bei Durham, North Carolina

11. Dezember 1961, 4 Uhr 15

Der Farmer, auf dessen Land sie standen und warteten, bot Lieutenant Ellis einen Tonkrug an, der eine klare Flüssigkeit enthielt. Der Farmer hatte während des Zweiten Weltkriegs als Segelflieger beim 325. Glider Infantry Regiment der 82. Airborne Division gedient. Er war jetzt 60 Pfund schwerer als 1945 und hatte viel weniger Haare.

»Klärt die Nasennebenhöhlen«, sagte er. »Hab' ich gemacht.«

»Danke«, sagte Lieutenant Ellis höflich, trank einen Schluck und war auf einen Schock vorbereitet.

Es war nicht annähernd so schlimm, wie er erwartet hatte. Seine Erfahrung mit ›White lightning‹ war begrenzt, und was er früher davon getrunken hatte, hatte ihm in der Kehle gebrannt. Dies war ziemlich guter Stoff, und das sagte er dem Farmer.

»Man kann besseren machen als kaufen«, erklärte der Farmer. »Das Geheimnis ist peinliche Sauberkeit. Eine Anlage aus rostfreiem Stahl, Kupferrohre und Sauberkeit. Und dann muß man das Zeug reifen lassen. Dieses hier ist über ein Jahr alt.«

»Sehr gut«, sagte Lieutenant Ellis.

Sie standen bei Lieutenant Ellis' Auto. Es war ein Jaguar XK-120, der bis vor fünf Tagen einem Captain der Fallschirmjäger gehört hatte, der beim Pokern zuviel Vertrauen in drei Damen gesetzt hatte. Lieutenant Ellis hatte einen Straight bis zum König gehabt.

Ellis hatte als Gentleman dem Captain drei Tage gewährt, um die tausend Dollar zu bezahlen, die der Captain als ein Symbol seines Vertrauens in drei Damen gesetzt hatte (statt Bargeld hatte er einen Anteil an dem Jaguar eingesetzt). Als kein Bargeld aufzutreiben gewesen war, waren der Captain und Ellis zur Filiale der First National Bank of Fayetteville in Fort Bragg gefahren und hatten das Problem gelöst. Danach war der Captain am Steuer eines MG TD von der Bank fortgefahren, der bisher Lieutenant Ellis' Wagen gewesen war. Und Lieutenant Ellis und die Bank besaßen nun etwa zu gleichen Teil den Jaguar XK-120.

Die Fahrt von Fort Bragg nach Durham am folgenden Nachmittag war sehr angenehm mit dem Jaguar gewesen, obwohl er beträchtlich mehr Super-Sprit soff, als der MG an Normalbenzin verschlang. Da Ellis' Mission in Durham offiziell war, war ein Jeep für ihn reserviert worden. Aber Ellis hatte zwei Missionen in Durham, eine offizielle und eine persönliche, und für letztere brauchte er einen Privatwagen, und so stand der Jeep beim Fahrzeugpark in Bragg.

Bei seiner Ankunft hatte er laut seinen Anweisungen Kontakt mit dem ›Gastgeber‹ – dem Farmer – aufgenommen, und der Gastgeber hatte darauf bestanden, daß er zum Abendessen blieb. Der Gastgeber hatte eine große Familie, aber zwei seiner Söhne wurden zusammen einquartiert, so daß Lieutenant Ellis ein Bett für sich hatte.

Große Steindrucke von Jesus Christus hingen an verschiedenen Wänden im Farmhaus, und vor dem Essen wurde ein langes Gebet gesprochen. Nach dem Essen wurde ein Sammelalbum hervorgeholt, und der Gastgeber dokumentierte seinen Dienst bei der 82. Luftlandedivision im Zweiten Weltkrieg von Nordafrika bis Berlin. Die ersten Kodak ›Baby Brownie‹ Fotografien waren ein wenig verschwommen, aber in Nordafrika hatte der Gastgeber eine Leica-Kamera ›befreit‹, und danach waren die Fotos scharf und in zunehmenden Maße von künstlerischer Qualität.

Um 3 Uhr 45 am nächsten Morgen wurde Ellis vom Hund des Gastgebers geweckt, ein großer, kurzhaariger braunschwarzer Bastardhund, der begeistert Ellis' Gesicht ableckte.

»Noch eine halbe Stunde, bis sie abgesetzt werden«, kündigte der Gastgeber ein paar Minuten später glücklich an.

Ellis duschte, rasierte sich und zog einen Arbeitsanzug an. Er hätte gern eine Tasse Kaffee getrunken, aber der Gastgeber erklärte ihm, daß sie nach der Aktion frühstücken würden.

Auf dem Feld reichte der Gastgeber Ellis wieder den Krug mit dem ›White lightning‹, und der Lieutenant trank höflich noch einen Schluck.

»Ich habe ein paar Viertelliterflaschen in den Kofferraum gelegt«, sagte der Gastgeber. »Die können Sie mitnehmen.«

»Das war aber nicht nötig«, erwiderte Ellis.

»Hölle, ich wollte es«, sagte der Gastgeber.

In der Ferne hörte Ellis schwaches Motorengeräusch.

»Verdammt, das sind sie nicht«, kündigte der Gastgeber an. »Das sind zwei kleine einmotorige Flugzeuge.«

Ellis suchte angestrengt den Himmel nach den Maschinen ab, die der Gastgeber so schnell entdeckt hatte. Schließlich fand er sie. Sie näherten sich von Südosten. Zwei Beavers. Das waren sie.

»Es sind Beavers«, erklärte Ellis dem Gastgeber. »Einmotorig, aber sie transportieren fünf Leute.«

»In diesen kleinen, zusammengeflickten Kisten?«

»Sie sind größer, als sie aussehen«, sagte Ellis.

»Da will ich doch verdammt sein!« Der Gastgeber trank einen Schluck Selbstgebrannten und reichte Ellis das Tongefäß.

»Ich brauche wirklich keinen mehr«, sagte Ellis.

»Hölle, Junge, mein Motto ist ›nimm, was du kriegen kannst, so lange du kannst‹.«

Ellis spürte, wie sich die Wärme vom Magen aus im Körper ausbreitete. Und er war sich im klaren, daß gleich der Absprung stattfinden würde.

Er öffnete die Wagentür und griff auf den Rücksitz des Jaguars. Der Hund des Gastgebers saß dort und wollte ihm schon wieder das Gesicht ablecken. Ellis schob den Hund zur Seite und nahm ein Funkgerät AN/GRC-9 heraus.

Er zog sich aus dem Wagen zurück, lehnte sich gegen die Motorhaube, stellte das Funkgerät an und setzte die Kopfhörer auf.

Gerade noch rechtzeitig.

»Wenn Sie dort unten und wach sind, Ellis, sie sind soeben durch die Tür«, ertönte die Stimme von einem der Piloten metallisch aus dem Funkgerät.

»*Roger*«, sagte Ellis ins Mikrofon und wies zu der Maschine hinauf. Der Gastgeber ließ seinen Hund aus dem Wagen. Der Hund hob sofort sein Bein und verzierte den schönen gelben Lack des Jaguars in der Nähe des rechten Hinterrads.

»Ich sehe nichts«, sagte der Gastgeber. Aber dann: »Da will ich doch verdammt sein, da sind sie!«

Eine Reihe von Fallschirmen hatte sich am morgendlichen Himmel geöffnet. Ellis zählte sie. Elf. Neun Fallschirmspringer und zwei kleine Frachtfallschirme.

»Jetzt können wir nur hoffen, daß keiner in den Bäumen landet und sich was bricht«, sagte Ellis. Er hoffte sehnlich, daß das nicht passierte. Wenn jemand verletzt wurde, mußte ein Krankenwagen gerufen werden, dann mußte er den Verletzten ins örtliche Krankenhaus begleiten, Bragg informieren und einen ausführlichen Bericht schreiben. Dafür würde die meiste Zeit des Tages draufgehen, und er hatte Wichtigeres vor.

Ellis wartete ungeduldig und mit wachsender Sorge einige Minuten lang, bis es schließlich aus dem Funkgerät klang:

»Glucke, Glucke, hier ist Kükenführer. Kommen!«

»Verstanden, Kükenführer, hier ist Glucke«, sagte Ellis ins Mikrofon.

»Küken-Team auf dem Boden, unversehrt, um 4 Uhr 18!«

»Verstanden, Kükenführer, versuchen Sie, nicht ins Gefängnis zu kommen. Ende!«

Er schaltete das Funkgerät aus, klappte die Antenne herunter und legte das Gerät auf den Rücksitz des Jaguars.

Wenn es jetzt einen Notfall gab, wenn ein Mitglied des Teams verletzt wurde oder wenn jemand ins Gefängnis kam – eine Verhaftung durch übereifrige und neugierige zivile Gesetzesvertreter war stets möglich –, hatte jedes Mitglied des Teams eine Telefonnummer, um in Fort Bragg anzurufen. Andererseits würde Ellis dem Ausbildungs-Koordinator in Bragg eine Telefonnummer angeben, wo er erreicht werden konnte. Wenn es Probleme gab, würde Bragg diese Nummer anrufen, und er würde tun, was immer getan werden mußte.

Mit dieser Ausnahme würde es keine weitere Kommunikation zwischen ihm und dem Team geben, bis ihre kleine Übung vorüber sein würde. Was bedeutete, daß er den Tag, die Nacht und den ganzen folgenden Tag und die Nacht mehr oder weniger für sich hatte.

»Wollen Sie noch einen kleinen Schluck?« fragte der Gastgeber, als Ellis in den Jaguar stieg.

»Wenn ich noch einen kleinen Schluck davon trinke, müßten Sie zu Fuß nach Hause gehen«, erwiderte Ellis.

Der Gastgeber kicherte und trank ausgiebig.

Als sie beim Farmhaus eintrafen, servierte die Frau des Gastgebers das Frühstück. Ellis aß alles, was sie ihm hinstellte: Pfannkuchen, ein Würstchen, Eier und eine große Scheibe Schinken, die in Bratensaft schwamm. Er spülte alles mit Tomatensaft und drei Tassen Kaffee hinunter.

»Wenn Sie nichts zu tun haben, bis die Jungs fertig sind und nicht mehr durch die Gegend rennen, können Sie gern hierbleiben«, sagte der Gastgeber.

»Ich muß nach Durham«, sagte Ellis. »Trotzdem vielen Dank.«

»Sie können jederzeit wiederkommen. Sie sind immer willkommen, ob im Dienst oder nicht«, sagte der Gastgeber. »Es war wirklich nett, Sie hier zu haben, Lieutenant.«

»Das ist freundlich von Ihnen«, sagte Ellis. Er griff in die Tasche und zog eine kleine Schachtel hervor, die in weißes Papier gehüllt war.

»Colonel Hanrahan bat mich, Ihnen das zu geben, Mr. Ford«, sagte Ellis und gab ihm die Schachtel.

»Ich sagte Ihnen, für Sie bin ich Les.« Der Gastgeber entfernte das Papier und öffnete die Schachtel. »Da will ich doch verdammt sein!« Er strahlte. »Das ist ein Ding!«

Die Schachtel enthielt ein Feuerzeug. Auf einer Seite war das Lastensegler/Fallschirmspringer-Abzeichen eingraviert (die Abbildung eines stilisierten Lastenseglers, aufgeprägt auf die üblichen Fallschirmspringer-Schwingen). Außerdem war eingraviert: *Lester H. Ford, T/Sgt* (Technical Sergeant), *325th Glider Infantry 1942-45.* Auf der anderen Seite sah Lester Ford die Insignien der Special Forces – zwei Pfeile, die ein vertikales Kampfmesser kreuzten, und die Aufschrift *›De Oppresso Liber‹* (frei von Unterdrückung) und die Worte: *Von seinen Freunden bei den Special Forces, 1961.*

Das Feuerzeug hatte 1,25 Dollar gekostet, die Gravur drei Dollar. Lester Ford hielt es in der Hand, als wäre es der Kohinoor-Diamant.

»Da will ich doch verdammt sein!« wiederholte er und reichte das Feuerzeug seiner Frau.

»Das ist wirklich schön«, sagte sie. »Du wirst es irgendwo aufbewahren, wo du es nicht verlierst.«

Sie gab es an einen der Söhne weiter.

»Und Colonel Hanrahan bat mich, Ihnen auszurichten, daß Sie immer willkommen sind, wenn Sie die Zeit finden, nach Bragg zu kommen. Er würde Ihnen dann gern zeigen, was wir dort haben.«

»Das Angebot sollte ich annehmen«, sagte Lester Ford begeistert. »Bei Gott, ich werde nach Fort Bragg reisen, sobald es möglich ist!«

Sein Sohn gab ihm das Feuerzeug zurück. Auf dem glänzenden Metall war ein Daumenabdruck. Lester Ford wischte ihn mit einer Papierserviette sorgfältig fort.

»Danken Sie Ihrem Colonel in meinem Namen«, sagte er bewegt. »Und sagen Sie ihm, daß ich jederzeit wieder gern helfe, wenn ich kann.«

»Wir wissen Ihre Mitarbeit zu schätzen, Mr. Ford.«

»*Les*, verdammt! Sie können immer auf mich zählen. Hölle, einmal Fallschirmjäger, immer Fallschirmjäger. Und es ist kein Problem, mein Farmland als Absprunggebiet zu nutzen. Hölle, ich schaue den Jungs so gern beim Absprung zu.«

3

Büro des Professors der Wehrwissenschaft
Abteilung Wehrwissenschaft
Duke University
Durham, North Carolina

11. Dezember 1961, 8 Uhr 25

Der Professor der Wehrwissenschaft wurde im Katalog der Duke University als ›Colonel G.F. Wells, Artillery, B.S. USMA; M.S., Cal Tech; Ph. D., University of California‹ aufgeführt. Er war ein großer, pausbäckiger Mann mit Bürstenhaarschnitt. Die

Ordensbänder auf seinem Uniformrock gaben Zeugnis davon, daß er während des Zweiten Weltkriegs in Europa und später in Korea gedient hatte und zwei oder mehr Jahre Dienst im Generalstab der Army geleistet hatte.

Er war ärgerlich, als er von seinem Schreibtisch aufblickte und den jungen Mann in dem Tweed-Sportsakko, mit dem am Kragen offenen weißen Hemd und der grauen Flanellhose, auf der Türschwelle stehen sah. Das bedeutete, seine Sekretärin war – wieder einmal – zu spät zur Arbeit gekommen, und er mußte einen weiteren jungen Mann beraten, daß es in seinem eigenen Interesse war, im Programm des Reserve Officer Training Corps (ROTC) zu bleiben. Colonel Wells war überzeugt davon, daß dies das Anliegen des jungen Mannes war. Jeder Teilnehmer des Programms sollte sich in Uniform in der Turnhalle einfinden, und dieser Bengel trug Zivilkleidung. Und man konnte nicht aus dem ROTC aussteigen, ohne zuvor ein ›Gespräch‹ mit dem Leiter zu haben.

Colonel Wells war versucht, den kleinen Bastard abzuwimmeln und auf morgen zu vertrösten, wenn er nicht so beschäftigt sein würde, aber er wußte, daß das nicht der richtige Umgang mit jungen Männern war, die aus dem ROTC-Programm aussteigen wollten, weil es ihre gesellschaftlichen Aktivitäten störte.

Er zwang sich zu einem Lächeln.

»Kommen Sie herein, Sohn«, sagte er. »Sie möchten mich sprechen?«

»Jawohl, Sir.«

»Wie kommt es, daß Sie keine Uniform tragen?« fragte Colonel Wells, während er dem jungen Mann die Hand reichte und ihn mit einer Geste aufforderte, auf dem Stuhl neben dem Schreibtisch Platz zu nehmen.

»Ich hielt es für besser, Zivil zu tragen, Sir«, sagte der junge Mann. »Das ist weniger auffallend.«

Was zum Teufel ist denn das für eine Antwort? dachte Colonel Wells.

»Wir haben nicht oft eine Chance für eine solche Ausbildung«, sagte Colonel Wells. »Ich hätte es gern, wenn jeder daran teilnimmt.«

»Das freut mich zu hören, Sir«, erwiderte der junge Mann. »Ich hoffe, wir können dafür sorgen, daß sich Ihre Mühe lohnt.«

Auch bei dieser Antwort war Colonel Wells perplex.

»Ich befürchte, ich habe Ihren Namen vergessen, Sohn.«

»Ich bin Lieutenant Ellis, Sir«, sagte Ellis, und als er die entgeisterte Miene des Colonels sah, fügte er hinzu: »Von der Special Warfare School in Bragg, Sir.«

»Allmächtiger, ich dachte, Sie wären einer meiner ROTC-Jungs«, dachte Colonel Wells laut, und dann fuhr er fort: »Der Grund für meine Verwirrung, Lieutenant, ist folgender: Als wir diese Übung mit Ihrem Colonel MacMillan vorbereiteten, sagte er mir, daß der Ausbildungs-Offizier, den er schicken wird, ein wahrer Teufelskerl ist, der eines unserer Teams in Kuba führte.«

Ellis fühlte sich sichtlich unbehaglich.

»Nichts für ungut, Lieutenant. Wir freuen uns, Sie hierzuhaben. Ich hatte einfach nur einen etwas älteren Offizier erwartet.«

»Ich führte das ›A‹-Team in Kuba, Colonel«, sagte Ellis.

Jetzt fühlte sich Colonel Wells sichtlich unbehaglich. Er entschloß sich, das Thema zu wechseln.

»Ich habe eine Besprechung mit meinen Offizieren für halb neun angesetzt«, sagte er. »Sie warten vermutlich auf uns. Es ist gleich am Ende der Halle.«

»Jawohl, Sir.«

Jemand rief »Achtung!«, als Colonel Wells den Raum betrat, und er antwortete sofort: »Behalten Sie Platz.«

Es gab einen großen Büchereitisch, um den ein halbes Dutzend Offiziere saßen. Zwei Korktafeln waren aufgestellt. Auf einer war die Karte des Campus der Duke University befestigt, und auf der anderen eine Karte von der Umgebung. Auf beiden Karten waren an verschiedenen Punkten kleine Fähnchen eingesteckt.

»Gentlemen«, sagte Colonel Wells, »dies ist Lieutenant Ellis von der Special Warfare School. Er trägt Zivilkleidung, um keine Aufmerksamkeit auf sich zu ziehen.«

Ellis hatte das Gefühl, daß keiner der anwesenden Offiziere sonderlich beeindruckt von ihm war. Es wurde ihm klar, daß er von ihnen ebenfalls wenig hielt.

»Lieutenant, würden Sie uns in den Verlauf der Übung einweisen?« sagte Colonel Wells und nahm Platz.

Ellis ging zu der Landkarte mit der Umgebung der Universität und hielt Ausschau nach einem Zeigestock. Als er keinen entdeckte, setzte er seinen Zeigefinger ein.

»Um 4 Uhr 15 sprang an diesem Punkt hier ein ›A‹-Team per Fallschirm ab«, sagte er. »Das Team besteht aus einem Captain, einem Lieutenant, drei Master-Sergeants, einem Sergeant First Class, zwei Staff Sergeants und einem Sergeant. Sie haben ihre Handfeuerwaffen, eine Kampfausstattung an Platzpatronen dafür, einen Granatwerfer, ein Maschinengewehr, einen Raketenwerfer – mit Platzpatronen und/oder Übungsmunition dafür –, drei Tagesrationen, drei AN/GRC-9-Funkgeräte, 600 Pfund simulierten Sprengstoff ›Composition Two‹ in Ein-Pfund-Blocks, zwei Detonatoren und hundert inaktive Sprengkapseln. Die Männer wurden durchsucht, bevor sie Fort Bragg verließen, und sie haben weder Erkennungsmarken noch Geld bei sich. Ihr Auftrag ist es, hierhin zu gelangen und Ihren Wasserturm zu sprengen, Ihr Elektrizitätswerk, diese beiden Brücken und dieses Gebäude. *Ihr* Auftrag, Gentlemen, ist es, das zu verhindern und die Männer des ›A‹-Teams zu stoppen.«

»Lieutenant, sagten Sie 600 Pfund von falschem C-2?« fragte ein Major.

»Jawohl, Sir.«

»Das sind 75 Pfund pro Mann plus ihre andere Ausrüstung«, sagte der Major.

»So ist es, Sir.«

»Wie zum Teufel können sie soviel Gewicht tragen?«

»Es wird nicht leicht sein, Sir«, sagte Ellis.

»Sie werden sehr komisch aussehen, wenn sie am Straßenrand stehen und sich als Anhalter versuchen«, meinte ein anderer Offizier, und einige lachten.

»Ich glaube nicht, daß sie das versuchen werden, Sir«, sagte Ellis. »Colonel MacMillan hat ein inoffizielles Abkommen mit der North Carolina Highway Patrol getroffen. Sie wird melden, wenn sie das Team entdeckt.«

»Was hat denn die Highway Patrol von dieser Mitarbeit?« fragte jemand.

»Die Beamten bekommen für jede bestätigte Entdeckung eine Flasche Whisky. Die Regeln lauten, wenn das Problem später bei der Manöverkritik zur Sprache kommt, daß die Hälfte der entdeckten Männer als gefallen gelten. Was auch immer sie nach der Entdeckung getan haben mögen, wird vor diesem Hintergrund beurteilt werden.«

»Was ist mit den Deputys des Sheriffs?« fragte jemand.

»Das ist eine Sache zwischen der Highway Patrol und den Deputys«, sagte Ellis.

»Wie lauten die Regeln eines Kampfes zwischen unseren Leuten und Ihren?«

»Wenn wir angreifen, vielleicht das Überraschungsmoment nutzen, haben wir einen Vier-zu-eins-Vorteil. Mit anderen Worten, wenn zwei meiner Leute acht von Ihren angreifen, sind Ihre tot. Wenn wir mit dem MG oder dem Granatwerfer angreifen, haben wir einen Zehn-zu-eins-Vorteil. Mit beidem einen 15-zu-1-Vorteil.«

»Und mit dem Raketenwerfer?«

»Es gibt sechs Raketen für den Raketenwerfer. Ein Treffer mit einer Rakete auf den Wasserturm wird ihn eliminieren, zwei Treffer sind für die Zerstörung einer Brücke notwendig. Die Köpfe der Raketen enthalten Farbe statt Sprengstoff.«

»Sie wollen Farbe auf den Wasserturm schießen? Das wird der Uni aber gar nicht gefallen.«

»Wie ich hörte, haben Colonel Wells und Colonel MacMillan vereinbart, daß *wir* die Sauerei säubern, wenn Sie uns töten, und daß *Sie* saubermachen, wenn wir Erfolg haben«, sagte Ellis.

»Wir könnten sie einfach umzingeln«, meinte ein Offizier. »Ich habe 160 Kadetten.«

»Wie auch immer Sie es machen, bleibt Ihnen überlassen, Sir«, sagte Ellis.

»Wo sind Ihre Leute jetzt?«

»Ich weiß nur, daß sie um 4 Uhr 15 auf Mr. Fords Farmland absprangen. Sie können inzwischen überall sein«, sagte Ellis. Er schaute Colonel Wells an. »Das wäre alles, Sir.«

»Nur noch eines«, sagte Colonel Wells. »Damit unsere Kadetten die richtige Einstellung haben, um dieses Spiel ernst zu nehmen, möchte ich, daß Sie ihnen allen klarmachen, was mit ihnen passiert, wenn sie ›getötet‹ oder ›gefangengenommen‹ werden. Das sollten Sie ihnen vor Augen führen, bevor Sie die jungen Männer in Marsch setzen, um das Universitätsgelände zu schützen. Ich habe mit der Sportabteilung vereinbart, daß man uns für den Rest des Wochenendes das Stadion überläßt. Die Verluste werden ins Stadion gebracht, wo sie den Rest des Wochenendes in Zelten verbringen und mit 10-in-1-Rationen versorgt werden. Auf dem Universitätsgelände werden Schilder aufgestellt, mit denen die Neugierigen eingeladen werden, sich die Gefangenen anzuschauen.«

Es folgte Gelächter.

»Und erinnern Sie auch daran, daß die Verlierer die Farbe zu entfernen haben«, sagte Colonel Wells. »Das ist alles, Gentlemen. Gehen Sie jetzt und retten Sie die Duke University vor Lieutenant Ellis' barbarischen Horden.«

4

Standortgefängnis
Fort Jackson, South Carolina

11. Dezember 1961, 8 Uhr 30

Die Insignien des Militärdistrikts Washington-MDW wurden von Soldaten getragen, die im Pentagon und bei anderen Truppenteilen und Dienststellen in und beim Distrikt Columbia Dienst taten. Sie zeigten zwei Schwerter, die über dem Washington Monument gekreuzt waren. Lieutenant Colonel Craig W. Lowell – und eine große Zahl anderer Offiziere und Unteroffiziere – bezeichneten die Insignien insgeheim als die der ›Sesselfurzer-Brigade‹. Es gab zwei Schwerter, weil die ›Sesselfurzer-Brigade‹ von allem und jedem Durchschläge und Kopien machen mußte, und die Schwerter waren nicht in der Scheide, weil das Quartermaster Corps die Scheiden nach Alaska geschickt hatte; das Washington Monument war abgebildet, weil sonst die ›Krieger‹ der ›Sesselfurzer-Brigade‹ weder gewußt hätten, was sie taten, noch wo sie es taten. Nach einer zufriedenstellenden Dienstzeit in Washington im Generalstabsdienst der Army wurde den Stabsoffizieren das ›General Staff Corps Badge‹ verliehen, ein goldenes und emailliertes Abzeichen, das auf der rechten Brusttasche des Uniformrocks getragen wurde. Lieutenant Colonel Craig W. Lowell war für seine Ansicht bekannt, daß die Verleihung geschaffen worden war, um Soldaten eine Medaille zu geben, die sonst keine bekommen würden. Man qualifizierte sich dafür, indem man zwei Jahre im Pentagon diente, ohne sich mehr als zweimal hoffnungslos in den Korridoren zu verirren, indem man sich keine Geschlechtskrankheiten zuzog und seinen Namen richtig für das Telefonbuch des Verteidigungsministeriums buchstabierte. Wenn man bedenkt, daß es ums Pentagon ging, waren das beachtliche Leistungen.

Nach seinem Dienst im Pentagon hatte der damalige Major Craig W. Lowell ›vergessen‹, die MDW-Insignien von der Schulter seiner Uniformröcke zu entfernen. Auch das Abzeichen des General Staff Corps (GSC) hatte er nicht seiner Sammlung von sonderbaren Insignien zugefügt, die er mal getragen hatte und jetzt in einer Seifendose von einem lange ausrangierten Rasierzeug-Set aufbewahrte, sondern er hatte es an dem Waffenrock gelassen, der auch die MDW-Insignien auf der Schulter trug.

Offiziere mit solchen Insignien konnten im allgemeinen unbehelligt über die Flure im Pentagon spazieren. Man schenkte Majors und Lieutenant Colonels im Pentagon ohnehin keine Beachtung, und einer, der so geschmückt war, ging einfach in der Masse unter.

Lowell hatte den Uniformrock mit dem MDW- und GSC-Abzeichen bei seinem gegenwärtigen Dienst getragen: der eiligen Auflistung der Anforderungen an Fluggerät für Bob Bellmon und letzten Endes für den Verteidigungsminister. Jemand mit dem MDW- und GSC-Abzeichen konnte mit mehr Aufmerksamkeit rechnen (*Der Knabe ist zwei Jahre hiergewesen und findet sich vielleicht zurecht)* als ein Offizier mit den Insignien des Army Aviation Center (*Der Knabe ist in vorübergehender Verwen-*

dung; bevor ich tue, was er von mir will, wird er wieder weg sein. Was soll also die Mühe?).

Bevor Lowell in den gemieteten Ford stieg und nach Fort Jackson fuhr, zog er in dem Motel in Columbia den Uniformrock mit dem MDW- und dem GSC-Abzeichen an. Er war sich darüber im klaren, daß viele Leute in der Army – diejenigen, die nie im Pentagon gewesen waren – Offiziere, die im Pentagon eingesetzt waren, als das militärische Gegenstück zu Gottesboten betrachteten. Sie robbten nicht draußen durchs Gelände, sie saßen zur Rechten Gottes, auch als Stabschef bekannt.

Als Lowell ins Verwaltungsbüro des Militärgefängnisses von Fort Jackson kam, erkannte er an den Reaktionen des Captains, des Lieutenants und des Sergeants First Class, daß keiner von ihnen viel Erfahrung mit Lieutenant Colonels vom Generalsstabs-Korps hatte.

Das Verwaltungsbüro wurde von einem Schalter geteilt. Auf der Tür hing ein Schild, das besagte: *Anklopfen, Kopfbedeckung abnehmen und auf die Erlaubnis zum Eintreten warten. KEINE AUSNAHMEN.*

Lowell stieß die Tür auf und trat ein.

An den Schalter war ein Schild geheftet: BESUCHER HIER EINTRAGEN. Auf dem Schalter lag ein Ringbuch.

Lowell ging zum Schalter, legte seinen Aktenkoffer und die Mütze darauf, deren Schirm mit den ›Rühreiern‹ geschmückt war. Er ignorierte den GI-Kugelschreiber, der an einer Kette befestigt war, nahm einen Füllfederhalter aus der Tasche und schrieb in das Register: *Lt. Col. C.W. Lowell, DCSOPS.*

Das stimmte nicht genau, war nicht die ganze Wahrheit und nichts als die Wahrheit. Es stimmte jedoch, daß er vorübergehend für Bob Bellmon arbeitete. Brigadier General Bellmon war der Direktor der Army Aviation und ein Offizier des Deputy Chief of Staff for Operations (DCSOPS) – des Stellvertretenden Stabschefs für Operation. Das kam der Wahrheit nahe genug.

Der Sergeant First Class kam zu Lowell und lächelte.

»Guten Morgen, Sir«, sagte er.

Netter Junge, dachte Lowell. *Den werde ich nicht zusammenschnauzen, wie ich es geplant hatte.*

»Guten Morgen, Sergeant«, sagte Lowell und lächelte ihn an.

Bei dem Lieutenant war es etwas anderes.. Es war ein ausgemergelter, nicht mehr junger First Lieutenant, der das MP-Lederzeug, einen Sam-Brown-Gürtel und eine MP-Armbinde trug.

Er schaute Lowell mit offener Neugier an, nachdem er von einem Kreuzworträtsel in der Zeitung aufgeblickt hatte.

»Lieutenant, hat man Sie nicht gelehrt, aufzustehen und Haltung anzunehmen, wenn ein ranghöherer Offizier den Raum betritt?« fragte Lowell in grimmigem Tonfall.

Der Lieutenant sprang auf und nahm Grundstellung an. Der Captain erhob sich ebenfalls, nicht ganz so schnell, und ging zum Schalter.

»Wie kann ich Ihnen helfen, Colonel?«

»Das kommt darauf an, wer Sie sind und was Sie hier treiben«, erwiderte Colonel Lowell.

»Sir«, sagte der MP-Captain, der den versteckten Tadel erkannte. »Captain Fister, Stellvertretender Haftoffizier, Garnisonsgefängnis, Sir.«

Er grüßte schneidig. Lowell wartete ein paar Sekunden, bevor er den Gruß erwiderte.

»Rühren, Captain.«

»Wie kann ich Ihnen helfen, Colonel, Sir?« wiederholte Captain Fister.

»Sie haben einen Rekruten namens Craig hier. Ich will als erstes seine Akte sehen, und dann will ich mit ihm sprechen. Haben Sie einen geeigneten Platz, etwas Separates mit einem Tisch und zwei Stühlen?«

Lowell sah, daß der Captain fast verzweifelt versuchte, zu lesen, was er in das Besucherbuch eingetragen hatte. Vorsorglich hatte Lowell DCSOPS in deutlichen Großbuchstaben geschrieben.

»Sir, die Akten werden nicht hier aufbewahrt«, sagte Captain Fister.

»Wo werden sie aufbewahrt?«

»Im Büro des Kommandeurs der Militärpolizei, Sir.«

»Und wo ist das?«

»Gleich nebenan, Sir.«

»Sergeant«, sagte Lowell, »würden Sie mir bitte die Akte holen?«

Der Sergeant schaute den Captain an, der sich nervös über die Lippen leckte, und blickte dann zu Lowell, der die Augenbrauen gehoben hatte und offenbar gereizt war, weil sein Befehl nicht in Windeseile ausgeführt wurde.

»Sagen Sie, daß ich Sie geschickt habe, die Akte zu holen«, sagte der Captain.

Der Sergeant hob einen Teil der Schalterplatte an, schlüpfte durch die Öffnung und verließ das Büro.

»Es wird nur eine Minute dauern, Sir«, sagte der Captain. Er sah aus, als wolle er eine Frage stellen.

»Wie viele Männer haben Sie hier unter Arrest?« fragte Lowell schnell, um ihm zuvorzukommen. Über die Schulter des Captains hinweg sah er den ausgemergelten Lieutenant immer noch strammstehen.

»217, Sir«, sagte der Captain.

»Lieutenant, Sie können Platz nehmen und sich weiterhin Ihren Pflichten widmen«, sagte Lowell.

Der Lieutenant schlug hastig die Zeitung zusammen, warf sie in den Papierkorb und nahm etwas aus der Schublade seines Schreibtischs. Dann begann er es wie gebannt zu studieren.

»Wie viele in Untersuchungshaft?«

Darüber mußte der Captain erst nachdenken.

»51, Sir.«

»Und wie viele Häftlinge sind im Krankenrevier?«

»Die Zahl habe ich nicht im Kopf, Sir«, sagte Captain Fister. »Ich werde das sofort feststellen, Sir.«

Laß dir Zeit, Junge, dachte er. *Ich brauche Zeit, um mir andere passende Fragen auszudenken.*

Der Captain suchte immer noch verzweifelt nach der richtigen Liste, als der Sergeant mit einem Aktenhefter zurückkehrte.

»Danke«, sagte Lowell und nahm den Aktenhefter entgegen. Er hob ein wenig die Stimme. »Lassen Sie sich mit der Beschaffung dieser Information nur Zeit, Captain. Jetzt möchte ich den separaten Raum mit Tisch und Stühlen, damit ich ungestört die Akte lesen kann. Und dann schicken Sie mir bitte den betreffenen Soldaten.«

»Möchte der Colonel das Büro des Haftoffiziers, Sir?«

»Nein, lieber nicht«, sagte Lowell. »Ein einfacher Raum mit einem Tisch und zwei Stühlen reicht.«

»Jawohl, Sir. Wollen Sie bitte mitkommen, Sir?«

Er zeigte Lowell eine kleine Kammer, in der offenbar der Offizier vom Dienst in der Nacht schlief.

Lowell trat ein, legte den Aktenhefter auf den Tisch und schaute Captain Fister an.

»Haben Sie den Häftling holen lassen?«

»Das werde ich sofort tun, Sir.«

Lowell knallte ihm die Tür vor der Nase zu. Dann las er die Akte.

Es gab fünf Anklagepunkte. Der schwerwiegendste lautete: ›Tätlicher Angriff auf einen Unteroffizier in Ausübung seines Dienstes‹.

Der zuständige Vorgesetzte, der Kommandeur der Garnison, billigte die Empfehlung des Untersuchungsausschusses von Offizieren und hatte eine Verhandlung aller Anklagepunkte vor dem Kriegsgericht, und zwar vor einem Hauptkriegsgericht (General Court), angeordnet.

Ein Lautsprecher ertönte: »Achtung auf dem Exerzierplatz! Achtung auf dem Exerzierplatz! Häftling Craig hat sich in seiner Unterkunft zu melden. Häftling Craig hat sich in seiner Unterkunft zu melden. Im Laufschritt.«

V

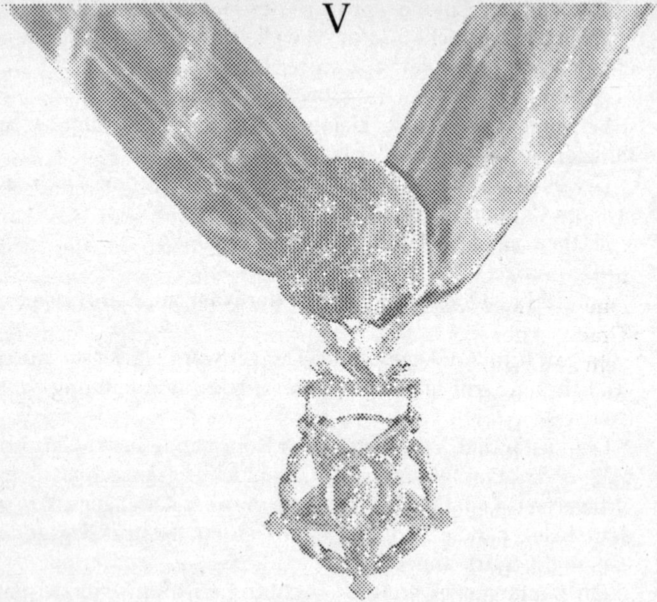

1

Coronado Beach Hotel
San Diego, California

11. Dezember 1961, 8 Uhr 45

Es gibt eine Reihe von Versuchungen im Leben eines Arztes, dachte Antoinette Parker, Doktor der Medizin, als sie ihrem Mann beim Anziehen zuschaute, und ganz oben auf der Liste steht der so leichte Zugang zu Drogen und Tranquilizern. In ihrer Handtasche war ein Plastikfläschchen mit Beruhigungspillen. Dr. Emory Stacey III, ein Kollege in Fayetteville, North Carolina, hatte ihr die Tranquilizer vor ein paar Tagen gegeben.

Dr. Stacey war zugelassener Röntgenologe. Sie hatten sich beruflich kennengelernt, kurz nachdem Dr. Parker eine Anstellung als ›Vertragsärztin‹ im Lazarett von Fort Bragg bekommen hatte. Sie wurden schnell Freunde, und diese Freundschaft erblühte, obwohl Dr. Stacey ein weißer Mann aus North Carolina war, der seine Frau chauvinistisch als ›die Kleine‹ bezeichnete und die Wahl von John Fitzgerald Kennedy für eine nationale Katastrophe hielt, für ein Erdbeben von etwa 15 Grad auf der Richterskala, während Dr. Parker eine schwarze, sehr emanzipierte Frau aus Massachusetts war, die meinte, Richard Nixon stelle die größte Bedrohung für die Republik seit Benedict Arnold dar, und die sich nicht zierte, das zu sagen.

Antoinette (Toni) fand Dr. Stacey nicht sexuell anziehend, und sie war überzeugt davon, daß er als Gentleman aus dem Süden ebensowenig einen Annäherungsversuch bei einer schwarzen Frau machen würde, wie er der Abyssinian Baptist Church beitreten würde. Ihre Freundschaft basierte folglich in erster Linie auf gegenseitigem Respekt. In ihrem Beruf waren sie den Kollegen weit überlegen, und das war ihnen beiden sofort klargeworden.

Sie sahen sich in der Gesellschaft von Ärzten, die allzu begeistert mit dem Skalpell herumschnitten, die in jedem dunklen Fleck einer Röntgenaufnahme ein Krebsgeschwür sahen und es als ihre freudige Pflicht betrachteten, den Teufel mit dem Skalpell auszutreiben.

Emory Stacey und Toni Parker hielten die Chirurgie für den letzten Ausweg, und sie fanden ineinander Verbündete von großem Wert, als die Chirurgie unter dem medizinischen Personal der beiden Lazarette erörtert wurde, in denen sie angestellt waren. Stacey war von Tulane und der Ochsner-Klinik in New Orleans gekommen und hatte seine Assistenzzeit in der Mayo-Klinik verbracht. Parker kam von Harvard und dem Massachusetts General Hospital. Ihre Meinungen konnten nicht so leicht ignoriert werden, und den Schneidefans wurde oftmals die Chance genommen, Skalpelle zu schwingen.

Später waren sie Freunde geworden. Sie waren beide verheiratet und liebten schwierige Menschen. Schwierig jedoch auf sehr unterschiedliche Weise. Jo-Ellen Stacey war eine großgewachsene Schönheit des Südens mit dem Verstand einer Mücke. Tonis Mann Philip Sheridan Parker IV war hochintelligent, sehr gebildet und äußerst befähigt, ein Mann, der völlig davon überzeugt war, daß er vom Schicksal zum Soldaten bestimmt worden war, wie es sein Vater, Großvater und Urgroßvater gewesen waren.

Irgendwann erfuhr Emory Stacey – nicht von Toni –, daß Phil Parker, der auf dem Gefechtsfeld in Korea zum Captain befördert worden war, nicht lange danach vors Kriegsgericht gestellt worden war. Er war angeklagt gewesen – und freigesprochen worden –, weil er einen feigen Offizier erschossen hatte, der sich geweigert hatte zu kämpfen. Laut Gesetz hätte die Anklage aus den Akten der Army entfernt werden müssen, als das Urteil ›nicht schuldig‹ gelautet hatte. Aber es haftete ihm der Ruf an, ein kaltherziger Nigger zu sein, der irgendeinen armen, kampfmüden First Lieutenant abgeknallt hatte und ungeschoren davongekommen war.

Philip Sheridan Parker IV vertraute später der Army, als man ihm sagte, er wäre nicht zum Major befördert worden, obwohl er eigentlich an der Reihe gewesen war, weil irgendwo seine Akten verlorengegangen waren und deshalb sein Name nicht beim Beförderungsausschuß eingereicht worden war. Dr. Toni Parker glaubte diese Erklärung nicht. (Phil Parker wurde schließlich befördert.)

Toni Parker erfuhr – nicht von Emor Stacey –, daß Jo-Ellen Stacey ein Verhältnis mit ihrem Reitlehrer und mit dem Piloten gehabt hatte, der vergeblich versucht hatte, ihr das Fliegen beizubringen. Emory genierte sich jedoch nicht, bei Toni über seine Frau zu sprechen. Er mußte einfach mit jemandem reden, und Toni war klug, verständnisvoll, diskret und sexuell nicht zu haben. Emory erzählte Toni über Jo-Ellen, daß sie dumm war. Saudumm. Nicht schlecht, sondern einfach blöde. Wenn sie nicht mehr wußte, was sie bei einem Mann sagen sollte, dann zog sie ihr Höschen aus.

Und sie setzten die Ehen fort, Emory und Jo-Ellen, Toni und

Phil, und sie hatten Kinder. Dennoch konnten sich weder Emory noch Toni ein normales Eheleben mit ihren Ehepartnern vorstellen. Aber es war schön, jemanden zu haben, mit dem man reden konnte.

»Er geht für ein Jahr nach Indochina«, erzählte Toni Parker Emory Stacey, kurz bevor Phil – nun, sie wieder einmal verließ. »Er denkt, man hat endlich seine Fähigkeiten wiederentdeckt.«

»Was macht er denn in Indochina?«

»Er fliegt Flugzeuge. Tötet Leute. Wer weiß?«

»Kannst du ihm das nicht ausreden?«

»Bestimmt nicht. Er hat das Signal des Hornisten gehört und folgt ihm wie die Ratten dem Rattenfänger von Hameln.«

»Wann muß er fort?«

»Gleich. Jeder sonst in der Army bekommt drei, vier Monate vorher Bescheid. Er reist am 11. Dezember von San Diego aus ab.«

»Mit dem Schiff?«

»Mit einem Flugzeugträger«, sagte Toni. »Das ist übrigens ein großes Geheimnis. Sag keinem was davon. Das Militär ist absolut davon überzeugt, daß ein Flugzeugträger mit Heeresflugzeugen und Hubschraubern unsichtbar wird, wenn man *Top Secret* auf die Befehle von irgend jemandem stempelt.«

»Du wirst hierbleiben?«

»Klar«, erwiderte Toni. »Was sonst? Ich bin eine Offiziersfrau, und Offiziersfrauen lächeln tapfer, stellen Kerzen in ihre Fenster und warten auf die Heimkehr ihrer Männer.«

Ihre Blicke trafen sich, und er zuckte mitfühlend die Achseln.

»Ich kenne jemand, der dir helfen kann, ein Haus zu finden«, sagte Emory Stacey.

»Was?«

»Mußt du nicht dein jetziges Haus aufgeben, wenn er weggeht?« fragte Stacey.

»Oh, das ist nett von dir, Emory«, sagte Toni, als ihr klarwurde, was er angeboten hatte: seinen Einfluß zu nutzen, um eine Schwarze und ihre Kinder in einem anständigen Haus unterzubringen.

»Überhaupt nicht«, widersprach er.

»Unser Quartier bleibt mir«, sagte sie. »Ich habe den Titularrang eines Colonels. Sie suchen händeringend Ärzte, und man stellt ihnen Wohnungen. Leute mit dem Titularrang Colonel brauchen nicht in der Colonel's Row zu wohnen, aber sie bekommen eine Wohnung. Ich werde in der Garnison bleiben. Ich will die Kinder nicht in eine eurer Schulen geben.«

Er nickte zustimmend.

»Aber ich muß dich bitten, mich für eine Woche im Lazarett zu vertreten«, sagte sie.

»Klar«, erwiderte er. »Du reist mit ihm nach Kalifornien?«

»Mit einem Zwischenstop in Walhalla«, sagte sie.

»Walhalla?«

»Das war nicht fair von mir«, sagte Toni. »Du verdienst eine Erklärung. Phil und ich machen eine Zwischenstation, um seine Eltern zu besuchen – das sind Colonel Philip Sheridan Parker III im Ruhestand und seine Frau. Sie haben ein Haus in der Nähe von Fort Riley. Auch das ist keine faire Erklärung. Sie haben ein sehr schönes Haus auf 160 Morgen Land bei Manhattan, Kansas. Der Colonel züchtet Pferde. Er war Kavallerist. Aber es ist eine Art Walhalla oder wenigstens das Walhalla-Museum. Alle Erinnerungsstücke aller Soldaten der Parkers – und das waren eine Menge – haben sie aus den Kriegen nach Hause mitgebracht. Es ist fast ein heiliges Ritual, ähnlich wie die Verehrung der Ahnen bei den Japanern, dorthin zu pilgern und sich an Phils nobles, soldatisches Erbe zu erinnern. Es gibt dort sogar ein Symbol wie ein Zeremonienschwert, einen gewaltigen Colt-Revolver, den Phils Großvater im Ersten Weltkrieg trug.«

»Ein alter Sechsschüsser?«

»Nicht die Cowboy-Waffe, aber ein alter Revolver. Der Colonel trug ihn im Zweiten Weltkrieg, und Phil hatte ihn in Korea dabei. Als Paul Hanrahan Phil sagte, daß er nach Indochina geht, nahm Phil den Revolver, zerlegte ihn und reinigte die Teile. Nicht, daß es nötig gewesen wäre, ihn zu reinigen, aber das ist das Ritual.«

Dr. Stacey lachte.

»Und während sein Daddy den Revolver zerlegte, reinigte und wieder zusammensetzte, stand der kleine Phil junior stumm bei ihm, schaute mit großen Augen zu und träumte von dem Tag, an dem er Soldat werden kann.«

»Sei nicht sauer auf mich, Toni, aber ich verstehe das irgendwie«, sagte Dr. Stacey.

»Weil du ein Mann und ein Chauvinist bist«, gab sie zurück.

»Das wußtest du«, sagte er. »Kann ich irgend etwas für dich tun, Toni?«

»Komm zu der Party«, sagte sie. »Bereite dich darauf vor, eine hysterische Frau ruhigzustellen.«

»Wessen Party?«

»Meine, natürlich. Eine Offiziersfrau gibt eine rituelle Party für ihren Mann, der in den Krieg zieht. Jeder besäuft sich und verehrt den Kriegsgott Mars mit einem rituellen blutigen Steak.«

Als Emory und Jo-Ellen zur Party in Quartier 6, Lazarettgelände, kamen, drückte Emory verstohlen ein Fläschchen in Tonis Hand. Er hatte sie beim Wort genommen. Es waren genug Tranquilizer in dem Fläschchen, um das Offizierskorps der 82. Luftlandedivision in glückliche Benommenheit zu versetzen.

Toni hatte noch keine Beruhigungspille genommen, obwohl die Versuchung auf der Farm bei Manhattan groß gewesen war, als die Kinder ihnen mit Tränen in den Augen zum Abschied gewinkt hatten. Sie war ebenfalls am Vortag versucht gewesen, als Phil sich auf dem Marine-Stützpunkt hatte einchecken müssen und sie allein im Hotel gewesen war. Da hatte Toni wirklich gewünscht, sich entweder zu betrinken oder mit Tranquilizern zu betäuben.

Sie tat beides nicht. Phil mochte es nicht, wenn sie zuviel trank, und sie wollte nicht, daß er fortflog und sie so in Erinnerung behielt, folglich kam das Trinken nicht in Frage. Aber ebensowenig die Pillen. Sie hatte Angst vor Drogen, abgesehen von der medizinischen Wirksamkeit. Sie hatte zu viele Frauen gesehen, zum Beispiel Jo-Ellen Stacey, die auf Wolke Neun geschwebt hatten.

So war Toni zum Swimmingpool gegangen und hatte

geschwommen, um die emotionalen Gifte loszuwerden, bevor Phil vom Marine-Stützpunkt zurückkehrte. Als sie auf ihr Zimmer ging, stand ein gewaltiges Blumengesteck vor der Frisierkommode. Es hatte die Form eines Hufeisens, und auf einem purpurfarbenen Band stand in goldenen Lettern *Bon Voyage!* Sie brauchte nicht die aufgeheftete Karte zu lesen, um zu wissen, wer das Blumengesteck geschickt hatte und *gute Reise* wünschte. Das war natürlich Craig Lowell. Lowell schickte Blumen zu jedem besonderen Anlaß – immer zu viele, immer viel Pomp.

Lowell, den Toni Parker für eine andere verlorene Seele hielt, war Phils bester Freund. Sie hatten sich vor langer Zeit als Second Lieutenants in Fort Knox kennengelernt, und Phil glaubte, daß er bei dem Kriegsgerichtsprozeß auf Grund von Lowells Aussage freigesprochen worden war. Lowell war Phils Trauzeuge bei ihrer Hochzeit gewesen. Beim Anblick der Blumen mußte sie daran denken, und es wurde ihr klar, daß es vielleicht der letzte Tag mit dem Mann war, den sie geheiratet hatte. Soldaten fallen in Kriegen, und ihr Mann, verdammt sollte er sein, bestand darauf, Soldat zu sein.

Dennoch nahm sie auch zu diesem Zeitpunkt keine Beruhigungspille. Wenn dies die letzten Stunden mit Phil sein sollten, dann wollte sie sie in allen Einzelheiten in Erinnerung behalten, nicht getrübt durch die Wirkung einer Droge.

Als Phil jetzt seine Krawatte band, sprang Toni aus dem Bett.

»Ich gehe mit dir zum Pier.«

Phil wandte sich um und schaute sie an.

»Ich dachte, wir haben das besprochen«, sagte er. »Der Pier wird gerammelt voll von Matrosenfrauen sein.«

»Und mit wenigstens einer Soldatenfrau«, sagte Toni.

»Das ist nicht vernünftig«, wandte er ein.

»Vielleicht nicht. Aber ich gehe mit.«

»Okay.«

Mein Gott, dachte sie, *er freut sich. Er freut sich wirklich. Er will, daß ich mitkomme. Und ich wäre hier fast liegengeblieben und nicht mitgegangen!*

Am Tor des Marine-Stützpunktes stand ein Marineinfanterist

auf Wache. Er hob die Hand, wie um zackig zu grüßen und sie durchzuwinken, doch dann ließ er die Hand sinken.

Toni glaubte den Grund zu wissen. Der Marineinfanterist hatte zuerst die Insignien des Offiziers gesehen, das goldene Blatt auf Phils Schulter. Dann hatte er gewiß die Hautfarbe des Majors gesehen.

»Guten Morgen, Sir«, sagte der Marineinfanterist und neigte sich hinab, um durch das Wagenfenster zu schauen. Er musterte sie beide sorgfältig. »Ihr Ziel, Sir?«

»Die *Card*«, antwortete Phil.

»Danke, Sir«, sagte der Marineinfanterist und winkte sie durch.

Toni hatte nie einen Flugzeugträger aus der Nähe gesehen. Dieser hier, hatte Phil gesagt, war noch nicht einmal einer von normaler Größe. Es war ein Flugzeugträger aus dem Zweiten Weltkrieg, und man hatte das Schiff nach der Ausmusterung zu einem Flugzeugtransporter umgebaut. Es war nicht einmal offiziell ein Schiff der Navy, hatte jedoch eine zivile Besatzung und nannte sich USNS für *U.S. Naval Ship* anstatt USS, was für *United States Ship* stand. Toni bemühte sich nicht, die gewundene militärische Logik dahinter zu verstehen.

In der Ferne konnte sie das Flugdeck sehen. Es war voller Hubschrauber und Flugzeuge. Sie wußte, welche Maschinen es waren. Piasecki H-21 ›Fliegende Bananen‹ mit einem Rotor an jedem Ende. DeHavilland of Canada L 20 ›Beavers‹ und die größere Version des Beavers, der U1A ›Otter‹. Es waren auch Mohawks an Bord, aber sie wurden im Innern transportiert, wie Phil ihr gesagt hatte. Die zweimotorigen Turboprop-Aufklärungsmaschinen von Grumman waren ein tiefes Geheimnis in dem größeren Täuschungsmanöver, mit dem man Heeresflugzeuge nach Indochina schickte.

Obwohl das USNS *Card* ein kleines Schiff war, war der Anblick aus der Nähe überwältigend. Als Phil den Wagen auf ein Handzeichen eines Marine-MP hin auf dem Pier stoppte, konnte Toni nichts außer der gewaltigen Masse grauen Stahls des Flugzeugträgers sehen.

»Gehen Sie an Bord, Sir?« fragte der Marine-MP.

»Ja«, antwortete Phil.

»Dann sollten Sie sich beeilen, Sir. Man hat schon begonnen, die Leinen einzuholen.«

Mit ein bißchen Glück fahren sie ohne dich ab, dachte Toni.

»Danke«, sagte Phil.

Er nahm seine Uniformmütze ab und reichte sie Toni.

»Verwahr sie gut für mich, ja?« sagte er. Er öffnete seinen Aktenkoffer, der unter anderem den zeremoniellen Colt-Revolver enthielt, und nahm ein Green Beret heraus.

»Ich dachte, die Mützen sind verboten«, sagte Toni.

»Die CONARC-Anweisungen gelten nur für die Staaten«, sagte Phil und setzte das Green Beret auf. Er drehte den Innenspiegel des gemieteten Fords, um sich zu betrachten.

Sie sind wie kleine Jungs mit diesen komischen Mützen, dachte Toni. *Kleine Jungs, die sich verkleiden, um Krieg zu spielen.*

»Falls ich vergessen habe, es zu erwähnen«, sagte Phil. »Ich liebe dich. Paß auf dich auf.«

Er neigte sich zu ihr und küßte sie, sehr zärtlich, auf die Lippen. Dann stieg er hastig aus dem Wagen. Er klemmte den Aktenkoffer unter den Arm und nahm seine beiden Koffer vom Rücksitz.

Ihre Blicke trafen sich, und er lächelte. Dann richtete er sich auf, stieß die Tür mit dem Fuß zu und marschierte im Schatten des gewaltigen grauen Schiffsrumpfs über den Pier.

Zwei Soldaten mit Green Berets liefen ihm entgegen und nahmen ihm die Koffer ab. Phil wandte sich um und schaute einen Augenblick lang zu ihr, winkte und ging weiter.

Toni sprang aus dem Wagen und ging hinter Phil her.

Da war eine offene Tür, so groß wie ein Haus, in der Seite des Schiffs, und eine breite Gangway führte zu ihr. Toni hoffte, einen Blick auf Phil zu erhaschen, wenn er oben war, aber sie war sich nicht sicher.

Sie blieb auf dem Pier stehen und schaute zum Schiff empor.

Ein Kran zog die breite Gangway von der Tür fort ins Schiff.

Eine Navy-Kapelle begann zu spielen: ›So Long, It's Been Good to Know You.‹

Toni spürte mehr, als es zu sehen war, daß sich der Flugzeugträger in Bewegung setzte.

Sie ging rückwärts vom Schiff fort, und allmählich kam das

Deck in Sicht. Sie sah jetzt dort oben Leute, darunter Offiziere der Army, die auf den Pier hinabschauten, aber Phil konnte sie nicht entdecken.

Es dauerte lange, bis das USNS *Card* ablegte, und die Kapelle spielte ein anderes Lied: ›*She Wore a Yellow Ribbon*‹. Das war ein altes Kavallerielied, das Toni von Colonel Philip Sheridan Parker III gelernt hatte. Die Navy spielte es für die Army. Das fand Toni nett.

Sie sah Phil nicht mehr, obwohl sie das USNS *Card* mit den Blicken absuchte, bis es zu weit fort war und sie keine Gesichter mehr erkennen konnte.

Jetzt würde sie eine dieser gottverdammten Pillen nehmen.

Sie kehrte zum gemieteten Ford zurück, setzte sich hinters Steuer und strich über die ›Rühreier‹ auf Phils Schirmmütze. Dann nahm sie das Pillenfläschchen aus ihrer Handtasche und schüttelte eine Pille heraus. Sie starrte einen Moment lang darauf. Dann stieg sie aus dem Wagen, ging zu einem Abfallkorb auf dem Pier und warf die Pille und das Fläschchen hinein.

2

Militärgefängnis
Fort Jackson, South Carolina

11. Dezember 1961, 8 Uhr 45

Der Tag hatte für Häftling Craig um 3 Uhr 45 begonnen. Das Licht war eingeschaltet worden, und eine Sekunde später hatte der Corporal mit der Trillerpfeife gepfiffen.

Craig war im zweiten Stock mit anderen Untersuchungshäftlingen untergebracht. Ein Untersuchungshäftling war kein Gefangener – er wartete auf seinen Prozeß. Ein Gefangener war vom Kriegsgericht als schuldig verurteilt worden. Wegen dieses Unterschieds wurden Gefangene von Untersuchungshäftlingen getrennt. Und nach dem Prinzip der amerikanischen Rechtswissenschaft galten die Untersuchungshäftlinge als unschuldig, bis sie von einem kompetenten Gericht schuldig gesprochen wurden. Untersuchungshäftlinge wurden nicht die Privilegien versagt wie den Gefangenen. Zum Beispiel durften sie grüßen, was den Gefangenen nicht erlaubt war.

Untersuchungshäftlinge genossen auch das Privileg militärischer Ausbildung, obwohl Geoffrey Craig keinerlei Unterschied zwischen ›Ausbildung von Untersuchungshäftlingen‹ und ›Umschulung von Gefangenen‹ entdecken konnte. Beides bestand hauptsächlich aus strengem Drill, Freiübungen und der ›Anfertigung sanitärer Einrichtungen‹. Das bedeutete, daß sie am Morgen eine Latrine bauen und sie am Nachmittag wieder zuschütten mußten.

Als das Licht anging und die Pfeife ertönte, sprangen die Untersuchungshäftlinge aus ihren Betten, rissen die Decke und den Matratzenbezug, die sie anstelle von Laken erhalten hatten, vom Bett und warfen sie auf den Boden – Matratzenbezug links, Decke rechts. Kissen gab es keine.

Dann standen sie am Fuß des Betts zur ›Zählung‹ stramm, die von einem Corporal durchgeführt wurde. Während er an jedem Untersuchungshäftling vorbeiging, rief der seinen Nachnamen, Vornamen, seine mittleren Initialen und die letzten vier Zahlen seiner Kennummer. Dabei mußten Untersuchungshäftlinge T-Shirt, Shorts und Wollsocken tragen.

Nach der ›Zählung‹ hatten die Untersuchungshäftlinge 45 Minuten Zeit, um zu duschen, sich zu rasieren, sich zu kleiden, die Betten zu machen (ohne Matratzenüberzug) und die Matratzenüberzüge und die Uniform, die sie am Vortag getragen hatten, zu waschen. Ein guter Soldat konnte sich seiner Sauberkeit rühmen. Die Kleidung und die Matratzenüberzüge wurden zur Latrine gebracht und mit einer Bürste und GI-Seife auf dem Zementboden geschrubbt. Die gewaschenen Uniformen, Unterwäsche und Matratzenbezüge wurden dann draußen auf vorgeschriebene Weise auf eine Wäscheleine zum Trocknen gehängt.

Da Craigs Hand in Gips war, stellte das tägliche Waschritual ein Problem für den Corporal dar. Das Dilemma wurde gelöst, indem der Corporal eine Liste mit den Namen von Mithäfltingen aufstellte, von denen jeden Tag einer Craigs Wäsche zusätzlich zu seiner eigenen waschen mußte. Weil Untersuchungshäftling Craig perfekt in der Lage war, die trockene Wäsche von der Leine abzuhängen und sein Bett zu machen, wie es verlangt wurde, erledigte er diese Aufgaben selbst.

Die Uniform des Tages war der Arbeitsanzug (mit den P an den vorgeschriebenen Stellen), Patronengurt, Feldflasche, Erste-Hilfe-Päckchen und Stahlhelm. Es war die gleiche Uniform, die Gefangene trugen, mit Ausnahme des Stahlhelms. Statt dessen trugen Gefangene Arbeitsmützen, mit dem Schirm nach hinten.

Gefangene trugen ihre Patronengurte mit den Patronenschlaufen nach unten, zum Zeichen dafür, daß sie das Privileg verloren hatten, Waffen zu tragen.

Der Anwesenheitsappell fand um 4 Uhr 30 statt und unterschied sich von der ›Zählung der Untersuchungshäftlinge‹ nur dadurch, daß er im Freien stattfand.

Dann marschierten die U-Häftlinge zum Frühstück. Sie erhielten die Standard-Ration, die jedem auf ein mit Fächern unterteiltes Geschirr aus rostfreiem Blech ausgeteilt wurde. Es wurde gewünscht, daß die U-Häftlinge alles aßen, was ihnen ausgegeben wurde.

Um 5 Uhr 05 begann die Ausbildung. Zuerst 45 Minuten Freiübungen, gefolgt von einer zehnminütigen Pause, dann eine Stunde Formalausbildung, wieder zehn Minuten Pause, und eine weitere Stunde Formalsausbildung.

Um 8 Uhr die Ausbildung in den ›Techniken feldsanitärer Verfahren‹ Abermals stellte Untersuchungshäftling Craigs eingegipste Hand ein Problem für den Unteroffizier dar, der als Ausbilder fungierte. Craig mußte am Ende der Latrine stehen, die gegraben wurde, und laut die Anzahl der Schaufeln Erde zählen, die aus dem Loch gegraben wurden.

Unglücklicherweise fiel einiger Dreck auf die Stelle, an der er stehen mußte, um akkurat zu zählen. Viel von diesem Dreck fiel, wie vorhersehbar, auf seine Stiefel. Als die feldsanitäre Einrichtung bis auf die erforderliche Tiefe gegraben war, waren Crais Stiefel fast völlig mit Dreck bedeckt.

Als Crais Name aus den Lautsprechern plärrte, hatte er soeben Schaufelvoll Nr. 128 verkündet.

Er nahm an, daß er sich zur täglichen Untersuchung seiner Hand melden mußte. Craig glaubte nicht, daß diese Untersuchungen der Hand nötig waren. Er mußte immer die meiste Zeit des Vormittags mit Warten verbringen, und es war erniedrigend, in der Ambulanz von einem Militärpolizisten bewacht zu werden, aber das war wesentlich weniger unangenehm, als am Ende einer sanitären Einrichtung zu stehen, die im Entstehen war, wobei seine Stiefel mit Dreck zugeschüttet wurden.

Der Corporal wartete ungeduldig im Kasernengebäude, während Craig seine verdreckten Stiefel und die ebenfalls an den Beinen schmutzige Hose gegen saubere Sachen tauschte. Untersuchungshäftling Craig hatte noch nicht gelernt, die Schnürsenkel mit einer Hand zu binden, aber er hatte ziemliches Geschick entwickelt, die losen Enden unter das Leder zu schieben, so daß sie nicht über den Boden schleiften.

Der Corporal befahl ihm, sich zum Verwaltungsgebäude zu ›bewegen‹. Untersuchungshäftlinge bewegten sich stets im Laufschritt. Als Craig die Tür des Gebäudes erreichte, trat er im Laufschritt auf der Stelle, bis der Corporal ihn eingeholt hatte und ihm den Befehl zum Stehenbleiben gab.

Der Corporal klopfte an die Tür, und der Sergeant öffnete.

»Weshalb zur Hölle dauerte das so lange?« schnauzte der Sergeant den Corporal an. Dann sagte er zu Untersuchungshäftling Craig: »Ich werde drinnen anklopfen. Wenn wir zum Eintreten aufgefordert werden, werde ich eintreten. Sie werden mir folgen. Wenn ich stehenbleibe, dann bleiben Sie einen Schritt hinter mir stehen. Wenn ich grüße, grüßen Sie ebenfalls.«

»Jawohl, Sergeant«, sagte Untersuchungshäftling Craig.

Der Sergeant klopfte an die Tür, und jemand rief: »Herein.«

Der Sergeant und Untersuchungshäftling Craig marschierten in den kleinen Raum und blieben stehen.

»Sir, Untersuchungshäftling Craig ist anwesend, Sir«, sagte der Sergeant und salutierte.

»Danke, Sergeant«, sagte der Offizier. »Ich werde Sie rufen, wenn ich Sie brauche.«

»Sir, Untersuchungshäftlinge müssen jederzeit begleitet werden.«

»Ich wiederhole mich nicht gern, Sergeant«, sagte Lowell. »Sie sind entlassen.«

Der Sergeant grüßte von neuem schneidig, machte eine Kehrtwendung und marschierte hinaus.

»Hallo, Geoff«, sagte Lowell.

»Wie soll ich dich unter den gegebenen Umständen anreden?« fragte Geoff. »Muß ich dich siezen?«

»›Colonel‹ oder ›Sir‹ reicht vollauf«, sagte Lowell. »Aber du darfst mich duzen.«

»Wie hast du davon erfahren?« fragte Geoff und erinnerte sich nach einer Weile daran, ›Sir‹ hinzuzufügen.

»Der Scheck, den du dem Anwalt gabst, weckte die Aufmerksamkeit deines Vaters«, erklärte Lowell. »Dein Vater weckte dann meine.«

»Tut mir leid, daß er es herausgefunden hat«, sagte Geoff.

»Du bist nicht in der Position, mich zu reizen, Geoff. Ich sagte dir, du sollst mich ›Sir‹ nennen.«

»Jawohl, Sir«, sagte Geoff.

»Du hast, so hoffe ich, eine Vorstellung von der Größe der Scheiße, in der du steckst?«

»Jawohl, Sir.«

Zum ersten Mal sah Geoff Craig Lowell als Offizier. Solange er sich erinnern konnte, hatte er gewußt, daß der Cousin seines Vaters bei der Army war. Aber er hatte ihn nur selten gesehen, und noch nie in Uniform. Er kannte sich nicht sehr gut mit dem ›Lametta‹ aus, wie er die Medaillen und Abzeichen der Army nannte, aber er erkannte einige der Dinge, die an Craig Lowells Uniform geheftet waren: das Pilotenabzeichen, das Infanterie-Kampfabzeichen und das Verwundetenabzeichen mit dem kleinen Beiwerk, das anzeigte, daß er bei einer Reihe von Anlässen verwundet worden war. Und da waren Reihe auf Reihe von Ordensbändern, und Geoff konnte sich nicht erinnern, so viele jemals bei einem Offizier gesehen zu haben.

Er erkannte das silberne Eichenblatt des Lieutenant Colonels.

Sein Verwandter war nicht so ranghoch wie der Regimentskommandeur, jedoch ranghöher als der Bataillonskommandeur, der Bastard, der ihn hierhin gebracht hatte und ihn wahrscheinlich ins Gefängnis schicken würde.

»Was ist mit deiner Hand passiert?« fragte Lowell.

»Mehrfach gebrochen, Colonel«, antwortete Geoff.

»Offenbar wurdest du angemessen behandelt.«

»Jawohl, Sir.«

»Hast du Schmerzen?«

»Nein, Sir.«

»Warum hast du den Sergeant zusammengeschlagen? *Zusammengeschlagen,* im Gegensatz zu geschlagen?«

»Ich verlor die Beherrschung, Sir.«

»Was sagte er zu dir, bevor du die Beherrschung verlorst?«

»Er sagte nichts. Er schlug mich.«

»Er schlug mich, *Sir.*«

»Er schlug mich, Sir.«

»Irgendwelche Zeugen?«

»Nein, Sir.«

»Man wird damit rechnen, daß du behauptest, der Sergeant hätte als erster geschlagen«, sagte Lowell. »Warum hat er das deiner Meinung nach getan?«

»Weil der verdammte Bastard glaubte, ungestraft davonzukommen«, sagte Geoff.

»Geoff, es ist ebenfalls ein Verstoß gegen das Militärgesetz von 1948, über einen Unteroffizier in respektloser und/oder obszöner Weise zu sprechen«, sagte Lowell. »Wenn ich das noch einmal von dir höre, werde ich das melden, und du mußt dich dafür verantworten. Habe ich mich klar ausgedrückt?«

»Jawohl, Sir. Darf ich fragen, was du hier machst, Colonel?«

»Als deine Mutter erfuhr, daß du wahrscheinlich ins Bundesgefängnis Leavenworth kommst, wurde sie so hysterisch, daß dein Vater einen Arzt rufen mußte. Dein Vater reagierte auf die Sache mit Anrufen bei unseren Senatoren. Glücklicherweise konnte ich das mit den Senatoren abbiegen.«

»Verzeihung, Sir, ich weiß nicht, was du damit meinst.«

»Wenn den Mitgliedern des Kriegsgerichts bekannt wird, daß ›Interessen des Kongresses‹ in deinem Fall mitspielen, dann wird es für sie eine Ehrensache sein, dich nach allen Regeln der Kunst fertigzumachen«, sagte Lowell. »Wir sind nicht im Krieg, folglich können sie dich nicht zum Tode verurteilen. Aber in Friedenszeiten kann das, wessen man dich anklagt, mit Lebenslänglich bestraft werden. Das bedeutet in Wirklichkeit, daß du vermutlich sechs Monate in Leavenworth absitzen mußt. Dann wird man dir eine Chance zur Rehabilitation geben – vorausgesetzt natürlich, daß du dich gut führst. Die Rehabilitation ist eine Art Grundausbildung, die ein halbes Jahr dauert und in Leavenworth stattfindet. Wenn du sie erfolgreich abschließt, bietet man dir die Chance, dich für drei Jahre zu verpflichten, und deine Straftat wird aus den Akten gestrichen.«

»Man hat mich nur für zwei Jahre eingezogen«, sagte Geoff.

Lowell entschied sich, ihm zu verzeihen, daß er den *Sir* weggelassen hatten.

»Wenn du nicht für die Rehabilitation ausgewählt wirst oder dich weigerst, daran teilzunehmen, wird gegen Ende des fünften Haftjahrs überprüft, ob du auf Bewährung entlassen wirst«, fuhr Lowell im Plauderton fort. »Dein Status wäre dann der eines auf Bewährung entlassenen Schwerverbrechers, was bedeutet, daß du zum Beispiel nicht an der Börse zugelassen wirst oder keinen Waffenschein oder Führerschein bekommst. Nach ein paar Jahren auf Bewährung kannst du vermutlich begnadigt werden, je nachdem wer gerade im Amt ist, und dann kannst du dein normales Leben wieder aufnehmen.«

Geoff sagte nichts.

»Nun hat dein Anwalt dir versprochen, daß die Army immer genug Fehler macht, damit die Verurteilung in der Revision wegen Formfehler aufgehoben wird«, sagte Lowell. »Nun, Geoff, dieses Versprechen ist Scheiße, und du kannst es vergessen.«

Geoff schaute ihn überrascht an.

»Ich sprach gestern abend mit diesem Hurensohn«, sagte Lowell. »Ich war enttäuscht von dir. Ich dachte, du hättest inzwischen gelernt, daß die hauptsächliche Motivation von Anwälten nicht die Gerechtigkeit, sondern Geld ist. Man soll niemals einen Jagdhund vor der Jagd füttern, und man soll niemals einen Anwalt bezahlen, bevor er das getan hat, wofür man ihn entlohnt.«

»Er verlangte einen Vorschuß«, sagte Geoff und erinnerte sich noch daran, ›Sir‹ hinzuzufügen.

»Er roch Geld«, sagte Lowell. »Er hat keine Ahnung, wieviel er herausschlagen kann, aber er sagte sich, wenn es einen Colonel in der Familie gibt, sind vielleicht weitere 1500 drin. Er forderte sie von mir. Ich feuerte ihn natürlich.«

»Dazu hattest du kein Recht!« sagte Geoff.

»Versuch, das in deine blöden Schädel hineinzubekommen, Geoff«, sagte Lowell. »Du bist nicht in der Position, mir zu sagen, wozu ich ein Recht habe. Ich mag deine Mutter sehr. Deshalb werde ich für dich tun, was ich kann, und zwar in erster Linie ihretwegen.«

»Jawohl, Sir.«

»Dieser geldgierige Gauner sagte dir nicht, daß der Judge Advocat, der Beisitzer bei dem Kriegsgericht, besonders sorgfältig darauf achtet, keine Formfehler zu machen, wenn das örtliche zivile Rechtsverdreher-As auf der Bildfläche erscheint. Und im Gegensatz zu dem, was du denken magst, sind nicht alle Anwälte in der Army Blödmänner.«

Geoff war bleich geworden.

»Cousin Craig«, sagte er, »was kann ich nur tun?«

»Jetzt sind wir bei ›Cousin Craig‹, wie?« fragte Lowell. »Ich finde, das ist eine Verbesserung gegenüber einem mürrischen ›Sir‹.«

»Es sollte nicht mürrisch klingen, Sir.«

»Du wirst vor dem Kriegsgericht von dem Army-Anwalt verteidigt werden, der zu deiner Verteidigung bestellt wird«, sagte Lowell. »Er wird versuchen, dich herauszupauken, indem er auf Notwehr plädiert. Ich glaube nicht, daß er damit durchkommen wird, aber er wird es versuchen. Ich werde kurz vor der Verhandlung herkommen und ihm vorschlagen, daß wir dich vor dem Gericht als verwöhnten reichen Jungen darstellen, dem der Dienst in der Army einen solchen Kulturschock versetzte, daß er die Kontrolle über sich verlor. Ich werde ihm vorschlagen, so zu plädieren: Da du über deine Grenzen hinausgetrieben wurdest, wäre eine lange Haftstrafe nicht im öffentlichen Interesse. Wenn dein Prozeß vorbei ist und in die Prüfung geht, werden wir Briefe von deinem Pfarrer, vom Direktor von St. Mark's und wem auch immer vorlegen, dem dein Vater herausleiern kann, welch feiner Charakter, welch Heiliger du bist. Das veranlaßt vielleicht den Kommandierenden General hier, deine Haftstrafe um ein paar Jährchen zu verkürzen. Je mehr wir sie reduzieren können, desto besser.«:

»O Gott!« stieß Geoff Craig hervor.

»Und an diesem Punkt schalten wir einige fähige Anwälte ein, die Erfahrung in solchen Fällen haben, und wir legen Berufung ein bis zum Militärischen Berufungsgericht. Mit ein wenig Glück werden wir dich in achtzehn Monaten oder zwei Jahren freibekommen.«

»Zwei Jahre?« fragte Craig.

»Vorausgesetzt, du führst dich gut im Militärgefängnis«, sagte Lowell. »Du solltest der ideale Gefangene sein.«

»Zwei Jahre!« wiederholte Geoffrey Craig.

»Sei froh, wenn es nur zwei Jahre werden«, sagte Lowell.

»Aber ich habe mich doch nur verteidigt!«

»Das sagst du. Aber du wirst das Gericht davon überzeugen müssen, und ich schätze, daß deine Chancen in dieser Hinsicht zwischen minimal und null sind.«

Lowell stand auf, ging zur Tür und klopfte.

»Nimm deine Strafe wie ein Mann, Geoff«, sagte Lowell. »Du hast es getan, und du wirst dafür bezahlen müssen.«

Er nickte dem Untersuchungshäftling Craig kurz zu und verließ den kleinen Raum.

3

Standortlazarett
Fort Jackson, South Carolina

11. Dezember 1961, 9 Uhr 40

»Basis, hier Eins-Sieben«, sagte der Sergeant der Militärpolizei ins Mikrofon des Motorola-Funkgeräts. »Kommen!«

»Eins-Sieben, hier Basis. Kommen«, ertönte es aus dem Funkgerät.

»Ich glaube, wir haben den von Hertz gemieteten Wagen, nach dem MP 5 sucht. Er parkt beim Lazarett.«

»Ist das Subjekt darin?«

»Negativ, negativ.«

»Sind Sie sicher, daß es der Wagen ist?«

»Positiv, positiv. Wir haben es überprüft. Der Wagen ist unverschlossen, und die Mietpapiere liegen auf dem Beifahrersitz. Der Name ist eingetragen, aber die Papiere sagen nichts darüber aus, daß er Offizier ist. Derselbe Name, aber da steht, daß er stellvertretender Aufsichtsratsvorsitzender irgendeiner Gesellschaft ist.«

»Bleiben Sie dran, 1-7!«

Es folgten ein paar Minuten Pause.

»1-7, hier Basis. Kommen!«

»Basis, hier 1-7. Kommen.«

»MP-5 ist auf dem Weg zu Ihnen. Wenn Subjekt versucht, das Lazarett zu verlassen, in Haft nehmen, bis MP-5 zur Stelle ist.«

»MP-5 ist unterwegs?«

»Positiv, positiv.«

»Verstanden, Basis«, sagte der MP-Sergeant.

MP-5, der stellvertretende Kommandeur der Militärpolizei, traf auf dem Parkplatz des Lazaretts am Steuer des Dienstwagens des Kommandeurs der Militärpolizei ein (obwohl PROVOST MARSHAL anstatt MILITARY POLICE auf dem Kofferraum und den Türen stand, war der Wagen sonst identisch mit einem MP-Streifenwagen), als Lieutenant Colonel C.W. Lowell das Lazarett verließ und auf seinen Wagen zuging.

MP-5, Major William Hasper junior, MPC, war ein kleiner, rundlicher Mann von 35 Jahren, der einen sorgsam gestutzten, bleistiftdünnen Oberlippenbart trug. Abgesehen von den weißen MP-Gamaschen trug er MP-Ausrüstung.

»Einen Moment, bitte!« rief er, während er die Wagentür aufstieß und Craig Lowell seine ebenfalls öffnete.

Er ging schnell zu Lowell.

»Darf ich bitte Ihre Papiere sehen?« sagte MP-5.

»Grüßt in Fort Jackson keiner oder sagt ›Sir‹?« fragte Lowell.

Der MP-Major dachte einen Augenblick lang darüber nach und wiederholte dann: »Darf ich bitte Ihre Papiere sehen?«

»Sie grüßen, Major und reden mich mit ›Sir‹ an, und dann zeige ich Ihnen meinen Ausweis«, sagte Lowell. »Und dann zeigen Sir mir Ihren, denn ich möchte mir den Namen eines MP-Majors notieren, der einen solch entsetzlichen Mangel an militärischer Höflichkeit an den Tag legt.«

MP-5 verlor die Beherrschung.

Er gestikulierte wütend zu den beiden Militärpolizisten, die neben Streifenwagen 17 standen, und sie kamen im Laufschritt herüber.

Der MP-Sergeant grüßte zackig, wie es ihm in Fleisch und Blut übergegangen war. Lowell erwiderte den Gruß ebenfalls schneidig.

»Guten Morgen, Sergeant«, sagte Lowell. Er schaute den Major an. »Ihre Männer zeigen feine militärische Höflichkeit, Major.«

»Jetzt will ich Ihre Legimitation sehen, wenn es beliebt«, sagte MP-5.

Lowell traf keinerlei Anstalten, der Aufforderung nachzukommen.

»Sergeant!« bellte der MP-Major.

»Sir«, sagte der Sergeant zu Lowell, »darf ich bitte irgendeine Legitimation sehen?«

»Gewiß«, sagte Lowell und überreichte ihm seinen Truppenausweis.

Der MP-Sergeant schaute darauf, sah Lowell an und reichte die Karte MP-5.

MP-5 wurde blaß.

»Colonel, da gab es offenbar irgendein Mißverständnis«, sagte er.

»Da Sie nun wissen, wer *ich* bin, darf ich bitte sehen, wer *Sie* sind«, sagte Lowell.

Das Gesicht des Majors rötete sich. Er zog seinen Truppenausweis hervor und gab ihn Lowell. Lowell nahm Notizbuch und Kugelschreiber und notierte den Namen. Dann gab er dem MP-Major den Ausweis zurück.

»Und jetzt hätte ich gern eine Erklärung für diese sonderbare Episode«, sagte Lowell.

»Colonel, würden Sie bitte einen Moment hier warten?« fragte der MP-Major.

»Wie Sie wünschen«, erwiderte Lowell.

MP-5 eilte zu seinem Wagen und sprach ins Mikro des Funkgeräts. Dann kehrte er zurück.

»Colonel«, sagte er. »Mit den besten Empfehlungen von Colonel Sauer, würden Sie mir bitte in Colonel Sauers Büro folgen?«

»Wer ist Colonel Sauer?«

»Colonel Sauer ist der Kommandeur des 11. Infanterie-Regiments.«

»Welch ein Zufall«, sagte Lowell. »Genau der Mann, den ich besuchen wollte.«

4

11. Infanterieregiment (Ausbildung)
Fort Jackson, South Carolina
11. Dezember 1961, 10 Uhr 05

Colonel Fritz J. Sauer, Infanterie, war klein, korpulent und hatte einen Bürstenhaarschnitt. Er trug einen Arbeitsanzug, der maßgeschneidert und gestärkt war. Über der Brusttasche waren die gestickte Version des Infanterie-Kampfabzeichens (zweite Verleihung) und das Fallschirmspringerabzeichen mit zwei Sternen aufgenäht. Das von einem Kreis umgebene A der Third Army war am linken Ärmel an der Schulter aufgenäht, der Indianerkopf der 2. Infanterie-Division am rechten Ärmel an der Schulter. Die Vorschriften erlaubten, auf diesem Ärmel die Insignien der Division zu tragen, bei der der Betreffende im Kampf gedient hatte.

Colonel Sauer hatte die Wahl, die Insignien des 2. Infanterie-Bataillons zu tragen, dessen Kommandeur er in Korea gewesen war, oder die der 82. Luftlandedivision, bei der er Zugführer und Kompaniechef im Zweiten Weltkrieg gewesen war. Er hatte die 82. Luftlandedivision verlassen müssen, nachdem er bei Anzio ein paar Schmeisser-Kugeln ins Bein bekommen und nach der Entlassung aus dem Lazarett die Untersuchung auf Fallschirmspringer-Tauglichkeit nicht mehr bestanden hatte.

Colonel Sauer war lange bei der Army, und obwohl er sich völlig darüber im klaren war, daß das 11. Infanterie-Regiment (Ausbildung) weder das 16. Infanterie-Regiment der Ersten Division noch das 505. Bataillon der 82. Luftlandedivision war, handelte es sich immerhin um ein Regiment der US-Army, und er war der Kommandeur und hatte es nicht nötig, sich von irgendeinem Sesselfurzer und fliegendem Jungen aus dem Pentagon irgend etwas gefallen zu lassen, der die Nase in seine Angelegenheiten steckte, ohne so höflich zu sein, zum Regiment zu kommen und anzukündigen, was er wollte. Colonel Fritz J. Sauer war entschlossen, diesen Hurensohn fertigzumachen, wie es ihm vielleicht noch niemals widerfahren war.

»Colonel«, meldete sein Adjutant über die Gegensprechanlage. »Major Hasper ist hier mit Lieutenant Colonel Lowell.«

»Bitten Sie Colonel Lowell einzutreten«, sagte Colonel Sauer.

Es klopfte an der Tür.

»Herein«, rief Colonel Sauer.

Der fette kleine Scheißer von der Militärpolizei marschierte ins Büro, gefolgt von einem großen, schnurrbärtigen Offizier in Uniform ›Class A‹.

Der MP-Major grüßte, sagte jedoch nichts.

Der große, gutaussehende Offizier, der seine Schirmmütze unter dem linken Arm hielt, grüßte schneidig und verharrte so.

»Sir, Lieutenant Colonel Lowell, C.W., meldet sich beim Colonel wie befohlen, Sir.«

Colonel Sauers Adjutant, der es für eine gute Idee hielt, ein paar Zeugen zu haben, schlüpfte ins Büro, begleitet vom S-2. Beide waren Captain.

Lieutenant Colonel Lowell war tatsächlich ein Pentagon-Junge und Flieger, wie Colonel Sauer an dem GSC-Abzeichen und den Pilotenschwingen sah. Sauers Blick glitt über all die anderen Abzeichen und Medaillen an Lowells Uniformrock. Es waren auch viele ausländische Auszeichnungen darunter. Colonel Sauer erkannte nur zwei davon, die ihm ebenfalls verliehen worden waren: die koreanische Tae-Guk-Medaille und die Korean Presidential Unit Citation.

Colonel Sauer erwiderte den Gruß. Lowell blieb in Grundstellung stehen und überragte Colonel Sauer um einen Kopf. Colonel Sauer ärgerte sich über Major Hasper, der rührte, ohne auf das Kommando zu warten.

»Stehen Sie bequem«, sagte Colonel Sauer.

Lowell rührte.

»Ich hoffe, die Methoden, die ich anwandte, um Sie herzuholen, machen Ihnen nichts aus«, sagte Sauer.

»Überhaupt nicht, Sir«, erwiderte Lowell.

»Es scheint einige Fragen bezüglich Ihrer Identität zu geben«, sagte Sauer.

»Möchte der Colonel meinen Truppenausweis sehen, Sir?«

»Ich habe Colonel Lowells Ausweis gesehen«, erklärte Major Hasper.

»Dann stellt sich anscheinend nur noch die Frage, welchen Auftrag Sie hier haben, Colonel«, sagte Sauer.

»Sir, ich hatte gehofft, der Colonel würde mir ein Gespräch unter vier Augen gewähren, Sir«, sagte Lowell.

Sauer dachte einen Moment darüber nach.

»Das wäre alles, Gentlemen, danke«, sagte er dann.

Major Hasper, der enttäuscht wirkte, grüßte, machte eine Kehrtwendung und marschierte aus dem Büro. Der Adjutant und der S-2 folgten seinem Beispiel.

»Bitte nehmen Sie Platz, Colonel«, sagte Sauer. »Darf ich Ihnen Kaffee anbieten? Und danach hätte ich gern eine Erklärung, was, zur Hölle, los ist.«

»Danke, Sir, und ja, Sir, ich hätte gern Kaffee.«

Colonel Sauer bestellte Kaffee, nahm eine Zigarrenkiste von seinem Schreibtisch und bot Lowell eine Zigarre an.

»Danke, Sir«, sagte Lowell und bediente sich. Er entfernte die Banderole, roch an der Zigarre, drückte sie leicht in ihrer gesamten Länge und biß das Ende ab. Unterdessen hatte Sauer die Banderole von seiner Zigarre entfernt. Lowell gab ihm mit einem Feuerzeug Feuer. Sauer hatte noch nie solch ein Feuerzeug gesehen. Eines aus Europa vermutlich. Und aus Gold. Nicht vergoldet. Massiv Gold.

»Schönes Feuerzeug«, bemerkte Sauer.

»Danke, Sir«, sagte Lowell. »Ein Weihnachtsgeschenk von meinem Schwiegervater.«

Der Sergeant Major brachte zwei Tassen Kaffee.

»Ich hole Milch und Zucker«, sagte er.

»Nicht für mich, danke, Sergeant Major«, sagte Lowell.

Als der Sergeant Major das Büro verlassen und die Tür hinter sich geschlossen hatte, sagte Colonel Sauer: »Sie sind ein sehr höflicher Mann, Colonel. Deshalb bin ich neugierig, weshalb Sie nicht so höflich waren, herzukommen und mit mir zu sprechen, bevor Sie in meinen Dingen herumschnüffeln.«

»Ich kann nur um Verzeihung für diesen unentschuldbaren Bruch der Höflichkeit bitten, Sir, und ich hoffe, der Colonel wird mir verzeihen.«

»Um zur Sache zu kommen: Welches Interesse hat der DCSOPS an meinem Regiment?«

»Soweit ich weiß, Sir, nur das Interesse, daß Sie weiterhin den Strom der Rekruten hier ausbilden«, sagte Lowell.

»Und was tun Sie dann hier?«

»Ich interessiere mich für den Fall des Rekruten Craig, Sir.«

»Warum?«

»Aus verschiedenen Gründen, Sir. Einer davon ist die Tatsache, daß er der Sohn meines Cousins ist.«

»Oh«, sagte Sauer. »Er hat Sie gebeten, herzukommen?«

»Nein, Sir. Und als ich ihn vorhin verließ, hatte ich den Eindruck, daß er mein Kommen sehr bedauerte.«

»Warum sollte er das?«

»Weil ich ihn in dem Glauben ließ, daß er die nächsten Jahre hinter Gittern verbringen muß«, erklärte Lowell. »Und daß er anschließend den Status eines verurteilen Schwerverbrechers haben wird.«

»Das wird in etwa mit ihm geschehen, Colonel, ich bedaure, das sagen zu müssen.«

»Bei allem Respekt, Sir, ich bin da anderer Meinung«, sagte Lowell.

»Ich hörte, Sie haben seine Akte gelesen«, sagte Colonel Sauer.

»Jawohl, Sir.«

»Ich habe empfohlen, ihn unter Anklage zu stellen«, sagte Sauer.

»Ich muß annehmen, Sir, daß Sie das taten, weil Sie nicht voll über die Fakten informiert sind.«

»Colonel, wenn Sie glauben, Sie können herkommen, mir das Abzeichen des Generalstabskorps unter die Nase halten und diesen jungen Mann freibekommen, dann irren Sie sich.«

»Ich bin hier, Sir, weil die Alternative zu meinem Besuch hier eine Delegation von den Büros zweier US-Senatoren war.«

»Wollen Sie damit sagen, daß er politischen Einfluß hat?«

»Sein Vater ist ein sehr reicher und sehr einflußreicher Mann. Darf ich es volkstümlich formulieren, Sir? Wenn Geoff Craigs Vater dem jüngeren Senator von Connecticut und dem älteren

Senator von New York sagt ›scheißt!‹, dann hocken sie sich hin und stoßen furzartige Laute aus.

Obwohl sich Colonel Sauer nach besten Kräften bemühte, konnte er sich ein Lächeln nicht verkneifen. Er sagte sich, daß er unter anderen Umständen als den gegebenen diesen Lieutenant Colonel Lowell äußerst sympathisch finden würde.

»Sie wollen doch nicht andeuten, Colonel, daß ich auf irgendeine Weise durch Druck des Kongresses beeinflußt werden könnte, oder?«

»Ich sagte Geoff, daß das Gericht ihn nach allen Regeln der Kunst fertigmachen wird, wenn es erfährt, daß irgendein politischer Einfluß ins Spiel gebracht wird.«

»In diesem Fall, Colonel, frage ich mich von neuem, was Sie hier machen«, sagte Sauer.

»Ich bin Soldat, Sir«, sagte Lowell. »Es mag anmaßend klingen, aber ich bin hier, um in die Glut zu pinkeln, bevor sie aufflammen und ein Feuer entstehen kann.«

»Ich bin mir nicht sicher, ob ich das verstehe. Wenn es das heißen soll, was ich denke, dann gefällt es mir nicht.«

»Ich will damit sagen, Colonel, daß der Junge als freier Mann davonspazieren wird, wenn es zu einer Verhandlung vor dem General Court kommt.«

»Ich höre, er hat einen zivilen Anwalt beauftragt«, sagte Sauer. »Das wird ihm nichts nutzen.«

»Ich habe den zivilen Anwalt gefeuert«, sagte Lowell. »Ich will keine unnötigen Risiken eingehen.«

»Wie meinen Sie das?«

»Daß ich sehnlich hoffe, der Junge erhält – wenn es soweit kommt – den jüngsten, unerfahrensten First Lieutenant als Verteidiger, der gerade erst ein halbes Jahr aus der Anwaltsschule heraus ist.«

»Das verstehe ich nicht«, sagte Colonel Sauer.

»Darf ich offen sprechen, Sir?«

»Nur zu.«

»Der erste Zeuge der Verteidigung wird der Stabsarzt von Fort Jackson sein. Er wird bezeugen, daß eine Reihe von Rekruten aus Staff Sergeant Fosters Zug wegen ernsthafter Verletzungen ärztlich behandelt werden mußten. Es hat ziemlich viele Fälle gegeben, statistisch gesehen, in denen Rekruten Treppen hinunterfielen oder unter der Dusche ausrutschten. Das wird anhand der Lazarettakten dokumentiert werden. Dann wird es eine Reihe von Zeugen geben, andere Rekruten, die aussagen werden, daß sie Staff Sergeant Fosters Ankündigung gehört haben, Geoff zusammenzuschlagen. Bis jetzt haben diese Rekruten den Mund gehalten, weil sie vom Kompaniechef eingeschüchtert wurden und Angst haben. Er wird jedoch als Zeuge geladen werden, und wenn er sich hütet, unter Eid falsch auszusagen, wird er zugeben, daß er die Rekruten durch Drohungen zum Schweigen gebracht hat, nicht nur in diesem Fall, sondern auch in den vorangegangenen.«

»Das sind aber sehr schwerwiegende Anschuldigungen, Colonel.«

»Jawohl, Sir, das befürchte ich auch.«

Gottverdammt dachte Sauer. *Er hat recht!*

Eine Woge des Zornes auf seinen Adjutanten stieg in ihm auf. Der Bastard hatte ihm gesagt, er hätte die Fakten genau überprüft. Dann richtete sich der Zorn auf ihn selbst. Es war seine Verantwortlichkeit, die Fakten zu überprüfen. *Er* hatte die Anklagepunkte unterzeichnet.

»Ich werde mich darum kümmern, Lowell«, sagte Sauer. »Und wenn sich herausstellt, daß Ihre Behauptungen stimmen, dann wird Ihr Verwandter aus dem Gefängnis herauskommen, und andere Leute kommen hinein.«

»Darf ich weiterhin offen sprechen, Sir.«

»Nur zu.«

»Ich weise respektvoll darauf hin, daß Staff Sergeant Foster eine wichtige Lektion gelernt hat: Versuche nie, jemanden fertigzumachen, der dir den Kiefer brechen wird. Ich ärgere mich wirklich weniger über Foster als über den Kompaniechef. Er hätte Staff Sergeant Foster sofort aus dem Dienst entfernen sollen, als ihm das erstemal zu Ohren kam, daß er Rekruten zusammenschlägt. Ich hatte mal in meiner Kompanie einen starken großen Kerl, der Leute mit in die Büsche zu nehmen pflegte, um mit ihnen ›zu reden‹. Aber das war erzieherisch, kein mieser Sport.«

Colonel Sauer erinnerte sich an einen Bullen von Mann, an einen polnischen Bergmann aus Pennsylvania, ein Zugführer, dessen ›Unterhaltungen in den Büschen‹ mit einer Reihe von Fallschirmjägern die Disziplin der Kompanie sehr verbessert hatten. Aber der Sergeant hatte keinem irgendwas gebrochen und ihn dann des tätlichen Angriff beschuldigt, weil er selbst einiges hatte einstecken müssen.

»Ich denke, daß es der Army nichts nützen würde, wenn Foster oder sein Kompaniechef vors Kriegsgericht kämen. Es gibt andere Möglichkeiten, solche Leute aus dem Verkehr zu ziehen.«

Die gab es, darin stimmte Colonel Sauer mit Lowell überein, und er kannte die meisten davon.

»Und was mache ich mit Ihrem Verwandten? Soll ich ihn herbefehlen und ihm sagen: ›All dies tut mir leid?‹«

»Ich möchte nicht, daß er (a) den Rest seiner Dienstzeit die Army haßt und (b) der Überzeugung ist, daß er beim nächstenmal, wenn er jemanden zusammenschlägt, nur seinen Verwandten, den Colonel, anzurufen braucht, der alles in Ordnung bringt.«

Sauer nickte und wartete auf Lowells weitere Ausführungen.

»Das Schlagen von Leuten, Sir, ist etwas, das in allen Kreisen passiert, nicht nur bei Unteroffizieren. Ich habe Geschichten gehört, daß ein sehr geschätzter Lieutenant Colonel die Annährungsversuche eines anderen Colonels bei seiner Frau als Beleidigung betrachtete und ihn im Offiziersklub von der Galerie schlug.«

»Apropos, Colonel, kennen Sie zufällig einen Lieutenant Colonel Rudolph G. MacMillan?« fragte Colonel Sauer.

»Ich habe die Ehre, ein Bekannter des Colonels zu sein, Sir«, erwiderte Lowell. »Der Offizier, auf den ich mich beziehe, dessen Name natürlich nicht genannt werden sollte . . .«

»Natürlich nicht«, warf Sauer ein.

». . . hätte selbstverständlich für seine Straftat bestraft werden sollen. Aber man entschied, wie ich hörte, auf höchster Ebene . . .«

»Kennen Sie zufällig General E.Z. Black, Colonel?«

»Ja, Sir, ich habe die Ehre.«

»Das dachte ich mir.« Sauer grinste jetzt.

». . . daß es zum Besten der Army sein würde, wenn man diesen ungenannten, schlagfertigen Offizier zu den Special Forces in Fort Bragg schickt, wo er seine überschüssige Energie loswerden kann, indem er durch die Wälder rennt und Schlangen frißt.«

Colonel Sauer lachte. »Glauben Sie, Colonel, daß Ihr Verwandter nach seiner Freilassung Interesse an einer Versetzung zu den Special Forces haben würde?«

»Ich glaube, Sir, er würde es vermutlich vorziehen, im Militärgefängnis zu bleiben. Aber ich glaube, wenn man ihn ordentlich berät, Sir, könnte er es plötzlich als eine große Chance betrachten, dieses Land zu verbessern, Sir.«

»Und was ist mit dem Papierkram?« fragte Colonel Sauer.

»Ich glaube, die Special Forces können jeden haben, den sie wollen«, erwiderte Lowell. »Ein Freund von mir meldete sich freiwillig und ging nach Bragg, obwohl sein vorgesetzter Offizier heftig protestierte.«

»Warum rufen wir nicht bei Mac an und finden es heraus?« sagte Colonel Sauer. Er drückte auf den Knopf der Gegensprechanlage. »Sergeant, verbinden Sie mich mit Lieutenant Colonel MacMillan bei den Special Forces in Bragg.« Sauer trank einen Schluck Kaffee und lächelte Lowell an. »Ich kenne Mac, seit er beim 508. Zugführer war«, sagte er.

Der Sergeant Major klopfte an und steckte seinen Kopf durch die Tür.

»Sir, ich habe den Sergeant Major von Bragg am Apparat. Colonel MacMillan ist nicht erreichbar.«

»Darf ich?« fragte Lowell und griff zum Telefon. »Sergeant Taylor, hier spricht Colonel Lowell. Wie geht es Ihnen?. . . Wo ist Colonel Mac?«

Lowell hielt den Telefonhörer vom Ohr fort, damit Colonel Sauer die Antwort mithören konnte.

»Drüben auf Pope mit dem Colonel, Colonel. Der Präsident trifft um 11 Uhr ein, und hier sind alle im Streß.«

»Wie würde ein Rekrut in der Grundausbildung zu den Special Forces kommen?« fragte Lowell.

»Das wäre ein bißchen schwierig, Sir. Man muß als

Fallschirmspringer qualifiziert sein. Und wir nehmen kaum irgendwelche Mannschaftsdienstgrade.«

»Aber es gibt Ausnahmen?«

»Es gibt immer Ausnahmen, Colonel«, sagte Sergeant Major Taylor. »Leute, die mit bester Empfehlung kommen oder irgendeine besondere Fähigkeit haben.«

»Sie waren mit dem 508. bei Anzio, nicht wahr, Taylor? Erinnern Sie sich an einen Offizier namens Sauer?«

»Jawohl, Sir. An einen Captain Sauer. Er wurde ein paar Tage vor mir verwundet.«

»Colonel Sauer hat einen jungen Mann, der ziemlich gut mit den Fäusten ist und der seiner Meinung nach glücklich bei den Special Forces wäre.«

»Nun, das ist eine gute Referenz«, sagte Taylor. »Wir könnten, wenn Colonel Mac zustimmt, seine Versetzung nach hier arrangieren und ihn dann auf die Fallschirmspringerschule schicken. Ich kann Colonel Mac vielleicht über Funk in seinem Jeep erreichen, wenn Sie mit ihm sprechen möchten, Colonel.«

»Versuchen Sie es bitte.«

»Bleiben Sie dran, Colonel«, sagte Taylor. »Und ich brauche auch Namen, Dienstgrad, Personenkennziffer und Einheit des Betreffenden.«

Colonel Sauer erhob sich, ging zur Tür und sagte seinem Sergeant Major, daß er Craigs Kennummer und den vollen Namen brauchte.

»Hat Five, hier ist Hatrack. Kommen«, ertönte Taylors Stimme aus dem Telefonhörer.

»Hatrack, hier Hat Five«, kam die Antwort.

»Ist Colonel Mac dort? Wichtiger Telefonanruf.«

»Bleiben Sie dran.«

»Colonel MacMillan ist beschäftigt. Hier spricht Colonel Hanrahan. Kann ich helfen?«

»Guten Morgen, Paul«, sagte Lowell.

»Himmel, was wollen Sie, Craig? In einer Viertelstunde kommt der Präsident. Kann es warten?«

»Sie brauchen nur ja oder nein zu sagen, Paul«, erwiderte Lowell. »Taylor hört mit.«

»Ja – wozu? Was wollen Sie, Craig?«

»Ich habe die Büsche abgeklopft und einen Killer für Sie gefunden.«

»Warum bin ich plötzlich mißtrauisch, Craig? Hat dieser ›Killer‹ einen Namen?«

»Geoffrey Craig«, sagte Lowell.

»Weshalb ist er auf Ruhm aus?« fragte Hanrahan. »Welchen Rang hat er?«

»Er ist nur wie Mac. Läuft herum und schlägt Leute zusammen. Gerade erst brach er seinem Sergeant unter anderem den Kiefer . . .«, Lowell legte eine Pause ein, ». . . nachdem der Sergeant ihn provozierte. Der Sergeant schlug zuerst zu.«

»Nein, ich will ihn nicht. Auf keinen Fall. Was soll das?«

»Es ist wichtig für mich«, sagte Lowell.

Es folgte eine Pause.

»Was ist das für eine Geschichte, Craig?«

»Tun Sie mir den Gefallen, Paul, bitte.«

Wieder eine lange Pause.

»Zum Teufel mit Ihnen, Craig«, sagte Hanrahan. Und dann: »Oh, verdammt! Okay! Taylor, tun Sie, was er will. Wiedersehen, Craig.«

Taylor sprach noch kurz mit Hat Five. Dann sagte er zu Lowell: »Wie ist die Geschichte, Colonel?«

»Nehmen Sie nur diesen Jungen und machen Sie ihn zu einem Ihrer normalen, durchs Gelände robbenden, schlangenfressenden Killer, Taylor«, sagte Lowell. »Und fragen Sie nicht, warum, okay?«

»Geben Sie mir Namen, PK und Einheit an, Colonel«, sagte Taylor.

VI

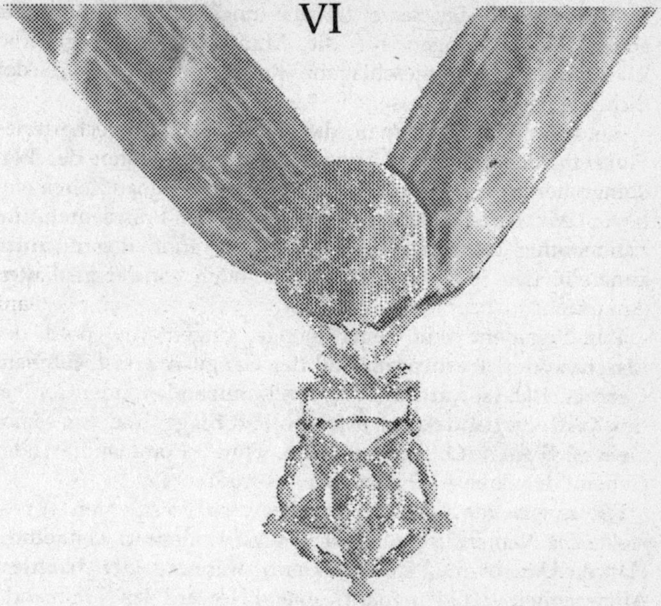

1

Pope Air Force Base
Fort Bragg, North Carolina

11. Dezember 1961, 11 Uhr

Daß der Oberbefehlshaber die Pope Air Force Base und Fort Bragg, North Carolina, besuchte, war keine einfache, alltägliche Sache. Deshalb war vor zwei Tagen ein Flugzeug mit Mitgliedern des Stabs des Präsidenten und mehreren ranghohen Agenten des Secret Service eingetroffen. Diese Leute trafen Vorbereitungen für die Kommunikationswege und überprüften die vorgeschlagene Reiseroute hinsichtlich der Sicherheit und der Presse.

Sieben andere Maschinen, die letzte davon ein gechartertes Flugzeug der Piedmont Airlines mit den Leuchten der Washingtoner Presse an Bord, trafen zu verschiedenen Zeiten ein, bevor Air Force One, das Flugzeug des Präsidenten, im Landeanflug über die Fort Bragg Reservation flog und um genau 10 Uhr 59:45 landete, 15 Sekunden vor der geplanten Ankunft.

Der Präsident und sein Gefolge gingen von Bord der Maschine und wurden am Fuß der Gangway von Lieutenant General H.H. Howard, U.S. Army, Kommandierender General des XVIII. Luftlandekorps und von Fort Bragg, und von Major General Stanley O. Zarwich, U.S. Force, Kommandierender General der Pope Air Force Base, begrüßt.

Die ranghohen Offiziere wurden dem Präsidenten vorgestellt. Die Namensliste (erstellt von Major General Kenneth L. Harke, U.S. Army, der praktisch während der häufigen Abwesenheit von Lieutenant General Howard das Kommando über Bragg hatte) schloß den Kommandeur und Stellvertretenden Kommandeur der 82. Luftlandedivision ein; den Stellvertretenden Kommandeur der Pope Air Force Base; den Kommandeur der Artillerie des XVIII. Luftlandekorps, den Artillerie-Kommandeur der 82. Division; den Kommandeur der 8. Unterstützungsbrigade; alle Offiziere der Army und Air Force im Generalsrang, die in Fort Bragg und auf der Pope Air Force Base stationiert waren; und, mit zwei Ausnahmen, die Offiziere, die das Kommando über die größeren Einheiten hatten. Die Ausnahme waren der Kommandant des Lazaretts, ein Colonel, und der Kommandeur des U.S. Army Special Warfare School and Center, ebenfalls ein Colonel.

Colonel Hanrahan war schließlich kein Offizier im Generalsrang, hatte sich General Harke gesagt. Darüber hinaus war Harke vom CONARC (Continental Army Command – Oberkommando des Heeres für den Bereich der USA) informiert worden, daß der Präsident möglicherweise bei seinem Besuch die Gelegenheit nutzen würde, um anzukündigen, daß die ›Fifth Special Forces Group‹ in ›Fifth Airborne Combat Team‹ umbenannt und der 82. Division unterstellt wurde. Es wäre peinlich für Colonel Hanrahan, zu der offiziellen Abordnung zu gehören, wenn das tatsächlich die Absicht des Präsidenten war.

Nach der Vorstellung der Offiziere im Generalsrang stieg der Präsident in einen besonders vorbereiteten Jeep der 82. Luftlandedivision. Der Jeep war mit Chrom-Sirenen und mit Blinklichtern ausgerüstet; weiße Bezüge waren über die Segeltuchsitze gezogen worden; die Nationalflagge und die Präsidentenflagge flatterten an Stangen auf den Kotflügeln, und es gab besonders angeschweißte Stangen, die es dem Präsidenten, dem Stellvertretenden Stabschef und Lieutenant General H.H. Howard ermöglichten, aufzustehen, während der Jeep langsam an dem ›Regiment in Alarmbereitschaft‹ vorbeifuhr, um die Parade abzunehmen.

Jedes Regiment der 82. Luftlandedivision hatte abwechselnd im Turnus einen Monat lang Alarmbereitschaft. Die Alarmbereitschaft war darauf vorbereitet, Fort Bragg binnen drei Stunden zu jedem Zielort in der Welt zu verlassen. Im Augenblick war das 502. Fallschirmjägerregiment dasjenige, das Alarmbereitschaft hatte, und es (und seine Artillerie und Versorgungseinheiten) wurde wegen des Besuchs des Oberbefehlshabers nicht von der Alarmbereitschaft befreit.

Die Männer trugen Arbeitsanzüge und Stahlhelme. Ihre beladenen Lastwagen parkten aufgereiht an den Rampen von Pope, und die Besatzungen warteten auf den Befehl, sie zu verladen.

Dem offiziellen Besuch des Oberbefehlshabers angemessen, trugen alle anderen Einheiten, mit einer auffälligen Ausnahme, den Großen Dienstanzug. Während des Vorbeimarsches würden sie ihre Gewehre entlang des rechten Armes und der Schulter tragen. (Das Regiment in Alarmbereitschaft würde die Gewehre am Riemen über der Schulter haben.)

Die Ausnahme war die 5th Special Forces Group, die in Arbeitszeug und Arbeitsmütze angetreten war. Major General Harke war fest davon überzeugt, daß dies der letzte Akt von

Ungehorsam des Colonels Hanrahan war. Hanrahan war wie üblich sehr pingelig im Hinblick auf sein Unterstellungsverhältnis zu Fort Bragg und dem XVIII. Luftlandekorps. Er war dem DCSOPS unterstellt, worauf er stets schnell verwies, und deshalb nicht den Wünschen von Fort Bragg und dem XVIII. Luftlandekorps unterworfen. Er hatte sich kategorisch geweigert, seinen Männern das Tragen dieser albernen Pfadfinderinnenmützen zu verbieten, bis CONARC den Befehl gegeben hatte.

Es hätte Hanrahan völlig klar sein sollen, daß Major General Harke der Ansicht war, seine Soldaten sollten den Großen Dienstanzug tragen. Wenn genügend Zeit gewesen wäre, hätte General Harke die Männer auf ihre Trucks zurückbefohlen und sie die richtige Uniform anziehen lassen.

Aber sie waren erst um halb elf aufgetaucht (die anderen Einheiten waren ab 7 Uhr 30 eingetroffen, die letzte war um 9 Uhr 30 an Ort und Stelle gewesen), und es war einfach nicht genügend Zeit für Harke geblieben, sie nach Smoke Bomb Hill zurückzuschicken mit dem Befehl, die richtige Uniform anzuziehen.

Praktisch, hatte sich Harke zornig insgeheim gesagt, war das ein Fall von AWOL (*A*bsent *W*ith *O*ut *L*eave – unerlaubte Abwesenheit von der Truppe –, das definiert wurde, nicht am richtigen Platz zur richtigen Zeit *in der richtigen Uniform* zu sein).

Es beunruhigte Harke ebenfalls, daß es in der 5th Special Forces Group kaum einen Ärmel gab, der nicht wenigstens die Winkel eines Staff Sergeants trug. Das war etwas, das er persönlich korrigieren wollte, sobald die erste Gruppe der Special Forces in ein ›Combat Team‹ umgewandelt und dem XVIII. Luftlandekorps unterstellt wurde. Er würde dafür sorgen, daß all diese überzähligen Sergeants dorthin versetzt wurden, wo sie in der Division gebraucht wurden. Sie sollten Posten bekommen, bei denen sie sich ihren Sold als Sergeant verdienten, anstatt den Sold eines Sergeants zu erhalten, obwohl sie taten, was ein Private First Class tun sollte.

Sie konnten es ›A‹-Team nennen oder wie auch immer, aber für General Harke waren neun Männer eine Gruppe, und ein

Sergeant sollte Gruppenführer sein, kein Captain, und ein Corporal sollte stellvertretender Gruppenführer von sieben Privates oder Spezialisten sein, kein zweiter Offizier.

Als der Präsident und die beiden Generale in den Jeep gestiegen waren, führte General Harke den Rest der Besucher zur Tribüne. Dabei sah er auf dem Beifahrersitz des Jeeps, der gleich hinter dem Präsidenten-Jeep fuhr, den Warrant Officer mit dem Koffer. Der Koffer enthielt die Kode-Unterlagen, die der Präsident brauchen würde, um einen atomaren Angriff zu befehlen. Der Kofferträger hielt sich nie mehr als 15 Sekunden vom Präsidenten entfernt auf. Auf dem Beifahrersitz des zweiten Jeeps hinter dem Präsidenten-Jeep saß ein kleiner Lieutenant Colonel, den General Harke nur von seinem Ruf her kannte. Der Mann war ein West Pointer – was nicht sehr häufig bei Juden vorkam –, aber nach General Harkes Meinung war er kein richtiger Soldat. Zuerst unter Eisenhower und jetzt unter Kennedy war er der persönliche Verbindungsoffizier des Präsidenten zum Geheimdienst. Damit er mit seinen militärischen Vorgesetzten zurechtkommen konnte, hatte er offiziell den Status eines Beraters des Präsidenten erhalten.

Nach General Harkes Ansicht war der Mann nichts anderes als ein Schreibtischarbeiter, ein Infanterie-Offizier, der fast ausschließlich bei bunt zusammengewürfelten Organisationen in Griechenland und Korea gewesen war. Der kleine Jude hatte die Fallschirmspringer- und Rangerschule nach Harkes Meinung nur besucht, um die Schwingen und den bestickten Streifen auf seiner Uniform tragen zu dürfen.

Und um allem die Krone aufzusetzen, tauchte er heute hier in Fort Bragg auf, der Heimt der Luftlandetruppen, und trug sein Fallschirmspringerabzeichen, Springerstiefel, ein Rangerabzeichen und – ein gottverdammtes Green Beret!

General Harke hoffte, daß der Stellvertretende Stabschef ihm deswegen die Leviten lesen würde, am besten in Hörweite des Präsidenten.

Die Jeeps waren an dem Alarm-Regiment vorbeigefahren und hielten jetzt vor der Tribüne, wo der Präsident, der Stellvertretende Stabschef und der Kommandeur von Fort Bragg und dem XVIII. Luftlandekorps ausstiegen.

Die Trommler und Trompeter spielten die Trommelwirbel und Fanfarenstöße, die zu Ehren des Oberbefehlshabers vorgeschrieben waren. Dann folgten die 21 Salutschüsse zu Ehren des Präsidenten der Vereinigten Staaten. General Harke bemerkte, daß eine der Haubitzenladungen feucht geworden war. Die Detonation klang irgendwie hohl, und nicht explodiertes Pulver flog aus der Haubitzenmündung und fiel brennend aufs Gras zwischen der Parkrampe und einer Rollbahn. Das Gras geriet in Brand.

Für diesen Eventuellfall war vorgesorgt. Ein Dreivierteltonner-Truck mit Besatzung und Löschgerät war sofort zur Stelle, und das brennende Gras wurde gelöscht.

Die Kapelle der 82. Luftlandedivison marschierte an der Tribüne vorbei und spielte dazu. Eines der Lieder, ›*Anchors Aweigh*‹, war eine Würdigung des Dienstes, den der Präsident als Marineoffizier während des Zweiten Weltkriegs geleistet hatte. Die Kapelle marschierte dann in Position genau vor die Tribüne, wo sie während des Vorbeimarsches spielen würde.

Der Präsident, gefolgt vom Stellvertretenden Stabschef, dem Generaladjutanten und diesem verdammten Lieutenant Colonel Felter mit seinem Green Beret, trat ein paar Schritt vor zu einer Batterie von Mikrofonen, der Flagge der 82. Division und den roten Flaggen (und einer blauen Flagge – für den Luftwaffen-General) der anwesenden Offiziere im Generalsrang. Die Fahnenträger bildeten eine Reihe hinter dem Präsidenten und den anderen.

»Colonel Paul T. Hanrahan vortreten!« befahl der Generaladjutant.

Major General Harke war überrascht, aber dann glaubte er zu verstehen. Es war ein Kampf gewesen, den Special Forces ihren Platz zuzuweisen. Die Special Forces hatten mehr Freunde, als sie das Recht dazu hatten, einschließlich dieses gottverdammten Juden, auf den der Präsident hörte. Hanrahan würde eine Medaille erhalten, vielleicht den Orden ›Legion of Merit‹ oder sogar die Distinguished Service Medal, obwohl diese Auszeichnung normalerweise Offizieren im Generalsrang vorbehalten war, jedoch manchmal Colonels verliehen wurde, die besonderen Dienst geleistet hatten. Es sollte wohl ein Trostpflaster dafür sein, daß die 5th Special Forces Group in eine richtige Luftlandeeinheit umgewandelt wurde.

Weit entfernt bei der Parkrampe tauchte die einsame Gestalt von Colonel Hanrahan auf. Er trug einen Arbeitsanzug. Er hatte nicht mal den üblichen Anstand gehabt, den Deckel seiner Arbeitsmütze mit Karton zu verstärken, um ihr ein richtig militärisches Aussehen zu geben. Abgesehen von dem silbernen Adler darauf war sie identisch mit der Arbeitsmütze von Privates, die Lastwagen mit Müll fuhren.

Hanrahan brauchte einige Zeit, um von der angetretenen 5th Special Forces Group zur Tribüne zu marschieren. Die Kapelle verstummte nach vier Strophen einer passenden Weise.

Nur einer der Trommler schlug eine Weile gegen den Metallrand seiner Trommel. General Harke war sich nicht sicher, ob der Trommler das tat, weil er den Befehl hatte, Hanrahan zu helfen, im Takt zu marschieren, oder ob das seine eigene Idee war. Harke wünschte, er würde das nicht tun.

Hanrahan blieb zehn Schritte vor dem Präsidenten und seinem Gefolge stehen, nahm Grundstellung ein und salutierte.

»Colonel Hanrahan, Paul T., meldet sich wie befohlen, Sir.«

Der Stellvertretende Stabschef, der Generaladjutant und Lieutenant Colonel Felter erwiderten den Gruß.

Der Generaladjutant verlas einen Befehl: »Headquarters, Department of the Army, Washington D.C, 11. Dezember 1961, Generalbefehl 3-1-0. Paragraph 1: Auf den Befehl des Präsidenten, mit Kenntnis und Billigung des U.S. Senats, wird Paul T. Hanrahan, Colonel, früher Fernmeldetruppe, jetzt Infanterie, mit Datum vom 11. Dezember 1961 zum Brigadier General befördert. Im Auftrag des Stabschefs. J. Eastman Fuller, Major General, Adjutant General.«

»Meinen Glückwunsch, General Hanrahan«, sagte Präsident Kennedy. »Felter!«

Lieutenant Colonel Felter trat vor und überreichte Präsident Kennedy zwei silberne Sterne. Der Präsident heftete jeweils einen Stern auf Hanrahans Kragenspiegel.

»Meinen Glückwunsch, General«, wiederholte der Präsident.

»Danke, Sir«, sagte Hanrahan.

»Ich habe das Gefühl, das war eine Überraschung für Sie«, sagte der Präsident.

»Es kam völlig überraschend, Sir«, erwiderte Hanrahan.

»Darf ich bemerken, General, daß ich nicht viel von Ihrer Arbeitsmütze halte?« sagte der Präsident lächelnd.

»Ich mag sie auch nicht, Mr. President.«

»Colonel Felter hat etwas, das Ihnen besser gefallen wird, General«, sagte der Präsident.

»Mr. Wojinski!« bellte der kleine Mann mit überraschend lauter Stimme.

Von der Seite der Tribüne her tauchten zwei Soldaten in Arbeitsanzügen auf. Einer war Sergeant Major Taylor, der andere war Warrant Officer Junior Grade (WOJG) Wojinski. Sergeant Major Taylor trug eine Stange, an der die rote Flagge mit dem Silberstern eines Brigadiers General flatterte. Er stellte sich neben den anderen Flaggenträgern mit den Fahnen der Offiziere im Generalsrang auf. WOJG Wojinski marschierte zu General Hanrahan, die massigen Hände vor dem Körper. Er hielt ein Green Beret. Ein silberner Stern war zu dem Blitz der Special Forces geheftet.

»Das sieht schon besser aus«, sagte der Präsident.

Hanrahan setzte das Green Beret auf.

Wojinski nahm behutsam seine Arbeitsmütze ab und ließ sie auf den Boden fallen. Er griff unter sein Arbeitshemd, zog sein Beret hervor und setzte es auf. Dann salutierte er vor dem Präsidenten, machte eine Kehrtwendung und marschierte davon.

Von der Parkrampe her ertönten Hochrufe der Männer der Special Forces.

Zehn Minuten später, als die 5th Special Forces Group als letzte der vorbeimarschierenden Einheiten die Tribüne passierte, trugen alle Green Berets.

Präsident Kennedy blickte zu Brigadier General Hanrahan. Tränen rannen über Hanrahans Wangen.

2

Hauptquartier, 11. Infanterieregiment (Ausbildung) Fort Jackson, South Carolina

11. Dezember 1961, 13 Uhr 05

»Sir, Häftling Craig ist anwesend, Sir«, meldete Colonel Sauers Sergeant Major und grüßte drei Schritte vor dem Schreibtisch des Colonels.

Häftling Craig, zwei Schritte hinter dem Sergeant Major, grüßte ebenfalls.

»Ich erwidere Ihren Gruß nicht, Craig, weil Sie unter Anklage stehen und nicht zu dem Privileg eines Grußes berechtigt sind«, sagte Colonel Sauer.

»Ich bedauere das, Sir.«

»Sie werden nur sprechen, wenn Sie dazu aufgefordert werden«, sagte Colonel Sauer.

»Jawohl, Sir.«

»Lassen Sie mich mit diesem Stück Abfall allein, Sergeant Major.«

Der Sergeant Major verließ das Büro. Colonel Sauer starrte Häftling Craig eine volle Minute lang kalt an, bevor er sprach. *Nett aussehender Junge,* dachte er. *Wirklich sympathisch und intelligent.*

»Heute morgen, Craig, mußte ich ihretwegen eine unangenehme Szene erleben«, sagte Sauer. »Ich kann mich nicht erinnern, schon mal in einer solch peinlichen Situation gewesen zu sein.«

Geoff schaute ihn an und blickte dann fort.

»Ein Offizier von hohem Rang suchte mich auf«, sagte Colonel Sauer. »Ein Offizier, der die zweithöchste Auszeichnung für Tapferkeit und viele andere Orden hat. Und es war für ihn peinlich und beschämend, mich aufsuchen zu müssen.«

Häftling Craig fühlte sich sichtlich erbärmlich.

»Er kam zu mir, um für Sie zu betteln«, fuhr Sauer fort. »Das heißt, eigentlich nicht für Sie. Ich glaube, er verachtet Sie genauso wie ich. Aber er tat es für Ihre Mutter. Er erzählte mir, Ihre Mutter ist in ärztlicher Behandlung, weil sie nervlich nicht verkraften konnte, was Sie getan haben.«

Häftling Craig wirkte noch unglücklicher.

»Haben Sie eine Vorstellung davon, wie erniedrigend es für einen Offizier wie Colonel Lowell ist, wenn allgemein bekannt ist, daß sein Verwandter im Militärgefängnis ist, angeklagt des tätlichen Angriffs auf einen Unteroffizier wie ein Abschaum aus den Slums?«

Geoffrey Craig schwieg.

»Ich habe Ihnen eine Frage gestellt!«

»Ich schlug den Sergeant nur, nachdem er mich zuerst schlug«, sagte Geoff Craig.

»Ich habe Sie nicht kommen lassen, um mit Ihnen zu diskutieren! Ich stellte Ihnen eine Frage!«

»Es tut mir leid, Sir, daß Colonel Lowell durch mich in eine peinliche Situation kam.«

»Das sollte Ihnen auch verdammt leid tun! Ich hatte Mitleid mit ihm, einem solch hervorragenden Offizier, der zu mir kommen und für einen wie Sie betteln mußte!«

Das reicht, sagte sich Colonel Sauer. *Wenn ich weitermache, kotzt er mir in seinem Elend auf den Teppichboden.*

»Nun, ich brachte es nicht übers Herz, ihn abzuweisen. Wider mein besseres Wissen. Ich werde Ihnen eine Chance geben, für das zu bezahlen, was Sie taten, ohne daß Sie weiter einen feinen Offizier demütigen oder Ihre Mutter ins Krankenhaus bringen. Wobei ich nicht auszuschließen vermag, daß Sie wieder eine Dummheit begehen und in irgendeinem anderen Militärgefängnis landen und auf Ihren Prozeß warten werden.«

»Eine Chance, Sir?«

»Ich persönlich glaube nicht, daß Sie Manns genug sind, um es zu schaffen. Ich denke, daß Sie nichts als ein verwöhnter, verdorbener Nichtsnutz sind. Wenn es nicht um Colonel Lowell ginge, würde ich Sie liebend gern ins Staatsgefängnis nach Leavenworth schicken. Aber ich denke, wenn ich in seiner Situation wäre, würde Lowell das gleiche für mich tun. So werde ich Sie nach Fort Bragg schicken. Und von dort aus werden Sie nach Fort Benning zur Fallschirmspringerausbildung gehen. Wenn Sie damit fertig sind – sofern Sie Manns genug sind, um das zu schaffen –, werden Sie nach Fort Bragg zurückkehren und für die Special Forces ausgebildet werden. Es ist die härteste Ausbildung der Welt, und es würde mich überraschen, wenn Sie es schaffen. Wenn es Ihnen jedoch gelingen sollte, werden Ihre Missetaten hier aus den Akten getilgt werden. Wenn Sie scheitern, werden Sie den Rest Ihres Militärdienstes als Küchenhilfe in der entferntesten Einheit verbringen, die für Sie gefunden werden kann.«

»Jawohl, Sir.«

»Ist das alles? Können Sie nicht mal ›Danke, Sir‹ sagen?«

»Danke, Sir.«

»Sergeant Major!«

»Jawohl, Sir?«

»Schaffen Sie mir dieses Stück Abfall aus den Augen. Stecken Sie ihn in eine Uniform Class A. Bringen Sie ihn zum Flughafen. Dort am Piedmont-Schalter wartet ein Ticket nach Fayetteville, N.C., auf ihn.«

»Jawohl, Sir«, sagte der Sergeant Major. Er nahm Geoff Craig am Arm und führte ihn aus dem Büro.

Colonel Lowell kam aus Colonel Sauers Toilette.

»Finden Sie, das war nötig, Lowell?« fragte Sauer. »Ich fühlte mich, als würde ich einer Fliege die Flügel ausreißen.«

»Ja, Sir, ich finde, es war nötig«, erwiderte Lowell. »Ich danke Ihnen.«

»Warum zu den Special Forces? Haben Sie etwas Übles für ihn in Bragg geplant?«

»Oh, ich denke, dieser schlangenfressende Haufen wird übel genug an sich sein, Colonel«, sagte Lowell. »Die Wahrheit ist – und ich möchte nicht, daß MacMillan das von mir hört –, daß ich auf eine perverse Weise und aus der Ferne ziemlich bewundere, was Hanrahan dort unten macht.«

»Sie kennen Hanrahan offenbar gut genug, um ihn um einen Gefallen bitten zu können«, sagte Colonel Sauer. Es war eine Frage.

»Ich diente unter ihm in Griechenland«, erklärte Lowell. »Ich finde ihn in Ordnung.«

»Ich bin mir nicht sicher, ob ich der Theorie von Elitesoldaten zustimme«, sagte Sauer.

»Es kommt darauf an, wie man Elitesoldaten definiert«, sagte Lowell. »Wenn sie als Supersoldaten betrachtet werden, gedrillt bis zum Gehtnichtmehr, die dann ohne Rücksicht auf Verluste als Angriffstruppen engesetzt werden, dann halte ich ebenfalls nichts davon.«

»Was sind sie dann?«

»Hanrahan ist entschieden dagegen, die Rangers als ein Teil des Erbes der Special Forces anzusehen«, erklärte Lowell. »Die Rangers wurden ausgebildet, um die schwierigsten Missionen ohne Rücksicht auf den Preis durchzuführen. Er sagt, er bildet seine Leute aus, damit sie am Leben bleiben, denn nach der Ausbildung hat die Army zuviel in sie investiert, um sie durch ein Willy-Peter-Sperrfeuer (Weißer Phosphor) zum Angriff einen Hügel hinaufzuführen und zu schreien ›Folgen Sie mir!‹ – woraufhin sie in die Luft geblasen werden.«

›Follow me!‹ ist das Motto der Infanterieschule. Aber Colonel Sauer sagte sich, daß ein Offizier, der das Verwundetenabzeichen (viermalige Verleihung), das Distinguished Service Cross und das Infanteriekampfabzeichen hatte, berechtigt war, spöttisch darauf anzuspielen. Sauer hatte oft gedacht, daß die Funktion eines jungen Offiziers oder Unteroffiziers, der Truppen im Kampf führt, nicht darin besteht, an der Spitze seiner Männer loszustürmen. Er würde schnell fallen und seine Soldaten führungslos zurücklassen. Seine Aufgabe war es, sich am Leben zu erhalten, damit er die schmerzliche Wahl treffen konnte, welcher seiner Soldaten die Spitze übernahm und möglicherweise getötet wurde.

»Welche Aufgaben haben die Special Forces?« fragte Sauer nachdenklich.

»In fremden Ländern einheimische Streitkräfte auszubilden und zu führen«, sagte Lowell. »Die Gleichung ist einfach: Für jeden einheimischen Soldaten, der für sein Land Waffen trägt, muß ein Amerikaner weniger eine Waffe in die Hand nehmen. Eines von Hanrahans ›A‹-Teams kann ein paar Kompanien einheimischer Soldaten ausbilden und führen. Wenn sie in dieser Rolle sind. Durch ihre andere Rolle, als Guerillas – die

Brücken in die Luft jagen, Kommunikationswege zerstören etc. – können sie sehr viele feindliche Soldaten binden, die durch die Gegend ziehen und nach ihnen suchen müssen. Ich stimme mit den wenigen Soldaten überein, die der Ansicht sind, daß Hanrahan recht hat und jeder sonst falsch liegt.«

»Es überrascht mich ein wenig, das von Ihnen zu hören«, sagte Sauer. »Ich hörte von Bekannten in Bragg, daß den Männern der Special Forces diese grünen Mützen zu Kopfe gestiegen sind. Sie halten sich für besser als jeder sonst.«

»Das sind sie auch«, sagte Lowell. »Aber das mit den Green Berets ist Schnee von gestern. Sie verloren diesen Kampf. Das CONARC verbot das Tragen von ›ausländisch wirkender‹ Kopfbedeckung.«

»Das habe ich nicht gehört«, sagte Sauer. »Sie finden, daß sich das CONARC irrt?«

»Ja, das finde ich. Und ich bin der Meinung, daß sich das CONARC ebenso im nächsten Schritt seines verrückten Programms für die Special Forces irrt.«

»Was meinen Sie damit?«

»Sie wollen die 5th Special Forces Group in 5th Airborne Regimental Combat Team (5. Luftlande-Kampfgruppe) umtaufen und dem XVIII. Luftlandekorps unterstellen. Als ich mit Hanrahan vor dem Mittagessen sprach, sagte er, daß der Präsident gleich in Bragg eintreffen werde. Ich befürchte, daß der Präsident Bragg besucht, um das anzukündigen.«

»Warum sollte er das tun?«

»Die Luftlandetruppen verloren soeben erst eine ernsthafte Auseinandersetzung um die Übernahme des Heeresfliegerwesens. Ich denke, man wirft ihnen als Trost einen Knochen namens Special Forces hin.«

»Sind Sie deshalb nicht mit einem Green Beret auf dem Kopf in Bragg? Weil Sie herausgefunden haben, daß die Green Berets den Kampf verlieren werden?«

»Ich habe nicht den besten Ruf in der Army«, sagte Lowell. »Ich bin anscheinend ein verdammt guter Schreibtischarbeiter. Folglich kann ich genausogut Papierkram in aller Bequemlichkeit erledigen, statt in den Sümpfen herumzulungern und Schlangen zu essen.«

Colonel Sauer spürte Lowells Verbitterung und verstand sie. Wenn ein Offizier erst den Ruf als ›guter Stabsmann‹ hatte, dann teilte ihn die Army auch zu solchen Aufgaben ein. Napoleon sagte, seine Armee bewege sich auf dem Bauch. Die U.S. Army hatte dieses Problem gelöst, aber nur um den Preis eines anderen Problems. Die U.S. Army bewegte sich auf einem Meer von Papier, und Leute, die all den Papierkram erfahren und gut bewältigen konnten, waren rar und sehr gefragt. Ob es ihnen gefiel oder nicht, sie erhielten Kommandos über Schreibtische anstatt über Bataillone und Regimenter.

»Da wir gerade davon reden«, fuhr Lowell fort. »Ich hätte vor einer halben Stunde im Sodom am Potomac zurück sein müssen.«

»Sie werden in Washington Schwierigkeiten bekommen?« fragte Sauer.

»Mein General wird erleichtert sein, zu hören, daß Sie mich nicht ins Militärgefängnis gesteckt haben, weil ich meine Nase in Dinge gesteckt habe, die mich nichts angehen, und ich bezweifle, daß er wegen meiner Verspätung etwas sagen wird«, erwiderte Lowell. »Und ich bin Ihnen dankbar für das, was Sie getan haben. Vielen Dank.«

Sauer reichte ihm die Hand. »Ich werde die Dinge hier so regeln, daß sich so etwas nicht wiederholen wird, Colonel Lowell.« Und als Lowell zur Tür hinausging, rief Sauer ihm nach: »Grüßen Sie Mac von mir, wenn Sie ihn sehen, ja?«

»Jawohl, Sir, das werde ich tun.«

»Charley«, sagte Colonel Sauer zu seinem Adjudanten. »Stellen Sie den Befehl der Ablösung des Chefs der C-Kompanie aus. Der stellvertretende Kompaniechef soll vorläufig das Kommando übernehmen. Versetzen Sie den Spieß der Kompanie und Staff Sergeant Foster mit Wirkung von 15 Uhr heute nachmittag irgendwohin und ersetzen Sie sie. Ich werde mir keine Einwände des Kommandeurs vom 1. Bataillon anhören. Der Kommandeur des 1. Bataillons und der Ex-Kompaniechef haben sich bei mir morgen um 7 Uhr 30 zu melden. Sie sollen über Nacht schmoren und sich fragen, was ich mit ihnen vorhabe.«

»Jawohl, Sir«, sagte der Adjudant forsch.

»Und wenn Sie heute abend nichts vorhaben, Charley«, fügte Colonel Sauer hinzu, »dann möchte ich, daß Sie einen kleinen Aufsatz für mich schreiben. Sagen wir mal, tausend Worte Umfang.«

»Einen Aufsatz, Sir?«

»Ihr Thema lautet: ›Die Wichtigkeit, den Kommandeur mit genauen Fakten zu versorgen, auf deren Basis er seine Entscheidungen treffen wird‹, Charley. Ich habe irgendwie das Gefühl gewonnen, daß Sie dabei nicht so auf dem laufenden sind, wie Sie es sein sollten.«

3

Delta Delta Delta (Tri-Delt) House
Duke University

11. Dezember 1961, 15 Uhr 30

Für Dianne Eaglebury gab es nicht den geringsten Zweifel daran, daß sie von irgendeinem Verrückten verfolgt wurde. Zum erstenmal hatte sie das Gefühl gehabt, als sie um neun Uhr zum Französischunterricht gegangen war. Sie hatte Blicke gespürt, die ein äußerst unbehagliches Gefühl in ihr ausgelöst hatten, Blicke eines Mannes, der sich schnell versteckt hatte, als sie sich umgewandt hatte.

Während des Französischunterrichts schaffte sie es, sich zu überzeugen, daß die Phantasie mit ihr durchgegangen war. Und der Beweis dafür schien die Tatsache zu sein, daß niemand auf sie wartete, als der Französischunterricht vorüber war.

Es begann jedoch von neuem beim Mittagessen. Sie war zur Cafeteria gegangen, um ein Schinkensandwich, eine Schale Wackelpeter und ein Glas Milch zu kaufen, und sie hatte abermals die Blicke gespürt. Diesmal hatte sie einen schnellen Blick auf ein vage vertrautes Gesicht werfen können, auf einen Kerl mit einer Tweedjacke.

Als der Unterricht in Politikwissenschaft vorüber war und Dianne zum Tri-Delt House zurückkehrte, spürte sie wieder, daß sie verfolgt würde. Sie fuhr plötzlich herum, und diesmal sah sie den vage vertrauten jungen Mann mit der Tweedjacke von neuem, jetzt am Steuer eines Jaguars (sie kannte keinen, der einen Jaguar besaß). Wenn er mit ihr reden wollte, warum kam er nicht einfach zu ihr und tat es?

Als sie wieder über die Schulter blickte, war der gelbe Jaguar verschwunden. Der Kerl hatte gesehen, daß sie ihn entdeckt hatte, und das hatte ihn abgeschreckt. Als sie den Weg zum Tri-Delt House fortsetzte, tat sie, als fiele ihr ein Buch aus der Hand. Während sie es aufhob, schaute sie die Straße hinauf und hinab. Aber da war nichts von einem jungen Mann mit einer Tweedjacke oder von einem Jaguar zu sehen.

Dianne überlegte, wo sie den jungen Mann schon einmal gesehen haben konnte.

Sie tippte auf den Mixer vom Delta Kappa Epsilon House, der sie einmal überreden wollte, mit ihm auszugehen. Solche Typen waren sonderbar, besonders wenn sie getrunken hatten, und sie brüsteten sich damit, wieviel sie vertragen konnten. So mußte es sein.

Dianne ging auf ihr Zimmer, verbrachte eine halbe Stunde damit, ihre Notizen vom Unterricht auszuarbeiten, damit sie bei der Vorbereitung zum Examen lesbar waren, und dann ging sie hinab in den Aufenthaltsraum, um sich nach einer Zeitung umzusehen.

Der gelbe Jaguar parkte straßenabwärts vor dem Sigma Delta Chi House. Jemand saß hinter dem Lenkrad.

Jetzt reichte es Dianne. Wer immer es war, betrunken oder nicht, er hatte kein Recht, sie dauernd zu verfolgen. Der Typ und seine Freunde standen in dem Ruf, über die Stränge zu schlagen. Sie wollte nicht ständig über die Schulter blicken, um nach einem Verfolger Ausschau zu halten. Oder gepackt und in einen Wagen gezerrt werden. Nicht richtig gekidnappt. Es wäre irgendeine Wette oder ausgeklügelter Scherz dieser Typen.

Sie fand Mrs. Hawkins, die Hausmutter, in ihrem Büro neben der Küche und erzählte ihr, was los war. Mrs. Hawkins ging zur Eingangstür und spähte hinter dem Vorhang hinaus. Nachdem sie sich vergewissert hatte, daß Dianne die Wahrheit sagte, rief die Frau den Sicherheitsdienst an und bat darum, einen jungen Mann in einem gelben Jaguar zu vertreiben, weil der Kerl eines ihrer Mädchen belästigte.

Als das geschehen war, fühlte sich Dianne miserabel. Sie wollte nicht, daß jemand Schwierigkeiten bekam. Sie wollte nur in Ruhe gelassen werden. Dianne redete sich ein, daß sie das Richtige getan hatte. Schließlich konnte sie nicht *wissen*, ob es harmlos war. Der Typ konnte ein Vergewaltiger sein. Oder Schlimmeres.

Sie ging nach oben, wollte auf ihr Zimmer gehen, doch auf dem Treppenabsatz entschied sie sich anders und ging über den Flur zu Louise Pfisters Zimmer, dessen Fenster zur Straße wies. Louise, nur mit ihrem Höschen bekleidet, das ein Loch in der Seite hatte, wusch sich das Haar im Spülbecken. Das war gegen die Vorschriften, da Haare den Abfluß der kleinen Spülbecken verstopften, aber Louise hatte noch nie viel von Vorschriften gehalten.

»Was willst du?« fuhr sie Dianne an.

»Ich möchte nur kurz aus deinem Fenster schauen«, sagte Dianne.

»Schau aus deinem eigenen Fenster«, sagte Louise. Shampoo kam in ihre Augen. Sie fluchte und steckte den Kopf wieder ins Wasser im Spülbecken. Dianne spähte aus dem Fenster.

Sie sah einen Ford des Sicherheitsdienstes die Straße heraufkommen und dann plötzlich neben dem Jaguar stoppen. Zwei Polizisten stiegen aus, gingen zu dem Jaguar und befahlen dem Fahrer, auszusteigen. Einer der Polizisten riß den jungen Mann herum und gab ihm einen Stoß, daß er gegen den Wagen taumelte. Der junge Mann riß die Arme hoch und fing sich am Wagendach ab.

Der junge Mann wandte den Kopf, sagte etwas zu einem der Polizisten, und jetzt sah Dianne deutlich das Gesicht.

Ich kenne ihn!

Einer der Polizisten neigte sich in den Jaguar und holte ein sonderbar aussehendes Objekt heraus.

»O mein Gott!« stieß Dianne hervor. Sie rannte aus Louise

Pfisters Zimmer, die Treppe hinunter, durch die Eingangstür hinaus und die Straße hinunter.

»Es ist alles in Ordnung«, sagte sie atemlos, als sie bei den Polizisten war. »Ich kenne ihn. Dies alles ist ein schrecklicher Irrtum!«

»Wer sind Sie?« fragte einer der Polizisten.

»Ich bin das Mädchen, das er belästigt hat«, sagte Dianne, und es wurde ihr sofort klar, daß das eine wirklich dumme Äußerung war. »Aber es ist alles in Ordnung. Er ist ein Freund von mir.«

Der Polizist musterte sie mit einem Kopfschütteln und wandte sich dann wieder Tom Ellis zu.

»Was machen Sie mit einem Funkgerät der Army?«

»Ich bin Offizier der Army«, sagte Tom Ellis. Er zog seine Brieftasche hervor und zeigte seinen Truppenausweis.

»Ich weiß, daß es stimmt«, sagte Dianne.

Der Polizist reichte den Ausweis seinem Kollegen.

»Sieht echt aus«, sagte er.

»Was macht er denn mit einem Funkgerät der Army in seinem Wagen?«

»Wenn Sie Colonel Wells anrufen, kann er alles erklären«, sagte Tom Ellis.

Dianne hatte schon Jungen gesehen, die rot geworden waren, aber nie so rot und so lange.

Einer der Polizisten ging zum Streifenwagen und sprach ins Mikro des Funkgeräts. Dianne wollte Tom Ellis anlächeln, aber er schaute sie nicht an.

Der Polizist kehrte nach einer Minute zurück.

»Colonel Wells ist im Stadion«, sagte er. »Wir werden dorthin fahren und ihn befragen. Sie folgen uns. Wir haben Ihre Zulassungsnummer, und wir behalten das Funkgerät, bis wir mit dem Colonel gesprochen haben.«

Ellis nickte.

Einer der Polizisten nahm das Funkgerät, und dann gingen sie zu ihrem Wagen und stiegen ein. Ellis setzte sich hinter das Steuer des Jaguars, ohne Dianne anzusehen. Er startete und wartete darauf, daß die Polizisten losfuhren.

Er fährt weg! durchfuhr es Dianne. *Wenn er wegfährt, wird er nicht wiederkommen!*

Dianne lief um den Jaguar herum und stieg neben Tom Ellis ein.

Er wandte den Kopf, schaute sie an, blickte weg und sah sie wieder an.

Er hat schöne Augen, dachte Dianne. *Sie blicken so traurig.*

»Ich fahre mit Ihnen«, sagte sie.

»Ich wollte herkommen, seit Sie mir sagten, daß Sie hier sind«, sagte Tom Ellis. »Aber als ich hier war, hatte ich einfach nicht den Mumm.«

Der Wagen setzte sich in Bewegung.

Plötzlich hieb Ellis mit der Faust aufs Lenkrad.

»Ich hatte einfach keinen Mumm«, wiederholte er, wütend auf sich. »Verdammt!«

Zornig schaltete er in den nächsten Gang.

Dianne legte ihre Hand auf seine, und dann zog sie seine Hand fort vom Schalthebel und nahm sie in beide Hände.

»Es ist alles in Ordnung, Tom«, sagte sie. »Regen Sie sich nicht auf.«

Er wandte den Kopf und schaute sie an.

»Da gibt es etwas, das Sie über mich wissen sollten«, sagte er.

»Was?«

»Ich habe die enorme Gabe, mich zum Narren zu machen.«

Dianne lachte.

»Haben Sie tatsächlich die weite Reise hierher auf sich genommen, um mich zu sehen?« fragte sie. »Ich bin geschmeichelt.«

»Nun, eigentlich kam ich hier herauf, um Ihren Wasserspeicher wegzublasen«, sagte er.

Dianne kicherte. »Was auch immer, ich freue mich über den Besuch.«

Und sie dachte äußerst überrascht: *Ich freue mich wirklich sehr.*

4

William B. Hartsfield Atlanta International Airport Atlanta, Georgia

11. Dezember 1961, 18 Uhr 30

Erst als Geoff Craig aus dem Flugzeug heraus und im Flughafengebäude war, glaubte er wirklich, daß der Alptraum zu Ende ging und er nicht aufwachen und sich im Militärgefängnis wiederfinden würde.

Aber der Abend und die Geräusche und Gerüche des Flughafens machten alles real. Er würde nicht vors Kriegsgericht kommen und nicht in Handschellen zum Bundesgefängnis in Leavenworth, Kansas, gebracht werden. Er wußte nicht, was als nächstes auf ihn zukommen würde, aber er bezweifelte, daß es schlimmer sein konnte als das, was hinter ihm lag.

Unter den Arm geklemmt hielt er einen dicken Aktenhefter, der versiegelt war und seine Dienstakte enthielt. Der Sergeant Major, der ihn zum Flughafen gefahren und an den diensthabenden Militärpolizisten vorbeigebracht hatte, war der Ansicht gewesen, daß man ihn nicht beim Umsteigen in Atlanta aufhalten und nach seinen Befehlen fragen würde, aber wenn das wider Erwarten geschehen würde, sollte er den MPs erklären, daß er ›VOCG‹ reise, was die Abkürzung ›Verbal Order, Commanding General‹ – also ›Mündlicher Befehl des Kommandierenden Generals‹ – war. Und wenn man das nicht glaubte, sollten sie per R-Gespräch die Telefonnummer anrufen, die auf dem Umschlag seiner Dienstakte stand.

Der Sergeant Major hatte ihm gesagt, daß er bei seiner Ankunft in Atlanta seinen Seesack abholen und zum Schalter der Piedmont Airlines bringen sollte. Es war keine Zeit geblieben, um eine Bestätigung seiner Reservierung Atlanta-Fayetteville abzuwarten, und deshalb konnte sein Seesack nicht bis Fayetteville eingecheckt werden. Wahrscheinlich würde eine Reservierung am Piedmont-Schalter vorliegen, aber wenn das nicht der Fall war, dann sollte er den ersten freien Platz in einer Maschine nach Fayetteville nehmen. In Fayetteville sollte er nach einem Schild Ausschau halten – es würde höchstwahrscheinlich eines geben –, auf dem die Telefonnummer stand, die er anrufen konnte, um einen Transport vom Flughafen Fayetteville nach Fort Bragg zu erhalten. Er sollte jedem, der sich am Telefon meldete, erklären, daß er sich beim Special Warfare Center melden müsse – ›weder beim Standortkommando Fort Bragg noch beim XVIII. Luftlandekorps, noch bei der 82. Luftlandedivision, merken Sie sich das genau!‹ –, und man würde den Transport für ihn arrangieren.

Der Sergeant Major hatte gewartet, bis der Flug ausgerufen worden war, und dann hatte er Geoff Craig überrascht, indem er ihm die Hand gereicht hatte.

»Lassen Sie mich Ihnen eines sagen, Junge«, hatte er erklärt. »Nicht alle Sergeants in der Army sind wie der Bastard, der Ihnen so übel mitgespielt hat. Unter uns gesagt, es freut mich, daß Sie ihn zusammengeschlagen haben.«

Geoff war so überrascht gewesen, daß es ihm die Sprache verschlagen hatte.

»Viel Glück, Craig. Halten Sie den Mund geschlossen und Augen und Ohren offen«, hatte der Sergeant Major gesagt.

Und dann war Geoff ins Flugzeug gestiegen, und er hatte das Gefühl gehabt, vom Mars zurückzukehren. Der Flug dauerte nicht lange genug für eine Mahlzeit, aber eine Stewardeß hatte einen Imbiß serviert, ein Schnittchen, Käse, Kräcker und einen Apfel. Und sie hatte ihn gefragt, ob er einen Cocktail möchte.

Die Versuchung, einen Drink zu bestellen, war fast überwältigend gewesen, aber er wußte, daß der Genuß von Alkohol im Dienst ein Delikt war, für das man vors Kriegsgericht kam (was jetzt eine schreckliche Bedeutung für ihn hatte), und er befürchtete, daß Reisen auf Befehl, wie es bei ihm der Fall war, als Dienst betrachtet wurde. So verzichtete er auf einen Drink.

Als er in Atlanta eintraf, bereute er diese Entscheidung. Die meisten Passagiere waren Soldaten, Privates, Unteroffiziere und Offiziere, und die meisten davon hatten mindestens zwei Drinks intus. Sie würden nicht alle riskieren, ins Militärgefängnis zu kommen, weil sie etwas Alkoholisches getrunken hatten, das konnte einfach nicht sein. Er erkannte, was mit ihm los war. Er begann wieder wie ein menschliches Wesen zu denken, nicht wie ein Rekrut oder Häftling.

Sobald er alles mit dem Weiterflug nach Fayetteville arrangiert hatte, würde er etwas Scharfes trinken. Der Himmel wußte, daß er ein Recht darauf hatte. Das letzte Mal hatte er etwas Alkoholisches getrunken, bevor er mit dem Taxi zur Musterung gefahren war – das schien eine Ewigkeit her zu sein.

Alles der Reihe nach. Zuerst mußte er seinen Seesack abholen. 25 oder mehr Seesäcke waren auf dem Transportband, und alle waren identisch bis auf die Namen, die auf den Seiten aufgeprägt waren. Es dauerte eine Zeitlang, bis Geoff mit der unversehrten Hand seinen Seesack vom Tansportband ziehen und auf dem Boden abstellen konnte.

Er hielt Ausschau nach einem Gepäckträger. Keiner war zu sehen. Er würde das verdammte Ding selbst schleppen müssen. Es gab zwei Möglichkeiten: Er konnte versuchen, mit dem schweren Seesack am Riemen über der Schulter durch das Flughafengebäude zu torkeln, oder er konnte ihn über den Marmorboden schleifen. Geoff entschied sich für letzteres. Er war sich darüber im klaren, daß er ohnehin schon ziemlich unordentlich aussah.

Als er festgenommen worden war, hatte jemand all seine Sachen von den vorgeschriebenen Plätzen genommen und in den Seesack gestopft, der dann gelagert worden war. Sein Uniformrock und die Hosen waren arg verknittert, ebenso seine Schirmmütze.

Er ging den Korridor hinab zum Piedemont-Schalter.

Zwei Militärpolizisten tauchten im Strom der Leute auf. Geoff stockte der Atem, als sie ihn anschauten.

»Ich helfe Ihnen«, sagte jemand mit starkem Akzent neben ihm. »Sie sollten das Ding nicht über den Boden schleifen.«

Erschreckt fuhr Geoff herum und sah einen sehr großen, jungen Mann in Uniform. Der Typ ist alles, was ich nicht bin, dachte Geoff sofort. Seine Uniform war tadellos. Er war ein Private First Class, und an die Brusttasche seines Uniformrocks waren die Qualifikationsabzeichen geheftet, die er sich in der

Grundausbildung verdient hatte. Geoff hatte sich im Schießen qualifiziert und dafür ein einfaches Eisenkreuz erhalten (was Geoff ein bißchen merkwürdig für die U.S. Army fand). Es gab zu erkennen, daß er sich als Gewehrschütze qualifiziert hatte. Dieser Private First Class hatte die Expert Medal (das eiserne Kreuz des Schützen, umgeben von einem Kranz und dem Mittelpunkt einer Schießscheibe darauf). Darunter hing eine regelrechte Latte von Abzeichen, die anzeigten, in welchen Disziplinen er sich qualifiziert hatte: Gewehr, Pistole, Gewehrgranate, Automatikgewehr, Maschinenpistole, Maschinengewehr.

Eine männliche Annie Oakley, dachte Geoff, und dann erkannte er, daß es ein unfreundlicher Gedanke war. Der Junge versuchte, nett zu ihm zu sein.

»Ich muß zum Piedmont-Schalter«, sagte Geoff.

»Der ist da drüben«, sagte der PFC. »Ich war schon da. Ich trage das Ding für Sie rüber.«

»Danke«, sagte Geoff. Er nahm sich vor, gleich dem Samariter einen Drink auszugeben. Das war nur anständig, und außerdem würde er ein wenig Gesellschaft haben. Er fragte sich, mit welchem Akzent der PFC sprach.

Am Piedmont-Schalter sagte man ihm, daß er einen Platz in der Maschine Flug 119 habe. Die Maschine starte um 20 Uhr 15 und treffe um 21 Uhr 05 in Fayetteville ein. Er möge sich bitte darauf vorbereiten, um 20 Uhr an Bord des Flugzeugs zu gehen.

»Ich möchte Ihnen einen ausgeben«, sagte Geoff zu dem Samariter.

»Ich muß zurückgehen«, erwiderte der Samariter. »Ich muß noch jemand holen.«

»Er ist gern ebenfalls eingeladen«, sagte Geoff.

»Ich muß zurück. Trotzdem vielen Dank. Vielleicht sehen wir uns im Flugzeug. Wir müssen auch nach Fort Bragg.«

»Dann also vielen Dank«, sagte Geoff.

»Ihre Uniform sieht schlimm aus«, sagte der Samariter. »Wissen Sie das?«

Und dann ging er davon.

Deutscher Akzent, sagte sich Geoff nach einigem Überlegen.

Der Akzent ähnelte sehr dem von Frau Wie-hieß-sie-noch?, die in einem Sommer in Agonquit seine Gouvernante gewesen war.

Nun, er hatte es versucht.

Er wandte sich wieder an den Mann von Piedmont Airlines.

»Wo ist der Admiral's Club?« fragte er.

Der Angestellte der Fluggesellschaft hob die Augenbrauen.

»Nehmen Sie den Aufzug zum zweiten Stock«, sagte er. »Dann gehen Sie nach rechts. Raum 220.«

Als Geoff die nur mit der Zahl gekennzeichnete Tür von Raum 220 aufstieß, erhob sich eine attraktive junge Frau in einer Art Stewardessenuniform hinter einem Schreibtisch und blockierte ihm den Weg.

»Tut mir leid«, sagte sie entschieden, aber lächelnd. »Dies ist ein Privatklub.«

»Ja, ich weiß.« Geoff holte die Karte, die ihn zum Zutritt des Admiral's Clubs berechtigte, aus seiner Brieftasche hervor und zeigte sie der jungen Frau. Die Karte wurde von der Fluggesellschaft an gewisse bevorzugte Kunden ausgegeben, zum Beispiel an diejenigen, die oft Erster Klasse reisten, und an einige noch bevorzugtere, wie zum Beispiel an diejenigen, die intime Kenntnisse von den finanziellen Angelegenheiten der Fluggesellschaft hatten wie Porter Craig, der Aufsichtsratsvorsitzende von Craig, Powell, Kenyon & Dawes, der die Finanzierung von mindestens zwanzig zusätzlichen Maschinen der Flotte der Fluggesellschaft arrangiert hatte. Geoffs Version der Karte war die mit dem Farbkode, der bedeutete, daß keine Rechnung für Getränke oder sonst etwas ausgestellt wurde, das der Admiral's Club zu bieten hatte.

»Ich fliege mit Piedmont 119 um 20 Uhr 15«, sagte Geoff. »Wenn ich einschlafen sollte, sorgen Sie dafür, daß ich pünktlich in die Maschine komme.«

»Wir werden dafür sorgen, Sir«, sagte sie.

»Danke.« Geoff ging um die Barriere herum in den Klub. Eine zweite Hosteß begrüßte ihn. Sie war anscheinend ein wenig überrascht, einen Private zu sehen (er war jetzt Private, hatte ihm der Sergeant Major gesagt, und in seiner Dienstakte würde stehen, daß er die Grundausbildung zufriedenstellend beendet hatte). Der Private hatte eine verknitterte Uniform an, aber er war von der Aufseherin am Eingang eingelassen worden und mußte folglich ein bevorzugter Gast sein.

»Dort ist ein freier Sessel«, sagte sie. »Und ein freier Tisch. Möchten Sie etwas essen?«

»Ja, das möchte ich«, sagte Geoff. »Welche Wahl habe ich?«

»Ich kann Ihnen das Steak auf Toast empfehlen.«

»Bitte«, sagte er. »Medium, und eine Flasche Tuborg.« Sie führte ihn zu seinem Platz und brachte ihm bald darauf *Wall Street Journal* und *Atlanta Constitution*. Nur eine Minute später brachte sie ihm eine Flasche Tuborg-Bier und ein Glas.

Er blätterte im Wall Street Journal und fand auf den hinteren Seiten eine kleine Anzeige, die er suchte.

Craig, Powell, Kenyon & Dawes Wall Street 11 und weltweit gaben bekannt, daß sie mit 139 000 000 Dollar an der Finanzierung eines Großprojekts eines japanischen Konsortiums beteiligt waren.

Es war ganz gleich, was in der Anzeige stand, entscheidend war, daß sie im Wall Street Journal stand. Im allgemeinen gab es mindestens eine solcher Ankündigungen pro Woche. Craig, Powell, Kenyon & Dawes waren also noch da und verliehen Geld an die Japaner oder wen auch immer, der in gesunden finanziellen Verhältnissen und bereit war, einen hohen Prozentsatz von den Millionen als Zinsen zurückzuzahlen. Und er, Geoffrey Craig, saß im Admiral's Club, trank ein dänisches Bier und würde gleich ein Steak essen, anstatt im Militärgefängnis von Fort Jackson zu sein und gleich den Boden mit einer Zahnbürste zu schrubben. Die Welt war wieder in Ordnung.

Als er das kühle Bier genoß, erkannte er jedoch, daß doch noch nicht alles in Ordnung war. Seine Mutter in New York nahm seinetwegen Pillen und machte seinem Vater und dem Hausmädchen die Hölle heiß. Er hätte daran denken und sofort zu Hause anrufen sollen.

Es gab hier Telefonapparate, aber er wollte nicht die noblen Gäste im Admiral's Club aufschrecken, indem er am Telefon sagte: »Tag, Mom, ich bin aus dem Knast heraus.«

Er entschied sich, das Bier und ein weiteres zu trinken und dann aus einer der Telefonzellen im Terminal anzurufen, aus einer richtigen Telefonzelle und nicht aus einer offenen Plexiglashaube, wo jeder mithören konnte.

Er sah die Hosteß, die seine Bestellung aufgenommen hatte. Sie neigte sich zu jemand anderem, um dessen Bestellung entgegenzunehmen. Sie neigte sich nicht sehr weit vor, aber ihr kurzer Rock rutschte hoch und er erhaschte einen kurzen Blick auf ihren Slip. Bei diesem Anblick fiel ihm ein, daß er noch einen Tag länger auf Sex hatte verzichten müssen als auf ein Bier.

Er fragte sich, ob in Fort Bragg irgend etwas getan werden konnte, um diese traurige Situation zu verbessern.

Das Steak auf Toast wurde serviert, und er bestellte noch ein Bier. Und dann, nach Essen und Bier, rief er sich seine Pflicht in Erinnerung, erhob sich am Tisch, verließ den Admiral's Club und fuhr mit dem Lift nach unten zur Haupthalle.

VII

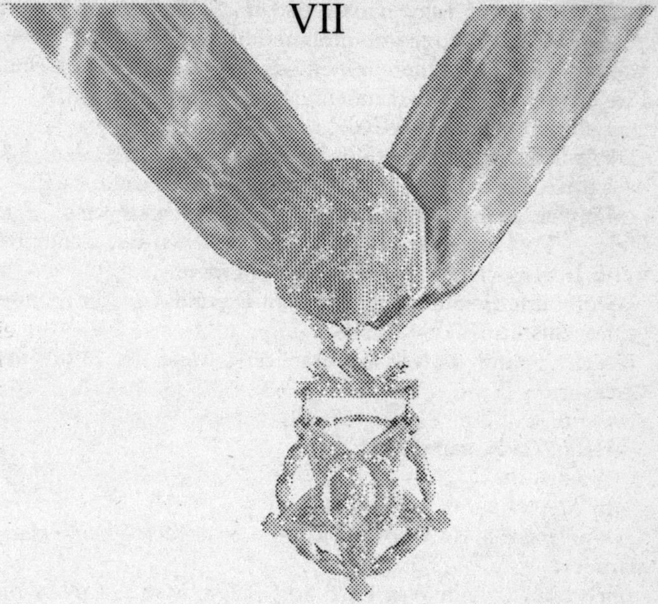

1

William B. Hartsfield Atlanta International Airport
Atlanta, Georgia

11. Dezember 1961, 19 Uhr und 15

»Hier bei Craig«, ertönte Finleys sonst sonore Stimme ein wenig dünn aus dem Telefonhörer.

»Ich habe ein R-Gespräch für jemand von Geoffrey Craig. Akzeptieren Sie die Gebühren?«

»Ja, natürlich«, sagte Finley. Geoff sah Finley vor seinem geistigen Auge in seinem Polsterstuhl in der Küche sitzen, während der Fernseher lief und Finley die Beine auf einer Polsterbank ausgestreckt hatte.

»Hallo, Finley«, sagte Geoff.

»Wir haben uns Sorgen um Sie gemacht«, sagte Finley.

»Ich bin aus dem Gefängnis heraus, Finley«, sagte Geoff.

»Da werden Ihre Eltern aber gewaltig erleichtert sein«, sagte Finley. »Vorausgesetzt natürlich, Sie verließen das Gefängnis mit Erlaubnis der entsprechenden Behörden.«

Geoff hörte ein Summen in der Leitung und dann die Stimme seines Vaters.

»Mr. Geoffrey ist am Apparat, Sir«, sagte der Butler der Craigs.

»Geoff?«

»Hallo, Dad«, sagte Geoff.

»Wo bist du?«

»In Atlanta auf dem Flughafen.«

»Was machst du dort?« Die Stimme seines Vaters klang alarmiert.

»Ich bin auf dem Weg nach Fort Bragg. Man hat mich aus dem Militärgefängnis entlassen.«

»Gott sei Dank!«

»Cousin Craig hatte viel damit zu tun, nehme ich an«, sagte Geoff. »Er war heute morgen in Fort Jackson.«

»Ich weiß«, sagte Porter Craig. »Er rief hier an. Er – erweckte bei mir den Eindruck, du würdest – eingesperrt – für einige Zeit.«

Dieser Hurensohn! dachte Geoff. *Er wußte bestimmt nach seinem Besuch bei Colonel Sauer, ob mich Sauer freiläßt oder nicht. Aus irgendeinem Grund hat er meinen Alten schwitzen lassen.*

»Nun, ich bin heraus.«

»Und jetzt?«

»Ich bin nach Fort Bragg versetzt worden«, sagte Geoff.

»Wozu?«

»Das weiß ich noch nicht.«

Das ist eine Lüge. Aber jetzt ist nicht der Zeitpunkt, um ihm zu sagen, daß ich Fallschirmjäger und Gott weiß was sonst sein werde.

»Ist Mutter da?«

»Sie ruht sich aus«, sagte Porter Craig. »Wir sollten sie nicht stören.«

»Jaja«, sagte Geoff. ›Ausruhen‹ bedeutete, daß sie Beruhigungspillen genommen hatte.

»Ist mit dir alles in Ordnung, Geoff?«

»Ja, mir geht's gut«, antwortete Geoff. »Ich habe soeben ein Steak gegessen und ein Bier getrunken.«

»Kommst du mit dem Geld hin?«

»Ja, danke.«

»Kann ich irgend etwas für dich tun?«

»Nein«, sagte Geoff, »mir geht's prima.«

»Besteht irgendeine Möglichkeit, daß du bald heimkommen kannst?«

»Das werde ich erst beantworten können, wenn ich in Fort Bragg bin.«

»Hast du dort eine Adresse?«

»Noch nicht«, erwiderte Geoff. »Ich schreibe oder rufe an, wenn ich Näheres weiß.«

»Ruf an«, sagte sein Vater. »Als R-Gespräch.«

»Tue ich das nicht immer?«

»Ich werde deiner Mutter von deinem Anruf erzählen, wenn sie aufsteht.«

»Bitte.«

»Ja, mein Junge.«

»Dad, ich darf nicht das Flugzeug verpassen«, sagte Geoff.

»Das verstehe ich. Geoff – paß auf dich auf.«

»Wiedersehen, Dad.«

Er hängte den Telefonhörer ein und atmete tief durch. Dann kehrte er zum Admiral's Club zurück.

Am Korridor gab es einen kleinen Warteraum, sechs Reihen Fiberglasstühle. Geoff sah dort den Samariter. Er saß hinten im Warteraum zusammen mit einer jungen, blonden Frau. Sie saßen seitwärts auf den Stühlen und taten etwas auf dem freien Stuhl zwischen ihnen. Dann sah er, was es war. Sie hatten einen Brotlaib und in Plastik verpacktes Frühstücksfleisch, und die Blonde machte Schnitten für sie. Während Geoff zuschaute, biß der Samariter in eine belegte Brotscheibe.

Geoff fand das ungewöhnlich in einem Flughafen, und er fragte sich, warum sie nicht in ein Restaurant gingen oder an einem der zahlreichen Imbißstände einen Hamburger oder Hot dog kauften. Dann sagte er sich: Sie gehen nicht in ein Restaurant, weil Flughafenrestaurants teuer sind, und sie kaufen nichts an einem Imbißstand, weil sie sich selbst das nicht leisten können.

Bei diesem Gedanken fühlte sich Geoff sehr unbehaglich. Er wandte den Blick ab und ging schneller weiter. Er hoffte, daß ihn der Samariter nicht gesehen hatte.

Als er in den Admiral's Club zurückkehrte, waren dort zwei Soldaten in Uniform. Ein Major General im mittleren Alter saß mit einem Lieutenant zusammen, der aussah, als wäre er in Geoffs Alter. Für den Major General war Geoff wie Luft. Der Lieutenant wirkte zuerst überrascht, einen einfachen Soldaten im Admiral's Club zu sehen. Als er jedoch die verknitterte Uniform bemerkte, behandelte er Geoff ebenfalls wie Luft.

Als die Hosteß zu ihm kam, bestellte Geoff einen Old Bushmill's Irish Whisky mit nur wenig Eis und Wasser, nahm ein Exemplar von *Time* und las, bis die Hosteß ihm sagte, daß soeben sein Flug ausgerufen werde.

2

Als Geoff im Flugzeug war, saßen der Samariter und die junge Blondine in der zweiten Sitzreihe vor dem Plastikvorhang, hinter dem sich die Erste Klasse befand.

Der Samariter saß auf dem Platz am Gang, die Blonde war neben ihm. Der Fensterplatz war frei.

»Ich habe Ihnen einen Platz reserviert«, sagte der Samariter. Er zwängte sich an der jungen Frau vorbei und machte den Platz am Gang für Geoff frei.

»Danke«, sagte Geoff.

»Das ist Ursula«, sagte der Samariter mit seinem starken

deutschen Akzent. »Ich bin Karl-Heinz. Karl-Heinz Wagner, wie der Komponist.«

Die junge Frau gab ihm scheu die Hand. *Sie benimmt sich, als hätte sie Anst vor mir,* dachte Geoff. *Oder als schäme sie sich. Oder vielleicht ist sie einfach schüchtern.* Ihre Hand war weich und wirkte zart.

Karl-Heinz Wagners Hand war kräftig und schwielig.

»Geoff Craig«, stellte sich Geoff vor.

»Ich sah Sie am Warteraum vorbeigehen«, sagte Karl-Heinz. »Ich versuchte, Sie einzuholen, um Ihnen von unserem Brot anzubieten, aber Sie waren auf einmal verschwunden.«

»Ich habe Sie nicht gesehen«, log Geoff.

»Der Flug nach Fayetteville dauert nur 45 Minuten«, erklärte Karl-Heinz. »Ich habe mich erkundigt. Das ist nicht lang.«

»Nein, das ist kurz.«

Karl-Heinz bemerkte, daß Ursula den Sicherheitsgurt zu schlaff angelegt hatte. Als er ihn für sie spannte, rutschte sein Ärmel hoch, und Geoff sah seine Armbanduhr. Es war ein häßliches Ding – rechteckig mit gerundeten Ecken, verschrammt und mit einem billigen Kunstlederband.

Karl-Heinz und seine Frau waren offenbar sehr arm. Es hatte ein paar offensichtlich sehr arme Leute in der C-Kompanie gegeben, aber das hatte bei Geoff kein Gefühl des Unbehagens hervorgerufen. Bei Karl-Heinz und seiner Frau fühlte er sich jedoch äußerst unbehaglich, keineswegs überlegen. Sie taten ihm einfach leid.

Das Flugzeug rollte zur Startbahn. Es gab zwei parallel verlaufende Rollbahnen. Die andere Bahn stand voller Verkehrsflugzeuge.

»Sieh dir das an!« sagte Karl-Heinz. »So viele Flugzeuge! Dies ist der betriebsamste Flughafen der Welt, nicht nur der Freien Welt. Wußten Sie das?«

»Ich glaube, ich habe das mal gehört«, erwiderte Geoff.

Eine Stewardeß neigte sich über sie.

»Ich nehme Bestellungen für Getränke auf, während wir auf den Start warten.«

»Bitte, lassen Sie mich einen ausgeben«, sagte Geoff zu Karl-Heinz. »Ich schulde Ihnen das, weil Sie meinen Seesack getragen haben.«

»Ich werde ihn auch in Fayetteville tragen«, sagte Karl-Heinz, »wenn Sie das wollen. Ich habe kein Geld, um auch einen auszugeben.«

»Machen Sie sich deswegen keine Sorgen«, sagte Geoff. »Was möchten Sie?«

»Was nehmen Sie denn?«

»Haben Sie Tuborg?« fragte Geoff, und als die Stewardeß verneinend den Kopf schüttelte: »Heineken?«

»Ja, Sir.«

»Ich nehme ein Bier«, sagte Geoff.

»Ich auch«, erklärte Karl-Heinz. »Danke.«

»Und was möchten Sie?« fragte Geoff Mrs. Wagner.

»Nichts, danke«, erwiderte sie kaum hörbar.

Karl-Heinz sagte etwas auf deutsch zu ihr. Geoff konnte keines der leisen Worte aufschnappen und übersetzen, aber er verstand. Es war ein Satz, den er oft von Frau Wie-hieß-sie-noch? gehört hatte, der grob übersetzt lautet: ›Nimm es, es ist gut für dich.‹

»Bringen Sie bitte drei Bier«, sagte Karl-Heinz zu der Stewardeß.

Mrs. Wagner wirkte verlegen.

Das Bier wurde serviert, als der Steilflug zu Ende war. Karl-Heinz schenkte etwas Bier in sein Glas ein, schaute einen Augenblick lang darauf und trank einen Schluck.

»Das ist gut«, sagte er und hob das Glas. »Prosit!«

»Prosit!« sagte Mrs. Wagner rituell. Scheu.

»*Mud in your eye*«, sagte Geoff. »Das sagt man bei uns für Prost.«

»*Mud in your eye*«, wiederholte Karl-Heinz und lachte. Dann schaute er auf seine Bierflasche und lachte von neuem.

»Welch ein wundervolles Land!« sagte er.

»Wie bitte?«

»Das Bier ist europäisch, nicht?« sagte Karl-Heinz. »Aus *Holland*. Es hat den weiten Weg aus Europa hinter sich, und ein

Gefreiter ist unglücklich, weil es nicht die Sorte ist, die er wünscht.«

»*Was hast du gesagt?*« fragte Mrs. Wagner auf deutsch, und Karl-Heinz wiederholte seine Bemerkung auf deutsch, welch ein wundervolles Land Amerika war, wenn sich ein Gefreiter mit einem importierten Bier zufriedengeben mußte.

Geoff war überrascht, wieviel er von Karl-Heinz Wagners Deutsch verstehen konnte. Er hatte offenbar von Frau Wie-hieß-sie-noch? mehr gelernt, als er gedacht hatte. *Dietrich* – Hannelore Dietrich war ihr Name. Er sah sie plötzlich deutlich vor seinem geistigen Auge. Eine große, mollige Frau, die ihr blondes Haar in der Mitte gescheitelt und im Nacken zu einem Knoten zusammengebunden getragen hatte. Sie hatte immer leicht nach Kümmel gerochen.

Und sie hatte versucht, ihm Deutsch beizubringen. Er wünschte jetzt, er hätte ihr mehr zugehört.

Als Mrs. Wagner ihr Bier getrunken hatte, fragte sie ihren Mann im Flüsterton nach einer *Toilette.* Geoff sagte sich, daß sie offenbar keine Erfahrung mit Flugzeugen hatte. Karl-Heinz schaute sich um, entdeckte das Schild und machte sie darauf aufmerksam. Geoff erhob sich und wich auf den Gang, um ihr Platz zu machen. Sie wirkte verlegen. Als ob es etwas Beschämendes ist, wenn man mal pinkeln muß, dachte Geoff.

Als sie zurückkehrte und er aufstand, um sie passieren zu lassen, geriet das Flugzeug in das, was der Pilot als ›kleine Turbulenz‹ bezeichnen würde, und sie verlor die Balance und fiel auf Geoff. Sie prallte mit den Brüsten gegen Geoffs Hand, und er fiel auf den Sitz zurück.

Geoff Craig erkannte sofort, daß Mrs. Wagner keinen Büstenhalter unter ihrem grauen, ziemlich schäbigen Kleid und der am Hals hochgeschlossenen Bluse trug. Die Berührung ihrer weichen Brüste erregte ihn sofort, und genauso schnell schämte er sich deswegen. Sie war nicht nur die Frau eines anderen, sondern es war etwas ungewöhnlich Zartes und Verletzliches an ihr. Ihre Verlegenheit machte ihn verlegen.

Ihr Mann machte es noch schlimmer, indem er sie als plumpe Kuh bezeichnete.

Sie fand schließlich ihr Gleichgewicht und gelangte auf ihren

Platz. Ihr Gesicht war tief gerötet, und sie hielt es während des restlichen Flugs von Geoff abgewandt.

Karl-Heinz lehnte das Angebot eines zweiten Biers ab, und Geoff wollte nicht allein trinken.

3

Im Flughafengebäude in Fayetteville war das Schild, nach dem er Ausschau halten sollte, wie ihm der Sergeant Major von Fort Jackson gesagt hatte. Und als sie zum Gepäckband gingen, um ihr Gepäck abzuholen, war da noch etwas.

Da stand ein Sergeant mit einem Green Beret, ein sympathisch aussehender junger Mann im Arbeitsanzug, der ein Schild hochhielt, auf dem U.S. ARMY SPECIAL WARFARE CENTER stand, korrekt in der vorgeschriebenen Form der Army. Unten an das Schild war ein Autoaufkleber aufgeklebt, einer, den Geoff auf Wagen in Princeton gesehen hatte: ›HI, THERE! I'M YOU'RE WELCOME WAGON LADY!«

Karl-Heinz Wagner ging schnurstracks auf den Sergeant der Green Berets zu, und so hielten es ebenfalls drei ziemlich dunkelhäutige Unteroffiziere, ein First Sergeant, ein Master Sergeant und ein Sergeant First Class. Sie trugen die Insignien der 1. Infanterie-Division, die Regimentsabzeichen auf den Schulterstücken ihrer Uniformröcke und eine Art bunte Schnur, die von den Schulterklappen hinab über ihre Arme hing.

»Im Namen des Kommandierenden Generals, Gentlemen«, sagte der Sergeant heiter zu den Unteroffizieren, »willkommen, willkommen bei der U.S. Army Special Warfare School. Wenn Sie dieses Gebäude durch die Tür gleich zu meiner Rechten verlassen, werden Sie einen Transporter sehen, dessen Hecktür offen ist und dessen Fahrer, ein Corporal, hinter dem Steuer pennt. Bitte laden Sie Ihr Gepäck in besagtes Fahrzeug, und ich komme bald zu Ihnen, wenn ich sicher bin, daß ich all meine Kaninchen im Netz habe.«

Die Sergeants lachten und wandten sich zum Gepäckband, um ihr Gepäck zu suchen.

Karl-Heinz Wagner ging zu dem Sergeant und stand still.

Der Sergeant war offensichtlich belustigt.

»Sie brauchen nicht strammzustehen, mein guter Mann«, sagte er. »Es genügt, wenn Sie mir die Hand küssen.«

»Sergeant, ich habe meine Schwester dabei«, sagte Karl-Heinz Wagner.

Schwester! Aus irgendeinem Grund war es Geoff zum Jubeln zumute.

»Ich muß eine Bleibe für sie finden«, sagte Karl-Heinz.

»Es gibt das Gästehaus in der Garnison«, erklärte der Sergeant. »Sie kann dort drei Tage bleiben. Anderthalb Dollar pro Nacht.«

»Ist es erlaubt, daß sie in einem Fahrzeug der Army mitfährt?«

»Nein«, sagte der Sergeant sachlich. »Aber es ist ein höllisch weiter Spaziergang zum Fort. Laden Sie Ihre Schwester ein. Hinten im Wagen. Wir werden sie an den MPs vorbeischmuggeln.«

Das fand Geoff Craig verdammt anständig von dem Sergeant.

Der Sergeant schaute ihn an.

»Und Sie kommen auch mit?«

»Ich reise VOCG zum Special Warfare Center, Sergeant«, sagte Craig.

»Dann müssen Sie der berühmte Private G. Craig sein«, sagte der Sergeant. »Das Kaninchen, das ich auf alle Fälle einfangen soll.«

»Jawohl, Sergeant.«

»Wenn Sie so gut sind und mein Schild halten, Private G. Craig, dann trage ich Ihren Seesack zum Wagen«, sagte der Sergeant.«

Er gab Geoff das Schild. Dann ging er zum Gepäckband und wartete auf Geoffs Seesack. Schließlich tauchte er auf. Der Sergeant schnappte ihn sich vom Gepäckband, hob ihn mühelos auf die Schulter und ging damit durch die Tür hinaus.

Bald darauf kehrte er zurück und nahm zwei verschrammte

Blechkoffer von Ursula Wagner. Geoff war sich völlig sicher, daß die beiden Koffer und der dritte, etwas größere, den PFC Karl-Heinz Wagner trug, alles enthielten, was sie besaßen.

Die drei gingen hinaus. Nach ein paar Minuten tauchte der Sergeant wieder auf.

»Yooo-hooo!« rief er. »Standartenträger! Sie können jetzt kommen!«

Geoff ging schnell zur Tür, die der Sergeant für ihn aufhielt.

»Wie steht's mit der Hand?« erkundigte sich der Sergeant.

»Prima.«

»Verdammt!« sagte der Sergeant, und Geoff wunderte sich.

Das Fahrzeug war ein GMC Carryall, ein geschlossener Lieferwagen, der mit Fenstern und Sitzen und einem Dachgepäckträger ausgestattet war. Der Sergeant nahm Geoff das Schild ab und gab es dem Corporal, der es auf dem Gepäckträger neben den Koffern und dem anderen Gepäck festband.

»Sie setzen sich auf den Rücksitz«, befahl der Sergeant. Als sich Geoff an den mittleren Sitzen vorbeizwängte, auf denen zwei der dunkelhäutigen Sergeants der 1. Division saßen, sagte der Sergeant: »Ich glaube nicht, daß man uns stoppt, aber selbst wenn wir angehalten werden, geraten Sie nicht in Panik. Man wird mich nur mit dem Marschbefehl piesacken. Wenn ich es sage, Miß, dann ducken Sie sich einfach und legen den Kopf auf den Schoß Ihres Bruders, bis ich sage, daß alles okay ist.«

Es war eine zwanzigminütige Fahrt bis zum Haupttor von Fort Bragg.

Der ›Bragg Boulevard‹ war gesäumt von Motels, Hamburger-Buden und Amüsierschuppen. Geoff Craig spürte intensiv den unschuldigen Druck von Ursula Wagners Oberschenkel an seinem, und Geoff sagte sich, wenn er überhaupt irgendwelche Freizeit bekommen würde, dann würde er als erstes Schluß mit der Enthaltsamkeit in puncto Sex machen. Es gab nur eine vernünftige Erklärung dafür, warum dieses scheue, schüchterne Mädchen, das an ihm als Mann nicht das geringste Interesse gezeigt hatte, bei ihm eine Erektion bewirkte, die beinahe schmerzhaft war: Er hatte seit zwei Monaten keine sexuelle Entspannung mehr gehabt.

Einen Moment lang geriet Geoff in Panik, als der Sergeant Ursula aufforderte, sich zu ducken. Wenn sie irrtümlich den Kopf auf *seinen* Schoß legte, würde er höchstwahrscheinlich laut aufstöhnen und Flecken in seiner Unterhose haben.

Ursula legte den Kopf auf den Schoß ihres Bruders, aber dabei hob sie den Po, und er preßte gegen Geoffs Beine. Er dachte an den Untergang der Titanic, an einen Hund, der überfahren wurde, und schließlich an Staff Sergeant Foster. Damit schien er die Dinge unter Kontrolle zu bekommen.

»Okay«, sagte der Sergeant, als die Fahrt weiterging. »Wir sind erfolgreich eingesickert. Sie können sich aufsetzen, Miß.«

Als sich Ursula aufsetzte, verlagerte sie rein zufällig ihr Gewicht und stützte sich mit der rechten Hand ab. Und sie wußte, was sie da angepackt hatte. Der Beweis dafür war, daß sie heftig Luft holte und die Hand zurückriß, als hätte sie eine glühende Herdplatte berührt.

»Wenn es keine heftigen Proteste gibt«, sagte der Sergeant, »bringen wir zuerst die Lady zum Gästehaus, bevor wir zum Smoke Bomb Hill fahren.«

Die beiden Sergeants auf den Sitzen vor Geoff unterhielten sich kurz auf Spanisch.

Jesus, wo landen wir? Im Turm von Babel!

Das Gästehaus für Mannschaften entpuppte sich als eine Ansammlung von vier Kasernengebäuden. Der Begriff ›Gästehaus‹ sagte Geoff nichts, aber er nahm an, daß es von der Army zur Verfügung gestellt wurde, damit die Frauen von einfachen Soldaten eine Unterkunft hatten, bis sie irgendwo eine Wohnung fanden.

Der Corporal und der Sergeant stiegen aus dem Wagen. Ursula und Karl-Heinz zwängten sich an Geoff vorbei, um auszusteigen. Ursula bemühte sich sehr, Geoff nicht zu berühren.

»Es war schön, Sie kennenzulernen, Ursula«, sagte Geoff. »Ich hoffe, Sie wiederzusehen.«

»Auf Wiedersehen«, sagte sie auf deutsch und kaum hörbar.

Der Sergeant und der Corporal halfen Karl-Heinz und Ursula mit dem Gepäck und gingen mit ihnen in eines der Gebäude.

Die drei spanisch sprechenden Sergeants setzten fort, was

wie eine aufgeregte Unterhaltung klang, bis der Sergeant und Karl-Heinz zurückkehrten. Dann schwiegen sie.

Das U.S. Army Special Warfare Center mit der Schule ähnelte stark dem 11. Infanterieregiment (Ausbildung) in Fort Jackson. Es war eine Ansammlung von Holzgebäuden, und die meisten davon waren zweigeschossig und Anfang 1940 errichtet worden. Die Gebäude wirkten alt und mitgenommen.

Der Wagen stopte vor einem eingeschossigen Gebäude. Auf einem Schild stand: *Headquarters, Fifth Special Forces Group.*

Alle stiegen aus dem Wagen und folgten dem Sergeant ins Gebäude. Einige Unteroffiziere und ein Offizier hielten sich in dem Raum auf, den sie betraten. Die Unteroffiziere spielten ›Lügen-Poker‹, und der Offizier schaute zu.

Der Offizier lächelte, als er sie zur Tür hereinkommen sah.

Ein Master Sergeant stand auf, schob eine Handvoll gefalteter Dollarnoten in seine Tasche und fragte freundlich nach ihren Marschbefehlen und Dienstakten.

Der First Sergeant der 1. Division reichte ihm Umschläge mit den Dienstakten und die Befehle. Karl-Heinz Wagner gab ihm seine Dienstakte und Befehle. Geoff Craig überreichte seine Dienstakte und begann mit der eingeübten Ansprache:

»Ich reise VOCG . . .«

»Ah«, unterbrach ihn der Sergeant lächelnd. »Private Craig. Sergeant Dempster hat auf Sie sehnsüchtig gewartet.«

Geoff legte das natürlich so aus, daß sie alles über ihn wußten, und *alles* bedeutete, daß man ihn auf eine Art Bewährung aus dem Militärgefängnis entlassen hatte. Was auch immer als nächstes kommen würde, es mußte demütigend sein. Er hatte sechs, sieben Stunden Freiheit genossen, und jetzt würde alles wieder von vorne anfangen.

»Gentlemen«, sagte der Offizier, »ich bin Lieutenant Martin. Im Namen des Kommandeurs des Centers, Colonel Paul . . .«

Er wurde unterbrochen durch Rufe wie ›Schande!‹ – ›Mein Gott!‹ – ›Ketzerei!‹ und ›Unmöglich!‹

»Wie Sie wünschen«, fuhr Lieutenant Martin fort. »Im Namen des Kommandeurs, *Brigadier General* Paul T. Hanrahan . . .« Er wurde von neuem unterbrochen, diesmal mit

Applaus und Rufen wie ›Merken Sie sich das!‹ – ›Schreiben Sie sich's auf, Lieutenant!‹ und ›*Viel* besser!‹

Lachend sprach Lieutenant Martin weiter: ». . . heiße ich Sie im U.S. Special Warfare Center willkommen. Wir freuen uns, Sie bei uns zu haben. Das Wichtigste zuerst: Haben Sie gegessen?«

»Jawohl, Sir«, riefen alle im Chor.

»Das wird zweifellos unseren Koch erfreuen, der scheinbar endlos auf Sie wartete«, sagte Lieutenant Martin. »Nächste Frage: Ist all Ihr Gepäck eingetroffen, oder müssen wir später noch etwas vom Flughafen abholen?«

»Alles da, Sir«, antworteten die Männer im Chor.

»Ausgezeichnet«, sagte Lieutenant Martin. »Dies ist Ihr Programm. Die Unteroffiziere gehen in das Durchgangsquartier für ledige Unteroffiziere, das ist gleich auf der anderen Straßenseite.« Er überreichte jedem einen Schlüssel. »Sie können unter sich abmachen, wer welches Quartier bekommt. Sorgen Sie nur dafür, daß Ihr Name an der Tür steht. Wecken ist um 7 Uhr. Sie brauchen nicht anzutreten. Die Kantine ist um 7 Uhr 15 geöffnet. Nutzen Sie den Morgen, um sich einzuquartieren – das gilt auch für Sie beide«, wandte sich Lieutenant Martin an Geoff und Karl-Heinz, »was bedeutet, daß Sie Ihre persönlichen Dinge erledigen können. Offizielles, wie die Soldausgabe und so weiter, werden wir nach 13 Uhr erledigen. Sie kommen morgen um 13 Uhr hierher. Entfernen Sie Ihre alten Insignien. In Ihrem Fall, Sergeant, bedeutet das, die Winkel des First Sergeants gegen die des Master Sergeants zu vertauschen.«

»Bis morgen, Sir?«

»Bis morgen 13 Uhr, Sergeant«, sagte Lieutenant Martin. »Es gibt einen Schneiderladen straßenabwärts. Jeder meldet sich hier mit gestärktem Arbeitsanzug und mit dem aufgenähten Abzeichen – das man Ihnen im Schneiderladen gern verkauft – um 13 Uhr.«

Er wandte sich an Karl-Heinz Wagner.

»Sie gehen in die Schreibstube am Ende der zweiten Reihe auf der anderen Straßenseite. Dort zeigt man Ihnen Ihr Quartier. Sie werden beim Wecksignal antreten.«

PFC Karl-Heinz Wagner stand still.

»Jawohl, Sir«, bellte er.

Geoff fand, daß er aussah, als würde er die Hacken zusammenknallen.

»Und dann kommen Sie hierhin zurück und holen Private Craig ab«, sagte Lieutenant Martin.

»Jawohl, Sir«, bellte Karl-Heinz von neuem.

»Wir haben die Sache mit Ihrer Hand gehört, Private Craig«, sagte Lieutenant Martin.

»Man kann sagen, daß Sergeant Dempster begierig auf Ihre Ankunft gewartet hat. Stimmt's, Sergeant Dempster?«

»Ich tue nur meine Pflicht, Sir«, sagte Dempster, ein rotgesichtiger, pausbäckiger Master Sergeant mit offenem Blick, »da Gott mir die Erleuchtung gegeben hat, diese Pflicht zu erkennen.«

Er wandte sich Geoff zu und schaute ihn an.

»Wie geht es mit Ihrer Hand, mein Junge?«

»Meine Hand ist wieder prima«, erwiderte Geoff.

»Verdammt!« sagte Dempster. »Ich hatte zu hoffen gewagt, angesichts dieses völlig abscheulichen Gipsverbands, daß es Komplikationen gibt, die meine Aufmerksamkeit wert sind.«

»Meine Hand ist wieder prima«, wiederholte Geoff.

Lieutenant Martin bemerkte, daß PFC Karl-Heinz Wagner immer noch in Grundstellung stand.

»Sie können gehen, Sohn.«

»Sir, darf ich auf Private Craig warten?«

»Es wird vermutlich ein Anblick sein, der Ihnen den Magen umdreht, Wagner«, sagte Lieutenant Martin. »Ich persönlich wasche meine Hände bei der ganzen Sache in Unschuld.«

Wagner verstand das nicht.

»Sir, ich möchte ihm den Seesack tragen.«

»Wenn Sie versprechen, nicht auf den Boden zu kotzen, dürfen Sie bleiben«, sagte Lieutenant Martin.

»Jawohl, Sir, danke, Sir«, sagte Karl-Heinz.

»Private Craig«, sagte einer der anderen Sergeants, »als der Kommandeur von Fort Jackson so freundlich war, uns per Fernschreiben mitzuteilen, daß Sie die Special Forces mit Ihren Talenten beehren werden, was zur Hölle das auch für welche sein mögen, erwähnte er ebenfalls, daß Ihr rechtes Tastorgan höchstwahrscheinlich ärztlicher Behandlung bedarf.«

»Was natürlich Sergeant Dempster entzückte«, warf ein anderer Sergeant ein.

»Die gute Nachricht, Private Craig, ist folgende«, erklärte der Sergeant. »Master Sergeant Dempster hat die Sanitäterausbildung der Special Forces in Fort Sam mit Auszeichnung bestanden. Und die schlechte Nachricht: Er bestand sie erst letzte Woche.«

»Seither schleicht er mit glasigem Blick herum und betet um einen Unfall«, sagte Lieutenant Martin. »Deshalb betrachtet er Sie als ein Geschenk des Himmels.«

»Meine Hand ist in Ordnung«, sagte Geoff beklommen.

»Das können Sie gar nicht wissen«, wandte Master Sergeant Dempster ein. »Diese Prognose kann nur jemand wie ich stellen, dem die Army bescheinigt hat, daß er fähig ist, jedes ärztliche Verfahren außer der Öffnung der Schädeldecke durchzuführen.«

»Er kann auch den Tripper heilen«, warf einer der Sergeants ein.

»In der Tat kann ich das«, sagte Master Sergeant Dempster. »Und das ist gut für Sie. Wenn Sie jetzt hierher kommen, Private Craig, dann werden wir uns diese Hand ansehen.«

Das muß ein Scherz sein, dachte Geoff. *Ich bin offenbar die Zielscheibe irgendeines ausgeklügelten Streichs.*

Er ließ sich von Master Sergeant Dempster zu einem Schreibtisch führen.

»Sergeant Fitts«, sagte Dempster, »wären Sie so freundlich, mir meine Werkzeuge anzureichen?«

»Es ist mir eine Ehre«, sagte Sergeant Fitts und legte einen Augenblick später ein zusammengerolltes Segeltuchbündel auf den Schreibtisch. Dempster entrollte es. Eine beeindruckende Sammlung von chirurgischen Instrumenten kam zum Vorschein.

»Ich glaube nicht, daß wir die Säge zum Amputieren brauchen«, sagte Dempster, »aber es ist gut zu wissen, daß sie da ist, falls etwas schiefgeht.«

Er setzte sich auf die Schreibtischkante und nahm Geoffs

Hand mit dem Gipsverband. Geoff sah, daß Dempster jetzt todernst war, und das alarmierte ihn mehr als das bisherige scherzhafte Geplänkel.

Dempster bewegte einen von Geoffs Fingern nach dem anderen.

»Wenn es weh tut, sagen Sie es.«

Es war ein sonderbares Gefühl, aber es schmerzte nicht.

»Keine Schmerzen?« fragte Dempster.

»Nein.«

»Und wenn man den Fernschreiben aus Jackson glauben kann, ist dieser etwas schlampige Gipsverband seit zehn Tagen an der Hand?«

»Ja«, antwortete Geoff. »Der Doktor sagte, ich müßte ihn zehn Tage bis zwei Wochen tragen.«

»Die jüngere Medizinliteratur, mit der ich vertraut bin, sagt, daß bei einem sonst gesunden jungen Mann ein Gipsverband – der die Knochen der Hand ruhigstellt – kontraindiziert ist, wenn die Knochen eine Woche bis zu zehn Tagen ruhiggestellt waren. Dann stellt sich Muskelschwund ein. Steifheit der Gelenke. Deshalb entscheide ich, Sie von diesem schmutzigen Gipsverband zu befreien, Craig.« Er zog die Instrumente zu sich heran und nahm eines, das aussah wie eine Säge zum Bau vom Modellflugzeugen.

»Sind Sie sicher, daß Sie wissen, was Sie tun, Dempster?« fragte der Lieutenant.

»Sie haben nicht zugehört, als ich sagte, daß mir die Army jeden ärztlichen Eingriff außer dem Öffnen der Schädeldecke erlaubt«, erwiderte Dempster.

»Der Junge braucht ohnehin nur eine Hand«, meinte einer der Sergeants.

Dempster nahm das Instrument, eine scharfe, kleine Säge mit Stahlgriff, setzte es auf Geoffs Gipsverband an und begann zu sägen. Er war überraschend behutsam, wie Geoff fand. Er wünschte, in einer Position zu sein, die es ihm erlaubte, den Dienst eines richtigen Arztes zu verlangen, nicht den eines Sanitätsunteroffiziers, aber unter den gegebenen Umständen wagte er das nicht.

Sehr schnell war der Gipsverband in zwei Hälften gesägt, so

daß das Stück über den Finger abgezogen werden konnte. Dann wurde das Stück um das Handgelenk durchgesägt und entfernt.

Geoff fand, daß seine Hand schrecklich aussah. Die Haut war weiß und sah ungesund aus. Master Sergeant Dempster bewegte von neuem vorsichtig Geoffs Finger. Geoff hatte keine Schmerzen. Dempster schob einen massiven Glasbehälter, einst ein Tintenfaß und jetzt voller Briefklammern, zu Geoff hin.

»Heben Sie das an«, befahl er.

Geoff tat es.

Master Sergeant Dempster erhob sich von der Schreibtischkante und verneigte sich.

»Mein erster Patient, den ich allein behandelte«, sagte er. »Ich bin überwältigt von dem Gefühl.«

»Zur Hölle mit Ihren Gefühlen«, sagte Lieutenant Martin. »Wird seine Hand wieder völlig gesund?«

»Ich verordne Übung«, sagte Dempster. »Nehmen Sie ein hartes Ei und drücken Sie es, Craig. Nicht ihr eigenes, wohlgemerkt. Oder vielleicht einen Tennisball. Und Sie dürfen sich auf ärztliche Anweisung hin von Liegestützen freigestellt betrachten.«

Geoff schaute Lieutenant Martin an, der ihn anlächelte und mit den Schultern zuckte.

»Wenn Sie Schmerzen bekommen, Craig, melden Sie sich krank«, sagte er.

»Oh, Sie mit Ihrem mangelnden Vertrauen!« sagte Dempster. Dann wandte er sich an Geoff. »Möchten Sie den Gipsverband haben? Als Souvenir?«

»Nein, danke«, antwortete Geoff hastig. Es würde eine Erinnerung ans Militärgefängnis sein.

»In diesem Fall nehme ich ihn. Ich schicke ihn zu einem Geschäft für Babyschuhe und lasse ihn bronzieren.«

»Sie haben ihm zu seinem großen Tag verholfen, Craig«, sagte Lieutenant Martin und lachte.

»Darf ich jetzt gehen, Sir?«

»Ja, natürlich.«

»Tun Sie was Irres, Craig«, sagte einer der Sergeants. »Gehen

Sie Risiken ein. Lassen Sie sich von einem Truck überfahren. Fallen Sie beim Duschen. Dempster wird Sie freudig erwarten.«

PFC Karl-Heinz Wagner schwankte unter dem Gewicht beider Seesäcke, doch er ließ nicht zu, daß Geoff seinen trug.

Als sie die Schreibstube aufsuchten, führte sie ein Corporal zu einem Kasernengebäude. Es gab nur sechs Betten in dem gesamten Schlafsaal. Drei davon waren gemacht.

»Wo bekommen wir Laken und Decken?« fragte Wagner.

»Gefallen Ihnen die nicht, mit denen ich eigenhändig die Betten gemacht habe?« entgegnete der Corporal.

Hier wird es nicht wie in Fort Jackson sein, sagte sich Geoff. Hier ist es fast wie in der wirklichen Welt.

Karl-Heinz Wagner packte sofort seinen Seesack aus. Die Kleidung, die er herausnahm, war kaum verknittert. Er hängte sie sorgfältig in einen Spind und räumte seine bereits gefaltete Unterwäsche und die zusammengerollten Socken ein. Geoff schaute zu und fragte sich, ob Karl-Heinz einfach der perfekte Private First Class war oder ob er einen Ordnungsfimmel hatte.

Geoff öffnete seinen Seesack und schüttelte den gesamten Inhalt auf den Boden. Alles mußte gewaschen oder gebügelt werden. Der Lieutenant hatte gesagt, es gebe einen Schneiderladen. Eines der großen Privilegien, die man den Rekruten der C-Kompanie nach Beendigung der Grundausbildung und vor dem Anfang der weiteren Ausbildung in der jeweiligen Einheit versprochen hatte, war der Zutritt zur Wäscherei und Büglerei. Bis dahin mußten sie ihre Wäsche selbst waschen. Geoff nahm einen Arbeitsanzug, seine Feldjacke und ein Paar Kampfstiefel und brachte die Sachen im Spind unter. Dann nahm er eine Garnitur Unterwäsche und Socken und legte sie aufs Bett. Er fand ein Handtuch und sein Necessaire und legte beides dazu. Anschließend stopfte er alles andere zurück in den Seesack. Am Morgen würde er alles waschen und bügeln lassen.

Geoff duschte. Zum ersten Mal seit elf Tagen wusch er sich die linke Achselhöhle; sie stank entsprechend. Bei den wenigen Duschen in den vergangenen zehn Tagen hatte er die rechte Hand hoch über seinen Kopf und vom Wasser fort halten müssen.

Das Duschen war herrlich, und das warme Wasser schien

unerschöpflich zu fließen. Als Geoff zu seinem Bett zurückkehrte und sein feuchtes Handtuch um die Hüften geschlungen trug, lag Karl-Heinz Wagner bereits im Bett, in fast militärischer Art und Weise, wie Geoff fand. Er lag auf dem Rücken, hatte die Decken bis ans Kinn hochgezogen und stützte den Kopf mit beiden Händen.

»Ich dusche morgen früh«, erklärte Karl-Heinz. »Rasiere mich gleich dabei. Das spart Zeit.«

»Du hältst dich wirklich an das, was die Ausbilder gesagt haben?« fragte Geoff.

»Ich bin Soldat«, erwiderte Karl-Heinz Wagner.

»Du bist Deutscher, nicht wahr?« fragte Geoff zögernd, weil er sich nicht sicher war, ob die Frage angebracht war.

»*Dresdner*«, sagte Karl-Heinz. »Ich wurde in Dresden geboren und ging dort zur Schule.«

Dresden, rief sich Geoff in Erinnerung, ist in Ostdeutschland.

»Wie kommst du dann hierhin?« fragte Geoff neugierig.

Karl-Heinz wandte den Kopf und schaute ihn an.

»Es gibt nur eine Möglichkeit, rauszukommen«, sagte er nüchtern in einem Tonfall, der verriet, daß er dachte, jeder müßte das doch wissen. »Über die Mauer.«

Geoff hatte in den Wochenschauen die Berliner Mauer gesehen, und vor seinem geistigen Auge sah er jetzt wieder das Bild eines Ostdeutschen, der tot an einem Stacheldrahtzaun hing und aus zahlreichen Kugelwunden blutete.

»War das nicht riskant?«

»Ja, das war es«, sagte Karl-Heinz.

»Wie hast du es geschafft?«

Karl-Heinz drehte wieder den Kopf, um Geoff anzuschauen, und Geoff spürte, daß er überlegte, ob er es erzählen sollte oder nicht.

»Sie verbessern stets die Mauer«, sagte Karl-Heinz. »Sie reißen schwache Abschnitte ab und verstärken sie. Wenn sie das machen, entfernen sie die Minen und schaffen große Sperren aus dem Weg. Ich fand heraus, wo sie das tun. Ich ging zum Fahrzeugpark und ließ einen Lastwagen mit Zementsäcken beladen.«

»Das verstehe ich nicht«, sagte Geoff.

»Ich ging zum Fahrzeugpark und ließ mir einen Lastwagen mit Zementsäcken beladen«, wiederholte Karl-Heinz. »Es war ein großer, tschechischer Lastwagen, ein *Skoda*, so groß wie die amerikanischen Trucks, aber mit Dieselmotor.«

»Wie hast du die Leute dazu gebracht, ihn mit Zementsäcken zu beladen?«

»Ach so«, sagte Karl-Heinz, als verstehe er erst jetzt Geoffs Verständnislosigkeit. »Ich war *Oberleutnant* der Pioniere. Das ist das gleiche wie First Lieutenant. Wenn in der Armee der DDR ein Oberleutnant befiehlt, einen Lastwagen zu beladen, dann tun die Soldaten das.«

»Und dann?«

»Dann nahm ich ihnen die Waffen ab«, sagte Karl-Heinz. »Und ich erklärte ihnen, was ich vorhatte, und fragte, ob jemand mit uns kommen wollte . . .«

»Ursula war bei dir?«

»Ich mußte sie mitnehmen. Sie ist meine Schwester. Wir haben sonst niemanden.«

»Oh«, sagte Geoff leise.

»Niemand wollte mitkommen. Die Soldaten, die nahe bei der Mauer im Dienst sind, haben Familien, darauf achtet man. So schloß ich die Jungs ein und fuhr den Lastwagen selbst.«

»Wo war Ursula?«

»Hinten auf dem Lastwagen. Kugeln schlagen nicht durch eine Reihe von Zementsäcken.«

»Und du hast die Mauer gerammt und bist durchgebrochen?«

»Ja«, antwortete Karl-Heinz schlicht. »Wir hatten Glück. Wir schafften es.«

»Und jetzt bist du als Private bei der U.S. Army.«

»Ja«, sagte Karl-Heinz.

»Hättest du nichts anderes anfangen können?« fragte Geoff.

»Ich bin Soldat«, erwiderte Karl-Heinz. »Seit meinem fünfzehnten Lebensjahr. Mein Vater war Soldat und fiel in Rußland. Wir sind Soldaten.«

»Aber als Private?« wunderte sich Geoff laut.

»Wenn ich diese Schule hinter mir habe, bin ich Sergeant«,

sagte Karl-Heinz. Er sah Geoff die Überraschung an. »Du wußtest das nicht? Du wußtest nicht, daß du nach der Ausbildung Sergeant wirst?«

»Nein, das wußte ich nicht.« Das hatte Geoff zum erstenmal gehört.

»Dann bin ich Sergeant«, sagte Karl-Heinz. »Wenn ich zwei Jahre Soldat bin, kann ich die amerikanische Staatsbürgerschaft beantragen. Wenn ich US-Staatsbürger bin, gehe ich zur Offiziersanwärterschule. Ich werde Offizier sein.«

»Du hast dich nicht freiwillig zu den Special Forces gemeldet, um schnell befördert zu werden?« sagte Geoff.

»Das ist schön, aber nicht der wahre Grund. Ich bin zu den Special Forces gegangen, damit ich Kommunisten töten kann.«

Das meint er wirklich so, dachte Geoff. *Das ist ihm todernst. Er will Leute töten!* Geoff fröstelte.

»Warum bist du bei den Special Forces?« fragte Karl-Heinz.

»Das ist eine lange Geschichte«, erwiderte Geoff nach kurzem Zögern.

»Du willst nicht darüber reden«, stellte Karl-Heinz fest. »In Ordnung. Ich schlafe jetzt.«

Er drehte sich auf die Seite.

Geoff schaute auf seinen Nacken.

Jesus Christus! dachte Geoff, mein Bettnachbar war ein Offizier der ostdeutschen Armee, der mit seiner Schwester in einem gestohlenen Lastwagen die Berliner Mauer durchbrach und dessen erklärtes Lebensziel das Töten von Kommunisten ist!

Es dauerte lange, bis Geoff Schlaf fand. Und dann träumte er. Ursula rieb wieder ihre Brüste an ihm. Der einzige Unterschied zu der Szene im Flugzeug war die Tatsache, daß sie nackt war. Und sie bewegte die Brüste so vor seinem Gesicht, daß er eine der Spitzen in den Mund nehmen konnte. Als er sie küßte, wachte er auf und hatte das in zwei Monaten Enthaltsamkeit angesammelte Sperma in der Unterhose.

Er stand auf und duschte noch einmal. Und als er an dem schlafenden Karl-Heinz Wagner vorbei zu seinem Bett ging, dachte er zweierlei: Karl-Heinz Wagner war der erste Freund, den er in der Army gefunden hatte; und Karl-Heinz Wagner würde nicht zögern, ihm die Kehle durchzuschneiden, wenn er versuchen würde, in wachem Zustand mit Ursula zu tun, was er im Traum gemacht hatte.

4

Zimmer C-232
Holiday Inn
Durham, North Carolina

11. Dezember 1961, 22 Uhr 30

Lieutenant Thomas Ellis lag schlafend auf dem Rücken, mit offenem Mund und gespreizten Beinen, und das löste in Dianne Eaglebury verschiedene Gefühle aus, die sie bisher nicht in dieser Form gekannt hatte. Eines davon war wilder Zorn: *Wie kann er es wagen, einfach einzuschlafen!*

Ein anderes Gefühl war eine Art distanzierte anatomische Neugier. Sein Ding sah jetzt etwa so lang wie sein Daumen aus – und fast so wenig bedrohlich. Doch vor fünf Minuten oder drei Minuten (wie lange mochte es her sein?) war es mindestens viermal so groß und steif wie ein Brett gewesen. Und in ihr.

Das erste Mal hatte nicht annähernd so weh getan, wie sie gedacht hatte, und es hatte in ihr körperliche und gefühlsmäßige Reaktionen ausgelöst, über die sie viel gehört hatte.

Sie war jetzt eine Frau, nicht mehr jungfräulich.

Mein Gott, was denke ich da! fragte sie sich.

Sie war nicht nur eine Frau, sie war eine lüsterne und schamlose Frau, die diesen Jungen aufgefordert hatte, am hellichten Nachmittag mit ihr zu schlafen, ohne auch nur einen Schluck Alkohol als Entschuldigung anführen zu können.

Es war noch schlimmer. Sie hatte sich entschlossen, daß er der *erste* sein sollte, während er sich noch wie der perfekte Gentleman benommen hatte. Er hatte nicht das geringste

Anzeichen darauf gezeigt, daß er sie in eine horizontale Position bringen, ihr die Kleidung vom Leib fetzen und lasterhafte und verbotene Dinge mit ihrem unschuldigen Körper tun wollte. Mit anderen Worten, sie hatte ihn nicht sehr zurückhaltend wissen lassen, was sie wünschte.

Sie hatte seine Hand berührt, seinen Arm, ihre Brüste gegen ihn gepreßt, ihm tief in die Augen gesehen und alles mögliche getan, außer sich auszuziehen und über ihn herzufallen.

Und, Gott verzeih mir, das war wunderbar! dachte sie.

Sie korrigierte sich. Sie war nicht über ihn hergefallen, aber es war nahe daran gewesen. Sie hatte sich mit dem Unterkörper an ihn gedrängt, bis sein Ding steif geworden war.

Sie hatten getanzt. Altmodisches Zeug in einem neuen Lokal an der Jefferson Avenue, wo Oldies und romantische Songs von Frank Sinatra gespielt wurden und wo es so schummrig war, daß man kaum die Hand vor Augen sehen konnte.

Es war ihre Idee gewesen, dorthin zu gehen, nachdem sie zu Abend gegessen hatten.

Er roch wie ein Mann. Sie hatte sich nie besonders dafür interessiert, wie ein Junge – ein Mann – roch, es sei denn, er war verschwitzt und brauchte eine Dusche. Als er jedoch den Arm um sie gelegt und sie seine Hand auf dem Rücken gespürt hatte, war ihr sein Geruch bewußt geworden. Sie konnte diesen Geruch nicht beschreiben, aber er hatte etwas bei ihr bewirkt. Er hatte den Wunsch in ihr geweckt, ihr Gesicht an ihn zu schmiegen und mehr von diesem männlichen Duft wahrzunehmen. Sie hatte sich gewünscht, sich an ihn zu drücken und seinen Körper zu spüren.

Sie hatten im Stardust nichts getrunken. Tom hatte gesagt, daß er im Dienst sei und nicht wollte, daß Colonel Sowieso eine Alkoholfahne rieche, ›wenn etwas los sei‹. Sie hatte nichts Alkoholisches trinken wollen, weil ihr klargeworden war, daß sie schon mit einer Coca-Cola verrückt genug war.

Sie waren nur auf eine Cola geblieben. Zwei Tänze. Schon beim ersten Tanz hatte sie ihren Schoß nicht von seinem steifen Ding wegziehen können, wie es sich für ein züchtiges Mädchen gehört hätte. Und beim zweiten Tanz hatte sie jeden Gedanken an ihre Unschuld verbannt und ihren Schoß an ihm gerieben, sobald Tom die Arme um sie gelegt hatte.

Sie gingen hinaus und stiegen in seinen Jaguar. Tom wandte sich ihr zu und schaute sie an. Und küßte sie. Und sie schob die Zunge in seinen Mund, kaum daß sich ihre Lippen berührt hatten. Und sie preßte sich so fest an ihn, wie sie konnte.

Auf der Fahrt zu seinem Motel sprach er kein Wort.

Im Motel fühlte sie sich sonderbar – nicht wie in einem Traum, aber als beobachte sie eine andere, die aus einem Wagen stieg, eine knarrende Treppe hinauf und in ein Motelzimmer ging. Es war sogar unwirklich, als sie sich in dem Zimmer umsah, in dem ein offener Seesack auf dem zweiten Bett lag, als Tom die Tür abschloß, auf sie zukam und sie wieder in die Arme nahm.

Dann kam ein Augenblick der Panik, als sie seine Hand unter ihrem Rock und unter dem Höschen spürte, als sie zum ersten Mal von jemand außer Dr. Gladys Eisenberg dort berührt wurde. Aber da war sie schon zu weit gegangen, und als nächstes fand sie sich auf dem Bett wieder, ohne Rock und Höschen, und er steckte das Ding in sie hinein.

Sie hatte immer noch den Pullover an. Und den BH. Tom trug immer noch Hemd, Unterhemd und Socken.

Er wachte auf. Er öffnete die Augen und schaute zu ihr auf.

»Allmächtiger!« sagte er.

Sie wich seinem Blick aus.

Jetzt schämte sie sich und fühlte sich erniedrigt. Sie war den Tränen nahe.

»Alles in Ordnung?« fragte er.

Sie nickte, wandte den Kopf von ihm fort. Ihre Augen waren geschlossen.

»Warum hast du es mit mir getan?« fragte Tom Ellis. »Das erste Mal, meine ich.«

Er mußte ausgerechnet die schlimmste Frage stellen, die er nur stellen konnte!

Sie schüttelte den Kopf.

»Allmächtiger!« stieß er von neuem hervor.

Sie wünschte, der Boden würde sich plötzlich öffnen und das ganze verdammte Motelzimmer verschlingen.

Er legte die Hand auf ihren Rücken. Sie zuckte bei der Berührung zusammen und wich von ihm fort.

»Wenn ich es gewußt hätte«, erklärte Tom halb entschuldigend, halb rechtfertigend, »dann hätte ich's nicht getan.«

Er läßt mich wissen, daß ich ihn verführt habe, dachte Dianne und dann erkannte sie, daß das lächerlich war. Jungfrauen gehen nicht herum und verführen Männer. Abgesehen von *ihr*.

Er berührte sie wieder, diesmal weiter unten. Sie versteifte sich, wich jedoch nicht fort.

Das Telefon klingelte.

»Oh, mein Gott!« sagte Dianne.

Er lachte, und sie wandte sich zu ihm um und sah ihn finster an.

»Bist du schön!« sagte er, und es klang irgendwie erstaunt.

»Ja«, sagte sie bitter.

Das Telefon klingelte erneut.

»Geh ran, um Himmels willen!« sagte Dianne.

Mit einer plötzlichen Bewegung und einer Kraft, der sie nicht gewachsen war, griff er zu und zog sie zu sich hinab. Ihr Gesicht ruhte auf einmal auf seiner Brust, und sie konnte seinen Herzschlag spüren, als er sich ausstreckte und den Telefonhörer abnahm.

»Lieutenant Ellis«, sagte er.

Sie spürte seine Hand unter ihrem Pullover. Mit den Fingerspitzen streichelte er zärtlich und besitzergreifend über ihren Rücken.

Er lachte. »Das freut mich zu hören«, sagte er.

Dianne entspannte sich auf ihm und bewunderte wieder, wie muskulös seine Brust war.

»Jawohl, Sir, das würde ich gern sehen«, sagte er. »Ich werde sofort aufbrechen, Sir. Danke für den Anruf.«

Wenn er fort mußte, hieß das, daß sie aufstehen mußte. Das wollte sie nicht. Sie wäre am liebsten für immer geblieben, wo sie war.

Er streckte sich von neuem, als er den Telefonhörer auflegte, und dann legte er sich zurück. Sie spürte, daß er an ihrem Pullover zupfte. Sie erkannte, daß er den Pullover und den BH hochschob, so daß ihr Busen nackt war, der auf ihm ruhte.

»O Mann!« sagte er, als sie beendet hatten, was sie wollten.

»Du bist eingeschlafen«, sagte sie vorwurfsvoll.

»Tatsächlich?« Das klang überrascht.

»Jawohl.«

»Jetzt bin ich wach«, sagte er. Dann lachte er. »Überall.«

Er ergriff ihre Hand und schob sie zu seinem Ding. Sie ballte die Hand zur Faust.

Unverschämter Kerl! Wie kann er es wagen!

Aber sie ließ die Berührung zu. Das Ding war wieder hart. Sie öffnete die Augen und hob den Kopf gerade genug, um hinabzuschauen. Es richtete sich auf, zielte ein wenig gebogen in ihre Richtung. Sie öffnete die Faust und umfaßte ihn mit der Hand.

»Du mußt mich für ein Flittchen halten«, sagte sie.

»Ich glaube, ich hab' mich vielleicht in dich verliebt«, sagte Tom.

»Oh, das hättest du nicht sagen sollen!«

»Vielleicht nicht«, stimmte er zu.

Warum mußtest du das nun wieder sagen?

»Ich muß weg«, sagte er.

»Wohin? Wer war das?«

»Wir haben den Wasserturm weggeblasen«, sagte er.

»So was hast du schon mal gesagt. Was hat das zu bedeuten?« fragte sie halb in Gedanken.

Dabei überlegte sie, daß sie sich nur ein wenig über ihn zu wälzen brauchte, um ihn in sich hineinstecken zu können. Es hatte einen schmutzigen Film im Haus gegeben, und darin hatte ein Mädchen auf einem Mann gesessen. Zum ersten Mal erwog Dianne, es auf diese Weise zu tun.

»Mein ›A‹-Team zerstörte euren Campus«, sagte Tom lachend.

Sie hörte gar nicht, was er sagte.

Sie wälzte sich auf ihn und steckte ihn hinein.

»Allmächtiger!« stieß Tom hervor.

»Gefällt es dir?«

»Und ob!«

Sie bewegte sich auf und ab. Es war verrückt. Sie war ein wenig wund, aber das machte nichts aus.

»Zieh den Pullover aus«, sagte Tom. »Ich will dich sehen.«

Dianne zog Pulover und BH aus. Sie blickte auf Tom hinab und auf ihre Brüste, und dann schweifte ihr Blick ab, und sie sah ihr Spiegelbild im Spiegel über dem Waschbecken im Badezimmer.

Sie spürte, wie ihr Körper erbebte, immer heftiger, und sie atmete keuchend.

Sie hörte Tom etwas sagen und zwang sich, konzentriert hinzuhören.

»Ich liebe dich«, sagte er.

»Ich . . . dich auch . . . ich dich auch«, sagte sie, und dann kam es ihr, und sie sank auf ihm zusammen, und sie dachte, damit wäre es aus, aber er drehte sie sanft herum und machte weiter, und wie aus weiter Ferne hörte sie ihre Stimme, während sie immer wieder seinen Namen rief.

5

Delta Delta Delta House
Duke University
Durham, North Carolina

12. Dezember 1961, 8 Uhr 25

Dianne sah den Jaguar vor dem Haus halten, aber sie konnte sich nicht zwingen, hinunterzugehen und Tom gegenüberzutreten.

Es war jetzt hell und ein neuer Tag, und die Verrücktheit war gewichen. Letzte Nacht hatte sie es für eine tolle Idee gehalten, mit Tom zu frühstücken. Jetzt kam ihr die Idee miserabel vor. Sie wünschte, sie würde ihn nicht wiedersehen müssen – niemals mehr.

»Hier ist die Army für dich«, sagte eine ihrer Kommilitoninnen. Dianne schaute sie an, sagte jedoch nichts. »Irgendein

Typ vom ROTC (Reserve Officer Training Corps). Er wartet auf der Veranda.«

»Danke«, sagte Dianne. Sie nahm ihre Bücher und ging in die Vorhalle.

Tom trug einen Arbeitsanzug. Vergangene Nacht hatte er eine ›richtige‹ Uniform angehabt. Sie hatte ihn sehr schmuck damit gefunden. Und jetzt fand sie ihn ebenfalls sehr schmuck.

»Tut mir leid, daß du warten mußtest«, sagte Dianne.

Sie hatte sich vorgenommen, ihm zu sagen, es wäre etwas dazwischengekommen, und sie könne nicht mit ihm frühstükken. Dann würde er weggehen, und sie würde es irgendwie vermeiden können, ihn wiederzusehen.

»Schon okay«, sagte er und hielt ihr die Verandatür auf.

Wenn er versucht, mich zu küssen, weiß ich nicht, was ich tun werde, dachte Dianne.

Tom versuchte nicht, sie zu küssen oder auch nur zu berühren. Er ging einfach neben ihr zum Wagen. Er hielt ihr nicht einmal die Autotür auf.

Er fuhr vom Universitätsgelände.

»Wohin fahren wir?« fragte Dianne alarmiert. »Ich dachte, zur Cafeteria!«

»Da ist ein Steakhaus in der Nähe«, sagte er. »Das Team ist dort.«

»Steak? Um acht Uhr morgens?«

»Sie haben auch Frühstück«, sagte Tom. »Du kannst Eier oder was immer haben.«

»Oh.« Es blieb ihr nichts anderes übrig, als mitzufahren.

Im Western Steakhouse frühstückten neun Soldaten an drei Tischen, die zusammengeschoben waren. Jeder der Soldaten aß ein ziemlich blutiges Steak.

Zwei der Soldaten waren Offiziere; einer war ein Captain.

»Dies sind die Jungs, die vergangene Nacht den Campus in die Luft bliesen«, stellte Tom vor. »Und das ist Dianne Eaglebury.«

Sie schüttelten ihr höflich die Hand.

»Wie kommt es, daß ein nettes Mädchen wie Sie einen solch fiesen Typen kennt?« fragte der Captain, nachdem sie Platz genommen hatte.

»Mein Bruder war ein Green Beret«, erwiderte Dianne. »Oder fast einer.«

Sie hatte geantwortet, ohne zu denken.

»Fast einer?« fragte der Captain neugierig.

»Er war in der Navy, aber er übte mit Tom«, sagte sie.

Zur Hölle mit den Kommilitoninnen, dachte sie ärgerlich. Sollen die Leute auf der Uni denken, was sie wollen. Ich pfeife auf alle!

»Er fiel in Kuba«, sagte Tom leise.

»Es tut mir leid . . .«, sagte der Captain.

»Schon gut«, fiel Dianne ins Wort. »Es erklärt, wie es kommt, daß ich diesen fiesen Typen kenne.«

Sie ergriff Toms Hand und drückte sie.

Zehn Minuten später hörten sie das Motorengeräusch eines nahenden Hubschraubers.

»Unser Transporter ist da«, sagte der Captain.

Das ›A‹-Team hatte einen Army-Truck, auf dessen Tür ein ROTC-Rekrutierungsplakat geklebt war, und sie fuhren mit dem Truck zurück zum Stadion. Dianne hätte eigentlich am Unterricht teilnehmen müssen, aber das machte nichts. Sie hatte nicht alle Freistunden genommen, und sie wollte bei Tom bleiben.

Tom parkte den Jaguar außerhalb des Stadions. Der Truck fuhr ins Stadion. Der Hubschrauber wurde Kadetten vorgeführt, während das ›A‹-Team die Ausrüstung an Bord lud, als Dianne und Tom dorthin gingen. Er kannte den Piloten.

»Die besten Grüße vom General, Lieutenant Ellis«, sagte der Pilot. »Sie möchten ihn so bald wie möglich besuchen.«

»Welcher General?«

»Brigadier General Paul T. Hanrahan«, sagte der Pilot.

»Im Ernst? Man hat ihn zum General gemacht?«

»Sie werden die Berets gesehen haben«, sagte der Pilot. »Wir dürfen sie wieder tragen.«

»Das ist prima«, sagte Tom. Und dann fragte er: »Hat er mich wirklich zu sich bestellt?«

»Ja. Taylor rief an und sagte, ich soll Sie mitbringen.«

»Ich bin mit dem Wagen hier.«

»Lassen Sie einen dieser Jungs den Wagen zurückfahren«, sagte der Pilot.

»Meinen *Jaguar*?« fragte Ellis entgeistert. »Kommt nicht in Frage.« Ihm fiel etwas anderes ein. »Ich muß noch für das Motelzimmer bezahlen. Ich wollte erst morgen zurückkehren.«

»Mir blutet das Herz vor Mitgefühl«, sagte der Pilot.

Tom wandte sich an Dianne. Er drückte ihr die Schlüssel des Jaguars in die Hand, griff in die Tasche und holte Geld hervor.

»Bezahl bitte die Motelrechnung, ja. Und ich rufe an, wenn ich weiß, was los ist.«

»Klar«, sagte sie.

Er verhält sich sehr besitzergreifend, dachte sie. *Als ob ich ihm gehöre und er zu Recht von mir erwarten kann, daß ich mich um seine Angelegenheiten kümmere.*

»Wenn Sie fertig sind«, rief der Captain des ›A‹-Teams von der Hubschraubertür, »wir sind bereit.«

Tom küßte Dianne. Der Kuß und der Applaus vom ›A‹-Team hatten etwas Besitzergreifendes für Dianne. Tom stand dann an der Tür des Helikopters, als er vom Footballplatz des Stadions abhob. Tom winkte nicht, lächelte nicht einmal, schaute sie nur an.

Und dann flog der Hubschrauber davon, schwebte über den Rand des Stadions fort, und Dianne stand da mit Toms Autoschlüsseln und drei 20-Dollar-Scheinen in der Hand, während die Jungs vom ROTC sie anstarrten.

Ich sollte wütend auf ihn sein, dachte sie.

Aber ich bin es nicht.

Das beste ist, dich mit dem beängstigenden und zugleich angenehmen Gedanken abzufinden, daß du ihm gewissermaßen gehörst. Was bedeutet, daß er gewissermaßen dir gehört.

Sie lächelte so strahlend wie sie konnte die Jungs vom ROTC an, die wußten, wer sie war, und dann ging sie mit schwingenden Hüften aus dem Stadion und zu Toms Wagen und schlenkerte die Schlüssel in der Hand.

VIII

1

Büro des Kommandeurs
U.S. Army Special Warfare Center
Fort Bragg, North Carolina

12. Dezember 1961, 11 Uhr 15

»Lieutenant Ellis meldet sich wie befohlen, Sir«, sagte Tom Ellis und grüßte schneidig vor Hanrahans Schreibtisch.

»Wenn Sie hinzugefügt hätten, ›beim Herrn General‹«, sagte

Hanrahan, »dann hätten Sie sich drei Punkte für ein Schokoladenplätzchen verdient, Tom.«

»Ich wollte gerade fragen, ob ich Ihnen gratulieren darf, General«, erwiderte Ellis.

»Oh, wie mir der Klang dieser Worte gefällt«, sagte Hanrahan. »Und ich hörte, Sie haben das mit den Berets erfahren?«

»Der Pilot sagte es mir, Sir.«

»Lassen Sie sich das eine Lehre sein, Lieutenant«, sagte Hanrahan. »Tugend belohnt sich selbst.«

»Ich glaube, daß die meisten von uns genauso glücklich über Ihren Stern sind wie Sie, Sir.« Und dann korrigierte sich Tom: »*General.*«

»Ich hörte, daß der Wasserturm der Duke University ein Leck bekommen hat«, sagte Hanrahan.

»Jawohl, Sir, aber . . .«

»Was passierte, während Sie unterwegs waren und Kontakte zu den Einheimischen pflegten.«

»Jawohl, Sir, aber . . .«

»Und besonders enge Kontakte zu einer sehr hübschen Einheimischen, wie mir Colonel Wells sagte. Sie haben offenbar keine Zeit verloren, um das Gebiet zu erkunden.«

»Sie meinen Dianne Eaglebury, Sir, Commander Eaglebury's Schwester?«

»So ist es. Sie haben offenbar in Philadelphia ein Auge auf sie geworfen.«

»Sie erzählte mir, daß sie in Duke ist, Sir, und schlug vor, daß ich sie mal besuche.«

Hanrahan lächelte ihn an.

»Colonel Wells sagte mir, daß der Wassertank repariert werden kann.«

»Er bestätigte mir, daß er abgedichtet werden kann, Sir.«

»Wissen Sie den Namen des Technikers, der das erledigt?«

»Jawohl, Sir.«

»Sorgen Sie dafür, daß er und Colonel Wells eines unserer berühmten Feuerzeuge ›Von seinen Freunden bei den Special Forces‹ erhalten, Tom.«

»Jawohl, Sir. Aber ich dachte, Sergeant Taylor . . .«

»Der Sergeant Major kümmerte sich um solche Kleinigkeiten

für mich, als ich noch ein kleiner Colonel war«, unterbrach Hanrahan. »Aber jetzt bin ich General. Ich habe ein Anrecht auf einen Offizier im Rang eines Captains oder Lieutenants, der mir als Adjutant zur Hand geht. Nun raten Sie mal, wen ich für diese schreckliche Verantwortung ausgewählt habe.«

Tom fühlte sich sichtlich unbehaglich.

»Entdecke ich so etwas wie einen Freudentaumel bei Ihnen?«

»General, Sie brauchen jemanden, der so etwas richtig machen kann. Einen Handelsschule-Typen. Ich bin ein Frischling von der Offiziersanwärterschule. Ich weiß nicht, was ein Adjutant zu tun hat.«

Ellis' Einwand war General Hanrahan kurz nach seiner Beförderung in den Sinn gekommen, als sie mit dem Präsidenten im Offizierskasino zu Mittag gegessen hatten. Hanrahan hatte sich sehr sorgfältig überlegt, was er von einem Adjutanten erwartete. Er brauchte einen Adjutanten, der sich mit den Feinheiten des Protokolls und in militärischer Höflichkeit auskannte, jemand mit Kenntnissen über die Army, die über die Führung eines ›A‹-Teams hinausgingen, um seinen Weg durch die Minenfelder der gesellschaftlichen Seite der Army zu finden. Jemand, dachte er jetzt ironisch, der nicht offen Absolventen der U.S. Militärakademie als ›Typen von der Handelsschule‹ bezeichnete.

Es gab jedoch einige gute Argumente für die Ernennung dieses babygesichtigen Lieutenants zu seinem Adjutanten. Erstens war Hanrahan entschlossen, dafür zu sorgen, daß keiner seiner Leute auf den Gedanken kam, die West Point Protective Association (eine Art Vereinigung von West Pointern, die durch Kungelei für ihresgleichen sorgten und sich gegenseitig schützten) spiele eine Rolle bei den Special Forces. Wenn es eine Bruderschaft von Offizieren geben mußte, die sich gegenseitig um ihre Belange kümmerten, dann würde sie aus Offizieren bestehen, die das Green Beret trugen. Trotz der Erlaubnis, die Berets zu tragen, trotz seiner Beförderung standen die Special Forces immer noch allein gegen den Rest der Army.

Dieser ›Krieg‹ hatte bereits begonnen. Er hatte angefangen, während der Präsident noch in Bragg gewesen war. Es hatte eine unschuldige Bemerkung beim Mittagessen gegeben, daß Hanrahan jetzt zu einem Adjutanten berechtigt sei, und eine nicht so unschuldige Bemerkung von Major General Kenneth L. Harke, der das XVIII. Luftlandekorps führte, wenn Dreifach H Howard nicht anwesend war: »Was der General wirklich braucht, ist ein Kommandeur für die Schule. Er braucht jemand, der ihm etwas von dieser Last von den Schultern nimmt.«

»Er hat recht, Paul«, hatte Dreifach H Howard zugestimmt.

»Ich werde Mac zum Kommandeur ernennen«, hatte Hanrahan gesagt.

»MacMillan ist nicht ranghoch genug«, hatte General Harke eingewandt.

»Stimmt, das ist er nicht«, hatte Howard beigepflichtet.

»Wir schicken Ihnen jemand, General«, hatte der Stellvertretende Stabschef gesagt. »Ich finde, General Harke hat recht. Sie können sich wirklich nicht teilen.«

Sie waren regelrecht begeistert gewesen, dafür zu sorgen, daß er sich nicht zu teilen brauchte, daß er die Hilfe bekam, die er brauchte: einen Colonel als Kommandeur der Special Warfare School, der ihm die Last von den Schultern nahm.

Man hatte Hanrahan an diesem Morgen informiert, daß Colonel Roland T. Miner, G 4 (Nachschub), 82. Luftlandedivision, sich bei ihm zum Dienst als Kommandeur der Special Warfare School melden würde. Colonel Miner war Artillerie-Offizier (bei den Special Forces gab es keine Artillerie) und ein angesehenes Mitglied der Familie der Luftlandetruppen. Er war bekannt für seine Ansicht, daß die Special Forces eine Verschwendung von Mitteln war, und Hanrahan hatte gehört, daß Miners Name erwähnt worden war als der höchstwahrscheinliche Kandidat für das Kommando über die 5. Luftlande-Kampfgruppe (die wieder umgetaufte 5th Special Forces Group), wenn sie den Luftlandetruppen angegliedert worden wäre und Hanrahan seine Marschbefehle erhalten hätte. Hanrahan hatte ebenfalls gehört, daß man Colonel Miner, der eiserne Disziplin hielt, für den genau richtigen Mann hielt, um Hanrahans Sauhaufen von Außenseitern und Nichtsnutzen umzukrempeln und die Männer wieder zu anständigen Fallschirmjägern zu machen.

Es gab zwei zwingende Gründe für Lieutenant Ellis' Ernennung zum Adjutanten des Kommandeurs des Special Warfare Center. Der erste war seine Loyalität, die Hanrahan persönlich galt. Der zweite war, daß Ellis es verdiente. Seine Leistung in Kuba hätte ihm in einem offiziellen Krieg mindestens den ›Silver Star‹ und möglicherweise das ›Distuinguished Service Cross‹ *und* eine Beförderung auf dem Gefechtsfeld zum Captain eingebracht. Es war jedoch kein offizieller Krieg gewesen, und er hatte weder eine Medaille noch eine Beförderung erhalten. Alles, was er bekommen hatte, war der Vermerk in seiner Beurteilung, daß er ›unter Kampfbedingungen nicht nur große Tapferkeit, sondern auch Führungsqualitäten bewiesen hatte, die weit über das hinausgingen, was man von einem Offizier seines Alters und seiner Erfahrung erwarten kann.‹

Das war natürlich gut, aber wenn der Beförderungsausschuß tagte und über die Beförderung zum Captain entschied, dann würde wahrscheinlich irgendein Hurensohn von Sesselfurzer darauf hinweisen, daß der betreffende Offizier nur High School-Bildung hatte und weder berufliche Ausbildung noch Erfahrung in der Führung – ganz gleich wie gut – einer Einheit hatte, die größer als ein Zug war.

Hanrahan hatte vor (als Lieutenant Ellis' *unmittelbarer* Vorgesetzter), Ellis' nächste Beurteilung so abzufassen, daß es klang, als wäre Ellis eine Kombination aus von Clausewitz und Georgie Patton dem Älteren. ›Nach den persönlichen Beobachtungen des Unterzeichners hat dieser Offizier ein Geschick im Umgang mit Problemen und Konzepten bewiesen, das man sonst nur von einem Offizier von weitaus höherem Rang und wesentlich mehr Erfahrung erwarten würde. Er hat des öfteren seine Fähigkeiten als Offizier in Stabsverwendungen unter Beweis gestellt. Ich empfehle ihn ohne Einschränkung für eine schnelle Beförderung und habe nicht den geringsten Zweifel, daß er nicht nur das Kommando über eine Kompanie übernehmen, sondern mit Auszeichnung in Stabsverwendungen auf Divisionsebene oder höherer Ebene eingesetzt werden kann.‹

Soviel Blödsinn war nötig, um Ellis die Eisenbahnschienen (die Doppelbalken) des Captains zu verschaffen, die er sich mit seiner Leistung bereits verdient hatte. Es war wider Hanrahans Sinn für richtig und falsch und für Ehre, dieses Spiel machen zu müssen, aber er hatte nicht die Regeln bestimmt, und er und Ellis waren nun einmal Teilnehmer dieses Spiels. Es wäre unfair Ellis gegenüber und letzten Endes der Army gegenüber, ihn ehrlich als ›ein aufgeweckter, junger Mann, der die Fähigkeit hat, Menschen zu führen und überdurchschnittliche Tapferkeit zeigt‹, zu beschreiben und zuzulassen, daß an seiner Stelle ein anderer Offizier zum Captain befördert wurde, dessen Vorgesetzter so begeistert von der Inventur im Versorgungsdepot gewesen war, daß er ihn in der Beurteilung zu einem logistischen und taktischen Genie gemacht hatte.

Und außerdem fühlte sich Paul Hanrahan in Tom Ellis' Gesellschaft wohl. Wenn er einen jungen Offizier praktisch ›adoptieren‹ und in seine ›Familie‹ aufnehmen mußte, dann sollte es jemand sein, den er mochte. Und den Patricia und die Kinder mochten.

»Wenn Sie den Job nicht haben wollen, weil Sie kein Adjutant sein wollen, dann ist das okay, Tom«, sagte General Hanrahan. »Aber wenn Sie nur Sorge haben, der Aufgabe nicht gewachsen zu sein, dann habe ich eine bessere Urteilsfähigkeit als Sie. Und ich möchte Sie haben.«

»Ich stehe zu Ihrer Verfügung, General«, sagte Ellis.

»Sergeant Major!« rief Hanrahan.

Sergeant Major Taylor kam ins Büro.

»Ja, Sir?«

»Er hat den Job angenommen«, sagte Hanrahan.

»Darf ich Ihnen zu Ihrer Erhebung in die höheren Ränge gratulieren, Lieutenant Ellis, Sir?« fragte Taylor.

»Sie können mich sonstwas, Taylor«, gab Ellis zurück.

»Dabei habe ich soeben einen besonderen Einkauf im PX für Sie gemacht!« Taylor mimte den Gekränkten. Er überreichte Ellis ein kleines Stück Karton, worauf ein Schild mit einem Stern geheftet war, die Insignien des Adjutanten eines Brigadier Generals. »Das kostet anderthalb Dollar«, sagte er. »Aber die Schnur kostet 21 Dollar 95.«

(Adjutanten von Offizieren im Generalsrang tragen eine goldene Schnur, die vom Schulterstück des Uniformrocks über ihren Oberarm hängt.)

»21 Dollar 95!«

»Das macht zusammen 23 Dollar 45, wenn ich bitten darf«, sagte Taylor.

»Machen Sie die Tür von draußen zu, Taylor«, sagte Hanrahan. »Ich bezahle die Sachen.«

»*Ich* werde das bezahlen, Sir«, sagte Ellis.

»Das erste und wichtigste Gebot für einen Adjutanten lautet: Streite nicht mit dem General«, sagte Hanrahan. »Klar, Tom?«

»Jawohl, Sir. Danke, General.«

»Pinnen Sie den Pin an«, sagte Hanrahan. »Damit ist die Ernennung offiziell.«

»Jawohl, Sir.« Ellis nahm die Infanteriegewehre vom Kragen der Jacke seines Arbeitsanzugs.

»Lassen Sie mich das machen«, sagte Taylor und ging zu ihm.

»Zuerst das Gesellschaftliche«, sagte Hanrahan. »Mrs. Hanrahan und ich werden morgen um 17 Uhr einen Empfang für die Offiziere und ihre Frauen geben. Sie haben die Verantwortung, Tom, und Ihre Befehle lauten, dafür zu sorgen, daß sich meine Frau nicht erschöpft, indem sie alles selbst macht. Sprechen Sie mit Mrs. MacMillan und erzählen Sie ihr, was ich gesagt habe.«

»Jawohl, Sir.«

»Sie werden darüber hinaus dafür sorgen, daß Bier in die Kantinen und Kasinos geliefert wird, zwei Flaschen pro Mann, und morgen mit Grüßen von mir zum Abendessen ausgegeben wird«, sagte Hanrahan.

»Für jeden?« fragte Ellis überrascht. Zwei Flaschen Bier für jeden in der Gruppe und Schule würde allerhand kosten.

»Für jeden«, sagte Hanrahan. »Dies ist vielleicht meine letzte Beförderung, und ich will nicht kleckern, sondern klotzen.«

Ellis warf einen Blick zu Taylor, der einen Finger auf die Lippen gelegt hatte und ihn zum Schweigen mahnte.

»Jawohl, Sir«, sagte Ellis.

»Wir haben drei personelle Probleme zu erörtern, und dieses Gespräch bleibt in diesem Büro«, sagte Hanrahan.

Sergeant Major Taylor und Lieutenant Ellis schauten ihn neugierig an.

»Es wird ein Colonel Roland T. Miner zu uns kommen, der Kommandeur der Schule werden wird«, erklärte Hanrahan.

Ellis hatte den Namen noch nie gehört. Sergeant Major Taylor wußte offensichtlich über den Mann Bescheid. Er furchte die Stirn und schüttelte den Kopf.

»Man hat mir gesagt, daß Colonel Miners Verwendung als Kommandeur der Schule mir eine Last von der Schulter nehmen wird«, sagte Hanrahan. »Angesichts dessen habe ich vor, dafür zu sorgen, daß keine Last der Verantwortung für die 5th Special Forces Group oder das Special Forces Center auf Colonel Miners Schulter fällt.«

»Jawohl, Sir«, sagte Sergeant Major Taylor.

»Colonel Miner wird es zweifellos für seine Pflicht halten, sich mit den Aktivitäten der Group und des Centers vertraut zu machen. Da Sie in alle als geheim erklärten Aktivitäten eingeweiht sind – was Sie, Tom, in Kürze auch sein werden –, möchte ich diese Gelegenheit nutzen, um Sie beide eindringlich daran zu erinnern, daß eine Unbedenklichkeitsbescheinigung als Geheimnisträger nicht an sich jemanden berechtigt, Zugang zu irgend etwas zu bekommen, das er nicht zu wissen braucht. Muß ich das wiederholen?«

»Nein, Sir«, antworteten sie im Duett.

»Ich werde entscheiden, was Colonel Miner wissen muß, um seine Pflichten zu erfüllen«, fuhr Hanrahan fort. »Diese Befugnis werde ich nicht delegieren.«

»Jawohl, Sir«, antworteten sie wieder wie aus einem Mund.

»Sie, Tom, können den unwissenden Lieutenant spielen, dem man nichts gesagt hat. Aber für Sie, Taylor, wird es schwierig sein – wenn nicht gar unmöglich –, den unwissenden Sergeant zu spielen. Ich kann nur hoffen, daß Sie das Problem bewältigen. Ich werde decken, was Sie tun, aber ich verlasse mich darauf, daß niemand Zugang zu irgendwelchem als geheim erklärtem Material bekommt, ohne daß es zwingend notwendig ist.«

»Ich verstehe, Sir«, sagte Taylor. »Verdammt, ich wußte doch, daß die Dinge zu glatt gingen.«

»Es gibt keinen totalen Sieg, Sergeant Major«, sagte Hanrahan.

»Bringt er seinen Adjutanten mit, General?«

»Dessen bin ich sicher«, erwiderte Hanrahan. »Ich werde tun, was ich kann, um ihn an die Leine zu legen, aber ich will, daß Sie die Augen offenhalten, falls er sich losreißt.«

»Jawohl, Sir«, sagte Taylor.

»Die anderen beiden personellen Probleme sind das andere Ende der Dienstrang-Struktur«, sagte Hanrahan. »Ich will Sie über das erste aufklären, Ellis. Taylor weiß darüber bereits Bescheid. Gestern kam ein Privat Geoffrey Craig zu uns. Er kam aus dem Militärgefängnis von Fort Jackson, South Carolina, und hatte die Hand in Gips. Die Hand brach er sich, als er seinem Ausbilder den Kiefer brach.«

Hanrahan sah Ellis' überraschte Miene. Mannschaften, die von den Special Forces akzeptiert wurden, mußten zwangsläufig hervorragende Soldaten sein; 95 Prozent der Special Forces waren bereits Unteroffiziere.

»Private Craig wurde mir persönlich von Colonel Lowell empfohlen«, sagte Hanrahan. »Nun, wir alle mögen Colonel Lowell, und einige von uns, wie Sie wissen, Ellis, mögen ihn mehr als andere. Ich wage zu behaupten, Ellis, wenn Colonel Lowell Sie anrufen und um einen Gefallen bitten würde, dann würden Sie Ihr Bestes tun, um ihm diesen Gefallen zu erweisen.«

»Jawohl, Sir, das würde ich tun«, sagte Ellis, und seine Stimme klang bewegt.

Vor nur ein paar Monaten war Ellis mit seinem ›A‹-Team am Strand der Schweinebucht an Kubas Südküste gewesen. In dem festen Glauben, daß er in einer Stunde oder spätestens in zwei Stunden gefangengenommen werden würde, hatte er an Selbstmord gedacht und sich gefragt, ob er dazu fähig sein würde. Er war völlig überzeugt gewesen, daß er sich seine Pistole in den Mund schieben und abdrücken oder unsägliche Folter durch Castros Patrioten erleiden mußte. In diesem Augenblick war Craig Lowell am Steuerknüppel eines alten Amphibienflugzeugs auf dem Wasser gelandet. Es machte nichts, daß Craig Lowell nicht nach ihm und seinen Männern, sondern nach seinem Freund, Colonel Felter, gesucht hatte. In der *Catalina* war Platz für das ganze Team gewesen. Lowell hatte ihnen allen das Leben gerettet. Ellis wußte, was er Lowell schuldete.

»Ich habe Lowells Bitte gern erfüllt«, sagte Hanrahan. »Aber ich kenne Colonel Lowell, seit er Second Lieutenant war, und so fragte ich mich, weshalb er sich auf einmal rührende Sorge um diesen Private machte, der soeben seinen Sergeant zusammengeschlagen hatte. Sergeant Major Taylor fragte diskret in Fort Jackson nach, und das Geheimnis war gelöst. Private Craig ist der Sohn von Colonel Lowells Cousin.«

»Oh«, sagte Ellis.

Taylor kicherte.

»Das wirft die Frage auf, ist Private Craig ein geläuterter junger Mann, der sein Fehlverhalten bereut und auf den richtigen Weg zurückgefunden hat, oder ist er das, was sein First Sergeant in Jackson bei Taylor sagte – ein klugscheißerischer, reicher Bengel, der sich zu gut für die Army wähnt und dem die Zähne eingeschlagen werden sollten?«

»Ich sollte vielleicht mit ihm reden, um es herauszufinden«, sagte Ellis.

»Ich wollte ihn zu einem Plausch kommen lassen«, warf Taylor ein.

»Wenn Sie mich beeindrucken wollen, Sergeant Major, dann denken Sie sich mal aus, wie Sie einen Jungen in Schrecken versetzen können, der frisch aus dem Militärgefängnis kommt.«

»Sie sind ein Offizier«, sagte Taylor.

»Ich bin aber auch so alt wie er«, sagte Ellis. »Wenn er jemanden verarschen will, was wir herausfinden wollen, dann ist es wahrscheinlicher, daß er es bei mir versucht als bei Ihnen.«

»Also los«, sagte Hanrahan und lachte leise. »Finden wir heraus, mit wem wir es zu tun haben. Wo ist er, Taylor?«

»Er hat heute den Vormittag frei, um sich einzuquartieren. Vermutlich ist er in der Kaserne.«

Hanrahan schaute auf seine Armbanduhr.

»Wir werden keine Zeit haben. Machen wir es heute abend. Das andere Problem ist ein bißchen heikler. Wir haben einen Private First Class in der gleichen Unterkunft. Sehr interessanter junger Mann. Er war Oberleutnant in der ostdeutschen Armee. Durchbrach mit einem Lastwagen die Berliner Mauer und brachte seine Schwester mit. Als er in den Staaten war, meldete er sich gleich freiwillig. Die Jungs vom CIC (Counter Intelligence Corps – Militärischer Abschirmdienst) haben aus naheliegenden Gründen sofort ermittelt.«

»Man hält ihn für einen eingeschleusten Spion?« fragte Taylor.

»Nein. Diese Frage ist geklärt. Er ist das, was er sagt, und er tat, was er behauptet. In dem Lastwagen, mit dem er durch die Mauer fuhr, gab es 37 Kugellöcher. Und die Spionageabwehr hat offenbar einige interessante Kontakte auf der anderen Seite der Mauer. Ich las vorhin den gesamten Bericht. Das Problem bei diesem Jungen ist Geld. Er und seine Schwester leben von dem, was er als Private erhält. Er wurde als Bester bei der Grundausbildung Private First Class.«

»Jesus!« stieß Taylor hervor.

»Wenn er zu uns kommt, kann ich etwas für ihn arrangieren«, sagte Hanrahan. »Erlauben Sie seiner Schwester, länger als drei Tage im Gästehaus zu wohnen. Beschaffen Sie ihr einen Job im PX oder sonstwo. Aber er wird drei Wochen nach Benning zur Fallschirmspringerschule gehen, und seine Schwester folgt ihm überallhin. Sie sparen sich das Geld für ihre Fahrkarte vom Munde ab.«

»Ich habe einige Freunde in Benning«, sagte Sergeant Major Taylor.

»Ich nicht«, sagte Ellis. »Ich war dort auf der Offiziersanwärterschule.«

»Nun, versuchen Sie, was Sie für ihn tun können«, sagte Hanrahan. »Dieser Junge ist zu stolz, um Almosen anzunehmen, nach allem, was ich über ihn gelesen habe. Aber ich fühle mich sehr unbehaglich, wenn einer meiner Leute – oder dessen Verwandter – hungert. Laut CIC leben die beiden von Bohnen und Reis mit Tomatensoße. Das will ich nicht. Lassen Sie sich etwas einfallen.«

2

Private Geoffrey Craig wurde über die Lautsprecheranlage zur Schreibstube gerufen.

Er lief hin und war fast am Ziel, als er einen Offizier sah, seinen Lieutenant. Er stoppte unvermittelt, grüßte und ging weiter. Wenn er vorbei war, würde er wieder rennen. Das war jedenfalls seine Absicht. Aber er kam nicht weiter. Der Offizier musterte ihn eingehend, als er ihn passierte, und rief dann seinen Namen.

»Craig?«

Geoff blieb stehen, wandte sich um und stand still.

»Jawohl, Sir.«

»Kommen Sie mit«, sagte Ellis.

»Sir, ich habe den Befehl erhalten, mich auf der Schreibstube zu melden«, sagte Geoff.

»*Ich* befahl Sie in die Schreibstube«, sagte Tom Ellis. Er drehte sich um und ging an der Seite des kleinen Gebäudes mit der Schreibstube vorbei zu einem Jeep. Ellis setzte sich hinter das Steuer und forderte Geoff mit einem Wink auf, einzusteigen.

Geoff war überrascht. Er hatte bisher keinen Offizier selbst fahren sehen.

»Mein Name ist Ellis«, sagte der Lieutenant. »Ich bin der Adjutant des Generals.«

»Ja, Sir?«

»Da ich der Adjutant des Generals bin, weiß ich über Sie Bescheid«, sagte Ellis. »Ich weiß *alles* über Sie.«

»Jawohl, Sir.«

»Reden wir deshalb keinen Scheiß miteinander«, sagte Ellis.

»Jawohl, Sir.«

Ellis fuhr lässig. Sie verließen das Gelände, das Smoke Bomb Hill genannt wurde.

»Wir fahren nach Camp McCall«, erklärte Ellis. »Wissen Sie, wo das ist? Wissen Sie, *was* das ist?«

»Nein, Sir.«

»Dorthin schicken wir Offiziere und Unteroffiziere, die bereits ziemlich gute Soldaten sind, und machen sie zu Green Berets.

Wir haben sehr wenige Leute, die gleich von der Grundausbildung kommen, und Sie sind der erste, den wir je hatten, der frisch aus dem Militärgefängnis kommt.«

Geoff fühlte sich sehr unbehaglich. Er entschied sich, zu schweigen.

»Gute Soldaten zu Green Berets zu machen ist sowohl schwierig als auch teuer«, sagte Ellis. »Es gibt beträchtliche Zweifel bei verschiedenen Leuten, einschließlich bei mir, daß Sie, Craig, die Zeit und die Mühe wert sein werden.«

Geoff wußte auch darauf nichts zu sagen.

»Wissen Sie überhaupt, was ein Green Beret ist?«

»Ich weiß es nicht genau«, bekannte Geoff. »Ich meine, ich habe die Plakate gesehen, aber . . .«

»Hat man Sie in der Grundausbildung nicht gelehrt, ›Sir‹ zu sagen?« fragte Ellis spöttisch, aber nicht ärgerlich, eine Bemerkung, die Geringschätzung seiner Ausbildung als Soldat ausdrückte, fand Geoff, weniger ein Tadel wegen seines Mangels an militärischer Höflichkeit.

»Verzeihung, Sir«, sagte er.

Sie fuhren jetzt auf einer zweispurigen Asphaltstraße, die von Kieferngruppen gesäumt war. Auf dem Armaturenbrett des Jeeps stand die Höchstgeschwindigkeit mit 35 Stundenmeilen angegeben. Die Tachometernadel zeigte 55 Stundenmeilen an.

»Sie mögen die Army nicht?« fragte Ellis. »Habe ich da recht?«

»Ja, Sir, Sie haben da recht«, sagte Geoff. Der Lieutenant hatte sich verbeten, daß irgendein Scheiß geredet wurde, und daran wollte sich Geoff halten.

»Sie finden, daß Sie von der Einberufungsbehörde verschaukelt worden sind?«

»Das war Schicksal«, sagte Geoff und fügte ›Sir‹ hinzu.

»Der launenhafte Finger des Schicksals fickt einen und verfolgt einen weiter«, sagte Ellis und lächelte, zufrieden mit seiner bildhaften Formulierung. »Zuerst wurden Sie eingezogen. Dann stießen Sie auf einen üblen Sergeant, der Sie nicht nur mit einer gebrochenen Hand ins Lazarett, sondern auch in den Bau brachte. Und dann landen Sie hier, wo Sie nicht hingehören, und man erwartet von Ihnen, daß Sie aus Flugzeugen springen und andere Dinge tun, zu denen im Vergleich die Grundausbildung wie ein Treffen von Pfadfinderinnen ist. Sehen Sie das auch so?«

»Jawohl, Sir, das sehe ich in etwa auch so«, erwiderte Geoff.

»Sind Sie so reich wie Colonel Lowell?« fragte Ellis.

Geoff zögerte mit der Antwort. »Mein Vater ist reich«, sagte er dann.

»Haben Sie jemals gehört, was Colonel Lowell in der Schweinebucht tat?«

»Nein, Sir.«

»Als die Operation scheiterte, nachdem Kennedy keine Navyflieger schickte, um die kubanischen Panzer auszuschalten, die uns dann einheizten, sah es aus, als wäre ein Freund von Lowell – ein Colonel namens Felter – entweder gefallen oder schon so gut wie tot. So flog Colonel Lowell, trotz eines direkten Befehls, sich herauszuhalten und sich um seine eigenen Dinge zu kümmern, nach Kuba, um seinen Freund zu holen. Er mietete ein Flugzeug, eine Amphibienmaschine, flog zur Schweinebucht und rettete seinen Freund vom Strand. Ihn und das, was vom ›A‹-Team übriggeblieben war.«

»Das wußte ich nicht«, sagte Geoff.

»Was erklärt, warum Sie hier sind«, sagte Ellis.

»Wie bitte?«

»Der General fühlte sich in Colonel Lowells Schuld«, erklärte Ellis. »Verdammt, die Special Forces verdanken Colonel Lowell, daß ein ›A‹-Team am Leben blieb, das sonst draufgegangen wäre. Es war keine zu große Bitte, seinen mißratenen Verwandten aus dem Bau herauszuholen und ihn durch Camp McCall jagen zu lassen, damit ein Mann aus ihm wird, und so sind Sie hier.«

»Das ist sehr interessant«, sagte Geoff. »Ich wußte nicht, daß er bei der Sache in der Schweinebucht beteiligt war.«

»Interessant, Craig, ist die Frage, *warum* Lowell das tat«, sagte Ellis. »Das ist etwa so interessant wie die Frage, weshalb er überhaupt bei der Army ist. Haben Sie sich jemals darüber gewundert?«

»Ja«, antwortete Geoff, »das habe ich.«

»Nun, eines ist sicher, Lowell ist kein verdammter Narr. Er wußte genau, was er tat, als er dieses Amphibienflugzeug mietete. Es war äußerst wahrscheinlich, daß er weggeblasen wurde, bevor er auch nur etwas für seinen Freund tun konnte. Das wußte er. Aber er flog trotzdem hin. *Warum?*«

Ellis schaute Geoffrey Craig an, und dann riß er plötzlich den Jeep herum, um einem Schlagloch auszuweichen.

»Haben Sie einen Freund, für den Sie auf diese Weise Kopf und Kragen riskieren würden?« fragte Ellis.

Geoff dachte darüber nach und schüttelte dann den Kopf.

»Glauben Sie, daß Ihr Vater einen hat?« setzte Ellis nach.

»Vermutlich nicht«, antwortete Geoff. Er hatte nie auch nur gedacht, daß sein Vater in eine lebensbedrohende Situation geraten könnte.

»Die nächste Frage, die Sie sich stellen müssen, ist folgende: Warum hat Colonel Lowell arrangiert, daß Sie hierhin geschickt wurden?« Ellis musterte ihn wieder von der Seite. »Es wäre viel leichter gewesen, Sie aus dem Bau herauszuholen und in irgendeinem Büro unterzubringen, wo Sie Schreibmaschine tippen.«

»Warum hat er es gemacht?« fragte Geoff.

»Er ist *Ihr* Verwandter, nicht meiner, also sollten Sie eine Antwort darauf suchen«, sagte Ellis.

Auf dem Rest der 20-Meilen-Fahrt nach Camp McCall sprach er kein Wort mehr.

Es gab ein kunstvolles Tor zu Fort Bragg; ein MP-Wachhaus aus Stuck; eine Tafel mit einer Karte der Garnison; ein Schild mit der Aufschrift ›Willkommen in Fort Bragg, der Heimat der Luftlandetruppen‹; die Statue eines Fallschirmspringers; und riesige Nachbildungen der Schulterstücke des XVIII. Luftlandekorps und der 82. Luftlandedivision.

Am Eingang zu CampMcCall gab es nur ein verschrammtes Schild, das kurz vom Scheinwerferlicht erfaßt wurde, als sie es passierten. CAMP MCCALL, U.S. MILITARY RESERVATION. Darunter stand, daß der Zutritt verboten war. Und jenseits des Schilds waren nur weiterer Lehm von Carolina und weitere Kiefernwälder.

Schließlich gelangten sie zu einer kleinen Lichtung, und Ellis hielt an. Als er die Scheinwerfer ausschaltete, gab es kein anderes Licht. Sie waren von Dunkelheit umgeben. Ellis holte eine Taschenlampe hervor.

»Dies ist der Turm zum Üben«, sagte Ellis und richtete den Strahl der Taschenlampe darauf.

Der Turm war aus gewaltigen, mit Kreosot gestrichenen Balken errichtet, die doppelt so dick wie Telefonmasten waren. Sie waren mit Schraubenbolzen befestigt und mit Streben verstärkt. Am Boden gab es einen Lagerschuppen und oben auf dem Turm eine Plattform. Eine Treppe führte in fünf langen Abschnitten hinauf. Zwei Seiten der Struktur waren mit groben Brettern verkleidet. Die beiden anderen Seiten waren offen.

Ellis ging zum Lagerschuppen, schloß ein Vorhängeschloß auf, öffnete eine Tür und holte große Rollen Nylonseile heraus. Er schwang sich eine Rolle auf die Schultern und gab die andere Geoff Craig, offensichtlich in der Erwartung, daß er seinem Beispiel folgte.

»Die Stunde der Wahrheit«, sagte Ellis, während er kurze Stücke Seil, zwei Paar Lederhandschuhe und zwei stählerne Ringe nahm. »Passen Sie auf, wenn wir hochsteigen.«

Geoff hatte Angst vor dem Turm, eine beschämende Furcht, die beim scheinbar endlosen Aufstieg wuchs.

Schließlich gelangten sie auf die Plattform. Es gab kein Geländer um die Plattform, was schon bei Tageslicht furchteinflößend genug gewesen wäre. In der Dunkelheit, nur mit Ellis' Taschenlampe als Lichtquelle, war es grauenerregend. Geoff fühlte sich ein wenig schwindlig und hatte das starke Verlangen, sich hinzusetzen, wo er gerade war. Wenn er sich hinsetzte, war es unwahrscheinlich, von der Plattform zu fallen.

Ellis ging in die Mitte der Plattform, wo es eine Art Geländer gab. Sekunden später erkannte Geoff den Zweck. Dort wurde das Seil festgebunden.

»Es ist manchmal nötig, von steilen Stellen abzusteigen, von Gebäuden, Bergen oder was immer«, sagte Ellis. »Dies ist die Bergsteigertechnik, die nicht annähernd so gefährlich ist, wie es den Anschein hat.«

Geoff sagte nichts. Er war nicht in der Lage, zu akzeptieren, was offenkundig zu sein schien. Ellis ging an einem Seil von diesem Ding in der Mitte der Plattform zur Seite. Es gab zwei Seile. Ellis erwartete wohl von ihm, daß er das gleiche tun sollte.

Das bewahrheitete sich sofort. Ellis ließ sich vor Geoff auf die Knie nieder und machte schnell eine Art Geschirr um seine Hüfte und zwischen den Beinen, indem er ein kurzes Stück Nylonseil und den seltsam geformten Stahlring benutzte. Dann überreichte er Geoff die Taschenlampe.

»Leuchten Sie mich an, damit Sie sehen, was ich tue«, sagte Ellis. Er machte schnell diese Art Geschirr für sich selbst.

»Nun müssen Sie das Absteigeseil so um sich schlingen«, sagte er und demonstrierte es. »Sie kontrollieren die Steigleistung durch die Reibung. Es ist ganz einfach.«

»Mir gefällt das nicht«, bekannte Geoff.

»Mir gefällt das nicht, *Sir*«, korrigierte Ellis. »Ich habe auch nicht angenommen, daß es Ihnen gefällt.«

Er ging zu der Haltevorrichtung in der Mitte der Plattform und band sein Seil an. Dabei erklärte er: »Ich binde es so, daß ich unten auf dem Boden nur daran zu rucken brauche, und es löst sich.«

Geoff sagte nichts. Er fühlte sich benommen und schwindlig.

Ellis nahm das Nylonseil von Geoffs Schultern und band es an die Haltevorrichtung. Er schlang das Seil um Geoff und führte ihn zum Rand der Plattform.

»Sie sind angebunden«, sagte er. »Sie können nicht runterfallen. Rucken Sie an dem Seil.«

Geoff tat es und war ungemein erleichtert, als er feststellte, daß er tatsächlich fest angebunden war.

»Was nun folgt, wird zeigen, ob Sie Mumm haben«, sagte Ellis. »Ich steige mit dem Seil ab. Sie können entweder mit dem Seil runter oder über die Treppe. Wenn Sie die Treppe hinuntersteigen, werde ich Sie morgen Fort Bragg als Schreiber oder Jeepfahrer oder was immer Sie können, zuteilen, und ich nehme es Ihnen nicht übel. Wir werden dann Colonel Lowell einfach sagen, daß Sie nicht schaffen, was wir verlangen. Nur wenige Leute schaffen es. Er wird das verstehen. Wenn Sie an dem Seil runterkommen, werden wir das Thema erörtern, wie Sie Ihrem Kameraden Wagner helfen können.«

»Wie meinen Sie das?« fragte Geoff, und die Neugier war stärker als alles sonst.

»Nun, der arme Kerl und seine Schwester leben von Bohnen und Tomatensoße, und die Special Forces kümmern sich um ihre Leute«, sagte Ellis. »Wenn Sie einer von uns werden, können Sie vielleicht helfen. Wenn nicht, können Sie das nicht.«

Ellis beleuchtete sein Gesicht mit der Taschenlampe und grinste Geoff breit an.

»Diese Lampen sollen stoßsicher sein«, sagte er. »Mal sehen, ob das stimmt.«

Er warf die Taschenlampe in die Luft und über den Rand der Plattform hinweg. Die Taschenlampe drehte sich im Fallen, und es dauerte sehr, sehr lange, bis sie unten aufschlug. Dort ging sie aus.

»Ich nehme an, das zeigt Ihnen, daß man nicht glauben soll, was einem die Leute sagen«, bemerkte Ellis.

Geoff erwiderte nichts. Er wartete, bis sich seine Augen an die Dunkelheit gewöhnt hatten. Es dauerte eine Weile. Dann sah er zum ersten Mal Lichter, die vielleicht eine Viertelmeile entfernt waren – aber Ellis war verschwunden.

Geoff erwog seine Möglichkeiten. Er konnte sich vom Rand der Plattform zurückziehen, in die Mitte der Plattform kriechen, das Seil losbinden und zusammenrollen und dann – sehr vorsichtig – über die Plattform bis zur Treppe kriechen und – sehr vorsichtig – hinabklettern.

Morgen würde er in irgendeinem sicheren Büro hocken. Und dieser Wahnsinn würde vorüber sein.

Und Craig Lowell würde anschließend wissen, daß er, Geoff, ein Versager und Feigling war. Und Ursula würde auch nicht allzuviel von ihm halten, selbst nicht, wenn er den Mut finden und versuchen würde, sie näher kennenzulernen.

»Oh, *Scheiße*!« sagte Geoff und stieg über die Kante der Plattform hinweg in die Dunkelheit hinab.

3

Büro des Kommandierenden Generals
U.S. Army Special Warfare Center
Fort Bragg, North Carolina

13. Dezember 1961, 15 Uhr 30

General Hanrahans Adjutant und sein Sergeant Major betraten zusammen sein Büro.

»Colonel Miner ist am Telefon und bittet den General zu sprechen«, meldete Taylor.

»Das ist nicht der Grund, weshalb Sie beide grinsen«, sagte Hanrahan, während er den Telefonhörer abnahm.

Colonel Miner, das wurde bald klar, wollte seinen Warrant Officer, seinen Verwaltungsassistenten, mitbringen. Hanrahan fand nichts Falsches daran und wollte schon zustimmen, als er sah, daß Sergeant Major Taylor mit den Händen die Kurven einer weiblichen Gestalt nachformte.

»Einen Moment, bitte, Colonel«, sagte Hanrahan und hielt die Sprechmuschel mit der Hand zu.

»Weiblich?« fragte er. Taylor nickte. »Sind Sie sicher?«

»Die Lady ist eine sehr attraktive Rothaarige«, sagte Taylor. »Ich weiß nicht, wo sie zum Warrant Officer wurde.«

»Colonel, wenn Ihr Mann das Zeug hat, sich für die Special Forces zu qualifizieren«, sagte Hanrahan, »dann kann ich gewiß diese Versetzung arrangieren.«

Colonel Miner war empört. Er wollte seinen Warrant Officer für Verwaltungsdienst mitbringen. »Bei allem Respekt, ich habe nicht vor, daß mein Warrant Officer Brücken in die Luft sprengt oder was immer sonst ihr Leute macht.«

»Die Vorschrift ist glasklar, befürchte ich«, sagte Hanrahan. »Jeder hier muß erst als Fallschirmspringer qualifiziert sein und dann den Grundlehrgang hinter sich bringen.« Hanrahan legte eine Pause ein, bevor er fortfuhr. »Übrigens schließt das Sie natürlich ein, Miner. Wie kommen Sie auf den Gedanken, daß das anders sein könnte?«

Taylor und Ellis wirkten sehr zufrieden mit sich.

»Ich habe nicht vor, dies mit Ihnen zu diskutieren, Colonel«, sagte Hanrahan, »aber wenn Sie darauf bestehen, können wir weiter darüber debattieren, wenn Sie hier im Dienst sind.«

Dann legte er den Hörer auf.

»Ich weiß nicht, was daran so lustig ist«, sagte Hanrahan ein wenig gereizt.«

»Verzeihung, Sir«, sagte Taylor, und das Grinsen verschwand aus seinem Gesicht.

»Eigentlich hätten Sie das selbst Colonel Miner erklären sollen«, sagte Hanrahan.

»Das habe ich getan, Sir«, erwiderte Taylor. »Der Colonel rief an und fragte wegen seiner Leute. Als Lady Warrant Officer an der Strippe war, sagte ich ihr so höflich, wie ich konnte, daß wir hier keine Frauen haben, und sie erwiderte ›Das werden wir doch sehen!‹ und legte auf. Der Colonel rief zurück und fragte mich, ob ich weiß, was ein Befehl ist, und ich sagte, ›jawohl, Sir‹ und daß ich nach meinen Befehlen nur die Versetzungspapiere für qualifizierte Leute ausstellen kann. Dann bat der Colonel, mit Ihnen sprechen zu dürfen.«

»Wir haben einen glänzenden Start«, sagte Hanrahan. »Er hat sich noch nicht mal zum Dienst gemeldet, und ich bin schon ein Bastard.« Dann wechselte er das Thema. »Und was haben Sie wegen des Problems Ex-Oberleutnant Wagner unternommen?«

»Wir haben das unter Kontrolle, wenn auch noch nicht völlig gelöst, Sir«, sagte Taylor. »Wir haben sozusagen zwei Fliegen mit einer Klappe geschlagen.«

»Wer war die andere Fliege?« fragte Hanrahan. »Der junge Craig?«

»Jawohl, Sir«, antwortete Ellis.

Hanrahan forderte ihn mit einer Geste zu einer näheren Erklärung auf.

»Ich fuhr mit ihm nach McCall«, sagte Ellis. »Dort seilte er sich vom Turm ab. Der Junge ist in Ordnung.«

»Er seilte sich vom Turm ab?« fragte Hanrahan kopfschüttelnd. »Im Dunkeln?«

»Ich hielt es für angebracht, ihn ein wenig zu motivieren«, sagte Ellis. »Und es klappte. Er war kaum unten, als er schon fragte, ob es stimmt, daß er Sergeant wird, wenn er die Ausbildung beendet.«

»Ich freue mich, das zu hören«, sagte Hanrahan. »Was ist mit Wagners Problemen?«

»Ich erzählte Craig alles über TPA.« (Travel by Private Automobile – das Reisen mit Privatfahrzeug.)

»Das verstehe ich nicht«, sagte Hanrahan. »Was ist mit TPA?«

»Ich sagte ihm, ich würde dafür sorgen, daß sein First Sergeant für ihn und Wagner TPA zur Fallschirmspringerschule in Benning genehmigt. Das bedeutet, daß beide acht Cent pro Meile und Verpflegungsgeld bekommen, anstatt einen Flugtiketbon und einen Essenbon. Craig juckt das Geld nicht, aber es ist nicht nur viel Geld für Wagner, sondern er kann seine Schwester kostenlos mitnehmen. Und ohne daß es nach Almosen aussieht.«

»Er hat aber keinen Wagen, nicht wahr?« fragte General Hanrahan.

»Private Craig ist gegenwärtig bei dem Besitzer von Bragg Boulevard Motors«, sagte Ellis, »der nach einem Anruf von Sergeant Major Taylor so freundlich war, herzukommen und einen gebrauchten Volkswagen vorzuführen, den er zufällig günstig zu verkaufen hat.«

»Kennen Sie diesen Autohändler, Taylor?«

»Jawohl, Sir. Er nahm seinen Abschied von hier. Ich diente einige Zeit mit ihm in der Siebten Gruppe in Bayern, Germany.«

»Und wird dieser gebrauchte Volkswagen es bis Benning schaffen?« fragte Hanrahan.

»Er ging vor einer Woche durch die Inspektion, bevor er ihn in Zahlung nahm«, erklärte Taylor. »Und ich sagte ihm, daß der Wagen bis Benning und zurück laufen muß. Er garantiert das.«

»Nun, dann ist diese Sache gelöst«, sagte Hanrahan. »Ich nehme an, Private Craig weckte nicht in Ihnen den Wunsch, ihm die Zähne einzuschlagen?«

»Ich glaube, er ist ein guter Junge«, sagte Ellis. »Ich mußte ihm seine Story förmlich aus der Nase ziehen, aber als er erzählt hatte, was ihm widerfahren ist, glaubte ich ihm. Der Sergeant schikanierte ihn und wollte ihn zusammenschlagen, und er geriet an den Falschen. Ich kannte selbst mal so einen Sergeant.«

»Haben Sie ihm den Kiefer gebrochen?« fragte Hanrahan.

»Ich glaube, seither überlegte er sich sehr genau, wen er als ›dreckiger Tacofresser‹ bezeichnete«, sagte Ellis.

»Um mich zu wiederholen«, sagte Hanrahan, »ein weiteres kleines Problem des Lebens ist gelöst.«

»Da gibt es noch ein Problemchen, General«, sagte Taylor.

»Was?«

»Das TPA- und Verpflegungsgeld wird nicht im voraus ausbezahlt.«

»Warum nicht?«

»Man sagte mir, das wäre gegen die Vorschrift. Man hätte schlechte Erfahrungen mit Leuten gemacht, die im voraus Geld bekommen und es für irgendwas anderes ausgegeben haben. Ich könnte mir denken, daß sie auch nicht gern im voraus zahlen, weil das eine geschätzte Summe ist und sie mehr Papierkram erledigen müssen, wenn die Reise beendet ist.«

»Haben Sie mit dem Sergeant von der Kasse geredet?« fragte Hanrahan. Taylor nickte. »Und mit dem Finanzoffizier?«

»Mit einem seiner Assistenten«, sagte Taylor. »Mit einem Major.«

Hanrahan griff mit einer Hand zum Telefon und zog es zu sich; mit der anderen Hand zog er die Schreibtischlade auf, um das Telefonverzeichnis der Garnison herauszunehmen.

»6-2-1-1-9«, sagte Taylor.

Hanrahan wählte die Telefonnummer, stellte sich dem Sergeant, der sich meldete, als General Hanrahan vor und bat, mit dem Finanzoffizier verbunden zu werden, wenn er nicht zu sehr beschäftigt sei.

Ein cleverer Sergeant First Class von den Fernmeldern hatte General Hanrahans Telefon mit einem Verstärker und einem Lautsprecher ausgerüstet, so daß beide Gesprächsteilnehmer im gesamten Büro gehört werden konnten, wenn Hanrahan einen Hebel betätigte. Das tat er jetzt.

»Guten Tag, General. Wie kann ich zu Diensten sein?«

»Colonel, ich weiß, Sie sind ein vielbeschäftigter Mann, und ich störe Sie wirklich ungern«, sagte Hanrahan.

»Sie stören nicht im geringsten, Sir. Wie kann ich Ihnen helfen?«

»Sie können sich und mir Zeit sparen, Colonel, wenn Sie es schaffen, Ihrem Sergeant klarzumachen, bei einem Anruf meines Sergeant Majors vorauszusetzen, daß dieser in meinem Namen anruft.«

»Gibt es irgendein Problem, General?«

»Ich kenne nicht die Einzelheiten, weil ich mir nicht die Zeit nehmen möchte, um sie zu erfahren«, sagte Hanrahan. »Ich weiß nur, daß Ihr Sergeant meinem Sergeant Major sagte, daß irgend etwas, was mein Sergeant Major wünscht – will sagen, was *ich* wünsche –, nicht getan werden kann, weil es gegen die Vorschriften der Garnison verstößt.«

»Ich wünsche, ich wüßte die Einzelheiten, Sir, um eine intelligentere Antwort geben zu können.«

»Ich bezweifle, Colonel, daß Sie mehr Zeit als ich haben, um sich selbst um die Einzelheiten zu kümmern. Wir beide wissen, daß die Vorschriften der Garnison bezüglich Finanzen nicht für das Special Warfare Center gelten, daß Sie in Wirklichkeit mein Finanzoffizier sind und folglich das Finanzielle regeln, was die Vorschriften der Army und ich verlangen.«

»Jawohl, Sir«, sagte der Finanzoffizier.

»Bis jetzt habe ich Ihre Dienste für perfekt ausreichend gehalten, Colonel«, sagte Hanrahan.

»General, ich bin sicher, daß es sich um ein dummes Mißverständnis handelt.«

»Seitens Ihres Sergeants, meinen Sie?«

»Jawohl, Sir.«

»Nun, ich habe Vertrauen in Sie, daß Sie jedes Mißverständnis Ihres Sergeants klären können, bis mein Sergeant Major zurückruft, und daß wir uns beide danach nicht mehr mit den albernen Einzelheiten herumschlagen müssen, wie ein paar Mannschaften einen Reisekostenvorschuß erhalten.«

»Jawohl, Sir«, sagte der Finanzoffizier. »Danke, General. Ich bin Ihnen äußerst dankbar dafür, daß Sie mich in Kenntnis gesetzt haben.«

»Wenn das Special Warfare Center mal irgend etwas für Sie tun kann, Colonel, dann lassen Sie es mich bitte wissen.«

»Vielen Dank, General.«

»Guten Tag, Colonel.« Hanrahan legte den Hörer auf.

»Grinsen Sie nicht, Taylor«, sagte Hanrahan. »Das hätten Sie selbst erledigen sollen.«

»Sir«, sagte Taylor, »ich staunte nur, was ein kleines Wort für einen verblüffenden Unterschied macht.«

»Welches Wort?«

»Das Wort ›General‹«, sagte Taylor.

Hanrahan dachte kurz darüber nach. »Sie haben mal wieder meine Gedanken erraten, wie es bei einem guten Sergeant Major der Fall sein sollte«, sagte Hanrahan. »Sonst noch etwas?«

»Noch eines, Sir. Es geht um das Bier für alle.«

»Was gibt es da für ein Problem?«

»Sir, wir erhielten soeben die Nachricht vom PX. Das Bier ist mal wieder ausverkauft. Es gab einige Feten, und jetzt sind die Bierregale leer. Ich wollte vorschlagen, daß Sie statt Bier zu kaufen, um Ihre Beförderung zu feiern, vielleicht eine Kuh-Grillfete in Erwägung ziehen.«

»Eine was?«

»Da sind ein paar Jungs, Mexe . . .«

»Amerikaner mexikanischer Abstammung, bitte, Sergeant Major«, sagte Ellis. »Oder wir Mitglieder von Minderheiten werden rebellieren.«

»Da sind in der D-Kompanie ein paar *Texaner*, die ganze Kühe braten. Wir können das PX-Geld nicht dafür benutzen – das muß im PX ausgegeben werden – aber wenn der General bereit wäre, Geld für ein paar Kühe springen zu lassen . . .«

»Ich glaube, das sind keine Kühe, sondern Ochsen«, sagte Hanrahan.

». . . dann könnten wir mit dem PX-Scheck ein paar Fässer Bier, Bohnen und das restliche Drum und Dran für eine Fete bezahlen.«

»Nur zu«, sagte Hanrahan. »Das ist eine gute Idee. Wollen Sie das Geld gleich?«

»Ich werde eine Rechnung bekommen, Sir.«

»Kann ich zu der Fete kommen?«

»Jawohl, Sir, natürlich. Wie wäre es mit Sonntagnachmittag?«

»Fein«, sagte Hanrahan.

»Ich werde es bekanntmachen, Sir«.

»Das war alles?« fragte Hanrahan.

»Jawohl, Sir«, antworteten Taylor und Ellis.

»Sie beide haben Ihre Sache gut gemacht«, sagte Hanrahan. »Warum beunruhigt mich das?«

Sie grüßten schneidig und verließen das Büro.

Ellis und Taylor waren sehr zufrieden mit sich. Lieutenant Ellis hatte Lowells Verwandten auf die richtige Bahn gebracht, und das Problem mit Wagners Armut war so sauber und elegant gelöst, wie es nur möglich war.

Und mit der Rekrutierung der beiden Mexe der D-Kompanie, die die Rindviecher braten würden, hatte Sergeant Major Taylor die alberne Absicht des Generals abgeblockt, viel mehr Geld auszugeben, als er sich erlauben konnte, indem er jedem Blödmann zwei Flaschen Bier ausgab, der eine grüne Mütze trug. Die Mexe würden zwei Rindviecher kostenlos am Spieß braten (normalerweise verlangten sie 200 Dollar) und das andere Essen zurechtmachen, und Hanrahan brauchte keine Wertpapiere zu Bargeld zu machen oder einen Kredit bei der Bank aufzunehmen, um zur Feier seiner Beförderung eine Party für all seine Soldaten zu geben. Und er würde nie dahinterkommen, was sich hinter seinem Rücken abgespielt hatte.

Ellis und Taylor sagten sich, daß dies genau die Dinge waren, die man von Adjutanten und Sergeant Majors erwarten konnte.

4

Offizierskasino
Subic Bay Naval Station
Philippinen

24. Dezember 1961, 17 Uhr 30

Major Philip Sheridan Parker IV sagte sich, daß er sich wahrscheinlich betrinken würde, wenn er an der Bar bliebe. Er hatte soeben ein zwölfminütiges Telefonat mit seiner Familie geführt. Er hätte noch viel länger geredet, sogar zu 3 Dollar 90 pro Minute, aber von seinem Platz in der Telefonzelle aus schaute er genau auf das Schild, das mahnte: ›Fasse dich kurz. Andere warten!‹

Andere warteten tatsächlich. Das ganze Militärpersonal des Schiffes *Card* und die meisten Männer der Crew waren an Land gegangen und zu Telefonen geeilt. Die Leitungen waren überlastet. Phil Parker hatte das Gespräch um 14 Uhr 45 angemeldet, und die Verbindung war erst um 17 Uhr 15 zustande gekommen. Er hatte die Wartezeit mit dem Lesen von noch älteren Ausgaben von *Time, Life* und *National Geographic* verbracht, als sie auf dem Flugzeugträger erhältlich waren.

Aus keinem besonderen Grund kicherte er und sagte: »O Herr im Himmel!«

»Was sagten Sie, Phil?« fragte Major Jack Walsh.

»Ich dachte gerade, wenn ich hierbleibe, werde ich besoffen.«

»Sonderbar, dieser Gedanke kam mir ebenfalls«, sagte Walsh und signalisierte dem Barmann, zwei weitere Drinks zu bringen. »Fröhliche Weihnachten, Major Parker.«

»Ich will mich eigentlich nicht besaufen, Jack«, sagte Phil.

»Andere Länder, andere Sitten«, sagte Walsh. »Die Navy lebt gut, nicht wahr?«

»In der Tat«, stimmte Parker zu. Das Kasino war luxuriös und elegant. »Ich nehme an, weil die Leute nicht oft an Land gehen können. Ich mag die Navy nicht.«

»Versuchen Sie, das für sich zu behalten, bis wir am Ziel sind, ja?« mahnte Walsh. »Wir müssen auf diesem Ding zurückfahren.«

»Ich meinte, ich möchte nicht gern Matrose sein.«

»Ich weiß nicht«, sagte Walsh. »Sie behandeln ihre Offiziere zweifellos besser, als wir behandelt werden.«

»Es muß einen Grund dafür geben«, sagte Parker. »Und ich glaube nicht, daß er in Menschenfreundlichkeit wurzelt.«

»Ich möchte kein einfacher Soldat bei der Navy sein«, sagte Walsh nachdenklich. »Haben Sie deren Quartiere gesehen?«

»Ich hörte, daß sie im Vergleich zu denen auf kleineren Booten – *Schiffen* – der Höhepunkt des Luxus sind«, sagte Parker.

»Ja, das habe ich auch gehört.«

»Während ich vorhin auf die Verbindung wartete, mußte ich

daran denken, daß dies hier, mal abgesehen vom Bürgerkrieg, eines der wenigen Gebiete ist, in dem wir wirklich Prügel bezogen. Die Japse nahmen uns das Gebiet ab.«

»Was hat das mit dem Bürgerkrieg zu tun?«

»Im Bürgerkrieg waren beide Seiten Amerikaner, Jack«, sagte Parker. »Haben Sie das nicht gehört?«

»Oh«, murmelte Walsh.

»Jemand, irgendein Soldat wie wir«, sagte Parker, »mußte diesen Platz hier sprengen, damit die Japse ihn nicht benutzen konnten, und dann warten, um eingesperrt zu werden. Und das ist noch gar nicht so lange her – erst zwanzig Jahre.«

»Sie sind richtig in Weihnachtsstimmung, nicht wahr?« fragte Walsh. »Haben Sie noch irgendwelche anderen festlichen Gedanken?«

»Ich gehe zurück aufs Schiff, bevor ich Weihnachtsstimmung bekomme«, sagte Parker. »Kommen Sie mit?«

»Sie haben Ihr Glas noch voll«, sagte Walsh.

»Trinken Sie das. Wenn ich noch einen schlucke, dann bin ich glatt imstande, mich vollaufen zu lassen, bis den Leuten hier der Schnaps ausgeht.« Parker erhob sich vom Barhocker.

Er ging zum Kai, wo ein Boot lag und darauf wartete, Leute hinaus zum USNS *Card* zu befördern. Parker hatte viel Zeit damit verbracht, auf dem Schiff herumzuwandern. Wenn er von Matrosen gestoppt und gefragt worden war, ob sie ihm helfen konnten – übersetzt hieß das: Was zur Hölle treibst du hier, Mann? –, dann hatte er behauptet, die Schilder, die Unbefugten den Zutritt verboten, nicht gesehen zu haben. Das Schiff war unglaublich groß. Wenn die Jungs von der Navy anders dachten als die Soldaten der Army, dann war das verständlich. Sie lebten in verschiedenen Welten.

Das Boot, mit dem er zum USNS *Card* gebracht wurde – es wurde Barkasse genannt –, war in zwei Abschnitte eingeteilt. Hinten – achtern – gab es eine Kabine mit plastiküberzogenen Polstersitzen für Offiziere. Vorne gab es den Elementen ausgesetzte Holzbänke für Matrosen. Chief Petty Officers, das Gegenstück der Navy für Master Sergeants bei der Army, fuhren lieber stehend achtern mit, anstatt vorne bei den Matrosen. Wenn sie bei den Schiffen eintrafen, gingen als erste die

Offiziere an Bord, dann die Chief Petty Officers, dann die Matrosen.

Die Navy hatte eine große Tradition, und im großen und ganzen hielt Parker das für eine gute Sache. Die Army hatte wenig Tradition, und die Heeresfliegerei und die Special Forces hatten so gut wie keine für Parker erkennbare Tradition. Andererseits hatte sein Großvater als Colonel und Kommandeur eines Regiments seinen Abschied genommen, und erst nach dem Zeiten Weltkrieg hatte die Navy endlich Farbigen erlaubt, mehr als Stewards zu sein.

Die Army hatte einen Offizier vom Dienst, einen der Piloten im Dienstrang Warrant Officer, der oben an der Leiter stand. Die Leiter reichte nicht ganz hinauf bis zum Flugdeck, nur bis zu einer Tür auf dem Hangardeck.

»Sie sind früh zurück, Major«, sagte der Warrant Officer, grüßte lässig und überprüfte seinen Namen in einer Liste auf einem Klemmbrett.

»Entweder komme ich jetzt oder später und muß dann in einer Schlinge hochgehievt werden«, erwiderte Parker.

»Ich mache Dienst bis 6 Uhr«, sagte der Warrant Officer. »Dann habe ich Landurlaub. Was kann ich Ihrer Meinung nach von 6 Uhr am Weihnachtsmorgen bis 16 Uhr unternehmen?«

»Sie werden sich bestimmt etwas einfallen lassen«, sagte Parker.

Er ging zum Flugdeck. Ein Marineinfanterist, der Wache schob, stoppte ihn an der Tür. Es hatte einige Zwischenfälle gegeben. Matrosen hatten Souvenirs von Flugzeugen der Army mitgehen lassen (die Waltham-Uhren vom Armaturenbrett waren begehrt), und nach einer hitzigen Debatte mit dem zivilen Kapitän des USNS *Card* war beschlossen worden, daß nur Personal, das etwas mit den Flugzeugen der Army zu tun hatte, das Flugdeck betreten durfte. Es gab eine Liste von 15 Offizieren, die befugt waren, ihre Maschinen zu besuchen, wann immer sie das wollten, und der Wachtposten tat seine Pflicht. Er überprüfte nicht nur, daß Major Parkers Name auf der Liste stand, sondern bestand auch darauf, Parkers Ausweispapiere zu sehen.

Ein Unterschied in der Disziplin, dachte Parker. Der

Marineinfanterist war ein junger Schwarzer, und für Parker war klar, daß die schwarzen Marineinfanteristen ganz genau wußten, daß vier schwarze Offiziere der Army an Bord waren, ein Major, ein Captain und zwei Warrants. Der Marineinfanterist wußte ganz genau, daß der ungewöhnlich große Schwarze mit dem Blatt des Majors niemand anderes als Philip Sheridan Parker sein konnte. Ein Wachtposten bei der Army, schwarz oder weiß oder braun, hätte ihn ohne Frage passieren lassen. Nicht dieser Marineinfanterist. Er tat genau, was ihm befohlen worden war.

Parker fragte sich, ob das besser war oder ob es die Unteroffiziere und Mannschaften davon abhielt, eigene Entscheidungen zu treffen. Ein alter Spruch bei der Army lautete: Im Zweifelsfall greif an. Parker fragte sich, ob Unteroffiziere und Mannschaften der Navy im Zweifelsfall angreifen oder einfach herumstehen und auf Befehle warten würden.

Parker bahnte sich einen Weg zwischen den dicht stehenden Flugzeugen und Hubschraubern zum Bug des Schiffes und achtete sorgfältig darauf, nicht über die Trossen zu stolpern, mit denen die Maschinen an Deck gesichert waren. Die Seitentür eines Piasecki H-21D stand einen kleinen Spalt offen.

Sammelte wieder jemand von der Schiffsbesatzung Souvenirs? Oder war die Tür nach der letzten Inspektion, die zweimal täglich durchgeführt wurde, offengelassen worden? Parker schob die Tür weit genug auf, so daß sie sich schließen würde, wenn er sie mit einem Ruck zustoßen würde. Dann entschied er sich anders und kletterte an Bord.

Parker ging über den steil ansteigenden Gang hinauf zum Cockpit und wollte sich auf den Pilotensitz setzen. Er rutschte in einer kleine Wasserlache aus und fiel hart, aber harmlos auf den Sitz. Die Luftfahrzeuge an Deck wurden zweimal am Tag mit einem Süßwasserspray abgespritzt, damit das Salzwasser entfernt wurde, und dieser Vogel mußte ein Leck haben. Obwohl Parker das nicht überbewertete, nahm er sich vor, es am Morgen dem Chef der Wartungsmannschaft zu sagen.

Dies war seine Welt, das Cockpit eines Hubschraubers, und es hatte irgendwie etwas Tröstendes für ihn, hier zu sitzen. Er blieb zehn Minuten lang auf dem Pilotensitz, und dann stand er auf, verließ den Hubschrauber und bahnte sich einen Weg über Deck. Er ging ins Innere des Schiffs zur Offiziersmesse, trank eine Tasse Kaffee und aß zwei mit Zucker überzogene Teilchen. Schließlich ging er in seine Kabine.

Er würde noch keinen Schlaf finden. So öffnete er den kleinen Safe, der in die Kabinenwand eingebaut war, und nahm einen Bericht heraus, um ihn genau zu lesen.

Er hatte ihn aus einem sonderbaren Grund hervorgeholt: Er wollte sich von neuem die Unterschrift ansehen. Der Bericht war vor acht Monaten angefertigt worden, und Major Parker hatte nur einen Teil davon erhalten: zwei Kopien, als geheim erklärt, von Anlage 18. Anlage 18 trug die Überschrift ›Schätzung von Bedarf an Spezialflugzeugen für den Fall eines Einsatzes der Special Forces im Hochland‹. Unterzeichnet von Craig W. Lowell, Major, Panzertruppen.

Der Bericht war vermutlich sehr gut, akkurat und sorgfältig, denn Lowell war ein As in solchen Dingen. Aber das war nicht der Grund, weshalb Phil Parker den Teil des Berichts hervorgeholt hatte. Die Wahrheit war, daß er sich einsam fühlte, Heimweh und sogar ein wenig Furcht vor dem Kommenden hatte, und der Anblick von Craigs Unterschrift milderte ein wenig das Gefühl der Einsamkeit, das Heimweh, die Angst.

Er fragte sich, wo Craig Lowell den Heiligabend verbrachte.

Zwischen den weichen Schenkeln irgendeines langbeinigen Frauenzimmers, das nach teurem französischen Parfum duftet, sagte er sich schließlich.

Dieser Gedanke heiterte ihn etwas auf. Er legte den Bericht zurück in den Safe und ging von neuem in die Offiziersmesse. Dort gab es einen Warrant Officer, ein komischer, rothaariger Typ, der herumgammelte und immer auf der Suche nach jemandem war, der mit ihm Schach spielte. Parker hielt es für eine gute Idee, den Heiligabend mit Schachspielen zu verbringen.

IX

1

An Lac Shi
Provinz Kontum
Republik Südvietnam

24. Dezember 1961, 23 Uhr 25

Seit fast zwei Jahren hatte Hauptmann Van Lee Duc, der Chef der 9. Kompanie des 53. Regiments der Volksbefreiungsarmee, eine geschäftliche Beziehung mit Song Lee Do, dem Bürgermeister von An Lac Shi, einer Ortschaft westlich von Kontum.

Song Lee Do hatte dafür gesorgt, daß seine Wähler ihre Steuern an die provisorische Regierung und die Volksbefreiungsarmee zahlten. Die Steuern waren ein Sack von fünf Säcken Reis des Bestands in der Ortschaft. Dieser Bestand schloß nicht nur ein, was die Reisbauern selbst erwirtschaftet hatten, sondern auch den Reis, der von der Agentur für Internationale Entwicklung in Zentnersäcken mit der Aufschrift PRODUCT OF LOUSIANA, USA gekommen war. Unter der Aufschrift war das Bild zweier Hände, die partnerschaftlich geschüttelt wurden.

Der Ort An Lac Shi hatte, ebenfalls durch die Vermittlung von Bürgermeister Song Lee Do, ein Schwein von fünfen für die Sache der nationalen Befreiung beigesteuert; ein Huhn von fünfen; ein Bündel Karotten von fünfen; einen Kohlkopf von fünfen und so weiter. Die Belastung war nicht unerträglich, fand Hauptmann Van Lee Duc. Es war die Pflicht eines jeden Vietnamesen, ein Opfer für die nationale Befreiung zu leisten. Was er von An Lac Shi verlangte, war weitaus weniger als das, was andere Kompaniechefs von anderen Bürgermeistern in finanziell ähnlich gestellten Ortschaften forderten.

Er hatte zum Beispiel nicht verlangt, daß Vieh in dem Ort geschlachtet wurde, um seine Männer mit Fleisch zu versorgen. Er hatte mit dem Bürgermeister darin übereingestimmt, daß das Vieh nicht nur nötig für das Bestellen der Reisfelder war (das Schlachten der Zugtiere wäre gleichbedeutend mit dem Aufessen des Reissaatgutes), sondern daß es auch eine Verschwendung sein würde. Ohne Kühlung oder andere Konservierungsmöglichkeiten würde eine große Portion verderben, und niemand hätte etwas davon.

Song Lee Do hatte auch alles getan, was man von einem Mann in seiner Position erwarten konnte, um den Bewohnern klarzumachen, wie notwendig eine Zusammenarbeit mit der provisorischen Regierung war. Er hatte ihnen erklärt, wenn die Volksbefreiungsarmee ihre Aufgabe erfüllt habe, brauchten sie nicht länger Steuern an das Regime in Saigon zu zahlen. Die Früchte ihrer harten Arbeit würden ihnen nicht mehr abgenommen, um die Politiker und Generäle zu bereichern. Wenn Vietnam frei sein würde, dann würde die Bevölkerung die

Steuern in Form von asphaltierten Straßen zurückerhalten, so daß der Transport ihrer Waren nach Kontum leichter sein würde. Es würde für Schulen, bessere ärztliche Versorgung und all die anderen guten Dinge gesorgt werden, zum Wohle der Bevölkerung, wenn erst ganz Vietnam sozialistisch sein würde.

Song Lee Do hatte seinen Leuten zitiert, was Hauptmann Van Lee Duc ihm gesagt hatte: »Die Wurzel aller Probleme Vietnams ist der Kolonialismus. Kolonialisten legen den Besitz des Volkes in die Hände von Fremden, die sich die Früchte der Arbeit von Bauern und Arbeitern in ihre eigene Tasche stecken.«

»Als die Franzosen abzogen, blieben böse Leute in Saigon, *vietnamesische* Leute, die nicht dafür sorgten, daß die Arbeiter und Bauern bekamen, was ihnen zustand, sondern einfach selbst die Rolle der kolonialistischen Herren übernahmen. Sie waren korrupt und infiziert, wie Tiere oder eine Ernte manchmal von Krankheitserregern befallen werden, und es war nötig, diese Infizierten schonungslos aus dem Körper von Vietnam zu entfernen, wie es manchmal erforderlich ist, schlechte Feldfrüchte unterzupflügen oder ein infiziertes Tier zu töten, damit sich keine Seuche ausbreitet. Diese korrupten Vietnamesen werden getötet werden, und was sie dem Volk abgenommen haben, wird dem Volk zurückgegeben werden.« Das war es, was die 9. Kompanie des 53. Regiments der Volksbefreiungsarmee in der Umgebung von An Lac Shi tat. Und es war eindeutig nicht nur die Pflicht der Bewohner von An Lac Shi, sondern es war in ihrem eigenen Interesse, der 9. Kompanie zu helfen, wo immer sie konnten.

Hauptmann Van Lee Duc glaubte, daß Song Lee Do all dies verstand, weil er kooperierte. Nicht nur die fälligen Steuern wurden bezahlt, sondern die Bewohner von An Lac Shi gaben mehr, als man von ihnen forderte. Wenn er zum Beispiel die Steuern einzog, hatten die Bewohner des Ortes immer eine Mahlzeit für ihn und seine Männer – und manchmal Wein. Sie waren auch in anderen Dingen hilfreich, wie im Graben von Tunnels, in denen Reis und andere Nahrungsmittel vor den Beamten des Saigoner Regimes versteckt werden konnten.

Sie schickten ihre Kinder in den Dschungel zu einem von Van Lee Ducs Männern, um ihm zu sagen, wann eine weitere Ladung der Agentur für Internationale Entwicklung eintreffen würde.

Dieser Lastwagen mit der Ladung konnte dann von der 9. Kompanie abgefangen werden, die Lebensmittel, oder was immer darin war, konnten sofort für die Volksbefreiungsarmee genutzt werden, der Lastwagen wurde zerstört, und die Soldaten des Saigoner Regimes wurden getötet.

Das Saigoner Regime vergeudete dann viel Zeit, Geld und Mühe, indem es Jeeps und Lastwagen und gepanzerte Fahrzeuge in Marsch setzte, um nach Van Lee Ducs Soldaten zu suchen. Man würde sie nicht finden. Man würde den Zorn darüber an der Bevölkerung auslassen und vermutlich ein halbes Dutzend junger Männer des Ortes zusammenschlagen.

Junge Männer, die von den Soldaten des Saigoner Regimes zusammengeschlagen wurden, schlossen sich oftmals der Volksbefreiungsarmee an.

Hauptmann Van Lee Duc griff die Soldaten nicht an, die ihn suchten. Ebensowenig den Trupp Soldaten, der den neuen Lebensmitteltransport bewachte, welcher als Ersatz für die verlorene Ladung geschickt wurde. Die Volksbefreiungsarmee würde ohnehin ein Fünftel der erfolgreich gelieferten Dinge erhalten. Und wenn er zu gierig war, würde sich das Saigoner Regime sagen, daß es zu riskant war, überhaupt irgendwelche Waren zu schicken.

Vielleicht schickte er zwei oder drei Soldaten los, die ein paar Schüsse auf den Konvoi abgaben, wenn er auf dem Rückweg nach Kontum war. Wenn das richtig gemacht wurde, konnten ein paar Saigoner Soldaten getötet oder verwundet werden, und deren Kameraden würden Zeit und Munition vergeuden, indem sie blindlings in die Gegend ballerten, nachdem seine Männer längst in Sicherheit waren.

Es gab jetzt Schwierigkeiten in An Lac Shi – keine großen, mit denen Hauptmann Van Lee Duc nicht zurechtkommen konnte, aber Probleme, die ausgemerzt werden mußten, bevor sie Wurzeln schlagen konnten.

Der Priester der römisch-katholischen Herz-Jesu-Kirche,

Pfarrer Lo Patrick Sho, der sich bisher nur mit dem Seelenheil seiner Schäfchen befaßt hatte, begann nun, sich in die politischen Angelegenheiten des Ortes einzumischen. Vertreter des Saigoner Regimes waren vor drei Wochen in drei Jeeps nach An Lac Shi gekommen. In einem der Jeeps war ein Amerikaner gewesen. Der Amerikaner hatte eine grüne Mütze getragen – ein Green Beret, wie er sie nannte –, und der Mann hatte angekündigt, daß er den Ort von nun an rechtmäßig besuchen werde. Als erstes, hatte er gesagt, werde er die Verletzten und Kranken behandeln. Er werde dafür sorgen, daß die Schwerkranken ins Hospital in Kontum gebracht wurden. Er würde keine Gebühren dafür verlangen, und er stellte nicht einmal Fragen über Einheiten der Volksbefreiungsarmee, die in diesem Gebiet sein mochten.

Die Bewohner von An Lac Shi drängten sich natürlich nicht um die kostenlose ärztliche Behandlung. Als der amerikanische Green Beret zum erstenmal in den Ort kam, saß er einfach nur den ganzen Nachmittag mit Bürgermeister Song Lee Do zusammen und versuchte, sich mit ihm auf französisch zu unterhalten. Kein Bewohner kam in seine Nähe. Ebensowenig bei seinem nächsten Besuch drei Tage später.

Als er jedoch zum dritten Mal nach An Lac Shi kam, brachte Pfarrer Lo Patrick Sho eine Frau mit einem kranken Säugling zu ihm. Das Baby hatte hohes Fieber, und die Mutter war in ihrer Verzweiflung bereit, jede Hilfe anzunehmen, auch von einem amerikanischen Soldaten mit einer grünen Mütze.

Der Amerikaner gab dem Baby eine Spritze und der Mutter irgendwelche andere Medizin in kleinen Flaschen. Als der Amerikaner fort war, sorgte Pfarrer Lo Patrick Sho dafür, daß die Mutter ihrem Baby die Medizin gab. Das Fieber verschwand, das Baby erbrach sich nicht mehr, und sie konnte es säugen. Beim nächsten Besuch des Amerikaners brachte ihm Pfarrer Lo Patrick Sho zwei Leute, einen alten Mann mit geschwollener Wange und einem kranken Zahn, und eine junge Frau, die eine Infektion zwischen den Beinen hatte.

Hauptmann Van Lee Duc sprach mit Bürgermeister Song Lee Do. Er machte ihm klar, daß die Bewohner keine Hilfe von dem Amerikaner annehmen durften. Das wäre nicht zum Nutzen der Volksbefreiungsarmee, aber noch wichtiger, die Pillen und Injektionen, die der Amerikaner ihnen gab, wären schlimme Drogen, noch übler als Heroin, die ihren Verstand zerstören und sie zu Sklaven des Saigoner Regimes machen würden.

Bürgermeister Song Lee Do tat, was Hauptmann Van Lee Duc von ihm verlangte, aber der Pfarrer predigte den Leuten das Gegenteil. Pfarrer Lo Patrick Sho sagte, der Amerikaner biete ihnen Hilfe, die sie nirgendwo sonst bekommen könnten. Die Injektionen seien gut. Der Beweis sei die Gesundung des Babys. Folglich werde er dem Amerikaner einen Raum in der Herz-Jesu-Kirche zur Verfügung stellen, die Wände weiß anstreichen und ihn mit einem Schreibtisch, einem Tisch und Stühlen ausstatten.

Daraufhin suchte Hauptmann Van Lee Duc den Pfarrer persönlich auf. Er versuchte nicht, dem Priester zu sagen, daß der Amerikaner eine üble Droge spritze, denn der Priester war ein gebildeter Mann und wußte es besser. Aber er erklärte ihm, der Amerikaner sei nicht in An Lac Shi, um den Leuten zu helfen, sondern in Wirklichkeit wolle er Informationen über die Volksbefreiungsarmee bekommen, damit das Saigoner Regime Soldaten, Panzer und Flugzeuge schicken könne. Er könne das oder sonst etwas nicht erlauben, was die Volksbefreiungsarmee daran hinderte, ihr Ziel zu verwirklichen.

Pfarrer Lo Patrick Sho erklärte, er verstehe nichts von Politik und wolle nichts damit zu tun haben. Er sei Gemeindepfarrer, und es sei seine Pflicht, für die Gemeindemitglieder Hilfe zu besorgen, wo immer er sie herbekommen konnte. Bevor er dem Amerikaner den Raum zur Verfügung gestellt habe, fuhr der Pfarrer fort, habe er seinen Bischof gefragt, und der habe ihm geantwortet, daß er alles tun solle, was er für nötig halte, um seinen Leuten zu helfen, solange er keine Partei im Konflikt zwischen dem Saigoner Regime und der Volksbefreiungsarmee ergreife.

Als die Mitglieder der Herz-Jesu-Kirche am Heiligabend zur Mitternachtsmesse in die Kirche gingen, fanden sie Pfarrer Lo Patrick Sho, Bürgermeister Song Lee Do und vier Meßdiener vor dem Altar.

Die Meßdiener waren durch Kopfschüsse getötet worden.

Pfarrer Lo Patrick Sho und Bürgermeister Song Lee Do hatte man die Kehle durchgeschnitten, und sie waren entmannt worden. Hauptmann Van Lee Duc bedauerte, daß er den Befehl dazu hatte geben müssen, aber er hatte ja auch seine Befehle, und Oberst Hon Kwan vom 53. Regiment hatte ihm gesagt, daß nichts erlaubt werden konnte, was die gnadenlose Ausrottung der Opposition durch die Volksbefreiungsarmee störte.

2

Wallingford Road 204
Swarthmore, Pennsylvania

24. Dezember 1961, 19 Uhr 30

Edward Eaglebury senior ärgerte sich über das Schellen der Türklingel. Wer zum Teufel kam an Heiligabend zu Besuch, ohne sich telefonisch anzumelden?

Als er sich aus dem Sessel erhob, um zur Tür zu gehen, sagte sich Eaglebury, daß es vermutlich jemand war, der für irgendeinen verdammten Wohltätigkeitszweck sammelte. Es hatte ein Artikel darüber im *Bulletin* gestanden. Man hatte herausgefunden, daß die Leute an Heiligabend besonders großzügig waren, und freiwillige Wohltäter verzichteten auf einen beschaulichen Heiligabend zu Hause und gingen statt dessen sammeln.

Edward Eaglebury senior hatte nichts gegen Wohltätigkeit, aber er hielt es für unerhört, daß Leute an Heiligabend arbeiteten. Er würde dem Sammler, wer immer es sein mochte, einen Dollar geben, ihm fröhliche Weihnachten wünschen und ihm die Tür vor der Nase zuknallen.

Suzanne und die Kinder waren heute abend bei ihnen. Den ersten Weihnachtstag würden sie bei ihrer Familie verbringen. Das bedeutete, daß sie sich heute abend bescheren würden, sobald der Baum geschmückt war, anstatt am Weihnachtsmorgen, wie es bei den Eaglebury Tradition war. Abgesehen vom Anblick der Freude der Kleinen, wenn sie ihre Geschenke erhielten, machte sich Edward Eaglebury senior nicht das geringste aus Weihnachten.

Und jetzt stand irgendein Hurensohn vor der Tür.

Es war ein vage vertrauter junger Mann.

Jemand, der hinter Dianne her war und seine Bemühungen nicht mal an Heiligabend aufgab! Warum zur Hölle war der verdammte Kerl nicht daheim bei seiner Familie?

»Ja?« fragte Edward Eaglebury senior nicht so ärgerlich, wie er sich fühlte.

»Guten Abend, Mr. Eaglebury«, sagte der junge Mann. »Fröhliche Weihnachten, erwiderte Mr. Eaglebury. »Was kann ich für Sie tun?«

»Ich hoffte, Dianne zu sehen, Sir«, erklärte der junge Mann.

»Ich möchte ja nicht unhöflich sein, junger Mann«, sagte Mr. Eaglebury, »aber wir feiern Heiligabend. Es ist – ich weiß nicht, wie ich es sagen soll – eine Feier im Familienkreis.«

»Oh.« Der junge Mann war sichtlich enttäuscht. »Verzeihen Sie die Störung, Sir. Würden Sie das bitte Dianne geben?«

Er hielt ihm ein kleines Päckchen hin, das in Weihnachtspapier verpackt war.

Verdammt! dachte Edward Eaglebury. *Wenn er sie so gut kennt, um ihr ein Geschenk zu machen, dann hat Dianne vielleicht auch eins für ihn gekauft, und es wäre falsch, ihn wegzuschicken.*

»Einen Moment«, sagte Edward Eaglebury senior. »Ich hole sie.«

Er kam sich ein bißchen unhöflich vor, als er die Tür schloß und den Jungen in der Kälte auf der Veranda stehenließ, aber er wollte ihn nicht im Haus haben, wollte nicht gestört werden.

»Einer deiner Verehrer steht auf der Veranda«, sagte er zu Dianne, als er im Wohnzimmer war.

»Einer meiner was?« fragte Dianne.

»Du hast ihn an Heiligabend einfach draußen stehenlassen?« fragte seine Frau.

Er zog es vor, auf die Frage seiner Tochter zu antworten. »Ein junger Mann mit einem Geschenk«, sagte ich. »Ich habe seinen Namen vergessen.«

Dianne ging zur Haustür.

In drei oder vier Jahren wird sie auch aus dem Haus sein, dachte Edward Eaglebury. Die Jungs sind bereits hinter ihr her. Und dann werden wir Alten allein in diesem Haus sein.

Dianne stieß einen kleinen Freudenschrei aus, als sie ihn durch die Glasscheibe neben der Tür sah, und dann rief sie:

»Tom!«

Edward Eaglebury konnte sich an keinen ihrer Freunde erinnern, der Tom hieß.

Dianne brachte den Jungen ins Wohnzimmer. *Damit hättest du rechnen sollen,* dachte Edward Eaglebury.

»Jeder außer Daddy erinnert sich an Tom, nicht?« fragte Dianne.

»Natürlich«, sagte Mrs. Eaglebury.

Suzanne, die bei einem Karton mit Christbaumschmuck kniete, erhob sich. Ihre Miene spiegelte Überraschung und Freude wider.

»Oh, Tom!« sagte sie. »Wie schön, Sie wiederzusehen!«

Sie eilte zu ihm, faßte ihn an den Armen und küßte ihn auf die Wangen.

Wer zur Hölle ist das? dachte Edward Eaglebury.

»Bitte verzeihen Sie meinem Mann, Lieutenant Ellis«, sagte seine Frau. »Wenn er in Weihnachtsstimmung ist, vergißt er seine Manieren. Ich entschuldige mich daher, daß er Sie in der Kälte stehen ließ.«

Sie ging zu Ellis und umarmte ihn herzlich.

Mein Gott, das ist der junge Offizier, der mit Eddie zusammen war. Der seine Leiche zurückbrachte. Was will er hier?

Die Antwort darauf war offenkundig: Dianne. Wo zum Teufel hatte er sie näher kennengelernt? Er war doch nur fünf, sechs Stunden alles in allem hier? Und jetzt taucht er an Heiligabend mit einem Geschenk für sie auf!

»Oh, verdammt«, sagte Dianne, als Ellis ihr das Geschenk überreichte. »Ich habe deins per Post verschickt.«

»Was machen Sie denn hier in der Gegend?« fragte Suzanne.

»Meine Mutter wohnt in New York«, erwiderte Tom. »Ich bin

auf dem Weg dorthin. Ich schaute nur vorbei, um Dianne und Ihnen allen frohe Weihnachten zu wünschen.«

»Das freut mich«, sagte Diannes Mutter. »Dianne, hol ihm ein Glas Eierflip.«

»Sie wollen nach New York City? – heute abend?« fragte Suzanne.

»Ja«, antwortete Tom Ellis.

»Und Sie kommen von North Carolina?«

Er nickte.

»Sie haben Dianne offenbar in der Uni besucht?« fragte Mr. Eaglebury.

»Ja, Sir.«

»Er war dort mit einem ›A‹-Team und jagte den Campus in die Luft«, sagte Dianne. »Sie schossen ein Leck in den Wasserturm.«

»Machen Sie so was?« fragte Mr. Eaglebury. »Bilden Sie junge Leute aus? Wie Sie Ed ausgebildet haben?«

»Nein, Sir«, sagte Ellis, und dann dachte er darüber nach. »Noch einmal nein, Sir. Commander Eaglebury und ich bildeten zusammen aus. Ich bildete die Leute aus, die ich bei der Übung in Duke hatte, und das werde ich nicht mehr machen.«

»Er ist General Hanrahans Adjutant«, sagte Dianne stolz, als sie ihm ein Glas mit Eierflip gab. »Daddy hat den Eierflip gemacht. Sei vorsichtig.«

»*General* Hanrahan?« fragte Mr. Eaglebury. »Ist das der Mann, der bei der Beerdigung hier war?«

»Ja, Sir«, sagte Tom. »Er wurde befördert.«

»Wenn Sie nach New York fahren wollen, ist dieser Eierflip vielleicht keine gute Idee«, sagte Mrs. Eaglebury. »Müssen Sie denn noch heute dorthin? Können Sie nicht hier übernachten? Wir haben Zimmer genug.«

Der verdammte Kerl wird das Angebot annehmen, dachte Edward Eaglebury. *Er wird unser Familienfest stören!*

»Ich muß wirklich weiter«, lehnte Tom höflich ab. »Aber vielen Dank.«

»Sie sind immer willkommen«, sagte Mrs. Eaglebury. »Wir freuen uns, wenn Sie uns besuchen.«

»Vielen Dank«, sagte Tom. »Ich werde ein andermal kommen.«

»Möchtest du etwas essen?« fragte Dianne.

Er schüttelte den Kopf.

»Seien Sie nicht so schüchtern, Tom«, sagte Mrs. Eaglebury. »Wir haben soviel zu essen, daß wir gar nicht wissen, was wir damit anfangen sollen.«

»Als ich vom Highway runterfuhr, ging ich zu MacDonald's«, erklärte Tom. »Ich trank Kaffee und aß einen Hamburger.«

»Das paßt aber nicht zu Heiligabend«, sagte Suzanne. »Sie hätten warten sollen, bis Sie hier sind.«

»Ich dachte, es geht schneller«, sagte Tom. »Ich bin ein bißchen unter Zeitdruck.« Er schaute auf seine Armbanduhr. »Ich wollte nur frohe Weihnachten wünschen.«

Du wolltest nur Dianne sehen, dachte Edward Eaglebury. *Meinst du, du kannst uns verarschen?*

»Ich begleite dich zum Wagen«, sagte Dianne.

»Du wirst dir in der Kälte den Tod holen«, mahnte Edward Eaglebury.

»Ed!« sagte Mrs. Eaglebury.

»Was ist?«

»Ed, kümmer dich um deine eigenen Angelegenheiten!«

»Es war nett, Sie alle zu sehen«, sagte Tom und ging zu Suzanne und Mrs. Eaglebury, die ihn auf die Wangen küßten. Er nahm den kleinen Ed auf die Arme.

»Er sieht wie der Commander aus«, sagte er.

»Nicht wahr?« stimmte Suzanne zu.

Das ist kein richtiges Kompliment, dachte Edward Eaglebury senior. *Das hättest du wirklich nicht zu sagen brauchen.*

Tom Ellis schüttelte Mr. Eaglebury die Hand.

»Es war nett, Sie zu sehen«, sagte Mr. Eaglebury pflichtbewußt. »Können Sie wirklich nicht bleiben?«

»Danke, es geht leider nicht, Sir«, sagte Tom.

Eine Minute später zog Edward Eaglebury senior den Vorhang am Wohnzimmerfenster zur Seite und spähte hinaus.

»Er küßt sie«, stellte er fest.

»Nein!« stieß Suzanne in gespieltem Entsetzen hervor.

»Ich habe es dir schon mal gesagt, Ed, kümmer dich um deine eigenen Angelegenheiten«, sagte seine Frau. »Das geht dich nichts an!«

»Das geht mich wohl was an! Sie ist erst 19.«

»Er ist ein sehr netter Junge«, bemerkte Mrs. Eaglebury.

»Findest du?« sagte Edward Eaglebury. »Ich frage mich, was sie in ihm sieht. Meiner Meinung ist er ein lächerlicher Wicht. Und . . .«

»Ich weiß, was sie in ihm sieht, Dad«, fiel ihm Suzanne ins Wort. »Das gleiche, was ich in Ed gesehen habe. Es ist etwas Besonderes an Leuten, die diesen Beruf haben.«

»Du willst doch nicht sagen, daß etwas Ernstes zwischen ihnen ist, oder?«

»Nein, ich bin fest davon überzeugt, daß er den weiten Weg hierher nicht gemacht hat, weil er nichts Besseres an Heiligabend zu tun hatte«, sagte Suzanne spöttisch. »Hast du nicht gesehen, wie sie ihn angeschaut hat?«

»Nein«, erwiderte er gepreßt. »Ich habe überhaupt nichts in dieser Richtung gesehen.«

»Was ist denn falsch mit ihm?« fragte seine Frau. »Er ist nett, ein angenehmer Mensch, und er hat bereits Karriere gemacht.«

»Habe ich behauptet, daß was falsch an ihm ist?«

Er spähte wieder aus dem Fenster. Ellis war immer noch da. Er küßte immer noch Dianne.

»Wenn sie nicht binnen einer Minute hier ist, dann gehe ich raus und hole sie«, sagte er.

»Unterstehe dich!« fuhr ihn seine Frau an.

»Was hast du gegen ihn, Dad?« fragte Suzanne.

»Ich sagte schon Mutter, daß ich nichts gegen ihn habe.« Und er dachte: *Falsch an ihm ist das, was du gesagt hast, Suzanne. Es ist etwas Besonderes an solchen Leuten. Du hast es in Ed gesehen, und nun bist du eine dreißigjährige Witwe mit zwei Kindern. Ich werde dafür sorgen, daß Dianne nicht den gleichen Fehler macht!*

3

Tom Ellis parkte den Jaguar auf der Jersey-Seite des Lincoln-Tunnels und fuhr mit dem Bus zum Busbahnhof an der 41. Straße. Wenn er mit dem Jaguar heimfuhr, mußte er damit rechnen, daß man ihm die Räder oder sonstwas stahl und vielleicht sogar den ganzen Wagen. Aber es war Heiligabend, und vielleicht war das zu zynisch gedacht. Vielleicht würden die Punker, erfüllt von feierlicher Weihnachtsstimmung, nur mit einer Messerklinge über Dach und Kotflügel schrammen.

Er hatte Schwierigkeiten mit dem Taxifahrer, der ihn vom Busbahnhof aus fahren sollte. Der Taxifahrer weigerte sich, ›da rauf‹ zu fahren.

»Entweder bringen Sie mich ›da rauf‹ oder runter zum Cop an der Ecke«, sagte Tom. »Sie sind gesetzlich verpflichtet, mich zu fahren.«

»Es ist Heiligabend, Mann! Geben Sie mir eine Chance!«

»Ich will am Heiligabend nicht mit der U-Bahn da rauf fahren«, sagte Tom. »Geben *Sie mir* eine Chance. Müssen wir mit dem Cop reden oder was?«

»Hurensohn!« sagte der Taxifahrer. »An Heiligabend!«

Aber er startete, wendete und fuhr in den Norden der Stadt.

Beide Straßenseiten vor den dreistöckigen Sandsteinhäusern in Spanish Harlem waren von Autos gesäumt. Der Taxifahrer fuhr an der Hausnummer vorbei, die Tom ihm genannt hatte, und stoppte statt dessen am fernen Ende der Straße vor den Fenstern einer Kneipe mit Imbiß. Der Taxifahrer befürchtete, daß auf der dunklen Straße drogensüchtige Puertoricaner mit Schnappmessern oder Pistolen auftauchten und ihm sowohl sein Geld als auch das Leben nahmen.

Tom nahm alle Geldscheine aus seiner Brieftasche, bezahlte und verstaute die restlichen Banknoten in einem seiner Socken. Dann stieg er aus dem Taxi und ging die Straße hinunter zum Apartment seiner Mutter. Er trug einen kleinen, blauen Matchbeutel, die Art, in der Leute Sportkleidung mitnehmen. Das Taxi war verschwunden, bevor Tom ein Dutzend Schritte zurückgelegt hatte.

Nach einem weiteren Dutzend hörte er Schritte hinter sich.

»Verzeihen Sie, Sir«, sagte jemand mit übertriebener Höflichkeit hinter ihm.

Tom blieb stehen und wandte sich um.

Es waren drei. Ein großer, dünner Typ mit eingesunkenen Augen, ein stämmiger Bursche, der nervös wirkte, und ein kleiner drahtiger Kerl, der sowohl vage vertraut als auch gefährlich aussah.

»Fröhliche Weihnachten, Sir«, sagte der Große. Er trug eine Nylonjacke mit Reißverschluß und einen zu kleinen Hut mit heruntergezogener Krempe. Der friert sich vermutlich den Arsch ab, dachte Tom.

Als Tom keine Antwort gab, sagte der große, dünne Typ: »Haben Sie Feuer, Sir?«

Tom zog die Hand aus der Tasche. Es klickte, als die Klinge seines Schnappmessers herausschoß.

»Nein, aber wenn du die Zigarette in zwei Hälften geschnitten haben willst, mach' ich das gern für dich«, sagte er auf spanisch.

Zwei Schnappmesser und ein Stück Fahrradkette kamen zum Vorschein.

»Du bist nicht sehr freundlich«, sagte der große, dünne Typ.

»Nein, das bin ich nicht«, entgegnete Tom.

»Was hast du da in dem Beutel?«

»Laß dir eines sagen, mein Freund«, erwiderte Tom. »Was ich in dem Beutel habe, geht dich nichts an.«

»Was treibst du hier in dieser Gegend?«

»Meine Mutter wohnt in Nr. 333«, sagte Tom, »mit ihrem Mann, dem Polizisten.«

»Ich kenne diesen Mann«, sagte der kleine, drahtige Bursche. »Der wohnt hier.«

»Dann weißt du auch, daß der Mann meiner Mutter Polizist ist«, sagte Tom.

»Der ist kein Polizist, sondern Cop bei der U-Bahn.«

»Aber er hat eine Kanone, und wenn er Schreie hört, als wäre jemandem der Bauch aufgeschlitzt worden, dann kommt er mit seiner Kanone.«

»Wem sollte denn der Bauch aufgeschlitzt werden?« fragte der kleine, drahtige Kerl.

»Dir«, sagte Tom. »Vielleicht dir und mir, aber dir ganz bestimmt, weil du weißt, wer ich bin, und weil es nicht nett ist, seine Nachbarn an Heiligabend zu berauben.«

Die Absichten und die Taktik des Feindes werden abgeschätzt, dachte Tom. Der Feind war nicht, wie man gedacht hatte, ein weißer Fremder, der unbewaffnet und unsicher auf fremdem Gebiet war. Statt dessen hatten sie einen bewaffneten ehemaligen Einheimischen herausgefordert, der das Gebiet kannte und vielleicht nicht die Schwierigkeiten wert war, die entstehen konnten, wenn man versuchte, ihm seinen Besitz abzunehmen.

»Wir berauben keine Nachbarn«, sagte der große, dünne Typ, nachdem er mit einiger Überlegung zu einer Entscheidung gelangt war. »Wir mögen nur keine fremden Leute in unserem Revier, verstehst du?«

»Ich bin neutral und nur auf der Durchreise«, sagte Tom.

»Ja«, sagte der große, dünne Typ. »Du weißt, wie es ist, mein Junge.«

»Wünsch deiner Mutter von uns fröhliche Weihnachten«, sagte der kleine, drahtige Kerl.

Sie wandten sich ab und stolzierten davon.

Tom hatte ein flaues Gefühl im Magen und fröstelte, weil ihm Schweiß ausgebrochen war. Er klappte das Schnappmesser zu und schob es in seine Tasche. Dann ging er die Straße hinab zum Haus Nr. 333.

Der Mann seiner Mutter öffnete die Tür. Er war ein großer, dicker Schwarzer, ein Puertoricaner.

»Sieh an, der Lieutenant«, sagte er auf spanisch.

Er trat zur Seite, um Tom hereinzulassen.

»Tag, Philip«, sagte Tom. »Wie geht's dir?«

Toms Mutter war Philips zweite Frau. Seine Ex-Frau lebte mit ihren vier Kindern ein paar Blocks entfernt von 60 Prozent des Gehalts, das Philip für 40 Stunden Dienst von der U-Bahn-Gesellschaft erhielt.

Toms Mutter war Puertoricanerin und weiß. Oder fast weiß, dachte Tom. Sein Vater war ebenfalls Polizist bei der U-Bahn gewesen, ein Ire, der angefangen hatte, Toms Mutter zu schlagen, als sie lange genug mit ihm verheiratet gewesen war, um Tom zu gebären. Er lebte jetzt mit seiner zweiten Frau, einer Irin, und ihren drei Kindern auf Staten Island. Toms Vater sah in Tom den schändlichen Beweis für den einen großen Fehler seines Lebens: die Heirat einer Puertoricanerin. Tom hatte seinen Vater seit Jahren nicht mehr gesehen.

Toms Stiefvater sah in Tom den schändlichen Beweis dafür, daß seine Frau so blöde war, einen Anglo zu heiraten. Der Anglo hatte sie rausgeworfen, wie es voraussagbar gewesen war.

Zwei Tage nach seinem 18. Geburtstag, als sein Vater keine Alimente mehr hatte zahlen müssen, war Tom zur Army gegangen. Der Rekrutierungs-Sergeant hatte ihm gesagt, die Army würde ihn auf die Koch- und Bäckerschule schicken, wo er alles übers Kochen und Backen lernen würde, so daß er nach seiner Entlassung aus der Army ein Geschäft eröffnen könne. Es gebe eine besondere Regelung für Veteranen, und er werde von der Handwerkskammer akzeptiert werden.

Tom hatte den Army General Classification Test (AGCT), den Annahmetest für die Army, zweimal machen müssen. Als man sah, wieviel Punkte er beim erstenmal gemacht hatte, nahm man an, daß es entweder ein Fehler sein mußte oder daß er betrogen hatte oder einfach mit unglaublichem Glück geraten hatte, was er im Testformular eintragen mußte. Zu diesem Zeitpunkt hatte er nicht verstanden, was das bedeutete, aber als er in der Koch- und Bäckerschule in Fort Lee, Virginia, gewesen war (Himmel, was war das für ein Fehler!), hatte ihn der Kompaniechef zu sich befohlen und ihm gesagt, daß er sich die AGCT-Punkte angesehen hätte und Tom zur Kategorie I zähle und folglich zum Besuch der Offiziersanwärterschule berechtigt sei. Er hatte nicht richtig verstanden, was die Officer Candidate School (OCS) war, und der Gedanke, Offizier zu werden, war unglaublich für ihn gewesen, aber er hatte sich gesagt, was soll's, du kommst aus der Küche raus.

Auf der OCS in Benning hatte ihn der Ausbildungsoffizier zu sich befohlen und ihn gefragt, ob seine Mutter Mitglied einer spanischen Minderheitengruppe sei, und Tom hatte es bejaht.

Der Ausbildungsoffizier war ein guter Mann, klein wie Tom, und er hatte erklärt, daß die Army alles tue, um sicherzustellen, daß jedem alle ihre Möglichkeiten offenstanden, ganz gleich, welche Rasse, welchen Glauben er hatte und von welcher Nationalität er abstammte. Das bedeutete, hatte der Offizier erklärt, daß Tom als Mitglied der hispanischen Minderheitengruppe nicht zum Quartermaster Corps kommen werde und Feldflaschen zählen müsse, sondern den Kampftruppen zugeteilt werde: Infanterie, Artillerie oder Panzertruppe. Er könne eventuell gleich nach der OCS auf die Fallschirmspringerschule gehen, was weitere 150 Dollar pro Monat einbrachte, und sich zur 82. Luftlandedivision versetzen lassen.

Unterdessen hatte Tom einiges von der Army kapiert. Wenn er die Koch- und Backschule absolviert hatte und Offizier im Quartermaster Corps wurde, dann bestand eine sehr gute Chance, daß er Assistent eines Messeoffiziers in irgendeiner großen Messe wurde, als Offizier, der für die Gewürze verantwortlich war. Er erklärte sich daher als Mitglied der hispanischen Minderheitengruppe und ersuchte um eine Versetzung zur Infanterie, um den Besuch der Fallschirmspringerschule und eine Verwendung bei der 82. Luftlandedivision. Seine Gesuche wurden positiv beantwortet.

Am Abend bevor Second Lieutenant Thomas Ellis, Infanterie, die Fallschirmspringerschule in Fort Benning, Georgia, verließ, um zur 82. Luftlandedivision in Fort Bragg, North Carolina, zu gehen, gab es eine Pokerpartie im Quartier für ledige Offiziere. Normalerweise hatte Tom Ellis Glück beim Pokern und war weitaus erfahrener darin, als man bei seinem jungenhaften Gesicht angenommen hätte. Aber an diesem Abend hatte er alles verloren: all sein Geld, seine Armbanduhr, seinen Ring und das MG-Coupé.

Wenn er erst mal in Bragg war, würde wieder alles in Ordnung sein. Er würde die Fahrtkosten erstattet bekommen und im Offiziersklub essen. So würde er sich bis zum Zahltag durchschlagen können. Das Problem war nur, von Benning nach Bragg zu kommen – er hatte ja kein Auto mehr. Es gab nur eine Möglichkeit: sich als Anhalter an den Highway zu stellen und den Daumen zu recken.

Tom wurde bald von einem gebräunten Mann in einem Cadillac mitgenommen, der ihm sagte, daß er durch Fayetteville fahren würde. Es ist eine lange Fahrt von Benning nach Bragg, und sie unterhielten sich. Tom erzählte dem Besitzer des Cadillacs, daß er gerade erst die OCS und die Fallschirmspringerschule hinter sich hatte und auf dem Weg nach Bragg war. Der Besitzer des Cadillacs erzählte ihm, daß er während des Kriegs in der 82. Luftlandedivision gewesen war. Tom berichtete ihm von seinem Pech beim Pokern, was erklärte, weshalb er per Anhalter fuhr.

Kurz vor Fayetteville fuhr der Typ mit dem Cadillac zu einem Rasthaus und erklärte, er würde ein Essen spendieren. Dann ging er auf die Toilette, und als er zurückkehrte, trug er eine Uniform mit dem silbernen Eichenblatt eines Lieutenant Colonels und vielen Ordensbändern. Eines der Ordensbänder, anderthalb Zoll Blau mit Sternen darauf, sah Tom zum ersten Mal, aber er wußte, was es symbolisierte: die Tapferkeitsmedaille.

Lieutenant Colonel Rudolph G. MacMillan drängte Second Lieutenant Thomas Ellis 200 Dollar auf und erklärte ihm, daß er jeweils 100 Dollar in den nächsten beiden Monaten zurückhaben wolle. Colonel Mac sagte, Ellis könne ihn am Zahltag in der Special Warfare School finden.

Lieutenant Ellis wurde Zugführer der D-Kompanie des 502. Fallschirmjäger-Regiments und bekam zusätzliche Aufgaben als Messe-Offizier, als Offizier für die Kontrolle von Geschlechtskrankheiten, als Offizier für Soldaten, die sich wiederverpflichteten, und als Offizier für die Belange von Minderheiten. Dann hörte er, was die Special Warfare School war. Dort wurden die ›Schlangenfresser‹ ausgebildet. Die ›Schlangenfresser‹ rannten im Dschungel herum, fraßen Schlangen, steckten Messer in Leute und sprengten Dinge in die Luft. ›Schlangenfresser‹ trugen grüne Mützen, und deshalb wurden sie Green Berets genannt.

Bei den Green Berets sollte es wenig Langeweile geben, hauptsächlich weil die meisten der Soldaten Sergeants waren und weil ihr Colonel ein Ire namens Hanrahan war. Es war wohl auch eine gute Verwendung für einen jungen Offizier, denn man mußte schon ein verdammt guter junger Offizier sein, um überhaupt in die Special Forces hineinzukommen. Dort wollte man keine Second Lieutenants, die frisch von der Fallschirmspringerschule kamen, sondern erfahrene Lieutenants und Captains mit Dienst im Ausland, vorzugsweise während eines Kriegs.

Lieutenant Ellis, dem es nicht gefiel, all die anderen Aufgaben zusätzlich zu seinem Dienst als Zugführer machen zu müssen, sagte sich, daß Colonel Mac allenfalls ›nein‹ sagen konnte. Fragen kostet nichts, und sobald er die 200 Dollar haben würde, die er Colonel Mac schuldete, würde er sie ihm bringen und zur Sprache bringen, daß er ein ›Schlangenfresser‹ werden wollte.

Die 200 Dollar fielen ihm in den Schoß. Er gewann beim Pokern nicht nur die 200, sondern soviel, daß es auch noch für eine Armbanduhr und einen billigen, gebrauchten roten Ford reichte.

Als er mit dem alten Ford zum Special Warfare Center fuhr, stellte Tom fest, daß Colonel Mac ein kleines Problem hatte.

Colonel Macs erste Frage war: »Sind Sie sicher, daß Sie es sich erlauben können, mir die 200 so schnell und auf einmal zurückzugeben?«

»Jawohl, Sir.«

Die zweite Frage lautete: »Was haben Sie bei Ihrer Einheit gemacht? Nebenbei Offizier für die Kontrolle von Geschlechtskrankheiten?«

»Jawohl, Sir, und noch einiges andere.«

Die dritte Frage war: »Kennen Sie bei Ihren Leuten einige Tacofresser, die einen neuen Job suchen?«

»Ich verstehe nicht ganz, Sir.«

»Sie wissen, was ein Tacofresser ist, Ellis? Chilifresser? Ich brauche eine Reihe davon. Sie müssen Fallschirmspringer sein und Spanisch beherrschen.«

Lieutenant Ellis antwortete auf spanisch.

»Wo haben Sie die Sprache der Tacofresser gelernt?« hatte Colonel Mac überrascht gefragt.

»Die meisten von uns Tacofressern sprechen Spanisch,

Colonel«, hatte Ellis erwidert. »Ich wuchs in Spanish Harlem auf. Der Mädchenname meiner Mutter ist Juanita de Torres.«

»Jesus!« hatte Colonel Mac gesagt. »Sie sehen wirklich nicht wie einer aus. Ich habe es nicht böse gemeint.«

»Nicht der Rede wert, Sir.«

»Wollen Sie zu uns kommen?«

»*Si*, Colonel.«

»Gehen wir zu Colonel Hanrahan«, hatte Colonel Mac gesagt.

Der Kommandeur des Special Warfare Center, Colonel Paul T. Hanrahan, hatte sich nicht auf Ellis' Wort verlassen, daß er Spanisch beherrschte. Er hatte einen Sergeant kommen lassen und ihm befohlen, herauszufinden, wie gut der Lieutenant spanisch sprach.

Drei Minuten später hatte der Sergeant gemeldet, daß Ellis ein sonderbares Spanisch sprach, fast Kastilisch, obwohl er fast ebenso fließend den puertoricanischen Dialekt beherrschte.

»Wir hatten in der Schule spanische Nonnen«, hatte Ellis erklärt.

Colonel Hanrahan hatte ihn auf der Stelle zum Special Warfare Center versetzen lassen.

Das Special Warfare Center hatte Vorrang in der Zuteilung von Personal. Hanrahan hatte die Anweisung erhalten, spanisch sprechende Rekruten aufzutreiben, wo immer er sie finden konnte. Der Stellvertretende Stabschef für Personal war in Präsident Eisenhowers Entscheidung eingeweiht, vom CIA einen Trupp Exil-Kubaner nach Kuba zurückzuschicken, um es Castro wieder abzunehmen. Die Special Forces sollten mit dem CIA in Ausbildung und Ausrüstung der Exil-Kubaner ›zusammenarbeiten‹. Als der Stellvertretende Stabschef für Personal Hanrahan anwies, spanisch sprechendes Personal zu rekrutieren, gab es zugleich die Anweisung, daß Personal, das vom Special Warfare Center ausgewählt wurde und sich freiwillig für den Dienst bei den Special Forces meldete, sofort zur Versetzung freigestellt werden mußte.

Lieutenant Tom Ellis hatte nichts von diesen Anweisungen und den Gründen dafür gewußt. Man hatte ihm erst gesagt, daß er mit einem ›A‹-Team per Fallschirm über Kuba abspringen sollte, um einen Funkpeilsender als Orientierungshilfe für amerikanische Piloten in Betrieb zu nehmen, als er seine Ausbildung bei den Special Forces fast abgeschlossen hatte. Zwei Wochen später war er über den Hügeln oberhalb der Schweinebucht abgesprungen.

Toms Mutter kam in die Diele , stieß einen Freudenschrei aus und lief zu ihm. Während sie ihn in die Arme schloß, fragte sie, warum er sein Kommen nicht angekündigt hatte.

»Ich wußte nicht, ob ich weg kann«, sagte Tom.

Er stellte den Matchbeutel auf den Küchentisch, zog den Reißverschluß auf und gab seiner Mutter ihr Weihnachtsgeschenk. Es war französisches Parfum aus dem PX. Er wußte, wie sehr seine Mutter Parfüm liebte.

»Ich habe dein Geschenk zur Army geschickt«, sagte sie.

»Das kommt schon an.«

Tom nahm ein zweites Päckchen aus dem Matchbeutel und überreichte es Philip.

»Was ist das?« fragte Philip. Das Päckchen war schwerer, als es aussah, und Philip ließ es fast fallen.

»Fröhliche Weihnachten«, sagte Tom.

»Ich habe nichts für dich«, sagte Philip.

»Das macht nichts.«

Philip wog das schwere Päckchen in der Hand. Die Neugier übermannte ihn. Er stellte es ab und riß das Weihnachtspapier auf.

»Was ist das?«

»Du beklagst dich immer, daß du dir selbst deine Munition kaufen mußt«, sagte Tom. »Und so habe ich dir welche besorgt.«

Das Päckchen enthielt acht Schachteln mit jeweils 50 Patronen .38 Special.

Philip schaute zu Tom auf.

»Sie sind nicht heiß, Philip«, sagte Tom, der wußte, was er dachte.

»Woher hast du sie?« fragte Philip.

»Aus dem PX (Post Exange – Verkaufsläden der amerikanischen Streitkräfte).«

»Verkaufen die so was an jeden?« fragte Philip. »Kein Wunder, daß jeder Punker auf Manhattan Island eine Waffe hat.«

»Ich bin Offizier, Philip«, sagte Tom.

In Wirklichkeit hatte er die Patronen nicht im PX gekauft. Er hatte sie aus der Waffenkammer. Er war dorthin gegangen, um dem General ein paar Schachteln mit .45er Munition zu holen. General Hanrahan schoß gern mit der .45 Pistole.

Tom hatte die .38er Munition in den Eisenregalen in der Waffenkammer gesehen und an Philips Klagen gedacht, daß er sich jedes halbe Jahr selbst Munition kaufen mußte, um sich mit seinem Dienstrevolver zu qualifizieren. Er hatte sich gesagt, wenn er sich wie Philip den Lebensunterhalt verdienen müßte, dann würde er in jeder freien Minute auf dem Schießstand sein und üben und nicht darüber jammern, daß er sich alle sechs Monate qualifizieren und die Munition selbst bezahlen mußte.

»Was ist mit der .38er Munition?« hatte Tom den Warrant Officer gefragt.

»Wollen Sie welche? Bedienen Sie sich, Lieutenant.«

»Steht sie in den Büchern?«

»Genau wie die .45er«, hatte der Warrant Officer erklärt. »›Erhältlich für inoffizielles Üben‹. Ich habe eine Tonne davon. Niemand will mit einem .38er schießen.«

»Mein Stiefvater ist Cop in New York«, hatte Tom gesagt. »Er muß die Munition fürs Übungsschießen und die Qualifikation selbst bezahlen.«

»Lieutenant, wenn Sie etwas von dieser .38er Munition haben wollen, dann wird gewiß niemand etwas sagen, wenn Sie die Patronen mit heimnehmen, um mit Ihrem Stiefvater zu üben.«

»Dann geben Sie mir bitte zwei Schachteln.«

»Zwei Schachteln? Quatsch. Sie können nicht mit zwei lausigen Schachteln üben.«

Er gab Tom soviel, wie er mit zwei Händen aus dem Regal nehmen konnte – acht Schachteln.

Philip hatte eine der Schachteln geöffnet und schaute sich eine der Patronen an.

»Die kann ich nicht gebrauchen; die ist panzerbrechend«, sagte er, hielt die Patrone hoch und wies auf die Metallhülse.

Tom fand, daß Philip erfreut war, einen Grund gefunden zu haben, um das Geschenk zurückzuweisen.

»Das ist keine panzerbrechende Patrone«, sagte Tom. »Das nennt man ›Vergoldung‹. Wie bei der .45er.«

»Bist du jetzt ein Experte für Munition, Lieutenant?«

»Ich kenne den Unterschied zwischen panzerbrechender Munition und Bleimunition.«

»Und ich erkenne panzerbrechende, wenn ich welche sehe«, sagte Philip.

»Okay, dann ist sie also panzerbrechend. Geh und schieß damit einen Panzer ab.«

Er war noch keine zehn Minuten da, und die Streiterei ging schon los.

»Mich freut, daß du hier bist«. sagte seine Mutter in der Hoffnung, den Streit zu beenden, bevor er außer Kontrolle geriet. »Philip geht seine Kinder besuchen, und wir können uns unterhalten.«

Toms Stiefvater war heute nicht auf eine Prügelei aus. Manchmal war er das.

»Ich wollte gerade gehen, als du kamst«, sagte Philip. »Ich muß meine Kinder besuchen und ihnen die Geschenke bringen, verstehst du?«

»Klar«, sagte Tom.

Er sagte sich, daß es eine Reihe von Gründen gab, weshalb Philip ihn nicht mochte. Zum einen war Tom weiß. Zum anderen mußte Philip wissen, daß er nicht annähernd soviel Geld verdiente wie ein Lieutenant mit Fallschirmspringerzulage bei der Army.

Verdammt noch mal! Was machte es schon?

Tom kam auf einen lustigen Gedanken: Philip glaubte tatsächlich, daß die .38er Munition panzerbrechend war. Er ließ sich nicht vom Gegenteil überzeugen. Höchstwahrscheinlich würde er sich bei den Kollegen aufspielen und ihnen erzählen, er wäre an panzerbrechende Munition der Army herangekommen, und jedem jeweils sechs Patronen geben. Im ganzen U-Bahn-System von New York City würden die Cops Dienstwaffen tragen, die ihrer Meinung nach mit panzerbrechender Munition geladen waren.

Tom erkannte, daß er von hier fort mußte. Er war gekommen, weil Weihnachten war, und wegen seiner Mutter. Und er mußte von hier fort, weil sie seine Mutter war.

Als Philip das Apartment verlassen hatte, erzählte Toms Mutter von der Arbeit. Sie arbeitete in einer Schneiderei in der Third Avenue. Sie hatte vor Jahren bei dieser Firma angefangen, und jetzt war sie so etwas wie eine Vorarbeiterin. Das bedeutete, daß sie sowohl Spanisch als auch Englisch sprach. Die Näherinnen kamen frisch von Puerto Rico und sprachen nur Spanisch, und Mr. Feldstein, der Chef, und die Zuschneider konnten kein Spanisch. So sagte sie den puertoricanischen Frauen, was man von ihnen erwartete.

Tom hörte höflich zu, nicht weil es ihn im geringsten interessiert hätte, sondern weil seine Mutter keinen anderen Gesprächsstoff haben würde, wenn sie nicht über die Arbeit sprechen konnte. Sie liebte ihre Arbeit, was gut war, denn 60 Prozent von Philips Lohn gingen für Alimente drauf, und sie brauchten das Geld, das sie verdiente. Sie war glücklich mit Philip verheiratet, und Tom freute sich ebenfalls darüber.

Aber auch wenn sie seine Mutter war, gehörte er nicht hierhin. Und ebenso offenkundig gehörte er auch nicht nach Swarthmore. Das einzige, was blieb, war die Army. Er gehörte zur Army.

Als Philip zurückkehrte, kurz vor ein Uhr (er hatte höchstwahrscheinlich mit seinen Kindern die Mitternachtsmesse besucht), verabschiedete sich Tom. Philip bestellte telefonisch ein Taxi für Tom, damit er nicht durch die nächtlichen Straßen gehen und versuchen mußte, eines zu erwischen. Philip sagte der Taxigesellschaft, daß er Officer Francissa war. Sonst hätte der Mann in der Zentrale kein Taxi zu dieser Adresse geschickt. Als das Taxi kam, fragte Tom den Fahrer, wieviel eine Fahrt bis zur anderen Seite der George Washinton Bridge kosten würde, so daß er nicht bis zum Busbahnhof fahren mußte.

Taxifahrer hatten das Recht, Fahrten nach außerhalb der

Stadt zu verweigern, und selbst als Tom ihm seinen Truppenausweis zeigte, lehnte dieser Fahrer es ab, ihn zum geparkten Wagen nach Jersey zu fahren.

Tom fuhr mit dem Bus zurück über den Hudson, wischte den Schnee von der Windschutzscheibe des Jaguars, stieg ein und ließ den Motor an. Er würde beim ersten Motel anhalten und dort übernachten. Am Morgen würde er geradenwegs nach Bragg fahren.

Er hatte die vage Vorstellung gehabt, vielleicht auf dem Rückweg bei Dianne vorbeizuschauen. Jetzt wußte er, daß er das nicht tun konnte. Um Himmels willen, die Sache mit Dianne war fast so dumm wie der Besuch der Koch- und Bäckerschule. Er würde Dianne auch nicht wiedersehen, wenn die Semesterferien vorüber waren und sie wieder auf der Uni in Duke war.

Er wußte, was er tun würde. Man war im Begriff, einige Berets nach Vietnam zu schicken, wo auch immer zum Teufel das sein mochte. Er würde dem General sagen, daß es ihm nicht gefiel, Adjutant zu sein. Er wollte mit einem Team nach Vietnam.

4

Gebäude T-2007
Infanterie-Zentrum und Schule
Fort Benning, Georgia

24. Dezember 1961, 19 Uhr 30

Es war kaum jemand zum Abendessen in der Gemeinschaftskantine 6 gewesen, die der Fallschirmspringerschule diente. Das Küchenpersonal mußte weniger Tabletts und Geschirr spülen, aber sonst unterschied sich der Dienst wenig von dem, der zu leisten war, wenn die Kantine voller Fallschirmjäger war, die ausgebildet wurden.

Der rote Kachelboden, die Herde und Arbeitstische mußten geschrubbt werden. Und der Boden in der Kantine, die Tische, die Kaffeemaschinen und die dampfbeheizte Theke zum Warmhalten von Speisen mußten gesäubert werden.

Es war fast 19 Uhr, als Private Geoffrey Craig, fröstelnd im durchnäßten und mit Fett beschmierten Arbeitsanzug, nach vierzehneinhalb Tagen Küchendienst in seine Unterkunft ging. Er fand eine Zeitung in einem Abfallkorb, knüllte sie zusammen und stopfte sie in seine nassen Stiefel, damit sie über Nacht trockneten. Dann zog er den Arbeitsanzug aus und schob ihn unters Bett, nahm saubere Unterwäsche und seine Badeschuhe und ging zum Duschraum, um lange und heiß zu duschen.

Es war zwar kein berauschendes Gefühl, aber ein befriedigendes, daß die Beendigung des Küchendienstes etwas Bedeutsames war. Auf der Fallschirmspringerschule würde er keinen Küchendienst mehr leisten müssen. Er hatte zwei Drittel des dreiwöchigen Lehrgangs hinter sich. Das bedeutete, daß er das Schlimmste hinter sich hatte.

Die erste Woche hatte hauptsächlich dem Muskelaufbau und der Gehirnwäsche gedient. Der Muskelaufbau hatte ihm nicht viel ausgemacht, abgesehen von Liegestützen, bei denen seine Hand schmerzte. Die Kniebeugen hatten ihm überhaupt nichts abverlangt, obwohl sich einige der Kameraden bei der übermäßigen Belastung, die ihnen auf den Magen schlug, hatten übergeben müssen. Die langen Märsche waren anstrengend gewesen, aber auch das hatte er relativ gut geschafft.

Die Gehirnwäsche, die Demütigungen, hatten einen wichtigen Zweck, hatte Karl-Heinz Wagner ihm mit professioneller Erfahrung versichert. Wenn jeder genau tat, was man ihm sagte, und jeden Befehl sofort ausführte, dann gab es wirklich wenig Gefahr bei der Fallschirmspringerausbildung. Seit zwanzig Jahren hatte man Leute gelehrt, aus Flugzeugen zu springen, und inzwischen wußte man, wie es am besten und sichersten beigebracht wurde.

Man mußte jedoch auch mit Zwischenfällen rechnen – Unfälle, Fehler, beschädigte Ausrüstung. Wenn so etwas passierte, wußten die Ausbilder es zu meistern, vorausgesetzt, der Auszubildende tat genau, was man ihm befahl. Laut Karl-Heinz Wagner war die Bestrafung ›Machen Sie mal 50‹ (Liegestütze) bei dem kleinsten Verstoß gegen Vorschriften und Regeln dazu bestimmt, daß die Auszubildenden sofort und ohne Frage jeden Befehl erfüllten, den man ihnen gab.

Die Ausbilder, der ›Kader‹, waren ohne Ausnahme junge Männer in hervorragender körperlicher Verfassung, die ihre Pflicht begeistert erfüllten. Sie trugen gestärkte, makellose Arbeitsanzüge, und ihre Springerstiefel waren auf unglaublichen Hochglanz poliert. Wenn der Kader ein hohes Maß an Sadismus anwandte, dachte Geoff manchmal, daß ihm nichts auf der Welt lieber wäre, als die Ausbilder allesamt in ein gigantisches Faß mit Altöl zu tauchen.

Was die Fallschirmspringerschule anbetraf, so gab es zwei Klassen von Leuten: Auszubildende und Ausbilder. Der Kader schrie einen Offizier, der ausgebildet wurde, ebenso an wie einen Gefreiten, obwohl die Ausbilder die beiden Stabsoffiziere in Geoffs Ausbildungskompanie mit ein wenig Respekt behandelten. »Ich wäre Ihnen dankbar, Sir, wenn der Major mir 25 (Liegestütze) zeigen würde, Sir.«

Bevor sie Bragg verlassen hatten und nach Benning gefahren waren, hatte ihnen der First Sergeant ein paar aufmunternde Worte gesagt:

»Wir wollen, daß Sie in Benning tun, was man Ihnen befiehlt, und dabei den Mund halten. Finden Sie sich mit allem ab, was man Ihnen zumutet. Sie werden nur drei Wochen dort sein, und Sie müssen die Fallschirmspringerschule absolvieren, bevor Sie Ihre Ausbildung hier beginnen können. Wenn man Ihnen die Wochenenden freigibt, benehmen Sie sich. Halten Sie sich von Phoenix City fern, das genau gegenüber auf der anderen Seite des Flusses liegt. Aus einem Flugzeug zu springen, mit ihm verbunden durch eine Leine, die automatisch Ihren Fallschirm öffnet, stellt für keinen irgendein intellektuelles Problem dar. Wenn Sie hierher zurückkehren, werden wir Sie lehren, worum es beim Fallschirmspringen eigentlich geht.«

Es war eine lange Fahrt mit dem Volkswagen von Bragg nach Benning. Ursula hatte mit ihren Koffern hinten gesessen, während Geoff und Karl-Heinz abwechselnd gefahren waren. Ursula konnte offenbar nicht Auto fahren, was Geoffs Hoffnung zunichte machte, irgendwann während der Reise mit ihr auf den Vordersitzen zu sitzen.

Karl-Heinz bestand darauf, Benzin und Essen zu kaufen. Das Essen bestand aus belegten Brötchen, hartgekochten Eiern und Milch; Ursula hatte den Reiseproviant in Plastiktüten verpackt. Karl-Heinz und Ursula lehnten eine Einladung zu einem richtigen Essen ab. Sie konnten es sich nicht erlauben, sich zu revanchieren.

In Benning hatte sich Karl-Herz widerstrebend den Volkswagen geliehen, um damit nach Columbus, Georgia, zu fahren und eine Bleibe für Ursula zu suchen. Der Sergeant, der Geoff vom Reisen mit dem eigenen Wagen erzählt hatte, hatte Karl-Heinz gesagt, daß der Unteroffiziersklub in Benning immer Kellnerinnen suche, und wenn seine Schwester einen Job brauche, solle sie mit einem Sergeant Whitman sprechen.

Das hatte ebenfalls geklappt. Jeden Nachmittag, nachdem sie die Arbeitsuniform von Karl-Heinz fast so gestärkt hatte, wie es die Uniformen der Ausbilder waren, fuhr Ursula mit dem Bus von der möblierten Anderthalbzimmerwohnung in Columbus hinaus zur Garnison und arbeitete von 16 Uhr bis 22 Uhr 30 als Kellnerin im Speiseraum des Unteroffiziersklubs. Sie erhielt 1,25 Dollar pro Stunde plus Trinkgeld. Karl-Heinz gefiel nicht der Gedanke, daß sie fast bis Mitternacht allein war. So war er einverstanden, daß Geoff ihn zum Unteroffiziersklub fuhr, wo sie beide auf Ursula warteten. Karl-Heinz bestand darauf, das Benzin zu bezahlen.

Geoff fand, daß Ursula immer müde war, wenn sie von der Arbeit kam. Verdammt hübsch, selbst in dieser blöden Uniform, aber müde. Und noch schöner, wenn sie lächelte und stolz vorzeigte, wieviel Trinkgeld sie an einem guten Abend bekommen hatte.

Manchmal setzte sich Karl-Heinz hinten in den Volkswagen, und Geoff saß vorne mit Ursula und konnte sie immer wieder verstohlen anschauen. Von Zeit zu Zeit ertappte sie ihn dabei, und dann röteten sich ihre Wangen, und sie sah schamhaft weg.

Geoff haßte den Volkswagen. Es stimmte ihn nur versöhnlich, daß die Karre so klein war und Ursula manchmal, wenn sie vorne neben ihm saß, ihn zufällig mit dem Bein berührte. Ansonsten verbrauchte der Wagen viel Öl und hatte andere Macken. Karl-Heinz war offenbar ein Fachmann für Volkswagen – eine weitere Überraschung.

Es gab Volkswagen in Ostdeutschland, importiert vom kapitalistischen Westen für ranghohe Funktionäre und Militärs. Karl-Heinz' Kommandeur hatte einen VW besessen, und als der Wagen zuviel Öl verbraucht hatte, hatten sie den Motor überholt. Karl-Heinz hatte Geoff erklärt, daß er sich auf den Einbau einer neuen Zylinderkopfdichtung vorbereiten müsse, bevor ein ernster Motorschaden auftreten würde.

Es dauerte eine Weile, bis die Saat der Worte von Karl-Heinz Früchte trugen, aber dann war alles klar. Karl-Heinz konnte Autos reparieren. Leute, die Autos reparierten, wurden dafür bezahlt. Karl-Heinz brauchte Geld. Ergo sollte Karl-Heinz jede Reparatur am Wagen machen und dafür kassieren.

»Vielleicht wenn wir wieder in Bragg sind«, sagte Karl-Heinz. Der Wagen würde vermutlich bis dorthin noch laufen. Aber Geoff dachte: Wenn er nicht von allein kaputt geht, werde ich eben ein bißchen nachhelfen. Da die Rückfahrt nach Bragg das wichtigste war, sollte der Wagen für diesen Zweck geschont werden. Sie würden ihn nicht mehr benutzen, um Ursula jeden Abend vom Unteroffiziersklub abzuholen. Er, Karl-Heinz, würde Ursula auf der Heimfahrt im Bus nach Columbia begleiten und mit dem Bus zur Garnison zurückkommen.

In der ersten Nacht, als die Geschwister mit dem Bus nach Columbus fuhren, ging der Motor des Volkswagens kaputt. Master Sergeant Martinez, der ehemalige First Sergeant der 1. Division (der von Sergeant Major Taylor den Auftrag erhalten hatte, ein Auge auf PFC Wagner und Private Craig zu halten, was beide nicht wußten), schleppte freundlich den Volkswagen mit seinem Buick-Kombi nach Columbus ab.

Während Geoff Küchendienst hatte, baute Karl-Heinz einen neuen Motor in den VW ein. Er hatte ausgerechnet, daß es billiger war, einen Austauschmotor einzubauen, als den schadhaften Motor zu überholen.

Karl-Heinz berechnete Geoff 90 Prozent dessen, was die Autowerkstatt für den Einbau des Motors verlangte, und er war ehrlich genug, Geoff zu sagen, daß er froh war, die Arbeit zu haben. Er wußte, daß Ursula ihm ein kleines Weihnachtsgeschenk kaufte, und jetzt konnte er ihr ebenfalls eins kaufen. Karl-Heinz kündigte an, daß Ursula Geoff möglicherweise auch etwas zu Weihnachten schenken würde.

Geoff verwandte mehr Zeit darauf, ein Geschenk für Ursula auszuwählen, als je zuvor, wenn er Geschenke gekauft hatte. Schließlich entschied er sich für ein Kofferradio mit UKW. So konnte sie gute Musik hören. Das Radio kostete 119,95 Dollar. Er kaufte ebenfalls einen elektrischen Büchsenöffner, der wegen eines Kratzers, den man kaum sah, von 29,92 $ auf 10,95 $ reduziert worden war. Er brachte beides in Gebäude T-2007, wo er sorgfältig mit einer Rasierklinge das Preisschildchen von dem Dosenöffner ›reduziert von 29,95 $ wegen leichter Beschädigung auf 10,95 $‹ entfernte und auf das Radio klebte, wo Ursula es finden würde. Den Büchsenöffner brauchte er nicht.

Am Morgen, um Viertel vor zwölf, würden Karl-Heinz und Ursula Wagner mit dem VW zur Garnison kommen, dessen Austauschmotor prima lief. Sie würden ein Weihnachtsessen in der Kantine nehmen, wo für 80 Cents das rituelle 14gängige Weihnachtsbankett serviert wurde – buchstäblich alles von Suppe über Truthahn und Schinken bis zu Nüssen. Dann würden sie Private Craig nach Columbus mitnehmen zu ›Kaffee und Kuchen‹. Dort würde er Ursula das 10,96-Dollar-Radio und Karl-Heinz ein Schweizer Messer geben, das dieser bewundert hatte. Und Ursula würde ihm, Geoff, ihr Geschenk geben, und vielleicht würde sie sich in der Weihnachtsstimmung hinreißen lassen und tatsächlich zulassen, daß er sie küßte.

Mit frischer Unterwäsche und nach Seife duftend, zog Private Craig die Decke von seinem Kissen und schlüpfte zwischen die Laken. Er schob sich das Kissen unter den Nacken und begann im *Time Magazine* zu lesen.

Ein paar Minuten später spürte er, daß jemand Bedeutendes, ein Unteroffizier des Kaders, vielleicht sogar ein Offizier, in den zweiten Stock von Gebäude T-2207 gekommen war. Die Unterhaltungen der drei kleinen Gruppen in dem fast verlassenen Kasernengebäude verstummten. Eine erwartungsvolle, fast unheilschwangere Stille setzte ein. Es muß jemand vom Kader sein, sagte sich Geoff. Keiner hatte ›Achtung!‹ gerufen. Was wollte der sadistische Hurensohn hier an Heiligabend?

Der Besucher, der einen Kamelhaarmantel über die Schultern gehängt trug wie ein Schauspieler und einen grünen Tirolerhut mit etwas im Band aufhatte, das wie ein Rasierpinsel aussah, schaute sich in dem Raum um, entdeckte Geoff und setzte sich aufs Bett neben ihn.

»Hallo, junger Mann«, sagte er fröhlich. »In letzter Zeit aus irgendwelchen intakten Flugzeugen gehüpft?«

Geoff lachte. »Ich bin noch nicht gesprungen. Das kommt erst nächste Woche.«

»Ein bißchen früh im Bett, nicht wahr?«

»Ich hatte Küchendienst.«

»So sagte man mir.«

»Muß ich unter den gegebenen Umständen aufspringen und stillstehen?«

»Nein, es genügt, wenn du mir die Hand küßt.«

»Und wie rede ich dich unter diesen Umständen an?«

»Die Umstände sind Heiligabend, was dir offenbar entgangen ist, und du darfst mich Cousin Craig nennen.«

»Woher weißt du, daß ich hier bin?«

»Ich sprach soeben mit deiner Mutter. Mein jährlicher Heiligabend-Anruf bei meinen nächsten Verwandten. Als ich fragte, wo du bist, sagte sie mit tränenerstickter Stimme, daß die unmenschliche Army dir an Weihnachten nicht mal freigibt und daß man ihrem Baby sogar den Zugang zu einem Telefon verweigert.«

»Mein Gott, ich habe nicht angerufen!« sagte Geoff betroffen.

»Das schloß ich daraus«, sagte Lowell. »Zieh dich an, wir werden telefonieren.«

Geoff schwang die Beine aus dem Bett und wollte einen Arbeitsanzug anziehen.

»Hast du Zivilklamotten?« fragte Lowell.

»Nein.«

»Das Tragen ist erlaubt, weißt du.«

»Es war keine Zeit, welche von zu Hause zu bekommen oder hier zu kaufen«, sagte Geoff.

»Nun, dann zieh die Ausgehuniform an«, sagte Lowell.

»Warum? Wohin willst du mit mir?«

»Ich dachte mir, du brauchst Tapetenwechsel«, sagte Lowell trocken. »Wenn wir von meinem Motelzimmer aus deine Mutter angerufen haben, fahren wir runter nach Rucker. Ich kann dir keinen Weihnachtsbaum und keinen Truthahnbraten anbieten, aber ich dachte mir, daß Steaks und ein guter Tropfen auch nicht zu verachten sind.«

»Das kann ich nicht«, sagte Geoff.

»Und ob du das kannst«, sagte Lowell. »Ich habe das mit der Army geregelt.«

»Das meine ich nicht. Ich habe andere Pläne.«

Lowell musterte ihn und lächelte.

»Du sagst das mit einer solchen Entschlossenheit, daß da eine Lady im Spiel sein muß.«

»Ja«, murmelte Geoff.

»Nun, du kannst mir auf dem Weg zum Motel alles über sie erzählen«, sagte Lowell. »Ich versprach deiner Mutter, dich ans Telefon zu bringen.«

Als sie das Kasernengebäude verließen, standen ein Captain mit der Armbinde des Offiziers vom Dienst und ein Sergeant nervös neben einem silbergrauen Volkswagen.

»Melde dich ab«, sagte Lowell. »Ich warte hier.«

Während Geoff sich auf den Weg zur Schreibstube machte, hörte er den Captain sagen: »Guten Abend, Sir.«

»Fröhliche Weihnachten«, erwiderte Lowell.

»Kann ich dem General irgendwie helfen, Sir?« fragte der Captain.

»Ich bin nicht der General«, sagte Lowell. »Er lieh mir nur seinen Wagen. Genauer gesagt, den Wagen seiner Gattin.«

»Nun, Sir, kann ich Ihnen trotzdem irgendwie helfen?«

»Ich hatte geplant, diesen armen, einsamen Soldaten fern der Heimat zu Weihnachten zu trösten«, erklärte Lowell, »aber er hat bereits ein weibliches Geschöpf gefunden, das selbiges bei ihm tut.«

Der Captain lachte. »Sie haben dem Sergeant einen höllischen Schreck eingejagt. Er sah den Aufkleber an der Stoßstange des Wagens und rief mich an.«

»Das tut mir leid, Captain«, sagte Lowell. »Es ist schon schlimm genug, an Heiligabend Dienst zu schieben, ohne daß ein General herumschnüffelt.«

Geoff kehrte aus der Schreibstube zurück. Er schaute auf die Stoßstange des VW. Sie trug die Kennzeichen von Fort Benning und Fort Rucker. Das Kennzeichen von Rucker war Nummer 6, die Benning-Nummer war 28. Beide Aufkleber hatten den einzelnen Stern eines Brigadier General.

Als sie im Wagen saßen, sagte Geoff: »Ich fragte mich, was du mit einem Volkswagen machst.«

»Einem geschenkten Volkswagen schaut man nicht in den Kofferraum«, erwiderte Lowell. »Er gehört einem Freund von mir, Bill Roberts.«

»Was machst du hier?« fragte Geoff. »In Benning, meine ich. Du bist doch nicht meinetwegen hergekommen?«

»Ich erledige Schreibkram«, sagte Lowell. »Unglücklicherweise bin ich darin sehr gut.«

»Ich verstehe nicht, wie du das meinst«, bekannte Geoff.

»Ich bereite ein umfangreiches Dokument vor, das von General Roberts unterzeichnet wird und bevorzugt von General Howard gebilligt wird, wie wir hoffen. Dieses Dokument empfiehlt dem Verteidigungsminister, wie viele Flugzeuge die Army im nächsten Krieg brauchen wird.«

»Oh«, sagte Geoff. »Warum sagtest du ›unglücklicherweise‹?«

»Weil diejenigen, die schreiben, selten dazu kommen, es in die Tat umzusetzen«, antwortete Lowell. Und dann fuhr er hastig fort, um das Thema zu wechseln. »Als General Roberts heute nachmittag zum Weihnachtsurlaub heimfuhr, überließ er mir die Schlüssel dieses Wagens.«

»Wirst du Weihnachten hier in einem Motel verbringen?«

Er tut mir leid, dachte Geoff. *Er wollte wirklich mit mir zusammensein, weil er so einsam an Weihnachten sein wird, wie er dachte, daß ich es bin.*

»Ich habe dir noch nicht dafür gedankt, daß du mich aus dem Gefängnis rausgeholt hast«, wechselte Geoff das Thema.

»Wenn sie dich durch die Sümpfe Floridas scheuchen und du dich von Schlangen ernähren mußt, dann wirst du vielleicht wünschen, wieder im Bau zu sein«, sagte Lowell.

»Warum Special Forces? Warum hast du das für mich getan?« fragte Geoff.

»*Für* dich getan oder dir *angetan?*«

»Beides.«

»Geht es dir schlecht bei den Special Forces, mal abgesehen von der Lady?«

»Nein. Bis jetzt war es interessant.«

»Willst du eine offene Antwort auf die Frage, weshalb ich dafür gesorgt habe, daß du zu den Special Forces kommst?«

»Bitte.«

»Zum einen dachte ich mir, daß du durch die Ausbildung bei den Special Forces zu einem Mann wirst«, sagte Lowell.

»Oder daß ich im Laufe der Ausbildung draufgehe«, fügte Geoff hinzu und lachte.

»Um mich mal so auszudrücken, es unterscheidet die Männer von den Jungs«, sagte Lowell. »Und dann hatte ich ein egoistisches Interesse.«

»Ich weiß nicht, was du meinst.«

»Es gibt ein altes Sprichwort, Kipling sagte etwas in dieser Art, aber ich habe den genauen Wortlaut vergessen. Die moderne Version lautet: ›Für Soldaten und Hunde ist das Betreten des Rasens verboten.‹ In zehn Jahren, wenn du in deinem Büro in der Wall Street 13 sitzt und im *Wall Street Journal* liest, daß unser Senator erwägt, der Army ein Stück vom Kuchen abzuschneiden, sprich die Mittel zu kürzen, dann möchte ich, daß du dich an die guten Leute erinnerst, die du als Soldat kennengelernt hast. Unterbezahlt und mit Arbeit überbelastet und buchstäblich darauf vorbereitet, ihr Leben zu verlieren. Und wenn du dich an sie erinnerst, dann möchte ich, daß du wütend genug wirst, um den Hurensohn anzurufen und ihm richtig zu sagen, wo's langgeht.«

»Tust du das?«

»Ich überrede deinen Vater dazu, so sehr er auch protestiert. Man schenkt ihm mehr Aufmerksamkeit, als es bei mir der Fall sein würde. Ich bin nur ein weiterer Soldat, den sie vom Rasen fernhalten wollen.«

»Du magst die Army wirklich, nicht wahr?« sagte Geoff. »Es ist nicht so, wie Dad sagt.«

»Was sagt dein Dad?«

»Daß du einfach das Bankgeschäft nicht ausstehen kannst.«

»Ich kann das Bankgeschäft nicht ausstehen«, sagte Lowell. »In diesem Punkt hat er recht.«

»Und du magst die Army?«

»Ich bin mir nicht sicher, ob du es verstehen wirst, Geoff.«

»Stell mich auf die Probe.«

»Das Härteste, was ein anständiger Mann in seinem Leben tun kann, ist, einen anderen anständigen Mann irgendwohin zu schicken, wo er vermutlich ums Leben kommen wird«, sagte Lowell. »Das nennt man Befehlsgewalt. Und das Befriedigendste ist, ein Offizier mit Befehlsgewalt zu sein.«

»Ich glaube, ich verstehe das nicht«, bekannte Geoff nach einer Weile

»Das hatte ich auch nicht erwartet«, sagte Lowell. Erzähl mir von deiner Lady.«

»Warum ist es befriedigend, Befehlsgewalt zu haben?« fragte Geoff, der das Thema nicht beenden wollte.

Lowell schaltete hinab. Sie näherte sich dem Tor von Fort Benning. Der Militärpolizist vom Dienst, der lässig Wagen durchgewinkt hatte, sah den Aufkleber des Offiziers im Generalsrang am Wagen, stand still und grüßte schneidig.

Lowell erwiderte den Gruß geistesabwesend.

»Ich weiß es nicht«, sagte Lowell nachdenklich. »Es hat vermutlich etwas mit der Tatsache zu tun, daß wir uns weitaus weniger von den Wilden weiterentwickelt haben, als wir denken. Ich weiß nur, wenn man einmal die Erfahrung gemacht hat, wird man alles daransetzen, um wieder ein Kommando zu bekommen.«

»Du hattest ein Kommando.« Es war mehr eine Feststellung als eine Frage.

»Einmal, als ich etwa in deinem Alter war. In Griechenland, Und ein paar Jahre später in Korea.«

»Und deshalb findest du dich mit all diesem Scheiß bei der Army ab?«

»Erzähl mir von der Lady, Geoff«, sagte Lowell. »Wir haben dieses andere Thema erschöpft.«

Geoff spürte, daß er seinen Cousin irgendwie enttäuscht hatte. Und sein Gefühl sagte ihm, daß Craig Lowell mit seinen Worten eine Tür geöffnet hatte, die er nur selten aufmachte. Jetzt war sie wieder geschlossen und würde nicht so bald wieder geöffnet werden.

»Sie ist die Schwester von einem Freund von mir«, sagte Geoff. »Sie ist eine Deutsche.«

»Deutschland-Deutsche oder was?«

»Deutschland-Deutsche«, sagte Geoff. »Sie flüchtete aus Ostdeutschland.«

»Und du bist in sie verknallt?«

»Ich habe mich noch nie so gefühlt.«

»Es wird zerplatzen wie eine Seifenblase, wenn deine Eltern davon erfahren«, sagte Lowell. »Kannst du dich damit abfinden? Oder ist es nicht so ernst?«

»Was hast du gegen Deutsche?« sagte Geoff heftig, und dann erinnerte er sich. »Deine Frau war eine Deutsche, nicht wahr?«

»Ja, das war sie«, sagte Lowell. »Die Familie, vielleicht mit Ausnahme deiner Mutter, war sich einig in der Meinung, daß Ilse, die 18 war, als ich sie heiratete, ein durchtriebenes europäisches Flittchen war, das nur versorgt sein wollte.«

»Dann werden sie mit Ursula nicht einverstanden sein. Sie und ihr Bruder haben nicht mal einen Pinkelpott, so arm sind sie.«

»Weiß sie, daß du – ›wohlsituiert‹ bist?«

»Nein.«

»Eine letzte tiefschürfende philosophische Bemerkung vor dem Ende unserer Reise«, sagte Lowell und fuhr zum Parkplatz eines Ramada Inn Motels. »Einer der Vorteile für jemanden wie dich, der als Private bei der Army ist, besteht darin, daß du wahrscheinlich in Kontakt mit einem Mädchen kommst, das dich als Soldat und Private betrachtet und nicht als Craig, Powell, Kenyon & Dawes junior.«

Geoff schaute ihn an, als er den Volkswagen vor dem Motel stoppte.

»Ja«, sagte er.

»Ich habe dieses Zimmer die ganze Zeit«, sagte Lowell. »Ich werde dir einen Schlüssel geben.«

»Sie ist nicht dieser Typ Mädchen.«

»Ich sagte nur, daß du das Zimmer benutzen kannst, wenn du willst.«

»Wann starb deine Frau?« fragte Geoff.

»Gott war in Seinem Himmel, und alles war in Ordnung mit der Welt«, sagte Lowell. »Ich hatte das Kommando über den Kampfverband, der den Ausbruch aus dem Pusan-Brückenkopf machte. Eine Stunde vor dem Zusammenschluß mit den Leuten, die in Inchon gelandet waren, holte mich mein Bataillonskommandeur mit einer L-4 ein. Ich war überzeugt davon, dieser Hurensohn wolle mir den Ruhm klauen und sich mit meinen Lorbeeren schmücken. Das war ein Irrtum. Ich bekam den Ruhm und das Distinguished Service Cross. Jiggs war gekommen, um mir ein Fernschreiben zu zeigen, das gerade erst aus Deutschland eingetroffen war. Darin stand, daß Ilse 24 Stunden zuvor bei einem Autounfall ums Leben gekommen war.«

»O Gott!«

»Nimm mit, was du kriegen kannst, solange du es kannst, Geoff«, sagte Lowell. »Das ist nicht viel hier draußen.«

Geoff schwieg.

»Werde ich sie kennenlernen?« fragte Lowell.

»Verdammt, ich möchte ja, daß du sie kennenlernst«, sagte Geoff. »Aber jetzt wäre es ein schlechter Zeitpunkt.«

»Ich verstehe«, sagte Lowell. »Laß uns mit deiner Ma sprechen. Ich muß immer noch heute abend nach Rucker.«

X

1

Miller Army Airfield
Fort Benning, Georgia

24. Dezember 1961, 20 Uhr 45

Lowell parkte den Volkswagen von Bill Roberts' Frau auf einem Parkplatz, der für Fahrzeuge von Colonels reserviert war, und ging zur Flugabfertigung. Er gab dem Unteroffizier vom Dienst die Autoschlüssel und sagte ihm, daß seines Wissens General

Roberts früh am Dienstagmorgen nach Benning zurückkehren würde.

Dann überprüfte er die Wetterlage. Er hatte gesehen, daß der Jeepfahrer behaglich auf einer Pritsche gelegen und ein Comic-Heft gelesen hatte, und so entschied er sich, ihn nicht zu stören und zu Fuß zur Aero Commander zu gehen. Er dachte daran, daß er ohnehin nichts sonst zu tun hatte.

Lowells Aero Commander parkte hinter den Hangars, wo sie nicht ganz so auffällig unter den olivfarbenen Kollegen aussah. Lowell war erst zu der Parkfläche gelangt, wo die VIP-Flugzeuge und die Maschinen des Durchgangsverkehrs parkten, als sein Blick auf die Reihe der Maschinen fiel. Er blieb sofort wie angewurzelt stehen.

Er war so ärgerlich über das, was er nun tun mußte – jemanden zur Schnecke zu machen, daß er nicht mehr wußte, ob er Männlein oder Weiblein war, und das an Heiligabend –, wie über den Verstoß an sich. Er wandte sich um und kehrte zur Flugabfertigung zurück.

»Wo ist der Flugplatz-Offizier?« fragte er.

»Der macht ein Nickerchen, Sir. Kann ich Ihnen helfen?«

»Wecken Sie ihn!« sagte Lowell.

»Jawohl, Sir.«

Der Flugplatz-Offizier, ein Captain, der die Insignien des Infanterie-Zentrums trug, tauchte einen Augenblick später mit verschlafenen Augen auf.

»Kann ich Ihnen helfen?«

»Da steht eine bewaffnete Mohawk in der Reihe«, sagte Lowell. »Zu wem gehört die Maschine?«

Der Flugplatz-Offizier wußte nicht, wer der Kerl mit dem Tirolerhut war, und war ärgerlich, weil man ihn aus dem Schlaf gerissen hatte.

»Wir sprechen nicht über bewaffnete Mohawks«, sagte er. »Darf ich fragen, wer Sie sind?«

»Ich bin Colonel Lowell, und wir parken keine bewaffneten Mohawks auf der Parkfläche für Durchgangsverkehr. Ich fragte Sie, wer für die Maschine verantwortlich ist, Captain.«

»Sir, das weiß ich nicht«, sagte der Captain. »Aber wenn es wichtig ist. Colonel, werde ich versuchen, es herauszufinden.«

»Tun Sie das!« befahl Lowell scharf.

Der Captain telefonierte, als ein anderer Captain in einer internationalen, orangefarbenen Not-Fliegerkombination in die Flugabfertigung kam. Er trug einen Flughelm und eine Tasche mit den Flugpapieren. Auf die Fliegerkombination waren die Insignien der Mohawk aufgenäht.

»Wer zur Hölle hat diese Mohawk in der Reihe der anderen geparkt?« fragte er ärgerlich.

»Wer sind Sie?« fragte Lowell.

Der Captain musterte ihn und erkannte ihn schließlich.

»Ich bin Captain Witz, Colonel«, sagte er. »Ich soll diese Mohawk nach Rucker fliegen. Aber ich habe nicht erwartet, sie in der Reihe der anderen Maschinen zu finden.«

»Ich auch nicht«, sagte Lowell. »Warum wird sie nach Rucker geflogen?«

Der Captain überlegte sichtlich einen Moment, ob Colonel Lowell das zu wissen brauchte, und bejahte diese Frage. Er wußte, daß Lowell zu der kleinen Gruppe von Offizieren zählte, die wußte, was los war.

»Nach dem, was ich hörte, ist die Hälfte der Flugschreiber ausgefallen, und man gab es auf, sie dort zu reparieren. Major Brochhammer hat arrangiert, daß die SCATSA sie morgen in Rucker repariert. Er befahl mir, die Maschine hinzufliegen und dafür zu sorgen, daß der Schaden behoben wird.«

»Mit Waffen und allem?« fragte Lowell.

»Ich nehme an, wegen des Zeitdrucks, Sir. Es würde drei, vier Stunden dauern, um sie zu entfernen.«

»Wann geschah das alles?«

»Major Brochhammer rief mich vor etwa einer halben Stunde an. Sir.«

»Er rief Sie an Heiligabend von Ihrer Familie fort?«

»Jawohl, Sir.«

»Wenn Sie mir Ihren orangefarbenen Spielanzug und den Helm leihen«, sagte Lowell, »dann fliege ich die Maschine nach Rucker. Ich nehme an, sie wird dort erwartet.«

»Jawohl, Sir. Ich soll sie gleich zum SCATSA-Hangar bringen, Colonel.«

»Ich glaube, ich weiß, was passierte«, sagte Lowell. »Die

Leute, die den Schaden nicht beheben konnten, wollten nur an Heiligabend nach Hause. Anstatt darauf zu warten, daß Sie beim Hangar auftauchen, ließen sie die Maschine dort hinausschleppen, damit sie den Hangar abschließen und heimgehen konnten.«

»So ist es vermutlich, Sir«, stimmte der Captain zu.

»Wir können das nicht auf sich beruhen lassen«, sagte Lowell. »Bevor Sie heimkehren, Captain, werden Sie feststellen, ob das tatsächlich so war. Wenn ja, dann werden Sie den Sergeant, das heißt, es ist wohl ein Warrant Officer, hier anrufen und ihn wirklich zur Sau machen. Wir können nicht zulassen, daß die Air Force herausfindet, was wir machen. Das ist noch wichtiger als die Tatsache, daß jemand – wer auch immer die Verantwortung hatte – seine Befehle nicht befolgte.«

»Ich verstehe, Colonel.«

»Wenn sich herausstellt, daß er die Erlaubnis von seinem Vorgesetzten hatte, dann rufen Sie Major Brochhammer an und melden ihm den Zwischenfall. Und zwar noch heute abend. Ich will, daß jemand noch heute abend zur Rechenschaft gezogen wird.«

»Jawohl, Sir«, sagte der Captain.

»Trotz seines freundlichen Lächelns kann Major Brochhammer hinter dem Rauchschleier, der von dem Knaster aus seiner Pfeife aufsteigt, ein übler Hurensohn sein, wenn er gereizt wird. Ich finde, heute abend sollte er gereizt werden. Um mich zu wiederholen, es steht mehr auf dem Spiel als die Tatsache, daß jemand früher Feierabend gemacht hat, weil Heiligabend ist. Wenn die Air Force beweisen kann, daß wir diese Maschinen bewaffnen, bekommen wir Schwierigkeiten.«

»Ich wußte nicht, daß der Colonel mit der Mohawk vertraut ist, Sir«, sagte der Captain vorsichtig.

»Captain«, erwiderte Lowell mit seinem Lächeln. »Ich war der Kopilot bei dem glorreichen, allerersten Test der allersten Mohawk. Glorreich, weil Lieutenant Colonel Rudolph G. MacMillan, der die Maschine flog, uns gerade bis zum Ende der Startbahn brachte, wo er eine Notbremsung hinlegte. Wir mußten wenig glorreich zum Hangar zurückgeschleppt werden.«

»Davon habe ich gehört, Colonel«, sagte der Captain und lachte. »Aber ich wußte nicht, daß Sie und Mac das waren.«

Er zog den Reißverschluß seiner Fliegerkombination auf und wollte sie ausziehen.

»Ah, zur Hölle damit«, sagte Lowell. »Niemand wird mich an Heiligabend in Zivil sehen. Leihen Sie mir nur Ihren Helm und helfen Sie mir, die Maschine zu starten.«

»Was schreiben wir in die Flugpapiere, Sir, wer meine Ablösung genehmigt hat?«

»Ich unterschreibe«, sagte Lowell. »Ich nehme an, daß alle außer Jim Brochhammer und mir weg sind. In diesem Fall habe ich dem Rang nach vermutlich die Verantwortung.«

Sie gingen zu der Mohawk. Manche Leute hielten die Maschine für ein häßliches Flugzeug und andere, einschließlich Lowell, fanden sie schön im Sinne, daß Funktion Schönheit ist. Es war ein schnörkelloses, nüchternes Flugzeug, das erste ›wahre Kriegsflugzeug‹, das die Army je gehabt hatte.

Lowell war in großem Maße dafür verantwortlich, daß die Army es überhaupt hatte. Als er im Pentagon gearbeitet hatte, war er der Geldbeschaffer bei einer Verschwörung zwischen ihm, Bill Roberts – damals noch Colonel – und Brigadier General Bob Bellmon gewesen.

Roberts und Bellmon hatten die Idee gehabt, und Lowell hatte das Geld von verfügbaren Mitteln abgezweigt. Ein weiterer Verbündeter war das Marinekorps gewesen.

Das Marinekorps hatte die Genehmigung erhalten, die Cessna L 19, eine zweisitzige, einmotorige Maschine, durch ein neues Aufklärungsflugzeug zu ersetzen. Die Navy ließ das Marinekorps ziemlich schnell im Stich, als es neue Ausrüstung haben wollte, und übte Kontrolle auf die Bewilligung der Gelder aus. Und das Marinekorps war nicht auf ein sehr begrenztes Flugwesen beschränkt wie die Army. Das Marinekorps hatte ein Recht auf Kampfflugzeuge und Kampfbomber – und auf zweimotorige Flugzeuge, wenn es glaubte, sie zu brauchen, und wenn es das Geld von der Navy bekommen konnte.

Die Marineinfanterie hatten Sorgen wegen der Zuverlässigkeit von Flugzeugen mit Zwillingsmotoren. Sie wollte ein Aufklärungsflugzeug, das auch noch fliegen konnte, wenn ein Motor ausfiel oder von Bodenfeuer beschädigt war, während es die Artillerie über Feindgebiet leitete. Sie hatte nach einem Modell wie der Cessna gesucht. Cessna schlug vor, das einmotorige Zivilmodell 172 mit zwei Motoren auszustatten.

Es war eine gute Idee. Anstatt einen Motor an jeder Tragfläche anzubringen, was eine Verstärkung erfordert hätte und enorm teuer gewesen wäre, plante man, den zweiten Motor hinter der Flugkanzel zu installieren, in einer Linie mit dem vorderen Motor. Das hatte verschiedene Vorteile. Erstens würde es sehr leicht und billig sein, zwei dünne Ausleger zu entwerfen und zu bauen – die nur stark genug sein mußten, um sich selbst zu tragen –, um den einfachen Schwanz zu ersetzen und Platz für den Propellerbogen des zweiten, hinten angebrachten Motors zu schaffen.

Es verursachte keine großen Kosten, die bereits existierende Flugkanzel zu verstärken, damit sie den zweiten Motor aufnehmen konnte. Und das Flugzeug konnte von jedem geflogen werden, der einmotorige Maschinen fliegen konnte. Wenn einer der beiden in einer Linie angebrachten Motoren ausfiel, flog das Flugzeug nur langsamer. Bei Motoren auf der Tragfläche hatte ein Ausfall dagegen verheerende Folgen. Die Ausbildung der Piloten für diesen Notfall war sowohl teuer als auch gefährlich, denn man konnte den Zustand nur demonstrieren, indem man einen der Motoren abschaltete.

Die Army bestellte ein halbes Dutzend dieser zweimotorigen Cessnas des Marinekorps für Testzwecke und um die Air Force einzulullen. Und nachdem Colonel Bill Roberts und General Bob Bellmon einige diskrete Gespräche mit einigen alten Freunden im Marinekorps und mit einem obskuren Amt unter der Leitung eines gewissen Majors namens C. W. Lowell geführt hatten, wurden in aller Stille für das Marinekorps fast neun Millionen Dollar der Gelder abgezweigt, die diesem Amt zur Verfügung standen.

Neun Millionen Dollar, die eigentlich für den Kauf von Feuerwehr- und Instandsetzungswagen, für hydraulische

Geräte, Werkzeuge und anderes Drum und Dran zur Wartung und Instandsetzung von Fluggerät bestimmt gewesen waren und statt dessen in das ›Studienprojekt zweimotorige Aufklärungsflugzeuge‹ gesteckt wurden.

Die ›Grumman Aircraft‹ von Bethpage, Long Island, lange Zeit Lieferant von Kampfflugzeugen und Zusatzgerät für den Einsatz auf Flugzeugträgern, legte schnell Bauzeichnungen von einem sonderbaren kleinen Flugzeug vor, das weder wie ein Kampf-, noch wie ein Versorgungsflugzeug aussah, jedoch Merkmale von beiden hatte.

Da waren zwei Turboprop-Motoren mit jeweils 1000 PS. Sie waren lange in Versorgungsflugzeugen von Grumman erprobt, die zur Postbeförderung und zum Transport von Passagieren zu Flugzeugträgern benutzt worden waren. Weil dem Marinekorps bewaffnete Luftfahrzeuge erlaubt waren, wurden an den Tragflächen und am Rumpf Verstärkungen vorgenommen, die ausreichten, um Maschinengewehre und andere Waffen zu verkraften.

Das Marinekorps wußte, daß die Navy ihm niemals das Geld zum Kauf von Maschinen wie Mohawks als Aufklärer oder sogar – in einer bewaffneten Version – für die direkte Luft-Boden-Unterstützung zur Verfügung stellen würde. Aber dem Marinekorps war ebenso klar, wenn die Army diese Flugzeuge produzieren durfte, dann würde es im Kriegsfall kein Problem sein, selbst diese Maschinen zu ordern. Unterdessen machte die Army eine Vereinbarung auf Treu und Glauben, bei der Eröffnung von Feindseligkeiten den Marines sofort eine Anzahl von Mohawks zur Verfügung zu stellen.

So war es ebenfalls im Interesse des Marinekorps gewesen, die Air Force im dunkeln tappen zu lassen, und die Marineinfanterie ist gut im Bewahren von Geheimnissen.

Als die ersten Mohawks an die Army geliefert wurden, gab man sie als unbewaffnete elektronische Aufklärungsmaschinen zur Beobachtung des Gefechtsfelds mit Radar und Infrarotgeräten aus. Um all diese elektronische Ausrüstung zu tragen, war ein zweimotoriges Flugzeug nötig.

Das stimmte.

Und ebenso stimmte, daß es enorm viel Geld gekostet hätte,

die für die Bewaffnung vorgenommenen Verstärkungen von den Tragflächen und vom Rumpf zu entfernen. Die Army versicherte der inzwischen hellhörig gewordenen und alarmierten Air Force, sie wisse sehr genau, daß das Key West Agreement von 1948 der Army bewaffnete Luftfahrzeuge ausdrücklich verbot. Die Army versprach, sich an das Abkommen zu halten.

Das stimmte nicht.

Roberts und Bellmon und einige andere waren davon überzeugt, wenn die Army bewaffnete Mohawks ins Gefecht schickte, würde die Air Force die Haare raufen und sich beschweren, weil die Army die Bestimmungen verletzte. Die Army würde aus der Luft auf den Feind schießen, und man müsse ihr befehlen, sich an das Verbot zu halten und damit aufzuhören.

Das Problem war, die Mohawks auf das Gefechtsfeld zu bekommen, ohne die Air Force wissen zu lassen, daß sie existierten. Und ein freundlicher Warrant Officer, der seine Soldaten vorzeitig Feierabend machen ließ, weil es Heiligabend war, konnte alles vermasseln.

Nach einer internen Abmachung landeten Maschinen der Air Force routinemäßig auf dem Miller Army Airfield zum Auftanken, und ihre Piloten schauten sich aufmerksam bei der Army um. Jeder Pilot der Air Force, nicht nur einer, der den Befehl hatte, der Army auf die Finger zu sehen, wäre fasziniert von dem Anblick eines der Turboprop-›Aufklärungs‹-Flugzeuge gewesen, das mit einem Raketenwerfer unter einer Tragfläche und einem MG unter der anderen bewaffnet war.

Lowell machte die Kontrollen vor dem Flug.

Mit seiner Geschichte, daß er beim ersten Testflug mit der Mohawk Kopilot gewesen sei, hatte Lowell bei dem Mohawk-Piloten den Eindruck erweckt, sehr erfahren mit dem Flugzeug zu sein. Das entsprach nicht der Wahrheit. Er war das erste Mal mit MacMillan geflogen, weil Mac nur geplant hatte, zu starten, über den Flugplatz zu kreisen und wieder zu landen. Es war mehr eine Zeremonie als ein richtiger Testflug gewesen. Die Maschine war gerade erst von einem Grumman-Testpiloten von Bethpage geliefert worden. Der Flug war fehlerfrei verlaufen. Lowells zeremonieller Flug war wie ein Knochen gewesen, den man einem hungrigen Hund hingeworfen hatte: Er würde nicht das Kommando über den kürzlich gebildeten OV-1 Erprobungs-Aufklärungszug bekommen, obwohl er förmlich wie der erwähnte hungrige Hund mit dem Schwanz gewedelt und darum gebettelt hatte. Er würde weiterhin Papierkram erledigen. Bellmon hatte ihm gesagt, daß es Piloten wie Sand am Meer gab, ›Stabsarbeiter‹ seines Kalibers jedoch dünn gesät waren.

Man hatte ihn nur mit der Mohawk fliegen lassen, um ihm das Gefühl zu geben, ein Mitglied des Teams zu sein.

In Wirklichkeit hatte er niemals eine Mohawk allein geflogen, obwohl es auf dem Papier stand. Es war alles mit großer Finesse abgelaufen: »Wir wissen, daß Sie die Maschine fliegen können, also bringen Sie Lieutenant Soundso nach Benning und holen Sie Captain Soundso dort ab.«

C.W. Lowell, Lieutenant Colonel, 25 Flugstunden mit der Mohawk, jetzt Chefpilot.

Das ging ihm durch den Kopf, als er später in der Luft war und Fort Benning und Columbus unter ihm zurückgeblieben.

Es war hell genug, und er konnte den U.S. Highway 431 zu seiner Linken sehen. Er beendete den Steigflug. Der Höhenmesser zeigte 2500 Fuß an. Diese Kiste stieg wie eine Rakete. Er ging auf 750 Fuß hinunter und ließ den Highway zu seiner Rechten zurück.

Die Fluggeschwindigkeit war auf 350 gestiegen.

Schade, daß er mit dieser Geschwindigkeit in 20 Minuten über Dothan sein würde. Es wäre schön, einfach ein wenig länger mit der Mohawk zu fliegen.

Tiefflug war ohne besondere Genehmigung verboten.

»Ah, zum Teufel damit«, sagte Lowell laut und stieß tief hinab. Der Höhenmesser zeigte schließlich weniger als 100 Fuß an, aber Lowell schaute nicht darauf. Er paßte auf, daß er nicht gegen eine Stromleitung flog – oder über eine Kuh.

Selbst bei einer Geschwindigkeit von 370 Knoten konnte er in einigen Fenstern der Farmhäuser Weihnachtsbäume sehen.

2

Quartier Nr. 1
Army Aviation Center
Fort Rucker, Alabama

25. Dezember 1961, 12 Uhr 30

Lowell bog mit dem Mercedes von der Colonel's Row ab auf den Zufahrtsweg, der zu Quartier Nr. 1 führte.

Quartier Nr. 1 unterschied sich von den Häusern der Colonel's Row nur dadurch, daß es auf einem kleinen Hügel stand, etwas größer als die Häuser der Colonels war und mehr Land ringsum hatte.

In Fort Knox war Quartier Nr. 1 ein zweistöckiges Backsteinhaus im Kolonialstil, die Art, die ein Vizepräsident der Ford Motor Company bewohnen würde. Dieses Quartier Nr. 1 in Fort Rucker sah eher aus wie das Haus des Gebietsleiters einer kleineren Lebensversicherungsgesellschaft.

Auf dem kleinen Schild an der Hecke am Beginn des Zufahrtswegs stand: P.T. JIGGS, MAJOR GENERAL.

Lowell parkte, stieg aus und drückte auf den Klingelknopf.

Jane Jiggs öffnete die Tür.

Lowell drückte ihr die Blumen in die Hand.

»Frohe Weinachten, Laus«, sagte sie.

»Laus?«

»Ich dachte, du schenkst uns Meißner Porzellan zu Weihnachten«, sagte Jane. »Und was haben wir bekommen?«

»Ich besorge dir Porzellan«, sagte Lowell.

»Oh, es war nur ein Scherz. Komm herein. Ich mixe uns was zu trinken, und dann können wir den Kindern beim Spielen zusehen.«

»Wo ist Paul?«

»Den meine ich doch«, erwiderte Jane. »Du glaubst doch nicht, daß er die Kleinen mit deinem Geschenk spielen läßt, oder? Paul und Davis spielen mit der Eisenbahn.«

Sie führte ihn ins Wohnzimmer. Major General Paul T. Jiggs

und sein Adjutant, Lieutenant Jerome Davis, und die Jiggs-Kinder waren um eine elektrische Eisenbahn mit allem Drum und Dran versammelt. Lieutenant Davis' Frau war ebenfalls anwesend.

»Hier ist der Weihnachtsmann, Kinder«, sagte Jane Jiggs. Sie wandte sich an Lowell, »Scotch, Craig?«

»Bitte.«

»Wenn ich das auch kein bißchen ernst meine, Craig, aber das wäre doch wirklich nicht nötig gewesen«, sagte Paul Jiggs und nickte zu der Eisenbahn hin.

»Es war ein Handel«, erklärte Lowell. »Mein Schwiegervater kaufte die Firma. Er wies offenbar jemanden an, mir ein Muster zu schicken, und mit teutonischer Gründlichkeit schickten sie alles, was sie produzieren.« Lowell bückte sich und hob eine Lokomotive auf. »Hübsch, nicht wahr?«

»O ja«, sagte Paul T. Jiggs junior, der 13jährige, andächtig.

Die Männer lachten.

»Ich habe vorhin mit ihm telefoniert«, sagte Lowell. »Generalleutnant im Ruhestand von Greiffenberg wünscht Major General Jiggs und Familie alles Gute zu Weihnachten und für das neue Jahr.«

»Sie haben die guten Wünsche hoffentlich erwidert?« fragte Jiggs.

»Na klar.«

»Wie geht es Peter-Paul?« fragte Jane Jiggs.

»Wie diesem hier«, sagte Lowell und strich Paul Jiggs junior übers Haar. »Abgesehen davon, daß er Englisch wie ein Brite spricht.«

»Er wurde doch 14, nicht wahr?« Jane Jiggs überreichte Lowell ein Glas mit Scotch.

»Im vergangenen Monat«, sagte Lowell. »Und was war Interessantes los, während ich Schreibkram erledigte?« Es war offenkundig, daß Lowell nicht über seinen Sohn sprechen und das Thema wechseln wollte.

»Merkwürdig, daß Sie das erwähnen.« Jiggs erhob sich zwischen Teilen der Eisenbahnanlage. »Heute morgen um 9 Uhr erhielt ich einen äußerst interessanten Anruf des Stabsoffiziers vom Dienst. Anscheinend hat ihn der Bürgermeister von

Eufaula, Alabama, gestern abend angerufen, in heller Aufregung – ›stinkwütend‹ war das Wort, das der Stabsoffizier vom Dienst benutzte –, weil eines unserer Flugzeuge seine idyllische kleine Stadt an Heiligabend in Angst und Schrecken versetzte.«

»Nein!«

»Laut Stabsoffizier vom Dienst sagte der Bürgermeister, daß dieser Wahnsinnige, wer auch immer es war, über die Main Street donnerte, vielleicht zehn Meter über den Bäumen, Hunde und alte Damen erschreckte und in Richtung Fort Rucker verschwand.«

»Hat Seine Ehren zufällig die Nummer der Maschine herausgefunden?« erkundigte sich Lowell.

»Nein«, sagte Jiggs, »das hat er nicht.«

»Dann werden Sie vermutlich einige Mühe haben, um festzustellen, wer diese Missetat beging, nicht wahr?« sagte Lowell. »Ein Jammer. Wir können nicht zulassen, daß unsere Leute Hunde und alte Ladys erschrecken, nicht wahr?«

»Was zur Hölle ist mit Ihnen los, Craig?« fragte Jiggs. »Wie viele Flugstunden haben Sie mit der Mohawk?«

»Über 30«, antwortete Lowell. »Wir Papierkrambändiger durften vorrangig die Mohawk fliegen.«

»Du hast wirklich Eufaula erschreckt, Onkel Craig?« fragte Paul T. Jiggs junior begeistert. »In einer Mohawk?«

»Wirft man mir so etwas vor?« fragte Lowell unschuldig. »Natürlich nicht. Ich bin ein verantwortungsbewußter Stabsoffizier und Schreibtischarbeiter, der nicht mal im Traum so was tun würde. Ich mag vielleicht ein wenig unter 500 Metern gewesen sein, als ich *den Fluß hinunter* flog, denn es gab elektrische Probleme mit der Mohawk, die ich flog, und der Höhenmesser mag nicht in Ordnung gewesen sein. Aber zehn Meter über den Bäumen? Ich?«

Lieutenant Davis lachte leise.

General Jiggs bedachte ihn mit einem finsteren Blick.

»Davis«, sagte Lowell, »wußten Sie, daß ich unter General Jiggs in Korea diente?«

»Ich glaube, ich habe so etwas gehört, Sir.«

»Und haben Sie gehört, daß er für ein obszönes Foto posierte, als er erst ein popeliger Lieutenant Colonel war?«

»O Gott!« stieß Jane Jiggs hervor.

Mary-Beth Davis, Lieutenant Davis' Frau seit vier Monaten, blickte entgeistert.

»Es war nicht so schlimm, wie es klingt«, sagte Jane Jiggs zu ihr.

»*Ich* finde, es war *viel* schlimmer, als Hunde und alte Ladys zu erschrecken«, sagte Lowell. »Besonders für einen West Pointer, bei dem man voraussetzt, daß man ihm beigebracht hat, wie sich ein Offizier und Gentleman zu benehmen hat.«

»Zeigen Sie ihnen das Foto, Craig«, sagte Jiggs.

»Paul!« rief Jane.

»Darf ich? Sie haben gerade erst geheiratet.« Lowell nickte zu dem Ehepaar Davis hin. »Kann sie den Schock ertragen? Sie hat vielleicht noch nie einen gesehen.«

»Wir müssen es ihr zumuten«, sagte Jiggs. »Sonst denkt Mary-Beth noch, es wäre wirklich obszön.«

»Im Gegensatz zu was?« fragte Lowell unschuldig.

»Kommen Sie bitte mit, Mary-Beth«, sagte General Jiggs.

Mit einem beklommenen Lächeln folgte Mary-Beth General Jiggs in ein kleines Zimmer, das er als Büro eingerichtet hatte. Eine Wand war mit Fotografien bedeckt. Eines der Fotos zeigte einen jüngeren Paul Jiggs, der auf einem M46-Panzer stand und seine Blase erleichterte. Er drohte dem Fotografen mit der Faust. Es war klar, daß der Fotograf seinen Namen gerufen hatte, um ihn auf sich aufmerksam zu machen, und daß er sofort geknipst hatte, als Jiggs in die Kamera geschaut hatte.

»Ich bedaure zutiefst, daß man Ihnen einen solchen Anblick zugemutet hat, Mrs. Davis«, sagte Lowell in salbungsvollem Tonfall.

»Das ist der Jalu«, sagte Jiggs.

»Er tat das gleiche, was Patton der Ältere in den Rhein tat«, sagte Lowell.

»Ich rechnete nicht damit, daß es für die Nachwelt festgehalten wird«, sagte Jiggs.

»Aber als es das schon mal war, was sollte es, da kann das Foto auch an der Wand hängen, nicht wahr?«

»Wer machte das Foto?« fragte Lieutenant Davis.

»Das fragen Sie noch?« sagte Jiggs.

»Was ist der ›Jalu‹?« fragte Mary-Beth Davis.

Lowell und Jiggs tauschten einen Blick.

»Ein Fluß, die Grenze zwischen Nordkorea und China, Schatz«, erklärte ihr Mann verlegen. »Das war der nördlichste Punkt, den die Army im Krieg erreichte.«

»Oh«, murmelte sie.

»Ein anderer Offizier hätte eine Flagge aufgestellt«, sagte Lowell. »Aber Sie sehen, wie General Jiggs die Stelle markierte.«

Mary-Beth erkannte, daß sie soeben ihre Unwissenheit über etwas preisgegeben hatte, was wichtig für den Chef ihres Mannes war. Sie kramte verzweifelt in der Erinnerung, und ihr fiel etwas ein.

»Ich war damals noch ein Kind«, sagte sie, »aber das war, als sich alle Amerikaner zurückziehen mußten – durch das Bergland in einem Eis- und Schneesturm?«

»Ich bezeichne es lieber als Vormarsch in die andere Richtung«, bemerkte Lowell ernst.

»Jesus!« murmelte Jiggs.

Mary-Beth war jetzt wirklich beeindruckt.

»Sie beide waren dabei?« fragte sie.

»Wir waren Legenden zu dieser Zeit«, sagte Lowell. »Ich wegen meines hervorragenden Dienstes und General Jiggs – nun, Sie haben das Foto gesehen.«

»Wie würde es Ihnen gefallen, wieder dort zu sein, Craig? Zu Neujahr?« fragte General Jiggs.

Lowell schaute ihn an.

»Irgendwie halte ich das für eine müßige Frage«, sagte er.

»Das ist sie nicht«, widersprach Jiggs. »Wie würden Ihnen 30 Tage in Korea gefallen?«

»Wenn ich ein Panzerbataillon oder Heeresfliegerbataillon für die Standard-Tour haben kann, dann bin ich noch heute nachmittag im Flugzeug«, sagte Lowell. »Aber will ich für 30 Tage nach Korea? Nein.«

»Es geht um 30 Tage«, sagte Jiggs und führte alle aus dem Büro. »Darüber gibt es keine Debatte. Aber Sie verschwinden für 30 Tage. Die einzige Frage ist nur, wohin.«

»Weil man mich verdächtigt, etwas Leben in Eufaula

gebracht zu haben?« erkundigte sich Lowell. »Ist der Bürgermeister so sauer?«

Jiggs schüttelte den Kopf.

»Was dann?« fragte Lowell.

»Sagen wir, einige Leute sind der Meinung, Sie hätten zu hart gearbeitet und brauchen 30 Tage Tapetenwechsel, um fern von Ihrem Schreibtisch die Batterien aufzuladen.«

»Wer sind ›einige Leute‹?«

»Der Stellvertretende Stabschef«, antwortete Jiggs.

»Paul, mein Ehrenwort«, sagte Lowell. »Das einzige Mal, an dem ich ein wenig vom rechten Weg abgekommen bin, war gestern abend. Und ich bezweifle, daß der Stabschef das schon erfahren hat.«

»Der erste Vorschlag liegt bereits auf dem Schreibtisch des Secretary of the Army«, sagte Jiggs. »Donnerstag vielleicht, aber nicht später als am ersten Januar geht er an McNamara.«

»Das weiß ich, schließlich habe ich die Sache geschrieben«, sagte Lowell.

»Wissen Sie auch, daß McNamara mit Bill Roberts und Jim Brochhammer gesprochen hat?«

»Ich hörte es.«

»Das verärgerte viele Leute«, sagte Jiggs. »Der Verteidigungsminister soll seinen Rat vom ›Chairman of the Joint Chiefs of Staff‹ einholen, nicht von einem Brigadier General und einem Major.«

»Sie sind nicht zu McNamara gegangen«, sagte Lowell. »Er ließ sie kommen.«

»Richtig. Und wenn er *Sie* kommen läßt, was für sehr wahrscheinlich gehalten wird, dann wird man seinem Sekretariat sagen: ›Leider ist Lowell außer Landes.‹«

»Allmächtiger!«

»Man will besonders verhindern, daß Sie McNamara sagen, ›in *meinem* Vorschlag hatte ich doppelt so viele Luftfahrzeuge in der Division: 450‹.«

»459«, korrigierte Lowell automatisch. Erst dann ging ihm ganz auf, was Jiggs gesagt hatte. »Man hat die Zahl der Flugzeuge *halbiert?*«

»Auf 289 Maschinen, einschließlich *null* bewaffnete Mohawks und *null* raketenbewaffnete Hueys.«

»Und aus welchem Grund?« fragte Lowell eisig.

»Wir sollten nicht so gierig sein, und es wäre besser, um etwas zu ersuchen, was im Rahmen des Möglichen ist und keinen Protest der Air Force wegen eines Verstoßes gegen das Key West Agreement hervorruft, als etwas Unmögliches zu verlangen.«

»Die alte ›Fuß-in-die-Tür-Theorie‹?« fragte Lowell sarkastisch.

»So ist es. Man ist der Meinung, daß wir den Rest immer noch nachfordern können.«

»Wenn wir nachgeben, dann werden wir verteidigen müssen, was wir bekommen haben, und nicht mehr fordern können. In der zweiten Runde gewinnen wir nichts, sondern verlieren. All dies läuft darauf hinaus, daß die Zahl der Luftfahrzeuge einer Division erhöht werden muß. Diese erhöhte Zahl hätten wir aber nach meinem Vorschlag ohnehin. Was da jetzt aufgestellt werden soll, ist eine luftbewegliche Division, wie wir sie nicht haben wollten.«

»Merkwürdig, ich sagte etwas sehr Ähnliches, als man mich um meine Meinung bat«, sagte Jiggs. »Das war kurz bevor man mir erklärte, daß Jim Brochhammer für einen Monat nach Panama geschickt wird, um dort Operationen unter tropischen Bedingungen zu studieren, und man mich fragte, wohin ich Sie für einen Monat schicken will.«

»Warum nehme ich mir nicht einfach Urlaub«, fragte Lowell, »und laufe zufällig McNamara im Umkleideraum des Golfklubs Burning Tree über den Weg?«

»Sie werden in den nächsten 30 Tagen nirgendwo in die Nähe von Washington kommen«, sagte Jiggs. »Auch daran hat man gedacht.«

»McNamara will mehr als Empfehlungen über die Zunahme an Fluggerät«, sagte Lowell. »Er will ein neues Konzept. Wir haben eines für ihn.«

»Hey, Sie predigen zu einem Bekehrten. Ich sagte Ihnen, wie es mit CONARC, DCSOPS und mit dem Stabschef steht.«

Lowell schaute ihn schweigend an.

»Wohin möchten Sie, Craig?« fragte Jiggs. »Auf Urlaub nach Deutschland, um Peter-Paul zu besuchen? Oder zu vorübergehender Verwendung nach Korea? Wie wäre es mit Indochina? Sie könnten sich dort vielleicht nützlich machen und feststellen, welche Unterstützung wir den H-34- und Otter-Kompanien schicken sollten. Parker könnte ebenfalls einige Hilfe mit seinen Mohawks gebrauchen.«

»Was ist mit Parkers Mohawks? Sind die auch entwaffnet worden?«

»Ich habe keine Ahnung, wovon Sie reden, Colonel«, sagte Jiggs. »Ich bin nicht eingeweiht in irgend etwas, das mit dem 23rd Special Warfare Aviation Department zu tun hat. Es steht unter der Kontrolle der ›Defense Intelligence Agency‹.«

Die ›Defense Intelligence Agency‹ war eine Schöpfung des Verteidigunsministeriums, besetzt mit Personal der verschiedenen bewaffneten Dienste. Sie erhielt einiges der Gelder von der CIA und einiges aus dem Sonderfonds des Präsidenten. Sie tat viel mehr als Funk- und Telegrafennachrichten nach und von Rußland und den Nationen des Ostblocks abzufangen, und sie stand nicht unter der Fuchtel irgendeines der einzelnen Dienste. Wenn der Secretary der Air Force oder der Secretary der Army versuchten, dem Vier-Sterne-Admiral, der die DIA leitete, zu sagen, daß bewaffnete Mohawks der DIA gegen den Geist und Inhalt des Key West Agreements von 1948 verstießen, dann würde man ihn höflich fragen: »Mohawks? Was ist ein Mohawk?«

Wenn er darauf bestand, würde man ihm – weit weniger höflich – sagen, daß die DIA dem Verteidigungsminister und dem Direktor der CIA Rechenschaft schuldig war, und wenn einer dieser Gentlemen wünsche, seine Meinung zu erfahren, dann werde man ihn in einem Memorandum dazu auffordern.

»Nun, das ist immerhin etwas«, sagte Lowell.

»Ich dachte, das wußten Sie, Craig.«

»Ich nehme an, die Maus Felter hat das geschaukelt«, sagte Lowell. Dann fügte er hinzu: »Parker trifft erst am 9. oder 10. dort ein. Kann ich beides haben? In Urlaub nach Europa fliegen und dann weiter nach Indochina?«

Jiggs nickte. »Davis wird morgen mittag Ihre Befehle haben.«

»Ich muß nach Benning zurück«, sagte Lowell. »Mein Flugzeug ist dort.«

»Ich werde Sie begleiten«, sagte Jiggs. »Das verschafft einem Sesselfurzer wie mir eine Möglichkeit, die Mohawk zu fliegen. Und ich denke, *ich* kann eine Mohawk nach Benning fliegen, ohne die Bevölkerung in Schrecken zu versetzen.«

3

Lufthansa ›Stadt Köln‹ (Flug 228)
Über Massachusetts

28. Dezember 1961, 20 Uhr 30

Im Erster-Klasse-Abteil der Boeing 707 gab es sechs Reihen von zwei Sitzen auf jeder Seite des Ganges. Sie waren versetzt angeordnet. An der Spitze der linken Reihe von Sitzen gab es einen Tisch mit vier Stühlen für Geschäftsreisende, die während des Flugs arbeiten wollten, und ein gleicher Tisch befand sich am Ende der rechten Reihe von Sitzen. Es waren nur 14 Passagiere in der ersten Klasse.

Es gab zwei Arten Passagiere der ersten Klasse: die übliche Sorte, die den Erster-Klasse-Tarif bezahlt hatte und der die Lufthansa es auf dem Flug zum Rhein-Main-Flughafen bei Frankfurt so bequem wie möglich machen wollte. Die anderen Passagiere hatten nicht nur ein Ticket erster Klasse bezahlt, sondern waren jemandem im Verwaltungsapparat der Lufthansa bekannt und wurden noch besser als die anderen Passagiere erster Klasse behandelt. Sie wurden für die Crew mit einem kleinen Zeichen auf der Bordkarte gekennzeichnet.

Auf der Bordkarte von Passagier Lowell, C.W., gab es zwei dieser Kennzeichnungen. Sein Ticket war Craig, Powell Kenyon & Dawes in Rechnung gestellt worden, einer Firma, die der Lufthansa viel Geld einbrachte, weil sie ihre Leitenden Angestellten (in der ersten Klasse) und ihre Kuriere (in der

Touristenklasse) rund um die Welt flog, und es war Praxis bei der Lufthansa, die Bordkarte von jedem Leitenden Angestellten von Craig, Powell, Kenyon & Dawes mit einem Kennzeichen zu versehen. Außerdem wurden die Namen aller Erste-Klasse-Passagiere mit einer Liste von Leuten verglichen, die aus einer Reihe von Gründen besonders bevorzugt behandelt werden sollten. Lowells Name stand auf dieser Liste und dazu der Vermerk, daß er mit Generalleutnant a. D. Peter-Paul von Greiffenberg verwandt war, der im Aufsichtsrat der Lufthansa saß.

Daher eine zweite Kennzeichnung.

Als Mr. Lowell die Chef-Stewardeß fragte, ob einer der Tische frei sei, bestätigte sie es und führte ihn dorthin. Sie erklärte ihm, daß die erste Klasse nicht ausgebucht war, und klappte die Armstütze zwischen zwei Sitzen zurück, so daß er sich ausstrecken konnte, wenn er ein Nickerchen machen wollte.

Als sie in der Luft waren, war Lowell der erste Passagier, den die Stewardeß fragte, ob er Champagner oder einen Cocktail wünsche. Sie lächelte ihn herzlich an – und das nicht nur, weil seine Bordkarte zweifach gekennzeichnet war. Er war ein äußerst gutaussehender Mann, in maßgeschneiderter Kleidung, und er trug keinen Ehering. Die Chancen, daß er sowohl unverheiratet als auch von ihrem Charme so entzückt war, um ihr ein interessantes Angebot mit der Aussicht auf eine Ehe zu machen, waren äußerst gering, aber Hoffnung sprießt ewig im Busen einer Stewardeß.

In fließendem, fast akzentfreien Deusch bat er um ein Bier und gesalzene Mandeln. Als sie ihm das Gewünschte brachte, hatte er bereits seine Aktentasche auf den Tisch gelegt und ihr eine Reihe von Aktenheftern mit der Aufschrift *Craig Powell, Kenyon & Dawes* entnommen.

»Wenn Sie etwas brauchen, klingeln Sie nur«, sagte die Stewardeß.

»Danke.« Lowell lächelte sie an.

Sie fand, daß er das nicht ablehnend gesagt hatte. Aber er sah sie offenbar nicht als junge und ziemlich attraktive Frau. Er sah in ihr nur die Stewardeß. Was ziemlich oft der Fall war. Die meisten Annäherungsversuche wurden von Männern gemacht, die zu Hause Frau und Kinder hatten. Sehr selten versuchten es Männer, über deren Annäherungsversuche sie sich gefreut hätte. Solche Männer hatten bessere Möglichkeiten, als sich an eine Stewardeß heranzumachen.

Sie würde sich – um diesen Flug interessant zu machen – mit dem Zweitbesten zufriedengeben müssen. Das Zweitbeste waren zwei Filmschauspieler, die zum Berliner Filmfestival flogen. Sie saßen in der vorderen linken Sitzreihe.

Brian Hayes, der älter, kleiner und mit einer dickglasigen Hornbrille auf der Nase komischer aussah als auf der Kinoleinwand, saß mit einem kahlköpfigen, sympathisch aussehenden Italiener an dem Tisch und las sorgfältig irgendeinen Vertrag. Georgia Paige, die älter aussah als auf der Kinoleinwand, aber immer noch ungewöhnlich schön, saß allein am Fensterplatz in der dritten Reihe und hatte die Beine zum Gang hin ausgestreckt. Sie las eine Ausgabe von *Time* durch eine gewaltige, rotgerandete Brille. Auf dem Klapptisch vor ihr stand eine Flasche Coca-Cola.

Als sie die Stewardeß sah, setzte sich Georgia Paige auf, schob die Brille zu ihrem Haar hinauf und winkte die Stewardeß zu sich.

»Kann ich Ihnen helfen, Miß Paige?«

»Der Gentleman dort hinten«, sagte Georgia Paige.

»Ja, Miß Paige?«

»Heißt er Lowell?«

»Ja, so heißt er.«

»Würden Sie mir bitte eine Flasche Champagner und zwei Gläser bringen?«

»Gewiß, Miß Paige«, sagte die Stewardeß.

Als sie den Champagner brachte und Schwierigkeiten mit dem Korken hatte, nahm Georgia ihr ungeduldig die Flasche ab, öffnete sie geschickt und geübt und goß schnell den übersprudelnden Champagner in eines der Gläser. Sie trank das Glas hastig leer, rammte den Korken in die Flasche und stand auf.

Dann ging sie über den Gang der ersten Klasse zum hinteren Tisch und blieb stehen, bis Lowell sie bemerkte.

»Kaffee, Tee oder mich?« fragte sie.

»Hallo, Georgia«, sagte Lowell.

»Möchtest du etwas Schampus, da du offenbar kein Interesse an mir hast?«

»Ich möchte etwas Schampus.« Lowell schob die Aktenhefter in die Aktentasche.

Georgia Paige schenkte Champagner ein.

»Möchtest du, daß ich mich hierher setze, damit wir uns seelenvoll in die Augen schauen können? Oder neben dich, damit wir unter dem Tisch schmusen können?«

»Was immer dir gefällt«, sagte er.

Sie nahm neben ihm Platz, setzte sich seitlich auf den Sitz und prostete ihm mit ihrem Champagnerglas zu.

»Lange nicht gesehen«, sagte sie.

»Das kann man wohl sagen.«

»Wolltest du nicht mit mir reden?« fragte sie.

»Ich war mir nicht sicher, ob du dich an mich erinnerst«, erwiderte er.

»Ha!«

»Und ich glaubte mich zu erinnern, daß du mit dem Brillen-Gentleman verheiratet bist«, sagte Lowell.

»Das bin ich. Aber was hat das mit allem zu tun?«

»Wenn ich mit dir verheiratet wäre, dann gefiele mir nicht, wenn ein – ›alter Freund‹ wie ich mit lüsternem Blick auftauchen würde.«

»Aber du stehst im Gegensatz zu ihm auf Frauen«, sagte Georgia.

Lowell brauchte eine Weile, bevor er etwas erwidern konnte.

»Warum hattest du das Gefühl, mir das sagen zu müssen?« fragte er.

Sie schenkte Champagner in sein Glas ein.

»Aus mehreren Gründen«, sagte sie und zuckte mit den Schultern. »Unter anderem, weil ich nicht möchte, daß du ihn in einen Eimer mit Löschwasser tunkst.«

Seine Miene spiegelte einen Augenblick lang Verwirrung wider, und dann fiel ihm ein, daß er mal ihrem Regisseur zu einem unfreiwilligen Bad verholfen hatte.

»Das hatte ich vergessen«, sagte er.

»Das dachte ich mir.« Georgia lachte.

»Ich war zu jener Zeit unter einem gewissen Streß«, sagte er.

»Brian ist sehr nett. Ich will, daß du dich benimmst, wenn du ihn kennenlernst.«

»Werde ich ihn denn kennenlernen?«

»Wenn ich hierbleibe, wird er herkommen. Nicht aus Neugier, sondern um nett zu sein.«

»Ich bin älter und vernünftiger, Georgia«, sagte Lowell. »Ich neige weit weniger zu Gewalt als früher.«

»Wir sind alle älter, verdammt.«

»Davon ist bei dir aber nichts zu sehen«, sagte er.

»Mit Schmeicheleien erreicht man alles. Es stimmt nicht, aber ich höre es gern.«

»Du bist eine bemerkenswert schöne Frau. Noch schöner, als ich dich in Erinnerung hatte.«

»Du hast dich an mich erinnert?«

»O ja. Ich habe oft an dich gedacht.«

»Weißt du, wie lange das her ist?« fragte sie überrascht.

»Zehn Jahre und zwei Monate«, sagte Lowell. Und dann lachte er. »Der Panzer steht jetzt in einem Museum.«

»Was?«

»Der Panzer ist im Patton-Museum in Fort Knox«, erklärte er. »Ich war vor einiger Zeit da und sah ihn.«

Sie sagte sich, daß er es ernst meinte, und lachte.

»Zweifellos mit einem Schild mit der Aufschrift: ›In diesem Panzer, damals an Front, fickte der geile Major Craig Lowell die ebenso geile Georgia Paige, September den Soundsovielten, 1951?‹«

Er hatte vergessen, daß ihn ihre Ausdrucksweise manchmal abgestoßen hatte. Er hatte sich über die derbe Sprache ihres Regisseurs geärgert, als er sie bei Dreharbeiten in Los Angeles besucht hatte, und hatte ihn mit dem Kopf in einen Eimer mit Löschwasser getaucht. Später hatte er erfahren, daß der Regisseur anschließend nicht mehr in der Lage gewesen war, seine Kunst auszuüben. Der Meister hatte die Produktion für einen Tag eingestellt, und das hatte Craig, Powell, Kenyon & Dawes, die an der Produktion des Films beteiligt waren, so um die 40 000 Dollar gekostet.

Er hatte ebenfalls vergessen, daß Georgia berühmt geworden war, weil sie ohne Büstenhalter herumgelaufen war. Er überprüfte es mit einem Blick. Jetzt trug sie einen BH. Sie bemerkte seinen Blick.

»Die Titten hängen noch nicht, um deine Frage zu beantworten«, sagte Georgia. »Noch nicht.«

»Freut mich«, sagte er.

»Warum fliegst du nach Germany? Was treibst du jetzt?«

»Ich besuche meinen Sohn.«

»Gott, ich hatte vergessen, daß du einen hast.«

»Er ist 14. Solange ist das her.«

»Er lebt nicht bei dir?« fragte sie.

»Er lebt bei seinem Großvater. Ich bin immer noch Soldat.«

»Du bist noch Soldat?« fragte sie überrascht, und dann, bevor er antworten konnte: »Was bist du jetzt? General?«

»Colonel«, erwiderte er. »*Lieutenant* Colonel.«

»Ich dachte, du wärst jetzt mindestens General«, sagte Georgia.

»Das dachte ich auch.«

»Das klang aber bitterer als ›haha‹«, meinte sie.

»Ein bißchen von jedem«, sagte er.

Die Stewardeß kam und stellte zwei Tabletts mit Hors-d'oeuvres auf den Tisch.

»Soll ich ein Menü bringen?« fragte sie.

»Und würden Sie bitte meinen Mann herbitten?« sagte Georgia. »Wir werden mit dem Colonel essen.«

Als die Stewardeß fort war, sagte Georgia: »Ich möchte, daß du ihn kennenlernst.«

»Ich bin entzückt«, murmelte er.

»Nein, das bist du nicht«, widersprach sie. »Aber du wirst ihn mögen. Er ist nett. Und verständnisvoll. Ich habe Verständnis für ihn, und er hat Verständnis für mich.«

»Ich verstehe.«

»Du Bastard!« Sie lachte.

Sie nahm eine in Schinken gehüllte Auster und schob sie in den Mund.

»Hast du die extra bestellt?« fragte sie. »Brauchst du jetzt Austern? Bist du nicht mehr so scharf, wie du es früher warst?«

»Allmächtiger!« sagte er.

Brian Hayes kam über den Gang zum Tisch. Lowell fand, daß der Mann ein freundliches Lächeln hatte.

»Sag Craig Lowell guten Tag«, forderte Georgia ihn auf.

»Guten Tag, Craig Lowell«, sagte Brian Hayes.

Sein Händedruck war nicht ganz der von John Wayne, fand Lowell, aber auch nicht der eines Schwulen. Er sah auch nicht wie ein Homo aus.

»*Colonel* Craig Lowell«, sagte Georgia.

»Oh«, sagte Brian Hayes und stellte den Zusammenhang her. Er lächelte. »Der Mann, der Derek Nesbit in einen Eimer Wasser tauchte. Ich freue mich sehr, Sie kennenzulernen, Colonel. Wie oft, wenn ich mit ihm arbeiten mußte, habe ich Sie beneidet!«

»Ich sagte der Stewardeß, daß wir hier essen«, erklärte Georgia. »Setz dich.«

»Wie nett«, sagte Brian Hayes.

»Craig besucht seinen Sohn in Germany«, sagte Georgia.

»Aha«, murmelte Brian Hayes.

»Ich versuche, ihn von dieser noblen Pflicht loszueisen und ihn zu überreden, mit uns nach Berlin zu kommen«, sagte Georgia.

»Das klingt nach einer phantastischen Idee«, erwiderte Brian Hayes nach kurzem Schweigen.

Er weiß, was sie meint, erkannte Lowell. *Und es macht ihm nichts aus.*

»Das wird nicht möglich sein«, sagte Lowell. »Ich bleibe nur eine Woche oder zehn Tage in Deutschland.«

»Dann fliegst du gleich wieder zurück?« fragte Georgia.

»Dann fliege ich nach Indochina.«

»Wenn Sie und Ihr Sohn, und wenn es eine Mrs. Lowell gibt . . .«, begann Brian Hayes.

»Gibt es eine?« fragte Georgia.

Lowell schüttelte den Kopf.

»Du hast nie wieder geheiratet?« setzte sie nach.

»Ich war mal nahe daran.«

»Und . . .?«

»Sie ließ mich am Hochzeitstag sitzen«, sagte Lowell.

»Nun, wenn Sie und Ihr Sohn nach Berlin kommen können«, fuhr Brian Hayes fort, »dann können wir Ihnen Freikarten für das Filmfestival, für die Berlinale, besorgen. Oder interessiert Sie so etwas nicht?«

»Ich weiß nicht mal, was ein Filmfestival ist«, sagte Lowell.

»Das ist ein Bestechungswettbewerb«, sagte Brian Hayes. »Wir alle schicken Filme hin. Und dann versuchen wir die Juroren zu bestechen. Wer Erfolg hat, gewinnt den Preis. Da durch den Filmpreis mehr Zuschauer in die Kinos gelockt werden, kostet der Stimmenfang entsprechend. Es ist sehr profitträchtig, Preisrichter zu sein.«

Lowell lachte. Georgia hatte recht. Dieser Mann gefiel ihm. Er dachte daran, daß er, Lowell, eine Art Prinzip hatte: Er trieb es nicht mit den Frauen von Männern, die er mochte. Aber galt das in diesem Fall? Wenn es dem Ehemann gleichgültig war?

»Ich dachte, Sie sind Schauspieler, kein Produzent«, sagte Lowell.

»Da hast du gerade genau das Falsche gesagt«, warf Georgia ein.

»Verzeihung«, sagte Lowell.

»Ich habe ihre letzten drei Filme produziert«, erklärte Brian Hayes.

»Das wußte ich nicht«, sagte Lowell.

»Und du hast die Filme auch nicht gesehen?« fragte Georgia herausfordernd. Sie sah ihm die Antwort an der Miene an. »Du Hurensohn!« fügte sie hinzu.

»Ich habe nicht viel Zeit, um ins Kino zu gehen«, sagte Lowell.

»Was machen Sie in der Army, Colonel?« erkundigte sich Brian Hayes.

»Ich erledige Papierkram.«

»Das glaube ich nicht«, wandte Georgia ein. »Du hast irgendwas Berühmtes in Korea gemacht, einen Kampfverband oder so geführt. Jeder sprach darüber.«

»Das war, wie wir soeben feststellten, vor langer Zeit«, erwiderte Lowell.

»Ich glaube, irgendwann erledigen wir alle früher oder später irgendwelchen Schreibkram, Colonel«, sagte Brian Hayes.

Das war sehr freundlich von dir, so etwas zu sagen, dachte Lowell. *Freundlich und verständnisvoll. Ich werde deine Frau nicht ficken.*

Nach dem Filet Mignon und dem Camembert, wozu es kalifornischen Cabernet Sauvignon gab, tranken sie noch allerhand Brandy, bevor sich Mr. und Mrs. Brian Hayes schließlich wieder nach vorne auf ihre Plätze setzten.

Lowell erhielt von der Stewardeß ein Kissen und eine Decke und machte es sich bequem.

Er hatte einen schmutzigen und lüsternen Traum. Er war in einem M46-Panzer auf dem Heartbreak Ridge. Soeben hatte er Georgia seinen Panzer gezeigt und sie angehoben, damit sie aus dem Turm klettern konnte. Aber sie entwand sich ihm, ließ sich wieder zu ihm herunter und öffnete dabei ihr Khakihemd, damit er die Spitzen ihrer Brüste küssen konnte.

Er erwachte und schüttelte den Kopf. Er wollte sich aufsetzen, aber da war irgendein Gewicht auf ihm, das ihn niederhielt. Das Gewicht war Georgia Paige. Sie hatte eine Decke über sie beide geworfen, und ihre Hand war in seinem Hosenschlitz.

»Sie spielen Backgammon«, sagte sie. Sie lachte tief und kehlig und rieb weiterhin methodisch sein Glied. »Du wirst wohl alt. Es dauerte lange, dich zu wecken.«

»Um Himmels willen«, sagte er. »Jemand wird uns sehen!«

»Das hat dir noch nie etwas ausgemacht«, sagte sie. »Als wir schließlich nach unserer Nummer aus dem Panzer kletterten und deine GIs applaudierten, hast du dich verneigt.«

Dann senkte sie den Kopf auf seinen Schoß, zog die Decke über ihren Kopf und führte zu Ende, was sie angefangen hatte.

4

Rhein-Main-Flughafen Frankfurt am Main

29. Dezember 1961, 9 Uhr 50

Die Lufthansa-Maschine ›Stadt Köln‹ flog über Frankfurt und näherte sich dem Rhein-Main-Flughafen. Lowell schaute aus dem Fenster und entdeckte das 97. Krankenhaus der US-Streitkräfte am Rand des städtischen Friedhofs und dann das Gebäude der IG Farben, das im Zweiten Weltkrieg absichtlich von Bomben verschont worden war und seither als amerikanisches Hauptquartier gedient hatte. Schließlich sah Lowell den Hauptbahnhof.

Er hatte fast das Gefühl, heimzukehren. Als er das erste Mal nach Frankfurt gekommen war, war er ein achtzehnjähriger Wehrpflichtiger gewesen. Ein halbes Jahr später war er als frischgebackener, von ziemlicher Furcht erfüllter Second Lieutenant in einer ramponierten C-47 vom Rhein-Main-Flughafen aus nach Griechenland geflogen. Und vier Monate später war er mit einer alten TWA Lockheed Constellation verwundet aus Griechenland zurückgekehrt. Er hatte Ilse geheiratet und erfahren, daß sie schwanger war.

Als frisch gebackener Major mit dem Distinguished Service Cross war er wieder nach Frankfurt geflogen, nach einem Sonderflug Tokio-Rangun-Kalkutta-Kairo-Frankfurt, den der Oberbefehlshaer General Douglas MacArthur genehmigt hatte. McArthur hatte alles ihm Mögliche für einen jungen Offizier tun wollen, der eine große persönliche Tragödie erlitten hatte – der Tod seiner Frau Ilse –, während er ›hervorragende Führungsqualitäten und große Tapferkeit‹ bewiesen hatte, wofür ihm das Distinguished Service Cross verliehen worden war. Lowell war 48 Stunden nach dem Zusammenschluß des Kampfverbands ›Task Force Lowell‹ mit Teilen des X U.S. Corps bei Suwon aus Korea auf dem Rhein-Main-Flughafen eingetroffen. 24 Stunden nach Ilses Beerdigung.

Ilses Vater hatte einfach nicht geglaubt, daß irgendeine Armee der Welt einen ihrer Offiziere um die halbe Welt fliegen würde, nur damit er an der Beisetzung seiner verstorbenen Frau teilnehmen konnte, und so hatte er Ilse bereits bestatten lassen.

»Was ist so faszinierend?« fragte Georgia Paige.

»Ich schaue mich nur um«, erwiderte Lowell. »Ich flog oftmals hierhin.«

Georgia hob fragend die Augenbrauen.

»Ich war hier stationiert, nachdem ich dich kennenlernte«, erklärte Lowell.

Die Erster-Klasse-Passagiere gingen als erste von Bord und stiegen in große Busse mit breiten Türen. Die Passagiere der Touristenklasse verließen anschließend die Maschine. Eine große Zahl davon waren amerikanische Soldaten, Offiziere, Unteroffiziere und Mannschaften und ihre Angehörigen. Lowell hatte sie zuvor nicht gesehen. Fast hätte er die Maschine auf Idlewild verpaßt, und als er an Bord gegangen war, hatte man den Vorhang, der die erste Klasse von den billigeren Sitzen abtrennte, bereits zugezogen.

Sie waren noch keine halbe Minute im Flughafengebäude, als eine Lautsprecherdurchsage ertönte.

»Herr Oberst Lowell, bitte! Herr Oberst Lowell, bitte!«

Lowell hob die Hand und beschrieb mit dem Zeigefinger einen Kreis über dem Kopf.

Ein stämmiger, blonder Mann Ende 20 eilte auf ihn zu, gefolgt von einem Mann mit grauem Anzug und Schirmmütze.

»Colonel Lowell?« fragte der Mann, und als Lowell nickte, fuhr er auf deutsch fort: »General von Greiffenberg bat mich, Sie abzuholen. Wenn Sie mir die Gepäckscheine geben, werden wir Sie durch den Zoll bringen. Der Wagen steht gleich draußen. Warten Sie dort bitte.«

»Danke«, sagte Lowell und gab ihm die Gepäckscheine. »Wo ist der General?«

»Er wird später zurückkehren, Colonel, und Sie in Marburg an der Lahn treffen«, sagte der Mann und vermied eine direkte Antwort.

»Und mein Sohn?«

»Ich glaube, er ist in Marburg, Colonel. Wenn Sie mich jetzt entschuldigen, kümmere ich mich um Ihr Gepäck.«

»Danke«, sagte Lowell.

Der Mann nickte und ging davon.

»Ich bin beeindruckt«, sagte Georgia. »Ich wußte nicht, daß du so enge Beziehungen zu der Gestapo hast.«

»Das ist nicht lustig, Georgia«, entgegnete Lowell schärfer als beabsichtigt.

»Verzeihung«, sagte sie, überrascht über seine heftige Reaktion. »Was hatte das alles zu bedeuten?«

»Mein Schwiegervater hat einen Wagen für mich geschickt«, erklärte Lowell.

»Wir werden vermutlich abgeholt«, sagte Brian Hayes. »Wir sollten uns nach dem Mann umsehen.«

»Sie reisen noch heute nach Berlin weiter?« fragte Lowell.

»Um elf Uhr fliegt eine Maschine«, sagte Hayes. Er hielt Lowell die Hand hin. »Es war schön, Sie kennenzulernen, Craig. Und ich hoffe, Sie können nach Berlin kommen. Wir wohnen im Hotel am Zoo.«

»Ich weiß wirklich nicht . . .«

»Georgia würde sich freuen«, sagte Hayes. »Und wenn sie zufrieden ist, freut mich das.«

»Hotel am Zoo«, wiederholte Lowell. »Ich werde sehen, was ich tun kann.«

Wenn du nicht so ein netter Kerl wärst, dann würde ich mit Freuden nach Berlin kommen und deine Frau vögeln, dachte er.

Georgia hielt ihm die Wange zum Kuß hin und befummelte ihn schnell und verstohlen.

»Gib dir Mühe, Craig«, sagte sie.

Ein weiterer gutaussehender junger Deutscher stand bei einem Mercedes vor dem Flughafengebäude.

»Ich bin Oberst Lowell«, sagte Lowell auf deutsch.

»Willkommen in Deutschland, Herr Oberst.« Der junge Mann hielt die Wagentür auf und setzte sich auf den Fahrersitz, als Lowell eingestiegen war. Dann nahm der junge Deutsche das Mikrofon eines Funksprechgeräts und sprach hinein.

»Was soll das alles?« fragte Lowell. »Warum habe ich das Gefühl, unter Arrest zu stehen?«

Die Miene des Deutschen verriet, daß er Lowells Versuch einer scherzhaften Bemerkung nicht im geringsten verstand.

Der Chauffeur und dessen Begleiter tauchten auf. Der Fahrer verstaute Lowells Gepäck im Kofferraum und nahm dann den Platz des Mannes am Steuer ein, der sich neben Lowell setzte.

Als der Mercedes anfuhr, grüßte der Polizist, der Dienst vor dem Flughafengebäude hatte, mit militärischem Schneid.

»Wir haben einen Brandy, wenn der Colonel einen wünscht«, sagte der Mann neben Lowell. »Und wir können ein Frühstück besorgen, wenn Sie Hunger haben.«

»Danke, beides nicht«, erwiderte Lowell.

»Wie wäre es mit der *Herald-Tribune?*« Der Mann überreichte ihm ein Exemplar der Pariser Ausgabe der New Yorker *Herald-Tribune.*

Lowell nahm die dünne Zeitung, überflog die Schlagzeilen und blätterte die Seiten durch. Als er wieder aufblickte, fuhren sie auf der Autobahn und näherten sich der Abfahrt nach Frankfurt. Er stellte fest, daß sie in einem Höllentempo fuhren. Die Deutschen betrachteten anscheinend jeden Wagen vor ihnen auf der Straße als persönliche Beleidigung.

XI

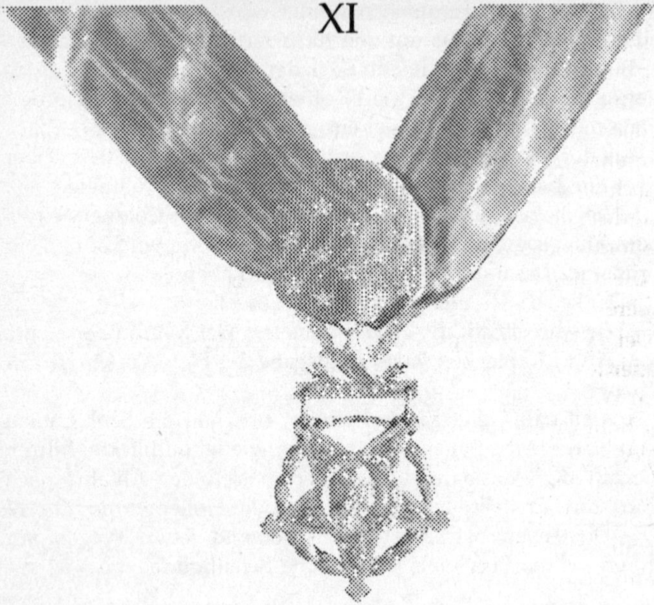

1

Flughafen Köln

29. Dezember 1961, 15 Uhr 50

Das Flugzeug, eine Beechcraft King Aire, eine kleine Turboprop-Maschine für acht Passagiere, landete 90 Sekunden nach einer Viscount der British Caledonian Airways. Während die größere Maschine noch über die Rollbahn rollte, bog die kleinere auf eine Rollbahn ab und hielt neben einem französischen Alouette-Hubschrauber.

Neben dem Hubschrauber parkten eine Mercedes-Limousine und ein gelber VW-Bus mit den Kennzeichen der Zollbehörde der Bundesrepublik Deutschland auf den Türen.

Ohne Ausnahme – denn Deutschland ist eine Demokratie, und jeder ist vor dem Gesetz gleich – mußte jedes eintreffende Luftfahrzeug aus dem Ausland durch die Zollkontrollen. Die Maschine der King Aire war soeben von Helsinki eingetroffen, und deshalb mußten sich die Passagiere den vorgeschriebenen Zollformalitäten unterziehen.

Wie Orwell erkannt hatte, sind einige Tiere gleicher als andere.

Der VW-Bus wurde von einem Zollbeamten gefahren. Außerdem war der Chef des Zollamts vom Flughafen Köln in dem Wagen. Als sich die Hecktür der King Aire öffnete, stieg der hohe Zollbeamte aus und stand bereit. Er grüßte.

»Wie schön, Sie wiederzusehen, Herr General«, sagte er zum einzigen Passagier der Maschine.

»Schön, Sie zu sehen«, erwiderte von Greiffenberg und reichte ihm die Hand. Der Generalleutnant war ein großer Mann mit aufrechter Haltung, der auf die 60 zuging. Er trug einen Homburg und einen Chesterfield-Mantel und hielt eine schwere Aktentasche.

»Wenn der Herr Graf so freundlich ist?« fragte der Leiter des Zollamts und hielt ihm eine ausgefüllte Zollerklärung auf einem Klemmbrett und einen Kugelschreiber hin.

Von Greiffenberg übergab die Aktentasche einem der beiden gutaussehenden, stämmigen Beamten, die in dem VW-Bus gewesen waren.

»Schließen Sie das ganze Ding in den Safe«, sagte er. »Ich werde es abholen lassen.«

»Jawohl, Herr General«, sagte der Mann. »Herr Oberst Lowell ist in der Villa, Herr Graf.«

»Gut.« Peter-Paul von Greiffenberg lächelte und schrieb seinen Namen auf die Zollerklärung. »Danke«, sagte er zum Leiter des Zollamts.

»Es war mir ein Vergnügen, Herr General«, sagte der Mann.

Der Pilot der Alouette ließ den Motor an.

»Ich danke Ihnen allen für Ihre Freundlichkeit«, sagte von Greiffenberg.

Unterdessen hatte der Zollbeamte das Gepäck des Grafen aus dem Flugzeug geholt und in den Hubschrauber gebracht. Der zweite Mann aus dem Mercedes lief zum Hubschrauber und hielt die Tür für den Grafen auf.

»Danke.« Der Graf stieg in den Hubschrauber, nahm Platz und legte den Sicherheitsgurt an.

Die Flughafenkontrolle gab sofort die Starterlaubnis für Hubschrauber FR-203.

Der Graf nahm seinen Homburg ab, legte ihn auf den Sitz neben seinem und setzte Kopfhörer auf. Inzwischen waren sie hoch genug, so daß der Rhein, der Kölner Dom und die neue Rheinbrücke zu sehen waren.

»Hatten Sie einen schönen Flug, Herr Graf?« fragte der Pilot.

»Ein bißchen unruhig«, erwiderte der Graf.

»Eine Schlechtwetterfront nähert sich«, sagte der Pilot. »Wir hatten Sorge, ob Sie es überhaupt schaffen.«

»Es war sehr kalt in Helsinki«, sagte der Graf.

Der Pilot flog nach Marburg an der Lahn. Er wählte eine längere Route als eigentlich nötig, und sie überflogen nur kleinste Dörfer. Der Graf wollte nicht, daß sein Aufenthalt jemandem bekannt wurde, der nicht zu wissen brauchte, wo er gerade war.

Es gab Bodennebel, und eine Stunde später würde der Flug gefährlich sein. Bald tauchten die mittelalterlichen Bauten einer einstigen Kathedrale und eines Mönchsklosters auf – seit Ende des 16. Jahrhunderts die Philipps-Universität –, und einen Augenblick später zog der Pilot den Hubschrauber hinab in den Park von Schloß Greiffenberg.

Schloß Greiffenberg war eher eine riesige Villa als das, was man sich unter einem *Schloß* vorstellt. Es wurde Schloß genannt, weil es 1845 in den Mauern und auf den Fundamenten mit dem Material aus der Ruine von Schloß Greiffenberg (erbaut etwa 1380–85) errichtet worden war. Im Ersten Weltkrieg hatte das Anwesen mit den 70 Räumen (einschließlich der Nebengebäude) als Pflegeheim für Offiziere gedient, und im Zweiten Weltkrieg war es als Neuropsychiatrische

Klinik genutzt worden. Nach dem Krieg hatte es als Amtsgebäude des Kreises Marburg gedient, bis Oberst Graf Peter-Paul von Greiffenberg aus der Gefangenschaft in Sibirien entlassen worden war.

Graf von Greiffenberg hatte den Kreis Marburg und das Bundesland Hessen erfolgreich wegen Beschädigungen der Villa verklagt. Er hatte eine Entschädigung und Miete für die Zeit erhalten, in der die Regierung die Villa als Büro genutzt hatte. Der Kreis und das Land waren nicht ihrer Pflicht nachgekommen, sorgfältig genug nach lebenden Erben zu suchen, nachdem der Besitzer irrtümlich für tot erklärt worden war.

Kreis und Land hatten verloren, obwohl Graf von Greiffenbergs einzige überlebende Blutsverwandte, eine Tochter, auch nach angemessener Suche nicht gefunden worden war, weil sie einen amerikanischen Soldaten geheiratet hatte und in den Vereinigten Staaten gewesen war. Graf von Greiffenberg (inzwischen Generalmajor) hatte 870 000 DM für Beschädigungen des Besitzes und nicht gezahlte Miete und 2 900 000 DM zusätzliche Buße über den Schadensbetrag hinaus erhalten. Er steckte alles Geld in die Renovierung, Modernisierung und Möblierung, wobei er versuchte, die Villa auszustatten, wie sie zuvor gewesen war.

Es war nicht nur der Wunsch, die Dinge so zu restaurieren, wie sie gewesen waren, sondern er sah es als seine Pflicht an, ein Heim für eine Reihe von Verwandten seiner verstorbenen Frau zu bieten (mit Ausnahme seiner Tochter hatte keiner seiner Verwandten die Nazis und die Russen überlebt). Der Besitz dieser Verwandten in Pommern, Ostpreußen und Polen hatte ebensolche Schäden erlitten und war beschlagnahmt worden wie seiner, und sie waren natürlich nicht in der Lage, die verschiedenen Funktionäre der Deutschen Demokratischen Republik gerichtlich zu belangen und Gerechtigkeit zu bekommen.

Und dann war da Peter-Paul von Greiffenberg-Lowell, die letzte männliche Person mit Blut der von Greiffenbergs. Insgeheim hatte der Graf es oft bedauert, daß der Mann, der Ilse geheiratet hatte, so reich war. Wenn dieser Reichtum nicht gewesen wäre, dann hätte er leichter arrangieren können, daß Lowell in Deutschland lebte und der Sohn die deutsche Staatsbürgerschaft annehmen würde.

Graf von Greiffenberg mochte Lowell sehr, und es freute ihn, daß eine von Greiffenberg zwar einen Bürgerlichen geheiratet hatte, dieser Bürgerliche aber wenigstens englischer Abstammung und ein Soldat und Gentleman war, wie die von Greiffenbergs seit Jahrhunderten Soldaten und Ehrenmänner gewesen waren. Die einzig wahre Differenz, die es zwischen Generalleutnant a. D. Graf von Greiffenberg und Lieutenant Colonel Lowell gab, war die Tatsache, daß Lowell einfach nicht in Betracht ziehen wollte, welche Vorteile es hatte, wenn Peter-Paul die deutsche Staatsbürgerschaft annahm.

Solange diese Frage noch in der Luft hing, war Schloß Greiffenberg das Heim des Jungen. Das Leben dort änderte nichts an der Staatsbürgerschaft, aber es konnte helfen, ihn etwas von seinem Erbe zu lehren.

Der Hubschrauber landete auf einem Platz zwischen den Tennisplätzen und dem Obstgarten mit Apfelbäumen. Der Graf nahm sein Gepäck, stieg aus und ging zur Villa. Als er bei den Tennisplätzen angelangt und der Hubschrauber bereits gestartet war, kam der Butler aus der Villa, um das Gepäck zu übernehmen.

Der Butler informierte ihn, daß der Herr Oberst die Familiengruft besuche.

»Wir werden ihn nicht stören«, sagte der Graf. »Und mein Enkel?«

»Der ist in Kassel, Herr Graf, mit seinen Freunden. Herr Ness fuhr sie.«

»Das hatte ich vergessen«, bekannte der Graf. »Seit wann ist Oberst Lowell – dort unten?«

»Etwa eine halbe Stunde, Herr Graf«, antwortete der Butler. »Ich servierte ihm das zweite Frühstück, als er eintraf, und dann sagte der Oberst, er habe Arbeit zu erledigen. Vor einer halben Stunde ging er zur Gruft.«

Der Graf begab sich in die Bibliothek und wartete auf seinen Schwiegersohn.

Als Lowell ein paar Minuten später in die Bibliothek kam,

ging er gleich zur Schrankbar und schenkte sich einen doppelten Whisky ein. Beim Eintreten sah er den Grafen nicht, und er nahm ihn auch nicht wahr, als er zum Fenster ging und hinausschaute, hinab auf die alte Stadt Marburg.

Anscheinend spürte Lowell jedoch den Blick des Grafen auf seinem Rücken, und er wandte sich zu ihm um.

»Ich wußte nicht, daß du hier bist«, sagte Lowell.

»Mein lieber Craig, ich freue mich so sehr, dich zu sehen. Hattest du einen guten Flug?«

Lowell lächelte. »Sagen wir, einen ›interessanten‹.«

»Wenn ich früher von deinem Kommen gewußt hätte, dann hätte ich Peter-Paul zum Flughafen geschickt. Ich war in Helsinki.«

Jeder, der wirklich annahm, der Graf hätte sich aus dem Geheimdienstgeschäft zurückgezogen, als er seinen Abschied bei der Bundeswehr genommen hatte, war auf dem Holzweg, davon war Lowell überzeugt.

»Was macht Peter-Paul in Kassel?«

»Er unternimmt irgend etwas mit Freunden, ich weiß nichts Genaues.«

»Du bist anscheinend nicht sehr überrascht über meinen Besuch«, bemerkte Lowell.

»Nichts, was du tust, überrascht mich, Craig«, erwiderte der Graf.

»Man hat mich praktisch des Landes verwiesen«, sagte Lowell. »Einige Leute befürchten, ich könnte etwas dem Verteidigungsminister sagen, was er nicht erfahren sollte.«

»Und in welcher Weise hat Mr. McNamara dir mißfallen?« fragte der Graf mit einem Lachen.

»Gar nicht. Man befürchtet eher, wir würden in unseren Ansichten übereinstimmen«, erklärte Lowell.

»Dann ist es kein Wunder, daß man dich verbannt hat«, sagte der Graf. »Für wie lange?«

»Für 30 Tage.«

»Nun, das verschafft dir schöne Ferien, und du kannst einige Zeit mit Peter-Paul verbringen.«

»Ich werde etwa zehn Tage lang bleiben, wenn ich solange

willkommen bin«, sagte Lowell. »Und dann fliege ich weiter nach Indochina.«

»Das klingt nicht nach einem Urlaub.«

»Nein.«

»Ich glaube, ich sollte auch einen Whisky trinken.« Der Graf trat an Craig Lowell heran, legte den Arm um ihn und drückte ihn leicht an sich. Es war nur eine kurze, flüchtige Umarmung, doch ein bemerkenswerter Beweis von Zuneigung des Grafen.

Lowell lachte. Von Greiffenberg schaute ihn neugierig an.

»Die Höflichkeit gebietet eigentlich, daß ich dich frage, was du in Helsinki gemacht hast. Aber ich glaube, du möchtest nicht, daß ich frage, oder?«

»Ich habe Freunde besucht«, erwiderte der Graf glatt. »Darf ich fragen, weshalb du nach Indochina fliegst?«

»Ich nehme an, das ist eine persönliche Frage?«

»Natürlich.«

»Ich denke, wir greifen dort ein«, sagte Lowell. »Wir haben soeben ein paar Flugzeuge rübergeschickt.«

»Auf einem alten Flugzeugträger namens *Card*«, sagte der Graf. »Der Name blieb mir in Erinnerung, weil er ziemlich merkwürdig für ein Schiff ist.«

»Du hältst dich aber auf dem laufenden, was?« fragte Lowell leicht sarkastisch. »Was kannst du mir sonst noch sagen, über das ich nichts weiß?«

»Wie wäre es mit einem Zitat von MacArthur? ›Laßt euch nicht in einen Krieg in Asien verwickeln‹ oder so ähnlich.«

»Mir gefällt ein anderes Zitat besser«, sagte Lowell. »›Es gibt keinen Ersatz für den Sieg.‹ Ich befürchtete, wir werden das gleiche machen wie in Korea. Eine Menge Geld ausgeben, eine Menge Leute töten, und wenn der Krieg vorüber ist, wieder dort sein, wo wir angefangen haben.«

»Ich war als junger Offizier in China«, sagte der Graf. »Als *sehr* junger Offizier, was das anbetrifft. Ich kehrte zurück mit dem Eindruck, daß dort westliche Armeen nicht gewinnen können. Es wäre wie ein Krieg gegen ein zehnfaches Rußland.«

Er winkte Lowell zu einem der vier gleichen, hochlehnigen Ledersessel bei einem niedrigen Tisch und nahm ihm gegenüber Platz. Beide legten die Füße auf den Tisch.

»Die einzige Chance, die wir haben, ist Mobilität«, sagte Lowell.

»Ich kam soeben mit dem Hubschrauber von Köln«, sagte der Graf. »Ein Flug von etwas über 30 Minuten. Über die Straße dauert die Fahrt zweieinhalb Stunden. Bei diesem Wetter vielleicht vier oder fünf Stunden.«

»Ich hörte keinen Hubschrauber«, sagte Lowell überrascht.

»Es war ein französischer. Eine Alouette.«

»Warte, bis du siehst, was wir auf den Reißbrettern haben«, bemerkte Lowell. »Und sogar fertig entwickelt haben.«

»Ich habe davon gehört. Ist das die Aufgabe, die man dir zugeteilt hat? Kriegspläne?«

»Das ist eine taktvolle Formulierung«, sagte Lowell. »Ich sehe es mehr als Erledigung von Papierkram.«

»Und glaubst du, es wird funktionieren?« fragte der Graf.

»Was soll funktionieren?«

»Das Ersetzen von Lastwagen durch Flugzeuge und Hubschrauber.«

»Ich befürchte, es wird nicht klappen«, sagte Lowell ernst. »Der nötige Nachschub, um sie in der Luft zu halten, ist heller Wahnsinn. Aber ich glaube, wir haben noch nicht den letzten Hornisten zur Attacke blasen hören.«

»Was meinst du damit?«

»Trotz gegenteiliger Berichte ist die Kavallerie, sprich Panzertruppe, noch nicht gestorben.«

»Ich kann dir immer noch nicht folgen«, sagte der Graf.

»Das beunruhigt mich ein wenig, Herr General, daß ausgerechnet du nicht erkennst, worauf wir hinsteuern.«

»Sag es mir«, bat der Graf ernst.

»Guten Tag, Gentlemen«, sagte Lowell halb im Spott. »Unser heutiges Thema ist die Rolle der Kavallerie beziehungsweise die der Panzertruppe in der modernen Armee. Der Vorlesung folgen eine Diskussion und eine schriftliche Prüfung am Freitag.«

Von Greiffenberg lachte.

»Von den frühesten Tagen an gab es drei grundsätzliche Typen von Bodenstreitkräften. Die Infanterie, die Terrain einnimmt und hält; die Artillerie, die vor einem Infanterieangriff feindliche Stellungen beschießt oder feindliche Kräfte, wenn der Feind angreift; und die Panzertruppe, deren wesentliches Charakteristikum die Mobilität ist. Mobilität – ursprünglich mit Pferden und später mit Kettenfahrzeugen – gab der Panzertruppe die Fähigkeit, eine schwache Stelle in der feindlichen Front zu durchbrechen und diesen Durchbruch zu nutzen, um die Nachschubwege des Feindes abzuschneiden. Von Zeit zu Zeit haben im Verlauf der Geschichte wohlmeinende Leute die noble Rolle der Kavallerie/Panzertruppe versaut.

Zum ersten Mal passierte das, als der noble Kavallerie-Krieger sich mit ein paar hundert Pfund Panzerung umgab, was ein gewaltiges Roß erforderlich machte, nur um ihn zu tragen, und was seine Schnelligkeit in etwa auf die eines Infanteristen reduzierte. Er konnte nicht mehr losstürmen, die feindlichen Linien durchbrechen, und er war ein leichtes Ziel für Infanteristen. Wenn alles sonst versagte, konnte ihn der Feind einfach vom Pferd stoßen. Die Kavallerie war tot.

Niemand sagte das jedoch den Amerikanern, und sie setzten Kavallerie in ihrer Revolution ein – mit großem Erfolg. Die Kavallerie lebte wieder und so gut, daß die Kavallerie von J.E.B. Stuarts Konföderierten die Yankees von einem schnellen Gewinn des Sezessionskrieges abhielt, und zwar für eine längere Zeit, als man nach dem Übergewicht der Yankees hätte annehmen können.

Auch im amerikanischen Bürgerkrieg kamen die Amateur-Soldaten mit etwas, worüber die Traditionalisten wirklich empört waren. Sie verfälschten die noble Rolle der Artillerie. Jeder, außer den Amerikanern – auf beiden Seiten –, wußte, daß man Artillerie in Stellung bringt und dort läßt, bis die Schlacht vorüber ist. In Unwissenheit dieser geheiligten Regel spannten amerikanische Kavalleristen jedoch Pferdegespanne vor Artilleriegeschütze und galoppierten damit über das Schlachtfeld, setzten die Geschütze dort ein, wo sie gerade gebraucht wurden, einschließlich im Vormarsch, wie ich anmerken möchte.

Dann kamen Bruder Gatling, kurz danach Bruder Maxim und Bruder Browning mit ihren Maschinengewehren. Pferde boten und bieten ein vortreffliches Ziel, und abermals war die Kavallerie tot.

Jetzt kommt ein Tommy namens Winston Churchill, der erkennt, daß eine neue Art der Kriegsführung nötig ist, um eine Lösung aus einem Problem zu finden, das aus einer Art Pattsituation besteht. Sowohl ihm als auch den Deutschen gehen die Infanteristen aus, um sie vor die Mündungen der MGs zu schicken. Churchills Lösung ist ein mechanisches Pferd. Es hat Ketten, die ihm erlauben, in Granattrichter und hinaus und über Schützengräben zu fahren. Es ist gepanzert und hält dem Feuer von Handfeuerwaffen stand. Es kann sich schnell über das Gefechtsfeld bewegen und die feindlichen Linien an ihren Schwachpunkten durchbrechen. Er nennt dieses sonderbare Gerät ›Tank‹, also Panzer.

Nachdem die Deutschen pro forma protestierten und dieses Gerät als Werkzeug des Teufels bezeichneten, das keinen Platz im Krieg zwischen christlichen Gentlemen haben dürfe, begannen sie mit dem Bau eigener Panzer. Zu spät. Ein Name für diese neue Form der Kriegsführung wird gesucht, und da die Kavallerie offenbar gestorben ist, sagt sich jemand, daß ›Panzertruppe‹ nett klingt. So gibt man die Parole aus, daß die Kavallerie gestorben und die Panzertruppe geboren ist.

Dann kommt der Zweite Weltkrieg, der angeblich letzte aller Kriege. Ein deutscher Typ namens Guderian, der die Rolle der Kavallerie versteht, greift die Franzosen an. Obwohl sie mehr Panzer und bessere als er haben, verstehen sie nicht die Rolle der Kavallerie und betrachten ihre Panzer als Bunker zur Unterstützung der Infanterie. Französische Tanks bewegen sich mit dem Tempo der französischen Infanterie. Deutsche Panzer sind schnell wie die Kavallerie. Sie rollen so schnell sie können und pfeifen auf ihre Flanken. Dies, Herr General, ist als *Blitzkrieg* bekannt, und nachdem Guderian ihn führte, schwenkten die Franzosen weiße Fahnen.«

»Ein sehr guter Vortrag«, sagte von Greiffenberg und lachte. »Ich nehme an, man hat ihn dir schon einmal gehalten, oder?«

»Mir doch nicht. Aber sei nachsichtig mit mir, ich bin noch nicht fertig.«

»Natürlich.«

»Auf der amerikanischen Seite haben wir einige interessante Generals. Einer davon ist eine Art Kavallerist namens Patton.«

»Eine *Art Kavallerist?«*

»Er war Infanterie-Offizier«, sagte Lowell, »aber er sah ein, daß das eine Fehleinschätzung seinerseits war. In seinem Herzen war er Kavallerist. Ein ziemlich guter Polospieler, wie du weißt. Polo ist kein Sport für Infanteristen. Die Infanterie spaziert durch die Wälder.«

Von Greiffenberg lachte über diese Formulierung.

»Und wer sind die anderen ›interessanten‹ Generäle?«

»Es gab viele, aber um mich bei diesem kleinen Vortrag kurz zu fassen, werde ich nur zwei anführen. Beide in Verbindung mit der 2. Panzerdivision. Ernest Harmon und sein Nachfolger I.D. White. Beides Kavalleristen. White plante übrigens als junger Adjutant vom Rücken eines Pferdes aus den Golfplatz in Fort Knox, und er war ebenfalls ein hervorragender Polospieler. Der wichtige Punkt ist, daß Harmon und White die Second Armored als *Kavallerie* führten. Und Patton benutzte seine Panzertruppen in der 3. Armee als Kavallerie.«

»Glaubst du das wirklich?«

»White wurde verarscht«, sagte Lowell. »Er hätte in die Geschichtsbücher eingehen sollen als der erste amerikanische General, der je Paris einnahm, und der erste amerikanische General, der je Berlin einnahm. Er war vor Paris – bei Senlis, glaube ich –, als er den Befehl erhielt, die Stellung zu halten und die Zweite Französische Panzerdivision durch seine Linien passieren zu lassen, damit sie die Ehre hatte, Paris einzunehmen. Später hatte er seine ersten Truppen über die Elbe geführt und war im Begriff, Berlin einzunehmen, als er den Befehl erhielt, zu bleiben, wo er war, und den Russen Berlin zu überlassen.«

»Das muß weh getan haben«, warf von Greiffenberg ein.

»Ja, aber ich schweife vom Thema ab. Meiner Meinung nach war der großartigste Schachzug der Geschichte der von Patton. In der Ardennenoffensive ließ er zwei Divisionen abrücken, führte sie 150 Kilometer durch einen Eis- und Schneesturm und ließ sie binnen 48 Stunden angreifen. Das ist Kavallerie!«

»Ich stimme dir zu, aber ich verstehe nicht, worauf du hinaus willst.«

»Da sich unsere Panzer, unsere Panzertruppe, so gut bewährt haben, spielte jeder Trittbrettfahrer und erklärte kategorisch, daß die Panzertruppe die Streitmacht der Zukunft sei. Sie hatten die Kavallerie während des Kriegs aufgelöst, und jetzt kamen sie mit neuen Insignien für die Panzertruppe: ein Panzer. I.D. White, unbestritten der beste, wenn auch nicht der ranghöchste Panzeroffizier in aktivem Dienst, bestand darauf, und zwar leidenschaftlich, wie ich hörte, daß die Kavallerie nicht tot war, und er verlangte, daß der Panzer der neuen Insignien mit Kavalleriesäbeln überlagert wurde.«

»War das White?« fragte von Greiffenberg überrascht.

»Das war White«, bekräftigte Lowell.

»Das hatte ich noch nie gehört«, sagte der Graf. »Sonderbar. Ich hatte gedacht, Hasso von Manteuffel hätte mir etwas davon erzählt. Er und White standen sich nach dem Krieg sehr nahe, weißt du.«

»Es war White«, wiederholte Lowell. »Und jetzt sind wir endlich beim springenden Punkt. Der Vortrag ist fast beendet. Niemand hat festgeschrieben, daß die Kavallerie auf Pferden oder in Kettenfahrzeugen sein muß, und ebensowenig wurde vom Berg Sinai verkündet, daß die Infanterie mit Gewehr oder MG bewaffnet sein muß. Kavallerie ist eine Technik, eine Philosophie, kein besonderes Werkzeug.«

»Du meinst, das Pferd der modernen Kavallerie ist der Hubschrauber?«

»Genau das meine ich«, antwortete Lowell. »Mit dem, was wir jetzt haben, können wir eine Gruppe Soldaten mit Verpflegung und Munition für drei Tage aufnehmen und sie mit 150 Stundenkilometern überall im Umkreis von 150 Kilometern ausgeruht und kampfbereit hinfliegen. Wir haben Hubschruber auf dem Reißbrett, die eine 155-Millimeter-Kanone, ihre Besatzung und die Kampfbeladung Munition binnen einer Stunde irgendwo auf einem 150 Kilometer entfernten Hügel absetzen können.«

»Das klingt nach Artillerie«, sagte der Graf.

»Mobile Artillerie wurde der Kavallerie im Bürgerkrieg

weggenommen«, sagte Lowell. »Es ist an der Zeit, daß wir sie uns zurückholen.«

»Du hast von einer Division gesprochen, nicht wahr? Vielleicht sogar von *Divisionen?*«

»So ist es«, bestätigte Lowell. »Luftbewegliche Divisionen. Alles per Luft zu transportieren.«

»Und du meinst, das funktioniert gegen eine Guerilla-Armee in Vietnam?«

»Das weiß ich nicht«, sagte Lowell. »Das werden wir herausfinden müssen. Ich weiß, daß es mit konventionellen Streitkräften nicht klappt. Wenn wir konventionelle Kräfte einsetzen, werden wir den Krieg nach Nordvietnam tragen müssen. Oder sogar nach China.«

»Laßt euch nicht in einen Krieg in Asien verwickeln«, zitierte von Greiffenberg von neuem.

»Ich glaube nicht, daß ich irgendwo in einen Krieg verwickelt werde. Ich bin der vollkommene Schreibtischarbeiter – und Dozent.«

»Du wirst ein Kommando erhalten«, sagte der Graf.

»Allmählich frage ich mich, ob das kein Wunschdenken ist«, sagte Lowell.

»Sowohl Bob Bellmon als auch Paul Hanrahan sind General geworden.«

»Und Bill Roberts«, fügte Lowell hinzu.

»Und Paul Jiggs ist Generalmajor«, sagte der Graf. »Du bist nicht ohne Freunde.«

»Es gibt eine Reihe sehr mächtiger Leute in der Army, die die Genannten allesamt für verrückt halten, Kennedy gab Hanrahan den Stern. Hanrahan wäre niemals dafür empfohlen worden.«

»Der springende Punkt ist, daß sie ihre Sterne haben«, sagte der Graf. »Eines Tages wirst du ebenfalls General sein, dessen bin ich sicher.«

»Der ewige Optimist. Oder willst du mich damit nur aufmuntern?«

»Weder noch«, sagte der Graf. »Es ist die Ansicht eines Profis.«

»Das glaube ich nicht, aber ich höre es gern. Wo ist die Hofclique?«

Das war Lowells spöttische Bezeichnung für das Dutzend vertriebener Ostdeutschen und Polen, die mit dem Grafen verwandt waren und jetzt im *Schloß* wohnten. Sie verlangten von den Bediensteten, respektvoll mit ihren Titeln angeredet zu werden, und Lowell fand das amüsant.

»Die meisten sind nach Bayern gereist«, sagte der Graf. »Ludwig machte das ziemlich schlau. Er sagte, die Hessen geben vor, Weihnachten und Neujahr nur zu genießen, weil sie wissen, daß bald darauf der Frühling kommt.«

»Ludwig ist der Fette aus Pommern?« fragte Lowell und lachte.

Der Graf nickte. »Der Graf von Kolberg.«

»Peter-Paul reiste nicht mit ihnen?«

»Peter-Paul hat viel von dir«, sagte der Graf. »Er neigt zu sarkastischen Bemerkungen, wenn meine Verwandten beisammen sind und sich an bessere Tage erinnern. Peter-Paul interessiert sich viel mehr für Filme als für alte Erinnerungen.«

»Filme?« fragte Lowell. »Warum sagst du das?«

»Weil es so ist. Findest du das so ungewöhnlich?«

»Ich bin zum Filmfestival nach Berlin eingeladen worden«, sagte Lowell. »Ich traf eine Schauspielerin, die ich kenne, im Flugzeug.«

»Wie viele Schauspielerinnen kennst du?« fragte der Graf neckend.

»Eine. Diese eine.«

»Die eine, die den Namen eines US-Staats hat. Tennessee oder so? Nein, das ist der Schriftsteller.«

»*Georgia* Paige«, sagte Lowell.

»Das ist eine sonderbare Sitte«, bemerkte der Graf. »Gibt es auch einen Schauspieler oder einen Filmstar namens ›North Dakota‹ oder ›Massachusetts‹?«

»Nein, aber einen Schauspieler namens Rock Hudson.«

Der Graf lachte.

»Meinst du, Peter-Paul würde gern zu diesem Festival gehen?« fragte Lowell.

»Ich nehme an, er würde es den Alternativen vorziehen«,

erwiderte der Graf. »Und das sind folgende: entweder hier mit dir zu bleiben oder mit mir Neujahr nach Bayern zu reisen.«

»Muß ich daraus schließen, daß ich in diesem Palast unwillkommen bin?«

»Sei nicht albern. Natürlich bist du willkommen. Aber es kam mir nie in den Sinn, daß du mit nach Bayern reisen möchtest.«

»Das möchte ich auch nicht«, sagte Lowell. »Aber ich fühle mich auch nicht heimisch auf einem Filmfestival.«

»Peter-Paul würde es gefallen. Wenn du ihn einem Filmstar vorstellen könntest, wäre er begeistert. Und du – ihr beide – solltet die Mauer sehen.«

»Hast du sie gesehen?«

»Ich habe beobachtet, wie sie errichtet wurde«, sagte der Graf. »Auf makabre Weise ist es ziemlich faszinierend. Es ist ein interessanter Einblick in ihre Denkungsweise.«

»Kennedy hätte den Befehl geben sollen, die Mauer abzureißen«, sagte Lowell.

»Ich denke anders darüber«, sagte der Graf. »Da steht sie, als Beweis für die Welt, daß der Kommunismus dem Volk ein so viel besseres Leben gebracht hat, daß es mit Betonmauern und Stacheldraht im Paradies gehalten werden muß.«

»So hatte ich das noch gar nicht gesehen«, sagte Lowell. »Ich bin mir nicht ganz sicher, ob deine Worte nicht ein zufälliges Nebenprodukt weicher Knie sind.«

»Es gab nichts außer einem Krieg, was getan werden konnte, um den Bau der Mauer zu stoppen«, sagte der Graf, als überrasche es ihn, das Lowell erklären zu müssen. »Die Russen beachten peinlich genau ihre Verpflichtungen gegenüber den westlichen Alliierten. Amerikanische Soldaten können frei hin und her passieren.«

»Hallo, Vater«, ertönte eine Knabenstimme im Stimmbruch von der Tür her. Lowell wandte den Kopf und sah seinen Sohn Peter-Paul.

»Damit wollte ich natürlich nicht sagen, daß du und Peter-Paul nach Ostberlin rübergehen sollt«, sagte der Graf ernst und hastig.

Peter-Paul von Greiffenberg-Lowell war ein großer, schlanker 14jähriger mit einem blonden Schopf, der ihm in die Stirn hing. Sein Haar war oben zu lang und über den Ohren und im Nacken zu kurz geschnitten, wie sein Vater fand.

Er hatte viel von Ilse von Greiffenberg-Lowell; die Wangenknochen, die Augenbrauen und besonders die blauen Augen erinnerten an Ilse.

Lowell schwang die Füße vom Tisch und stand auf. Er breitete die Arme aus und staunte, wie sehr sein Sohn gewachsen war, seit er ihn zum letzten Mal gesehen hatte. Peter-Paul durchquerte die Bibliothek und streckte seinem Vater förmlich die Hand hin. Lowell ignorierte die dargebotene Hand und schloß den Jungen in die Arme. Peter-Paul versteifte sich bei der Umarmung. Lowell gab ihn frei. Er fühlte sich gekränkt und kam sich albern vor.

»Was hast du in Kassel gemacht?« fragte Lowell.

»Ich war dort mit Freunden«, antwortete Peter-Paul.

»Und was habt ihr getrieben?«

»Da war ein Festival mit Humphrey-Bogart-Filmen«, sagte der Junge. »Kennst du die Filme von Humphrey Bogart?«

Der kleine Hurensohn ist sarkastisch, dachte Lowell.

»Und ob«, sagte Lowell. »Ich hörte, daß es ein Filmfestival in Berlin gibt.«

»Die Berlinale. Vom 31. Dezember bis 5. Januar«, sagte der Junge und nickte.

»Möchtest du hin?«

»Das ist eine Sache der Filmindustrie«, sagte der Junge, »nicht offen für das allgemeine Publikum.«

»Ich fragte, ob du hin möchtest.« Lowells Lächeln war gezwungen.

»Dein Vater ist eingeladen worden, Peter-Paul«, sagte der Graf.

»Von jemand aus der Filmbranche?« Die Frage des Jungen verriet jetzt eine Spur von Interesse.

»Ja.«

»Darf ich fragen, wer das ist?«

»Macht das was?« fragte Lowell ein wenig schroff.

»Es würde einen Anhaltspunkt geben, wieviel man von den Filmen zu sehen bekommt«, sagte der Junge.

»Kennst du die Filme von Brian Hayes?« fragte Lowell, spöttisch wie zuvor sein Sohn bei der Frage nach den Bogart-Filmen.

»Der hat dich eingeladen?«

»Er hat *uns* eingeladen«, sagte Lowell.

»Phantastisch!« stieß der Junge hervor.

Als er lächelte, ähnelte er sehr seiner Mutter.

2

West-Berlin

4. Januar 1962, 6 Uhr 30

Als er für die Taxifahrt bezahlt hatte und allein auf einer Straße stand, über die der Wind fegte und die mit einem blauen Schild als ›Straße des 17. Juni‹ ausgewiesen wurde, sagte sich Lowell, daß es verdammt dumm von ihm gewesen war, hierhin zu fahren. Hier, das war irgendwo in der Nähe der Mauer.

Er fand, daß es kälter als in der Arktis war, und wenn er gesehen hatte, was er sehen wollte, dann würde er lange suchen müssen, um ein Taxi zu finden, mit dem er zum Hotel am Zoo zurückfahren konnte. Wenn er bei Verstand gewesen wäre, dann hätte er sich in dem Mercedes, mit dem man ihn vom Flugplatz abgeholt hatte, hierhin fahren lassen können. Man hatte ihm behutsam zu verstehen gegeben, daß der Wagen für ihn und Peter-Paul rund um die Uhr zur Verfügung stehe. Übersetzt hieß das: Die höflichen, wortkargen jungen Männer, die den Wagen fuhren, waren da, um Peter-Paul zu beschützen. Die Russen hatten kein Interesse an einem unbedeutenden amerikanischen Lieutenant Colonel, aber bei dem Enkel von Peter-Paul von Greiffenberg war das eine andere Sache.

Die Russen hatten viel Zeit und Gelegenheit gehabt, um über

ihre Fehleinschätzung nachzudenken, nach der sie den Grafen in den Westen zurückkehren ließen.

Georgia war um halb sechs aus dem Bett gestiegen, weil sie um 6 Uhr 15 bei einem schwulen Friseur mit scheinbar mystischen Fähigkeiten einen Termin hatte. So schlimm wie sie ausgesehen hatte, brauchte sie wohl auch einen Meister seines Fachs. Der Schwule hatte zugestimmt, ihr einen *persönlichen* Gefallen zu erweisen und ›es ihr zu machen‹, so daß sie tipptopp bei einem bevorstehenden Preisverleihungsfrühstück aussehen würde.

Lowell hatte sich schlafend gestellt, weil er befürchtet hatte, Georgia wolle eine Nummer auf die Schnelle machen. Die Befürchtung hatte sich als grundlos erwiesen. Er hatte den Verdacht, daß sich Georgia inzwischen mit ihm im Bett genauso langweilte wie er sich mit ihr. Alle Zutaten waren da: ein gesunder, scharfer Mann, der in der jüngsten Zeit nicht sehr viel Sex gehabt hatte, und eine gesunde, scharfe Frau, die vermutlich welchen gehabt hatte, der es dennoch Spaß machte. Selbst das erstemal war nicht so gewesen, wie er sich das in der Phantasie vorgestellt hatte. Er sagte sich, daß er es besser hätte wissen sollen.

Wenn er allein in Berlin gewesen wäre, hätte er einen Vorwand erfunden, um abzureisen. Aber Peter-Paul amüsierte sich prima. Er hatte sich mit einem Fotografen angefreundet (mit einem Kinematographen, hatte Peter-Paul korrigiert). Peter-Paul kannte den Namen und seine ›Erfolge‹, und der Fotograf war geschmeichelt und von Peter-Pauls europäischen Manieren beeindruckt. Der Fotograf, ein untersetzter, kahlköpfiger Mann, hatte Lowell erklärt, er habe zwei Söhne, die weder von ihrem Vater beeindruckt waren noch gute Manieren hatten. Und sie sprachen kaum Englisch, geschweige denn Deutsch und Französisch wie Peter-Paul.

Die beiden machten jeden Tag Streifzüge durch Berlin. Der Fotograf knipste Fotos, und Peter-Paul freute sich über das Privileg, ihm das Fotozubehör tragen zu dürfen. Der Fotograf hatte nicht nur einen Kuli, der die Sprache der Einheimischen beherrschte, sondern auch einen Mercedes mit Chauffeur, der sie beide durch die Gegend fuhr. Wenn der Fotograf in offizieller Funktion bei den Filmfestspielen war, begleitete Peter-Paul ihn. Der Fotograf stellte ihn den Stars als ›mein Assistent‹ vor.

Lowell wollte seinem Sohn die Freude nicht verderben, und so blieb er noch in Berlin.

Lowell schaute über die Straße zu den beiden russischen Soldaten auf Wache vor dem sowjetischen Ehrenmal. Als er im ›Command und General Staff College‹ in Leavenworth gewesen war, hatte er aus Langeweile einige inoffizielle Studien über die Schlacht von Berlin angestellt. Er war zu verschiedenen Schlüssen gekommen, alle untermauert durch wenig publizierte Fakten: Eisenhower hatte völlig falsch entschieden, als er General I.D. White und seiner Zweiten Panzerdivision (›Die Hölle auf Rädern‹) den Befehl gegeben hatte, an der Elbe zu bleiben. White hätte Berlin einnehmen können. Die deutsch-russische Schlacht um die Stadt war in großem Maße eine Säuberungsaktion gegen die Charlemagne-Division der Waffen-SS, Franzosen, die sich der Sache der Nazis verschrieben hatten. Obwohl es als großer sowjetischer Sieg über fanatische Nazi-Streitkräfte dargestellt wurde, waren die an der Schlacht beteiligten Deutschen in Wirklichkeit hauptsächlich darauf aus gewesen, die amerikanischen Linien zu erreichen, um zu kapitulieren.

Die beiden russischen Soldaten, die vor dem Ehrenmal hin und her marschierten, taten es im Stechschritt und hielten dabei ihre Maschinenpistolen quer vor der Brust. Lowell konnte keinen Unterschied zwischen ihrer Haltung und derjenigen sehen, die in Wochenschauen als Stechschritt der Nazis beschrieben worden war.

Er schlug den Mantelkragen hoch, um sich vor dem eisigen Wind zu schützen, und ging die Straße des 17. Juni entlang zum Brandenburger Tor.

Das war die Grenze, und dort war eine Mauer. Sie bestand aus grob gegossenen Zementblöcken, die aufeinandergestapelt und oben mit Stacheldraht versehen waren. Lowell ging in Richtung auf die Mauer, mußte jedoch zurückkehren, als er feststellte, daß es an dieser Stelle keine Passage gab. Er wandte sich nach links zur ersten Kreuzung, ging durch einen kürzlich gepflanzten

Streifen von Kiefern und gelangte schließlich wieder an die Mauer.

Die Mauer beschrieb hier einen scharfen Knick. Auf der anderen Seite der Biegung sah er ein Holzgerüst, das wie ein altmodischer Galgen aussah. Er bog um die Ecke. Es war eine Aussichtsplattform, und die Stufen hinauf waren durch eine dünne Kette und ein Schild mit der Aufschrift OFF LIMITS – ZUTRITT VERBOTEN versperrt.

An einen der Stützbalken war ein Schild mit englischer und deutscher Aufschrift genagelt. BEOBACHTUNGSPOSTEN 3. U.S. ARMY, GARNISON BERLIN. ZUTRITT NUR FÜR BEFUGTES PERSONAL.

Lowell duckte sich unter der dünnen Kette hinweg und stieg die Stufen zur Plattform hinauf. Als erstes sah er einen russischen oder ostdeutschen Beobachtungsposten, der solider konstruiert war und ein Dach und Wände und einen Schornstein hatte. Er sah, daß zwei Uniformierte ihn durch Feldstecher beobachteten. Lowell war zu weit entfernt, um an den Uniformen erkennen zu können, ob es Russen oder Ostdeutsche waren. Er winkte ihnen fröhlich zu, aber es gab keine Reaktion darauf.

Und dann blickte er hinab zum Boden und fluchte.

Auf der östlichen Seite der Mauer gab es ein Areal von etwa 25 Metern, das mit einer Planierraupe geräumt worden war und zur Zeit vermint wurde. Er konnte es kaum glauben, aber als er sich umschaute, entdeckte er weiter unten an der Ostseite der Mauer das deutsche Standardschild als Warnung vor einem Minenfeld, ein Totenkopf und die Worte *Achtung! Minenfeld!*

Es war etwas wirklich Ekelerregendes daran.

Lowell hörte ein vertrautes Geräusch, das Flappen von Rotorblättern. Er blickte über die Schulter hinauf und entdeckte nach einer Weile den Hubschrauber. Es war ein Bell-H-13E mit der Aufschrift U.S. ARMY.

Der Hubschrauber flog näher und schwebte dann vielleicht 15 Meter über dem Boden und etwa ebenso weit entfernt von dem Beobachtungsposten.

Zwei Leute waren im Hubschrauber, und einer davon trug die fellbesetzte Wintermütze. Lowell entdeckte die Buchstaben MP auf der Mütze. Der Militärpolizist gestikulierte, eine klare Aufforderung, daß er den Beobachtungsposten verlassen sollte. Lowell winkte ihm so fröhlich zu wie zuvor den Russen, Ostdeutschen oder was immer die Männer auf dem Turm in der Ostzone waren.

Das klügste wäre gewesen, einfach von der Beobachtungsplattform hinunterzusteigen, aber irgend etwas hielt ihn dort. Er wollte einfach noch bleiben, und was sollte der MP im Hubschrauber schon dagegegen unternehmen? Es gab keinen Platz zum Landen.

Lowell lehnte sich über das Geländer und schaute wieder auf das Minenfeld hinab, dann weiter nach Ostberlin hinein, und zum erstenmal sah er, daß die Fenster der Gebäude gegenüber der Mauer überwiegend zugemauert waren.

Peter-Paul hatte verschiedene Einladungen zur Besichtigung der Mauer abgelehnt, und Lowell hatte nicht darauf bestanden, daß der Junge mitkam. Jetzt entschied er, daß Peter-Paul dies sehen müsse, bevor sie Berlin verlassen würden, ob er es wollte oder nicht.

Peter-Paul hatte nur Angenehmes in seinem Leben kennengelernt. Er war noch nicht auf der Welt gewesen, als sein Großvater in Sibirien gewesen war. Er war ein Kleinkind gewesen, als sein Vater in Korea gewesen und seine Mutter ums Leben gekommen war. Vielleicht machte ihn das immun gegen Zorn über so etwas wie die Mauer und das Minenfeld. Aber er mußte damit konfrontiert werden.

Lowell hörte ein weiteres vertrautes Geräusch, das Quietschen von Bremsen eines Jeeps.

Der Militärpolizist im Hubschrauber hatte offenbar über Funk die MPs auf dem Boden verständigt. Lowell rechnete nicht damit, in Handschellen abgeführt zu werden, wenn er seinen Truppenausweis vorzeigte, aber er hielt es für möglich, daß er auf dem Dienstweg vom Kommandierenden General der Berliner Garnison einen Brief bekam, in dem eine Erklärung verlangt wurde, warum er unbefugt auf eine Beobachtungsplattform geklettert war und die deutlichen Handzeichen eines Militärpolizisten in Ausübung seines Dienstes ignoriert hatte.

Das Gerüst erbebte unter den Schritten zweier Männer, die hinaufstürmten. Lowell wandte sich ihnen zu.

Zwei Militärpolizisten in Parkas und Wintermützen. Einer trug den Balken des Warrant Officers auf dem Parka.

»Mein Gott!« stieß der Warrant Officer schockiert hervor. »Es ist der Duke!«

Der andere MP schaute ihn überrascht an.

Der Warrant Officer grüßte schneidig.

»Sie sind Major Lowell, nicht wahr, Sir?« fragte er.

»Schuldig«, erwiderte Lowell. »Schön, Sie wiederzusehen.«

Er hatte keine Ahnung, wer der Mann war. Offenbar jemand, der auch in Korea gewesen war. Er konnte sich aber an keinen Warrant Officer erinnern, der so ausgesehen hatte.

»Stenday, Sir«, sagte der Warrant Officer. »Ich war bei dem Kampfverband, den Sie führten.«

»Ja, natürlich«, sagte Lowell.

Er erinnerte sich auch nicht an den Namen. Bei der Task Force Lowell waren 400 Leute gewesen. Man konnte nicht erwarten, daß er sich an jeden einzelnen Mann erinnerte. Aber er schämte sich, weil er sich überhaupt nicht an diesen Mann erinnerte.

Er reichte ihm die Hand. Warrant Officer Stenday riß seinen Handschuh herunter und schüttelte Lowell begeistert die Hand. Dann erinnerte er sich, warum er hier war.

»Gehen Sie zum Funkgerät und melden Sie, daß es ein amerikanischer Offizier ist«, sagte er zu dem anderen MP. Dann wandte er sich an Lowell. »Sind Sie aus einem bestimmten Grund hier, Major?«

»Nein«, sagte Lowell. »Nichts Besonderes. Ich bin nur zufällig in Berlin und wollte mir dies ansehen.«

»Verdammt widerlich, nicht wahr?« sagte Stenday. »Haben Sie gesehen, daß die Bastarde Minen legen?«

Lowell nickte.

»Wir sollten ein Dutzend M46er kommen lassen und die verdammte Mauer plattmachen«, sagte Stenday.

Lowell zitierte die Philosophie von Generalleutnant Graf von Greiffenberg. »Ich weiß nicht. Die Mauer ist sozusagen ein Beweis dafür, daß der Kommunismus gescheitert ist, finden Sie nicht?«

»Bei allem Respekt, Major – stimmt das? Sind Sie noch Major?«

»Ich bin jetzt Lieutenant Colonel.«

»Bei allem Respekt, *Colonel,* Sie haben nicht gesehen, wie diese Bastarde Leute abknallten – sogar Kinder –, die versuchten, über die Mauer zu entkommen. Und wir können nicht zurückschießen.«

Lowell wußte nichts darauf zu sagen. Er zuckte hilflos die Achseln.

Sie schauten einander lange an.

»Darf ich Ihnen eine Fahrt zu Ihrem Wagen anbieten, Colonel?« fragte Stenday.

»Ich kam mit dem Taxi her«, sagte Lowell.

»Dann bringe ich Sie zum Checkpoint Charlie«, sagte Stenday. »Der ist am Potsdamer Platz. Dort gibt es ein Telefon, und wir bekommen was Warmes zu essen. Wie wäre es mit einer Tasse Kaffee?«

Der andere MP kam die Stufen herauf.

»Sie wollen wissen, was er hier macht«, sagte er beklommen.

»Sagen Sie ihnen, daß er über die Mauer pißte«, schlug Stenday vor.

»Das kann ich ihnen nicht sagen.«

»Dann ignorieren Sie die Leute. Sagen Sie ihnen, wir fahren zum Checkpoint Charlie, und tun Sie dann, als wäre der Funkverkehr gestört.« Er wandte sich an Lowell. »Keine Eile, Colonel. Lassen Sie sich nur Zeit.«

»Ich habe alles gesehen, was ich sehen mußte«, erwiderte Lowell und stieg die Stufen hinunter.

Beim MP-Kontrollpunkt gab es ein kleines, primitives Wachhaus, das mit Teerpappe bedeckt war. Drinnen war ein Gasofen mit zwei Kochstellen, auf denen eine Kaffeekanne und eine Bratpfanne standen. Ein MP briet Speck. Es gab eine Glasschüssel voller Eier und ein Regal mit Gewürzen. Die Fläschchen weckten Erinnerungen an ähnliche Behältnisse auf primitiven Regalen in Griechenland und Korea – und einen sonderbaren Gedanken: Die U.S. Army mochte in abgetragenen Stiefeln, ausgefransten Uniformen und mit ramponierter Ausrüstung ins Gefecht gehen, aber bei Gott, die Männer waren

Amerikaner, und wohin sie auch gingen, Heinz 57 Steaksoße, Tabasco, Ketchup und eine Heizplatte waren stets dabei.

Der MP schaute Lowell neugierig an.

»Dies ist ein ziviler Eindringling«, sagte Warrant Officer Stenday. »Colonel Lowell. Ich war mit dem Colonel in Korea.«

»Soll ich Ihnen Eier mit Speck auf Brot machen, Colonel?« fragte der Militärpolizist. »Ich bin gerade dabei.«

»Danke, gern«, sagte Lowell. »Mir läuft das Wasser im Mund zusammen.«

Ein Captain mit dem MP-Zeichen auf dem hochgeklappten Schirm seiner Wintermütze und mit der OD-Armbinde des Offiziers vom Dienst kam herein, als Lowell eine Tasse mit dampfendem Kaffee erhielt.

»Captain, dies ist Colonel Lowell«, sagte Stenday. »Er war der Mann auf der Beobachtungsplattform.«

»Guten Morgen, Sir«, sagte der Captain.

»Ihre Leute hatten Mitleid mit einem frierenden Touristen, Captain«, sagte Lowell und hob die Kaffeetasse an.

»Ist das der Grund Ihrer Anwesenheit, Sir?« fragte der Captain.

»Eigentlich kam ich her, um festzustellen, wie Mr. Stenday es schaffte, lange genug aus dem Militärgefängnis herauszubekommen, um ein MP zu werden«, sagte Lowell.

»Sie kennen Mr. Stenday?« fragte der Captain.

»Ich kannte ihn, bevor er ein anständiger Mensch wurde.«

»Entweder parieren Sie bei der 73rd Heavy Tank oder wir reißen Ihnen den Arsch auf«, zitierte Stenday aus der Erinnerung. So etwa hatte das Motto des 73. Panzerbataillons gelautet.

Lowell lachte. »Das habe ich lange nicht mehr gehört. Wie sind Sie bei den MPs gelandet, Stenday?«

»Sie wissen, was hier in Berlin mit Panzern gemacht wird, Colonel? Sie werden geputzt. Einmal im Monat werden sie zu einer Parade gefahren, und dann werden sie wieder poliert. Ich bin im Putzen nicht so gut, und so ersuchte sich um vorübergehende Verwendung bei den MPs.«

»Ich verstehe.«

»Wollen Sie wissen, was mit den Panzern in Berlin los ist,

Colonel?« fuhr Stenday fort. »Sie werden in Bereitschaft gehalten. Und wissen Sie, was wir tun, wenn die Russen durch die Mauer kommen? Wir zischen ab zum Berlin Military Post und nehmen eine ›Verteidigungsposition‹ ein. Das heißt, wir warten, bis sie die Zeitungen verbrennen und den RIAS-Sender in die Luft blasen, und dann jagen wir die Panzer in die Luft und ergeben uns.«

Der Captain sah von Stenday zu Lowell. Amerikanischer Offizier oder nicht. Lowell brauchte keine Einzelheiten zu wissen, was passieren würde, wenn sich die Russen entscheiden sollten, die kleine amerikanische Garnision zu überrennen. Stendays Worte waren ein klarer Verstoß gegen militärische Sicherheitsvorschriften.

»Ich habe nichts gehört, Captain«, sagte Lowell.

»Ich auch nicht, Sir«, sagte der Captain nach kurzem Zögern. »Wie denken Sie über die Mauer?«

Lowell verzog angewidert das Gesicht. »Was ist der Grund für die Schilder an diesem Gerüst, die das Betreten verbieten?« fragte er.

»Man will keinen Zwischenfall, zum Beispiel, daß Leute die Volkspolizei durch obszöne Gesten provozieren oder Dinge nach ihnen schmeißen«, erklärte der Captain.

»Ich bin mit einem Kameramann in Berlin«, sagte Lowell. »Er ist beim Filmfestival. Kann er die Erlaubnis bekommen, einige Aufnahmen über die Mauer zu machen?«

»Sie müßten die Erlaubnis des Presseoffiziers einholen, Sir, aber das wird kein Problem sein.«

»Wo finde ich ihn?«

»Ich habe um 8 Uhr frei, Colonel«, sagte Stenday. »Ich werde Sie hinfahren, wenn Sie möchten.«

Der Captain irrte sich. Lowell wurde mit der bürokratischen Gesinnung konfrontiert, als er die ›Public Information Division of Headquarters, Berlin Military Post‹ aufsuchte. Der Presseoffizier, ein Lieutenant Colonel, erklärte, daß die Entscheidung, ob ein ziviler, nicht akkreditierter Fotograf Fotos von der Beobachtungsplattform aus machen dürfe oder nicht, von höherer Stelle getroffen werde. ›Die höhere Stelle‹ erwies sich als der Stabschef, ein steifer Colonel der Infanterie. Zuerst fragte er, was Lowell in Berlin machte, und dann verlangte er, seine Befehle zu sehen.

Lowell gab ihm die einzige Kopie seiner Befehle, die er zur Größe eines Dollarscheines gefaltet und in seine Brieftasche gesteckt hatte.

Die Augenbrauen des Stabschefs ruckten hoch, als er las.

»Sehr beeindruckend, Colonel«, sagte er. »Ich sehe nicht das geringste Problem. Ihr Fotograf kann fotografieren, was immer er will.«

»Vielen Dank, Sir«, sagte Lowell. Er hatte keine Ahnung, was den Colonel beeindruckt hatte. Lowell hatte nicht mal einen Blick auf seine Befehle geworfen.

Sie verließen das Gebäude, das zuvor das Hauptquartier der Luftwaffe gewesen war und jetzt als ›Headquarters, Berlin Military Post‹ diente. Ein olivfarbener Opel Kapitän mit einem Public Information Officer und seinem Assistenten folgte ihnen. Als Lowell im Wagen saß, holte er die Befehle hervor und las sie. Er lächelte. Kein Wunder, daß der Colonel ganz baff gewesen war.

Lowell wußte natürlich, was zwischen den Zeilen stand: *Schafft den Hurensohn aus dem Land, damit er nicht verfügbar ist, um etwas Falsches auf Fragen zu antworten, die ihm wahrscheinlich vom Verteidigungsminister gestellt werden würden.* Aber der Text mußte von einem Uneingeweihten so ausgelegt werden, daß Lieutenant Colonel Craig W. Lowell irgendeine streng geheime Mission von höchster Dringlichkeit für den Stellvertretenden Stabschef persönlich durchführe.

Lowell fand Peter-Paul und den Fotografen im Restaurant des Hotels am Zoo.

»Charley, ich möchte Sie mit einem alten Freund bekannt machen, mit Warrant Officer Stenday. Er kann Ihnen einige sehr interessante Fotomotive bieten.«

»Tatsächlich?«

»Er kennt eine Stelle, an der Sie Aufnahmen über die Mauer hinweg machen können«, sagte Lowell.

Der Fotograf hob die Augenbrauen.

»Ich glaube, Sie gefallen mir, Stenday«, sagte er erfreut. »Nehmen Sie Platz und frühstücken Sie mit uns.«

»Dies ist mein Sohn, Stenday«, stellte Lowell vor.

»Guten Tag«, sagte Peter-Paul förmlich und gab ihm die Hand. Dann wandte er sich an Lowell. »Vater, einer von Großvaters Männern hat eine Nachricht für dich.«

»So? Wo ist er?«

»Ich glaube, sie holen den Wagen«, sagte Peter-Paul in seinem britisch akzentuierten Englisch.

Lowell sah Stendays überraschte Miene.

»Peter-Paul lebt in Europa, Stenday«, erklärte Lowell. »Daher der Akzent.«

»Oh«, murmelte Stenday.

Einer der netten jungen Deutschen kam an den Tisch.

»Ich habe eine Nachricht für Sie, Herr Oberstleutnant«, sagte er. »Ich hatte keine Ahnung, wo Sie waren.« Das letzte klang tadelnd.

»Ich war sicher in den Händen der Militärpolizei«, sagte Lowell. Er riß das Kuvert auf, das der Deutsche ihm gab. Es war die Fotokopie eines Telegramms.

Das Telegramm kam aus Dothan, Alabama, war vom 3. Januar und an C.W. Lowell, Schloß Greiffenberg, Marburg an der Lahn, Westdeutschland, adressiert. Der Text lautete:

PAPA SAGT, KOMM HEIM, ALLES IST VERZIEHEN
MAGGIE

›Papa‹ war offenbar Major General Paul T. Jiggs. ›Maggie‹ im Comic-Strip war verheiratet, also die Frau von Jiggs. Was immer der Text bedeutete, es war eine gute Nachricht. Lowell schaute auf seine Armbanduhr. Es war 9 Uhr 15 oder 4 Uhr 15 in den Staaten. Er wollte sich nicht Jiggs' Zorn zuziehen, indem er ihn aus dem Schlaf riß. Er würde warten müssen, bis Charly seine Fotos über die Mauer hinweg gemacht hatte, bevor er herausfinden konnte, was wirklich los war.

Der Rest des Morgens verlief sehr gut. Charley war entzückt, Fotos von den Minenfeldern auf der Ostseite der Mauer machen zu können. Er fotografierte sogar einige Ostdeutsche, die Minen legten. Zu Lowells Überraschung und Erleichterung war sein

Sohn zornig und empört darüber, daß Menschen hinter einer Mauer eingesperrt wurden.

Um 12 Uhr 30 telefonierte Lowell und erreichte Paul Jiggs in Fort Rucker. Jiggs war soeben in sein Büro gekommen.

»Dieser Bericht, mit dem Sie etwas zu tun hatten, wurde als inakzeptabel abgelehnt«, sagte Jiggs.

»Verdammt!« stieß Lowell erbittert hervor. »Wie schlimm wurde das Programm beschnitten?«

»Der Bericht wurde zur nochmaligen Überprüfung zurückgeschickt«, sagte Jiggs.

»Allmächtiger! Deshalb verzeiht man mir. *Ich* muß das Ding noch mal überprüfen!«

»So ist es«, sagte Jiggs. »Lassen Sie mich etwas vorlesen, Craig. Zitat: ›Ich werde enttäuscht sein, wenn die nochmalige Überprüfung durch die Army nur logistisch orientierte Empfehlungen hinsichtlich der Beschaffung von mehr Material der aufgelisteten Art gibt, anstatt einen Plan für die Verwendung eines neuen und vielleicht unorthodoxen Konzepts zu entwikkeln, das uns eine bedeutende Zunahme an Mobilität verschafft.‹ Ende des Zitats.«

»Lesen Sie das noch mal«, sagte Lowell. Jiggs wiederholte es.

»Um keinerlei Namen zu erwähnen – gab es mal eine Band mit dem Namen des Mannes, der das unterzeichnet hat?« fragte Lowell.

»Ich weiß nichts von einer Band – oh, ja. Es gab mal eine Kapelle mit diesem Namen.«

Lowell war in Jubelstimmung. Der Verteidigungsminister McNamara hatte nicht nur das reduzierte Gesuch um 250 Flugzeuge als unangemessen abgelehnt, sondern auch Pläne für eine luftmobile Division angefordert.

»Wir haben gewonnen«, sagte Lowell. »Vorausgesetzt, es ist ihm ernst.«

»Ja, er meint es ernst. Wie schnell können Sie herkommen?«

»Sofort«, sagte Lowell. »Mit der nächsten Maschine.«

Peter-Paul von Greiffenberg-Lowells einzige Reaktion auf die Ankündigung seines Vaters war Zorn. Die Abreise seines Vaters bedeutete das Ende von Peter-Pauls Assistentenrolle bei Charley, dem Fotografen.

»Warum hast du Großvater nicht gefragt, ob ich noch bleiben darf?«

Peter-Paul schmollte auf dem PanAm-Flug nach Frankfurt. Er hatte immer noch Selbstmitleid und Zorn auf diesen fast fremden Mann, der in sonderbaren Intervallen in seinem Leben auftauchte, als er in den Mercedes stieg, der ihn nach Marburg an der Lahn zurückfahren würde.

Peter-Paul schaute nicht aus dem Autofenster, und so sah er nicht, daß ihm sein Vater zum Abschied winkte.

3

Pan American Flug 304
Clipper ›City of San Francisco‹
Über der Ruhr

4. Januar 1962, 21 Uhr 30

Die PanAm-Stewardeß kam zu dem Passagier in der letzten Reihe der Doppelsitze auf der rechten Seite. Lowell saß zusammengesunken auf dem Sitz und hielt einen Notizblock auf den Knien. Wenn McNamara ›unorthodoxe Konzepte‹ haben wollte, dann würde er sie bekommen. Und es gab keinen Grund, weshalb sie nicht in einem Flugzeug entworfen werden konnten. Lowell blickte ärgerlich zu der Stewardeß auf, weil sie ihn störte.

»Verzeihen Sie, Mr. Lowell«, sagte sie und schenkte ihm ein Lächeln, das er für ein typisches ›Stewardessen-Grinsen‹ hielt.

»Ja?«

»Wenn nicht alle Plätze der ersten Klasse besetzt sind, bringen wir dort üblicherweise Soldaten aus der Touristenklasse unter.«

Lowell schaute sie etwas verwirrt an. Er war tief in Gedanken gewesen, hatte versucht, aus der Erinnerung die ineinander greifenden Fakten zusammenzufügen, die eine Umwandlung einer Infanterie-Division mit Lastwagen in eine luftmobile Division mit sich brachte.

Wie nett von der PanAm, etwas für Soldaten zu tun, dachte er. *Das käme der Lufthansa nicht in den Sinn. Aber warum sagt sie mir das? Erwartet sie von mir eine Medaille oder was?*

Die Stewardeß senkte den Blick auf den leeren Sitz neben ihm, auf den er seinen offenen Aktenkoffer gelegt hatte.

»Aber gewiß«, sagte er. »Verzeihung.«

»Danke, Sir«, sagte die Stewardeß.

Lowell schloß den Aktenkoffer und schob ihn unter seinen Sitz. Jedes Unglück hat auch sein Gutes, dachte Lowell. Die Frau irgendeines Sergeants würde seine Nachbarin werden, mit einem Baby auf dem Arm, oder schlimmer noch, irgendein Offizier vom Finanzkorps, der ihn mit intimen Details über die Last auf seinen Schultern ergötzen würde, die er hatte, wenn er Soldaten im Ausland bezahlen mußte. Auf jeden Fall würde er, Lowell, nicht mehr viel arbeiten können.

Der Soldat tauchte drei Minuten später auf.

Es war eine Soldatin. Sie stellte einen Aktenkoffer auf den Sitz und zog den Uniformrock aus. Die Soldatin hatte die Balken eines Captains und einen Äskulapstab auf ihrem Uniformrock, und ihr Vorbau schien die Knöpfe ihres Hemds sprengen zu wollen.

»Hallo«, sagte Lady Captain und zeigte sehr ebenmäßige, sehr weiße Zähne. Lady Captain unterzog ihre Hemdköpfe einem weiteren Härtetest, als sie hochgriff und ihre Uniformmütze abnahm. Lady Captains Haar hatte einen bewundernswert rötlichen Schimmer.

»Guten Abend«, sagte Lowell.

Lady Captain setzte sich neben ihn.

»Mir ist PanAms Menschenfreundlichkeit ein wenig peinlich«, sagte sie. »Aber die Alternative war, eine Sardine zu bleiben.«

»Ich bin erfreut, Sie bei mir zu haben«, sagte Lowell.

»Wenn ich für die teure Erste Klasse bezahlt hätte und jemand würde auftauchen, der gratis darin mitfliegt, würde ich mich ärgern.«

»Wir alle müssen bereit sein, kleine Opfer für die Jungs und

Mädchen im Militärdienst auf uns zu nehmen«, erwiderte Lowell.

Lady Captain hielt das offenbar nicht für besonders lustig. Der Ausdruck ihrer hellblauen Augen, die von dunkelroten Brauen beschattet waren, verriet es. Aber sie sagte nichts.

Es gibt verschiedene Gründe, weshalb ich plötzlich geile Wünsche habe, dachte Lowell. *Zum einen hatte ich seit fast 24 Stunden keinen Sex. Zum anderen ist etwas Erotisches an einem weiblichen Geschöpf in Uniform, wie die Erotik von Frauen, die in einem Apartment im Männerhemd herumlaufen, anstatt im Pyjama. Hinzu kommt als Stärkstes, daß mich aufregt, was McNamara geschrieben hat. Diese Kombination ist vielleicht der Gipfel an Perversion.*

Lady Captain entschloß sich, liebenswürdig zu ein. »Waren Sie lange in Deutschland?« fragte sie.

»Etwas über eine Woche«, sagte Lowell.

»Dann haben Sie nicht viel davon sehen können, nicht wahr?«

»Ich sah die Mauer«, antwortete Lowell.

Die Stewardeß tauchte von neuem auf.

»Wir haben Cocktails«, sagte sie. Und mit einem Blick zu Lady Captain: »Aber Sie müssen dafür bezahlen, befürchte ich.«

»Es wird mir ein Vergnügen sein, einen Drink auszugeben«, sagte Lowell.

»Sie haben genug Opfer für die Jungs und Mädchen vom Militär gebracht«, sagte Lady Captain. »Ich nehme einen Scotch und Wasser, bitte. Und bringen Sie dem Gentleman, was immer er haben möchte.«

»Seine Getränke sind mit dem Ticket bezahlt«, sagte die Stewardeß.

»Scotch«, bestellte Lowell.

»In diesem Fall bringen Sie ihm bitte einen doppelten«, sagte Lady Captain.

Lowell lachte, und Lady Captain lächelte ihn an.

Als die Getränke serviert worden waren, hob sie ihr Glas und prostete ihm zu.

»Können wir ganz von vorne anfangen?« fragte er.

»In Ordnung«, sagte sie.

»Sagen Sie mir, Captain, wie gefällt Ihnen die Krankenpflege?«

»Ich weiß es nicht«, sagte sie und lächelte gekünstelt. »Ich war nie Krankenschwester.«

»Aber ich glaubte, einen Äskulapstab gesehen zu haben«, erwiderte Lowell verwirrt.

»Das haben Sie.« Sie lächelte über sein Unbehagen. »Aber darauf war kein N (für Nurse – Schwester).«

»Sie sind Doktor?« entfuhr es ihm.

»Das überrascht Sie, nicht wahr?«

»Ich wußte nicht, daß es in der Army weibliche Ärzte gibt«, sagte er.

»Man bemüht sich sehr, keine zu bekommen. Möchten Sie, daß ich Ihnen erzähle, wie das funktioniert?«

»Ja. Wenn Sie reden, kann ich nicht ins Fettnäpfchen treten.«

»Es gibt zwei Arten von Offizieren in der Army«, sagte sie. »Wußten Sie das?«

»Nur zwei?«

»Berufsoffiziere und Reserveoffiziere«, sagte sie.

»Oh.«

»Aber das ist nicht so einfach, wie es klingt«, fuhr Lady Captain fort. »Es gibt nicht so viele Berufsoffiziere, wie gebraucht werden.«

»Warum nicht?«

»Sie haben eine Art Klub«, erklärte sie. »Und viele Leute lassen sie nicht in diesen Klub herein. Zum Beispiel Frauen.«

»Ich dachte, es gibt Frauen in der Berufsarmy.«

»WACs«, sagte sie (Women's Army Corps). »Keine Offiziere des Sanitätskorps. Oder was das anbetrifft, Panzer- oder Infanterie-Offiziere. Nur WACs.«

»Ich verstehe.«

»Was geschieht also, um es kurz zu machen – dies muß Sie zu Tode langweilen.«

»Ganz im Gegenteil, ich bin fasziniert«, sagte Lowell.

Sie duftet nach Seife, dachte er. Es war ein äußerst angenehmer Duft.

»Da man nicht genügend Berufsoffiziere hat, um die Stellen zu besetzen, nimmt man Reserveoffiziere. In aktivem Dienst sind Reserveoffiziere den Berufsoffizieren gleichgestellt. Haben Sie jemals Orwell gelesen?«

»›Einige Tiere sind gleicher als die anderen?‹« fragte Lowell.

»Richtig. Es ist entzückend, jemanden kennenzulernen, der Bücher liest. Ich war von Leuten umgeben, die nicht lesen, nicht mal gelegentlich.«

»Soldaten, meinen Sie?«

»Und Offiziere«, sagte sie.

»Oh.«

»Wie ich schon über Reserveoffiziere und Berufsoffiziere sagte«, fuhr sie fort, »da das Sanitätskorps keine Frauen als Berufsoffiziere hat und da das Sanitätskorps Ärzte braucht, ernennt man Frauen zu Reserveoffizieren, übernimmt sie in den aktiven Dienst – vorübergehend – und verspricht ihnen das Blaue vom Himmel herunter.«

»Ich verstehe«, sagte Lowell. »Allmählich gewinne ich den Eindruck, daß Sie nicht allzu wild auf den Dienst bei der Army sind.«

»Tatsächlich?« fragte sie. »Nun, wenn eine Frau als Reserveoffizier in aktivem Dienst ihre drei Jahre vollendet und aus der Army heraus will, dann erkennt man plötzlich, daß man nicht genügend Leute in ihrem Spezialgebiet hat, und erklärt sie für unabkömmlich.«

»Ist Ihnen das widerfahren?«

»Hm. Ich sollte in diesem Monat aus der Army ausscheiden. Jetzt muß ich noch ein Jahr bleiben.«

»Ich verstehe.«

»Was mich wirklich in Rage bringt, ist folgendes: Wenn ich in der Army bleiben *wollte* und um Übernahme in die Berufsarmy ersuchen würde, dann würde man mir den Kopf tätscheln und sagen: ›Tut uns leid, kleine Lady, die Army ist ein Männerspiel, und Sie können leider nicht mitspielen.«

»Was ist Ihr Spezialgebiet?«

»Ich bin Psychiater«, sagte sie. Dann sah sie seine Miene. »Warum erstaunt Sie das?«

»Ich weiß nicht. Sie sehen nicht wie ein Psychiater aus.«

»Sehr lustig«, sagte sie. »Aber genug von diesem heiteren, müßigen Geschwätz über Mädchendinge. Was haben Sie in Germany gemacht? Was machen Sie beruflich?«

»Ich bin Panzeroffizier«, sagte Lowell. »Lieutenant Colonel. Berufsarmy.«

Sie schaute ihn an, wie um sich zu vergewissern, daß er nicht scherzte.

»Was treiben Sie dann hier in der ersten Klasse mit einem 500-Dollar-Anzug und einer 1000-Dollar-Armbanduhr?«

»Ich habe auch ein Buch oder zwei gelesen«, sagte er. »Sie sind eine Lady mit einer bemerkenswerten Beobachtungsgabe, nicht wahr?«

»*Touché,* Colonel«, sagte sie. »Aber das beantwortet nicht meine Frage.«

»Ich saß hier und kümmerte mich um meine eigenen Angelegenheiten, als die PanAm mir eine Wohltat in den Schoß legte.«

»Oh, Sie haben eine schmutzige Phantasie, nicht wahr?« Sie wirkte erfreut.

»Sie haben es, kleine Lady«, erwiderte Lowell. »Die Army ist ein Männerspiel.«

»Wenn Sie mich noch einmal ›kleine Lady‹ nennen, dann schütte ich Ihnen meinen Scotch in den Schoß.«

»Das wäre ein Angriff auf einen ranghöheren Offizier, und man würde Sie nach Leavenworth schicken, wo Sie aus großen Steinen kleine machen müßten. Das wäre wesentlich weniger angenehm, als auf einem bequemen Platz zu sitzen und sich von Leuten alles über ihre Erziehung zur Sauberkeit erzählen zu lassen.«

»Sie sind ein so vielseitig begabter Berufssoldat und Macho von Hurensohn, daß ich glaube, Sie gefallen mir«, sagte Lady Captain.

»Das sagen Sie nur, um mich auf Ihre Couch zu locken«, erwiderte er.

»Das würde Ihrer Frau nicht gefallen.«

»Woher wissen Sie, ob es eine Frau gibt?«

»Wollen Sie damit sagen, daß es keine gibt?«

»Wie kann ein nettes Mädchen wie Sie Klapsdoktor werden?«

»Wenn Sie noch einmal *Klapsdoktor* sagen, dann *werden* Sie meinen Scotch in den Schoß bekommen«, sagte sie. »Wir sprechen von Ihrer Frau.«

»Ich habe keine.«

»Ich habe viele Leute in Ihrem Alter, die nie geheiratet haben, auf meiner Couch«, sagte Lady Captain.

»Ich habe nicht gesagt, daß ich *nie* verheiratet war«, entgegnete Lowell. Die Stewardeß kam vorbei. Lowell schnickte mit den Fingern, fand ihre Aufmerksamkeit und bestellte mit Handzeichen zwei weitere Scotch.

»Wenn Sie das bei mir gemacht hätten, dann hätte ich Ihnen die Drinks in den Schoß geschüttet«, sagte Lady Captain.

»Haben Sie sich je gefragt, ob Sie vielleicht einen ›Drinks-auf-die-Eier-Tick‹ haben?« erkundigte sich Lowell.

»Himmel!« stieß sie hervor. Dann lachte sie. »Ich nehme an, das habe ich mir selbst zuzuschreiben.«

Sie schaute ihn an, und für einen Moment trafen sich ihre Blicke. Dann wurden ihre Wangen eine Spur dunkler, und sie schaute fort.

»Was geschah mit der Frau?« fragte sie. »Flüchtete sie schreiend heim zu ihrer Mutter?«

»Sie starb«, sagte Lowell.

Lady Captain schaute ihn von neuem an, und ihre Miene verriet, daß sie ihre Frage bereute. Sie errötete wieder, aber diesmal wandte sie den Blick nicht von ihm.

»Versuchen wir es noch einmal«, sagte sie. »Guten Tag, mein Name ist Barbara Gillis. Ist dieser Platz noch frei?«

»Bitte nehmen Sie Platz, Doktor«, sagte Lowell. »Ich bin dankbar für die Gesellschaft. Mein Name ist Craig Lowell.«

»Es freut mich sehr, Sie kennenzulernen, Colonel Lowell.« Sie reichte ihm die Hand.

Ihre Hand war weich und warm, und er ließ sie nur widerstrebend los.

»Ich reise übrigens nach Fort Bragg«, sagte sie. »Kennen Sie Bragg?«

»Ich komme dort von Zeit zu Zeit hin«, erwiderte er. »Vielleicht könnten wir zusammen essen oder so.«

»Oder so«, sagte sie.

XII

1

U.S.N.S. CARD
10° 20′ nördliche Breite, 108° 25′ nördliche Länge
(Südchinesisches Meer)

10. Januar 1962, 13 Uhr 30

Die Hubschrauber, die Piasecki H-21, die Bell H-13 und die Sikorsky H-34, waren als erste Maschinen gestartet. Mit einem H-34 hatte es fast einen Unfall gegeben. Ein Hubschrauber kann vertikal starten und, einmal in der Luft, auf der Stelle schweben. Wenn der Pilot während des Abhebens entdeckt oder spürt, daß etwas nicht exakt läuft, wie es sein sollte, kann er den Rotor so stellen, daß die Vorwärtsgeschwindigkeit reduziert oder ganz gestoppt wird, und danach kann er per Antrieb oder ohne – eine Autorotation – auf den Boden unmittelbar unter ihm aufsetzen.

Beim Start oder der Landung hat ein erfahrener Hubschrauberpilot immer im Auge, was direkt unter ihm ist, falls etwas schiefgehen sollte. Mit anderen Worten, wenn er landen muß, will er das auf der Rollbahn, dem Landeplatz oder im Gras daneben, und nicht in Baumwipfeln oder auf einem parkenden Luftfahrzeug.

Als einer der H-34 abhob, leuchtete einer rote Warnlampe auf dem Armaturenbrett auf – eine Treibstoffkontrollampe. Sehr schnell und automatisch war sich der Pilot bewußt, daß er etwa fünf Meter über dem vorderen Rand des Flugdecks des Flugzeugträgers CARD war. Der Pilot hob die Flügelvorderkante des Rotors und verlor Geschwindigkeit. Dann erwog er das Problem. Es gibt drei Gründe, weshalb eine Treibstoff-Warnlampe aufleuchtet: (1) Der Treibstoffvorrat geht fast zur Neige. (2) Es gibt irgendein Problem in der Zuführung des Treibstoffs vom Tank zum Motor, oder (3) das gottverdammte Warnlämpchen spielt verrückt.

Der Pilot hatte persönlich das Auftanken seiner Maschine beaufsichtigt. Wenn es Probleme mit der Treibstoffzufuhr gab, dann würde die Maschine stottern oder ausgehen. Das war nicht der Fall. Sie lief wie eine Schweizer Uhr. Folglich mußte die verdammte Warnlampe verrückt spielen.

Der Pilot des H-34 brauchte nur drei Sekunden vom Aufleuchten der Warnlampe bis zu seiner Entscheidung, und eine weitere Sekunde für einen Blick zu einem Kopiloten, um zu sehen, ob der eine Ahnung hatte, was los war. Als der Kopilot die Achseln zuckte und seine Miene signalisierte, daß er nicht die geringste Ahnung hatte, senkte der Pilot die Nase des Helikopters und setzte die Startprozedur fort.

Er hatte völlig vergessen, daß der Flugplatz, von dem er abgehoben hatte, anders als die Flugplätze war, mit denen er

Erfahrung hatte. Dieser Untergrund bewegte sich in derselben Richtung wie er, mit etwa 25 Meilen pro Stunde.

Während er den Sikorsky H-34 in der Schwebe hielt, holte der ›Flugplatz‹ mit der gepanzerten ›Insel‹ mit 25 Meilen pro Stunde auf. Einige der vielleicht 75 Leute auf dem Deck des USNS *Card* hielten den Atem an, einige fluchten, und einige wandten den Blick in der Zeit ab, die es dauerte, bis der Pilot sich entschloß, den Aufstieg fortzusetzen.

Als klar war, daß der H-34 nicht vom Flugzeugträger vom Himmel geholt wurde, nicht brennenden Treibstoff über das Deck und die Leute und die Maschinen spucken würde, begann Major Philip S. Parker IV zu kichern. Die beiden fetten, blöden und glücklichen Armleuchter im H-34 hatten keine Ahnung, wie nahe sie einer Katastrophe gewesen waren. Der Beweis kam gleich darauf, als der H-34 von Seite zu Seite wackelte – eine fröhliche Geste von ›So long‹.

Die Cessna L-19 und De Havilland of Canada L-20 Maschinen starteten ohne Schwierigkeiten. Die zweisitzigen L-19 Maschinen waren besonders für das Heeresfliegerwesen entwickelt worden, was bedeutete, daß sie auf kurzen, unbefestigten Bahnen und Straßen an der Front starten und landen konnten. Die L-20 Maschinen (›Beaver‹) waren für zivile Benutzung in der Wildnis (im ›Busch‹) von Kanada und Alaska entwickelt worden. Sie befanden sich mit einer Geschwindigkeit zwischen 40 und 50 Stundenmeilen in der Luft. Da der Flugzeugträger *Card* mit 25 Knoten in einem 10-Stundenmeilen-Wind fuhr, waren die L-19 und Beaver-Maschinen fast in Startgeschwindigkeit, wenn sie noch mit angezogenen Bremsen und nicht laufenden Motoren auf dem Deck standen.

Die Piloten der Beaver und L-19 Maschinen hatten die Anweisung, mit den Rädern auf Deck zu bleiben, bis ihr Geschwindigkeitsanzeiger 70 Stundenmeilen anzeigte. Sie alle starteten ohne Zwischenfall und verschwanden nach Westsüdwest.

Als die Decks leer waren, beschrieb der Flugzeugträger *Card* langsam eine zehnminütige Drehung um 360 Grad. Während dieser zehn Minuten wurden die Mohawks per Aufzug vom

Hangardeck aufs Flugdeck und achtern in Position gebracht. Es waren sieben Mohawks.

Der Start der ersten Mohawk vom USNS *Card* würde der erste Start einer Mohawk von einem Flugzeugträger sein. Jeder von Grumman (es waren zwei technische Repräsentanten von Grumman an Bord, einer davon ein Marineflieger im Ruhestand) war fest davon überzeugt, daß es nicht das geringste Problem geben würde. Sie hatten große Erfahrung im Starten von Flugzeugträgern, und die Flugeigenschaften der Mohawk (wie schnell sie in der Luft war!) waren besser als die anderer Grumman-Maschinen, die routinemäßig jeden Tag hundert Starts von Flugzeugträgern in aller Welt machten.

Die Theorie, daß die Mohawks in der Lage waren, vom USNS *Card* zu starten, war lange in Fort Rucker und Bethpage, Long Island, getestet worden. Es hatte sich als möglich erwiesen, eine Mohawk leicht von einer Rollbahn in die Luft zu bekommen, die genau so lang wie das Flugdeck des Flugzeugträgers *Card* war. Parker hatte selbst drei solcher Starts gemacht.

Wenn der Flugzeugträger *Card* also mit 25 Knoten im Wind fuhr und das Flugzeug auf eine relative Eigengeschwindigkeit von etwa 30 Knoten brachte, bevor die Bremsen gelöst wurden, sollte die Mohawk folglich problemlos starten können.

Theorie ist etwas Feines. Aber Phil Parker war besorgt – und zwar über mehrere Dinge. Er war der ranghöchste Mohawk-Pilot, der anwesend war, und damit auch der befehlshabende Offizier. Er hatte sich gefragt, was seine Pflicht als solcher war. Den ersten Start selbst fliegen nach dem ›Follow me!‹ – Motto der Infanterieschule? Würde das seine Männer inspirieren, seinem Beispiel zu folgen? Oder würde es sie dazu inspirieren, zu flüstern, daß Phil (oder der ›Nigger‹) es so gedreht hatte, daß er der erste Mann war, der jemals mit einer Mohawk von einem Flugzeugträger gestartet war?

Oder sollte er den am besten qualifizierten Piloten als ersten hochschicken? Der am besten qualifizierte, das bedeutete, der Pilot mit den meisten Flugstunden mit der Mohawk. Der am besten qualifizierte Pilot an Bord hatte sieben Flugstunden mit der Mohawk mehr als Parker selbst. Da war kaum von besserer Qualifikation zu reden.

Wenn er, Parker, beim ersten Start baden ging, würde der nächste bestqualifizierte Pilot ebenso der nächste Ranghöchste sein und deshalb die Verantwortung haben, zu entscheiden, ob weitere Starts gestrichen und die Mohawks auf dem Flugzeugträger nach Saigon gebracht wurden oder ob man es von neuem versuchte.

Ein Transport der Mohawks nach Saigon bedeutete, daß die halben Tragflächen abmontiert werden mußten (eine höllische Arbeit), damit die Maschinen per Transporter durch Saigon zum Tan-Son-Nhut-Flugplatz transportiert werden konnten. Deshalb argwöhnte Parker, daß sein Nachfolger für einen weiteren Start plädieren würde. Dann würden wahrscheinlich zwei Mohawks baden gehen.

Schließlich hatte er sich entschieden, den ersten Start zu fliegen und dann den Flugzeugträger zu umkreisen, bis die anderen Mohawks in der Luft waren. Er war überhaupt nicht überrascht, als der erfahrenste Mohawk-Pilot wegen der Entscheidung sauer war.

»Piloten in die Maschinen! Piloten in die Maschinen!« dröhnte es aus der Lautsprecheranlage.

Mit Ausnahme von Parker saßen alle Piloten in ihren Mohawks, nicht aus brennendem Eifer, in die Luft zu kommen, sondern weil es bequemer war, als auf dem Deck herumzustehen.

»Hubschrauber starten!« dröhnte es aus den Lautsprechern. »Hubschrauber starten!«

Zwei H-34-Hubschrauber waren zurückgeblieben, damit die Besatzungen tun konnten, was in ihrer Macht stand, falls eine Mohawk baden ging. Wenn alle Mohawks den Start schafften, würden die Hubschrauberpiloten landen und das Army-Personal aufnehmen, das gebraucht worden war, um die Mohawks in die Luft zu bringen.

Parker kletterte die kleine Leiter hinauf und nahm auf dem Pilotensitz Platz. Er schnallte sich an und setzte den Helm auf. Dann drehte er den Hauptschalter an und beobachtete, wie die Instrumente und Anzeigen zum Leben erwachten.

Als er das Kanzeldach geschlossen hatte, war es schwülwarm im Cockpit, und er spürte, wie ein Schweißtropfen über seinen Nacken rann. Er sagte sich, daß es von jetzt an so in Vietnam werden würde – heiß und drückend.

Als alle Instrumentenanzeiger im Grünen waren, gab er dem technischen Repräsentanten von Grumman das Signal. Der Marineflieger a. D. fungierte als Startoffizier. Er hatte sich mit einem altmodischen Pilotenhelm und einem Paar kellenartigen Signalflaggen ausgerüstet, die er ›Paddel‹ nannte.

Schwach durch das Dröhnen der Propellerturbinen und das schrillere Pfeifen der Propellerspitzen hörte Parker das Startkommando.

Er überprüfte die Position der Klappen und machte den kurzen Probelauf der Motoren vor dem Start. Er gab dem technischen Repräsentanten von Grumman mit hochgerecktem Daumen ein weiteres Signal, und daraufhin schwenkte der Mann begeistert und heftig seine ›Paddel‹.

Parker löste die Bremsen. Dann wurde er bei der Beschleunigung gegen den Sitz gepreßt. Er war vom Deck, lange bevor es endete, und als das Fahrgestell eingefahren wurde, gewann die Mohawk schnell an Geschwindigkeit und Höhe. Er begann einen langsamen, kreisförmigen Steigflug um den Flugzeugträger.

Dann sah er die zweite Mohawk starten. Als er sicher war, daß er den Piloten nicht mehr ablenkte, drückte er auf den Knopf im Steuerknüppel und schaltete den Funk ein.

»Hinter mir formieren«, sagte er.

»Verstanden«, antwortete der Pilot der zweiten Mohawk, und als die dritte Mohawk startete, meldete er sich wieder über Funk.

»Hey, da ist es!« sagte er.

Aus dieser Höhe konnten sie die Landmasse Asiens sehen. Besonders Vung Tau, stellte Parker fest, auch bekannt als Cap St. Jaques.

Die restlichen Mohawks starteten nacheinander ohne Zwischenfall, stiegen empor und bildeten eine V-Formation hinter ihm.

Er wechselte die Funkfrequenz.

Das Gefühl von Romantik beim Führen einer Formation von Flugzeugen über die asiatische Landmasse ins geheimnisvolle Morgenland wurde sofort zerstört.

»Tan Son Nhut Approach Control, hier Air France 404. Kommen!«

Die Flugkontrolle meldete sich.

»Voraussichtliche Ankunft in Tan Son Nhut in dreißig Minuten«, sagte Parker. »Haben Sie mich auf dem Radarschirm?«

Die Flugkontrolle bestätigte es, nannte Kurs und Flughöhe und gab die Geschwindigkeit von Air France 404 mit 350 Knoten und die Entfernung mit 150 Meilen an.

»Air France 404 erbittet Landeanweisungen.«

»Air France, behalten Sie Ihren gegenwärtigen Kurs. Steigen Sie auf 5000 Fuß. Radar zeigt eine Northwest Orient DC-8 20 Meilen zu Ihrer Rechten im Anflug und einige unbekannte, kleine Luftfahrzeuge in kreisförmigem Flug auf 5000 Fuß zehn Meilen von Cap St. Jacques entfernt. Weitere Anweisungen folgen.«

»Ah, *Roger*, Tan Son Nhut«, sagte Parker.

Und er dachte: *Wir sind nicht die Kräfte von Tugend und Recht, die wie Jimmy Cagney in ›Höllenhunde der Luft‹ zum Schmettern von Trompeten und Trommelwirbeln einfliegen, um die Mächte des Bösen zu besiegen und die Welt für die Demokratie zu retten, sondern ›einige unbekannte, kleine Luftfahrzeuge in kreisförmigem Flug‹.*

2

Hotel Caravelle
(Military Assistance Command, Vietnam,
Quartier Nr. 2 für ledige Offiziere)
Saigon, Republik Vietnam

10. Januar 1962, 17 Uhr 05

Major Philip S. Parker IV fühlte sich müde, verschwitzt und schmutzig, als er endlich in seinem Quartier war. Er setzte schnell Prioritäten: (a) ein Bad, (b) ein kühles Bier und (c) einiges mehr von (b).

Ein kleiner Konvoi von Fahrzeugen war zur Stelle gewesen, als die sieben Mohawks vom Flugzeugträger *Card* auf dem Flugplatz Tan Son Nhut gelandet waren. Da war ein Colonel gewesen, der Flugeinsatzoffizier des Militärischen Unterstützungskommandos Vietnam (MAC-V Aviation Officer), der mehr aus persönlicher Neugier und aus Höflichkeit als aus einem anderen Grund gekommen war. Die Mohawks vom 23rd Special Warfare Aviation Detachment gehörten nicht zu ihm, aber zur 5th Special Forces Group, deren Colonel ebenfalls zur Stelle war. Außerdem war ein adretter junger Mann in einem Leinenanzug und mit nasalem Harvard-Akzent dagewesen und hatte gesagt, er sei ›von der Botschaft‹.

Phil Parker fand, das klang wie von Craig Lowell, als er den damaligen Second Lieutenant Lowell vor Jahren bei der Student Officer Company, auf der Panzerschule, kennengelernt hatte. Sogar wenn Lowell und Toni Parker (die ebenfalls manchmal mit Harvard-Akzent sprach) genug Martinis intus hatten, um sich einen Spaß daraus zu machen, so vor ›den Bauern‹ zu sprechen.

Parker mochte den jungen Mann ›von der Botschaft‹ nicht, aber er schaffte es, der Versuchung zu widerstehen, ihm die wohlbekannte Imitation seiner Frau und seines Freundes in den Hals zurückzustoßen. Der junge Mann ›von der Botschaft‹ war offenbar von der CIA, und bei der letzten Einsatzbesprechung hatte man Parker gesagt, daß er und seine Abteilung unter der ›Operationsführung‹ der CIA stehen würden.

Parker konnte den jungen Mann ›von der Botschaft‹ in erster Linie nicht ausstehen, weil der vergebens seine Überraschung und Enttäuschung darüber zu verbergen suchte, daß der befehlshabende Offizier des Sonderkommandos ein großer Nigger war. Es hätte nicht viel gefehlt, und der Junge hätte behauptet, einige seiner besten Freunde wären Neger. Es war noch schwieriger für Parker gewesen, der Versuchung zu widerstehen, seine berühmte Imitation des schwarzen Baumwollpflückers der Südstaaten zum besten zu geben – Füße scharren, schwachsinnig grinsen und dergleichen –, als das Verlangen zu unterdrücken, ihm die Harvard-Sprechweise mitsamt den Zähnen in den Mund zurückzustoßen.

Parker hatte sich jedoch benommen. Er hatte den jungen Mann ›von der Botschaft‹ mit dem Gefühl zurückgelassen, daß die Dinge nicht ganz so schlimm waren, wie er gedacht hatte, als er zum Cockpit der Mohawk hinaufgeschaut und ein schwarzes Gesicht unter dem Helm gesehen hatte.

Der Colonel der Special Forces und der junge Mann ›von der Botschaft‹ waren irgendwie zu der Ansicht gelangt, daß die Fahrt auf dem USNS *Card* von den Staaten aus und der zwanzigminütige Flug die Piloten der Mohawks an den Rand der Erschöpfung getrieben hatten. Was Parker auch immer sonst sein mochte, er war ein Soldat, und kluge Soldaten erheben niemals einen Einwand, wenn ihre Vorgesetzten der Ansicht sind, daß sie sich in Erfüllung ihrer Pflicht völlig erschöpft haben und ein paar Tage Ruhe und Erholung brauchen.

Als der Colonel der Special Forces Parker sagte, er solle seine Leute im Hotel einquartieren, sich am Boden eingewöhnen, sich vielleicht ein wenig in Saigon umsehen und sich dann irgendwann am Montagmorgen bei ihm melden, erwiderte Major Parker: »Jawohl, Sir. Danke, Sir.«

Parker schickte die Piloten ins Hotel. Dann fuhr er per Bus mit seinen Unteroffizieren zur Unterkunft der Special Forces, um dafür zu sorgen, daß sie bekam, was sie brauchten – und um dem First Sergeant der Special Forces klarzumachen, daß ihm das Wohlergehen seiner Männer am Herzen lag und sie nicht als eine Ladung Kulis betrachtet werden sollten. Anschließend fuhr Parker zum Hotel Caravelle.

Das Hotel war im französischen Kolonialstil errichtet worden. Es erinnerte Parker an ein Hotel, in dem er und Toni im Urlaub in Marokko gewohnt hatten. Das weckte gemischte Gefühle in ihm. Das Essen würde vermutlich sehr gut sein, und die sanitären Anlagen würden vermutlich nicht sehr gut funktionieren.

Parker zog sich bis auf die Unterhose aus und packte seine Sachen aus, während er Wasser in die Wanne laufen ließ. Es gab eine französische Dusche, einen Brausekopf auf einem Plastikschlauch. Parker hoffte, daß das Wasser kühler als lauwarm werden würde. Diese Hoffnung erfüllte sich nicht. Nach der Dusche fühlte er sich sauberer, aber nicht abgekühlter.

Zivilkleidung war nicht nur erlaubt, sondern man ermunterte sogar dazu, hatte der Colonel der Special Forces gesagt, aber er hatte nicht erwähnt und Parker hatte nicht danach gefragt, welche Zivilkleidung im Hotel empfehlenswert war. Konnte er mit einem Polohemd herumlaufen? Oder erwartete man von einem Stabsoffizier und Gentleman, daß er wenigstens Hemd und Krawatte, wenn nicht gar Jackett trug?

Phil Parker hatte sich gerade für das Polohemd entschieden, als jemand an der Tür klopfte. Die Frage nach der Wahl der Kleidung war beantwortet. Sein Besucher war ein Offizier der U.S. Army. Er trug gelbe Bermudashorts, ein knallig buntes Sporthemd mit offenem Kragen und einen Strandhut aus Stroh.

»Bienvenue à Saigon, mon Commandant«, sagte Lieutenant Tom Ellis und hielt ihm eine Flasche Bier hin.

»Wo zur Hölle haben Sie Französisch gelernt?« fragte Parker. »Und was treiben Sie hier in Saigon?«

Er nahm die Flasche, setzte sie an und trank.

»Ich bin in Saigon als Kurier des Nachrichtenzentrums«, sagte Ellis. »Ich habe sogar eine Nachricht für Sie.«

Er überreichte Parker ein Kuvert. Es trug den aufgedruckten Absender ›Station Hospital, Fort Bragg, N.C.‹ und war etwas vage an ihn adressiert: »Major P.S. Parker IV, Vietnam.« Das mußte ein dicker Brief von Toni sein, und Phil riß begierig das Kuvert auf.

Es war kein Brief. Es war ein Exemplar des *New England Journal of Medicine.* Die Inhaltsangabe stand auf der Titelseite, und einer der Artikel war mit einem roten Pfeil markiert.

»Beobachtete Widerstandsfähigkeit von gewissen Stämmen asiatischer Gonokokken und Spirochäten gegen Behandlung auf Penicillin-Basis.« – von Dr. med. Thomas P. Yancey, Chef der Abteilung Geschlechtskrankheiten, Massachusetts General Hospital – Seite 32.

Parker lachte und gab Ellis das Medizin-Journal.

»Glauben Sie, der Doc will Ihnen damit etwas sagen, Major?« fragte Ellis.

»Ist das der einzige Grund, weshalb Sie nach Vietnam kamen? Um mir das zu geben?«

»Nicht der einzige«, sagte Ellis. »Ziehen Sie sich an, und wir gehen zum *›le cocktail‹*, und ich werde Ihnen alles darüber erzählen.«

»*Le cocktail?*«

»So nennt man auf französisch die Zeit am frühen Abend, zu der in Bars alkoholische Getränke im Preis reduziert sind«, erklärte Ellis. »Und das tun sie hier tatsächlich.«

»Ich bin mir nicht sicher, ob ich mich mit Ihnen in dieser Kleidung in der Öffentlichkeit sehen lassen möchte.«

»Gefällt es Ihnen nicht? Ich kaufte die Sachen unterwegs auf Hawaii.«

»Zweifellos in einem Laden mit einem Schild ›Touristen willkommen‹ über der Tür.«

»Auf dem Flughafen«, sagte Ellis. »Ich konnte nicht auf Hawaii herumlaufen, weil ich eine Aktentasche an mein Handgelenk gekettet trug. Ich konnte auch nicht das Risiko eingehen, die Maschine zu verpassen.«

»Sie sind Kurieroffizier? Wie kam das?«

»Ich bat den General, mich nach Vietnam zu schicken«, sagte Ellis. »Der Kurierdienst war nicht genau das, was mir vorschwebte, aber er kommt nahe daran, wie mir der General klarmachte.«

Parker lachte, während er das Polohemd über den Kopf streifte. Er zog dazu eine Freizeithose an und stopfte das Polohemd hinein.

»Wo wollen Sie eigentlich Ihre Waffe tragen?« fragte Ellis. Die Frage überraschte Parker, das war seiner Miene anzusehen. Ellis drehte sich um und hob das grellbunte Hemd an. Hinten im Hosenbund steckte eine Colt .45er Automatikpistole.

»Müssen wir bewaffnet herumlaufen?« fragte Parker

»Wir sollen es eigentlich *nicht*«, sagte Ellis. »Aber ich nehme an, wenn Sie lange genug suchen, finden Sie nur einen oder zwei Dummköpfe, die keine Waffe tragen.«

»Spielen Sie Räuber und Gendarm, Ellis?« fragte Parker.

»Nein«, erwiderte Ellis knapp.

»Ich habe nur einen alten Colt-Revolver bei mir«, sagte Parker.

»Dann nehmen Sie den, bis Sie was Besseres finden«, schlug Ellis vor. »Ich habe schon eingekauft. Da gibt es einen Laden, in dem .38er Smith & Wesson Special verkauft werden, die man der Air Force geklaut hat. Der Besitzer des Ladens verlangt 100 Dollar für einen 38er.«

»Wo haben Sie die .45er her?«

»Von Bragg«, sagte Ellis. »Wurde offiziell ausgegeben.«

»Ich bin mir nicht sicher, ob Sie mich auf den Arm nehmen oder nicht«, bemerkte Parker.

»Bestimmt nicht«, sagte Ellis.

»Scheiße«, murmelte Parker. Er ging zu seinem Aktenkoffer, schloß ihn auf und nahm einen großen Revolver heraus, der in einen öligen Lappen eingehüllt war.

»Wo zum Teufel haben Sie dieses Ding her?« fragte Ellis.

»Mein Großvater trug den Revolver im Ersten Weltkrieg«, erklärte Parker. »Es ist ein 1917er Colt .45 ACP.«

»Und der funktioniert noch?«

»Er funktioniert prächtig, danke, Lieutenant.« Parker zog den Bauch ein und steckte den alten Revolver hinter den Hosenbund. Dies würde keine langfristige Lösung des Problems sein. Entweder mußte er sich ein Schulterholster oder eine andere Waffe besorgen.

›*Le cocktail*‹ war so erfreulich, wie Ellis prophezeit hatte. Es gab Kellner mit weißen Jacken, die sofort zur Stelle waren und kostenlose Appetithäppchen und Getränke zu Spottpreisen servierten. Ein Mann spielte Klavier, und das Lokal war voller attraktiver Vietnamesinnen. Einige davon waren halb weiß, stellte Parker fest, was bedeutete, halb französisch. Ihre Röcke waren an den Seiten geschlitzt. Parker fand die Vietnamesinnen sehr hübsch, und er fragte sich, wie bald sein Vorsatz, Toni völlig treu zu bleiben, ins Wanken geraten würde.

Bei japanischem Asahi-Bier erzählte Ellis, daß es ihn gelangweilt hatte, Adjutant des Generals zu sein . . .

»Quatsch«, sagte Parker. »Sie waren nicht lange genug Adjutant, um schon Langeweile zu haben.«

»Okay. Aus persönlichen Gründen . . .«

»Eaglebury's Schwester?«

»Wie kommen Sie darauf?« fragte Ellis.

»Sie haben sie nicht gepimpert?«

»Jesus!« stieß Ellis empört hervor.

»Verzeihung.« Parker schloß korrekt daraus, daß Ellis' ›persönliche Gründe‹ in der Tat Dianne Eaglebury waren und daß er sie in der Tat gepimpert hatte. Parker war der festen Überzeugung, daß die Tugend einer Frau von keinem stärker verteidigt wird als von dem Mann, der sie ihr ausgeredet hat und eine Ehe mit der betreffenden Lady in Erwägung zieht.

»Sie ist nicht so eine«, sagte Ellis und bestätigte Parkers Analyse.

»Stimmt«, sagte Parker.

»Jedenfalls habe ich um Dienst in Vietnam gebeten«, sagte Ellis. »Die meisten von meinem Kuba-Team sind hier.«

»Und der General sagte . . .?«

»Daß ich Glück habe.« Ellis lachte. »Er hätte zufällig Bedarf an einem Kurieroffizier.«

»Was haben Sie mitgebracht?«

»Etwas Zeug für die 1. Gruppe«, sagte Ellis. »Dort habe ich es jedenfalls abgeliefert.«

»Und wann kehren Sie zurück?« erkundigte sich Parker.

»Der General sagte, ich soll das mit Ihnen klären, bevor ich heimkehre, um festzustellen, was Sie brauchen.«

»Mir fällt nichts ein«, sagte Parker. »Nicht das geringste.«

»Major, Sie sind soeben erst eingetroffen. Warum denken Sie nicht darüber nach, bevor Sie sagen, Sie brauchen nichts?«

»Wie lange soll ich darüber nachdenken?«

»Sagen wir – eine Woche«, erwiderte Ellis.

»Was haben Sie für die nächsten sieben Tage geplant, Ellis?« fragte Parker grinsend.

»Ich fand heraus, daß drei meiner Jungs hier sind«, sagte Ellis. »Lopez, Dessler und Talbott. Sie sind mit einem ›A‹-Team in der Provinz Kontum.«

»Klar«, sagte Parker. »Warum nicht? Ich denke, wir können davon ausgehen, daß alles, was hier vorgeht, wichtiger ist als das Arrangieren von Cocktailpartys in Bragg.«

»Danke«, sagte Ellis.

3

Villa dans le Bois
Thu Sac, Provinz Kontum
Republik Südvietnam

15. Januar 1962, 16 Uhr 30

Die ›Villa im Wald‹ war nicht mehr im Wald. Selbst bevor das Gebäude dem ›A‹-Team Nr. 6, Kompanie ›A‹ der 1st Special Forces Group übergeben worden war, hatte es sich in militärischer Hand befunden. Es war als Hauptquartier des 3. Bataillons des 119. Infanterieregiments der Armee der Republik Vietnam (ARVN) benutzt worden, und die Mannschaften der ARVN hatten lange und heiße Tage damit verbracht, die Kiefern im Umkreis von 150 Metern vom großen, alten Haus zu fällen.

Die besseren Stämme waren per Lastwagen nach Kontum gefahren und verkauft worden, und das weniger wertvolle Holz war als Rahmenkonstruktion für verschiedene Sandsackbauten rings um das Lager, im Lager und in der Villa selbst benutzt worden. Zur Überraschung der Männer des 3. Bataillons des 119. Infanterieregiments der ARVN war einiges von dem Geld für das verkaufte Holz tatsächlich für ihr Wohlergehen ausgegeben worden. Andere Kommandeure hätten alles Geld in die eigene Tasche gesteckt, doch ihr Kommandeur hatte tatsächlich von einem Teil des Gelds Reis, Schweine und Hühner gekauft.

Als die Amerikaner kamen, nahmen sie weitere notwendige militärische Verbesserungen an dem Lager vor. Sie rodeten den Wald auf einer Entfernung von 200 Metern von der Villa. Die Vietnamesen waren beeindruckt von der Art, wie die Amerikaner das machten. Sie fällten die Bäume nicht mit Axt und Säge, sondern brachten unten am Stamm eine Sprengladung an, so gut, daß die Baumstämme fast wie durch einen gewaltigen Axthieb abgetrennt wurden.

Mit dem Nutzholz wurde Tauschhandel betrieben. Für jeweils drei Baumstämme, die von einem Pionierzug der ARVN, der mit einer transportablen Sägemühle der U.S. Army ausgerüstet war, in Bauholz umgewandelt wurden, erhielten die ARVN-Pioniere einen Baumstamm für sich. Und weil Master Sergeant Charles B. Dessler die Operation Holzbeschaffung beaufsichtigte, ging alles Geld aus dem Erlös der Baumstämme an die Pioniere und nicht in die Tasche eines ARVN-Pionier-Offiziers.

Der Hauptgrund für das Fällen der Bäume war für die Amerikaner die Schaffung eines freien Schußfeldes. Dadurch wurde dem Vietcong verwehrt, sich im Umkreis von 200 Metern zu verstecken. Aber man brauchte auch etwas von dem Holz, um das Lager weiterhin zu verstärken. Sechs Türme wurden errichtet, fünf rings um das Camp und der sechste in der Mitte. Alle Türme wurden durch Sandsäcke geschützt und mit Maschinengewehren und anderen Waffen ausgerüstet. Der Turm mitten im Camp diente zugleich als Wasserspeicher. Außerdem wurden darauf die verschiedenen Antennen montiert, über die das ›A‹-Team mit seinem Hauptquartier und den unterschiedlichen RVN-Einheiten Kontakt hielt.

Aus den verzierten Wasserhähnen in der ›Villa im Wald‹ floß wieder Wasser, und es gab genügend davon, um einen ständigen Fluß durch sonst unbenutzte Bidets laufen zu lassen, um Wein zu kühlen.

Drei Linien von Stacheldrahtrollen umgaben die Villa. Die Stacheldrahtrollen wurden ›Concertina‹ genannt, weil sie wie der auseinandergezogene Balg einer Ziehharmonika wirkten. An jede Spirale der Stacheldrahtrollen wurden Bierdosen und anderes leichtes Metall gehängt, damit Lärm entstand, wenn die ›Concertina‹ gestört wurde.

Außerhalb der äußeren Stacheldraht-Linie und zwischen den Reihen eins und zwei und zwei und drei wurden selbstgefertigte Minen (Dosen mit Metallstücken, Steinen und einer kleinen Ladung Composition C-3 Sprengstoff) und Claymore-Minen gelegt. Letztere waren neu und wirkungsvoll. Sie bliesen bei der Detonation alles im Umkreis von zirka 30 Metern weg.

Das ›A‹-Team wurde von einer Kompanie des 3. Bataillons des 119. Infanterieregiments ›geschützt‹. Die Kompanie war im inneren Ring der Stacheldrahtrollen in Bunkern untergebracht, aber mit Ausnahme des Kompaniechefs und eines halben Dutzends anderer war den Männern der Zugang zur Villa selbst verwehrt. Beim ›A‹-Team gab es einige Zweifel an der Entschlossenheit des Infanterie-Kompaniechefs der ARVN im Falle eines Angriffs. Deshalb hielt man ihn in der Nähe, wo er beobachtet und seine Entschlußkraft verstärkt werden konnte. Die anderen Männer der ARVN, die Zutritt zur Villa hatten, fünf Unteroffiziere und ein Offizier – sprachen Englisch und hatten das ›A‹-Team bei verschiedenen Gelegenheiten überzeugen können, auf wessen Seite sie standen. Über den Daumen gepeilt war man zu der Erkenntnis gelangt, daß die Treue von mindestens der Hälfte der ARVN-Soldaten davon abhing, wen sie als möglichen Sieger der inzwischen stattfindenden Kämpfe betrachteten.

Das ›A‹-Team bestand aus neun Männern – aus zwei Offizieren und sieben Unteroffizieren. Drei der Unteroffiziere, Master Sergeant Charles B. Dessler, der Einsatzfeldwebel, Master Sergeant Juan Vincenzo Lopez, der Waffenfeldwebel, und Sergeant First Class Richard L. Talbott, der Fernmeldefeldwebel, waren mit First Lieutenant Ellis über Kuba abgesprungen. Sie waren erfreut und überrascht, als der Nachschub-Konvoi von der Kompanie eintraf (er kam zweimal pro Woche) und Ellis aus dem zweiten Lastwagen kletterte.

Der befehlshabende Offizier (Captain Howard G. Fenn) und sein Stellvertreter (First Lieutenant Donald G. Crossman) kannten Ellis von der Ausbildung in Camp McCall her. In McCall war ihr erster Eindruck von ihm gewesen, daß er ein netter Junge war, aber sie hatten sich gefragt, was er bei den Special Forces zu suchen hatte, die ihre Offiziere aus reifen und erfahrenen Männern rekrutieren sollten.

Folglich war es ihnen unvergeßlich geblieben, als Lieutenant Colonel Rudolph G. MacMillan, der Stellvertretende Chef für Sonderprojekte des Special Warfare Center (der gehört hatte, daß man Ellis hinter dessen Rücken als ›Baby‹ bezeichnete), Lieutenant Ellis als den Teufelskerl vorgestellt hatte, der sich mit seinem ›A‹-Team zwanzig Meilen weit durch wütende Kubaner durchgekämpft hatte und in letzter Minute vom Strand der Schweinebucht entkommen war.

Als sie Tom Ellis vom Lastwagen steigen sahen, fragten sich sowohl Captain Fenn als auch Lieutenant Crossman, insgeheim und unabhängig voneinander, ob Ellis zur ›Villa im Wald‹ gekommen war, um sie abzulösen und zu ersetzen. Das Team hatte eine einfache Mission zu erfüllen: die Sympathie der einheimischen Bevölkerung zu gewinnen, indem man sie unter anderem ärztlich versorgte. Und diese Mission war gescheitert.

An Heiligabend waren die Bewohner von An Lac Shi in die Herz-Jesu-Kirche zur Mitternachtsmesse gegangen und hatten Pfarrer Lo Patrick Sho, Bürgermeister Song Le Do und vier Meßdiener tot vorgefunden. Die Meßdiener waren durch Kopfschüsse getötet worden, dem Priester und dem Bürgermeister waren die Kehlen durchgeschnitten worden, und die Mörder hatten sie entmannt. Es war die Art und Weise des Vietcong, sein Mißfallen an Lakaien der verräterischen Antibefreiungskräfte auszudrücken, die es gewagt hatten, die Bauern zu ermuntern, ärztliche Hilfe von den Amerikanern mit den grünen Mützen anzunehmen.

Die Taktik des Vietcong war sehr wirkungsvoll. Als Staff Sergeant Robert Franz, der Sanitäter des ›A‹-Teams, in dieser

Woche seine Runde gemacht hatte, war kein Bewohner von An Lac Shi mit einem kranken Kind und kein kranker Alter zu ihm gekommen. Ebensowenig hatte sich ein kranker Bewohner der vier anderen Ortschaften im Gebiet des ›A‹-Teams blicken lassen, um die kostenlosen und fähigen Dienste von Staff Sergeant Franz in Anspruch zu nehmen.

Darmparasiten, die Blutungen hervorrufen, sind schlimm, aber nicht annähernd so schlimm wie eine durchgeschnittene Kehle.

Captain Fenn war der festen Überzeugung, sein Bestes getan zu haben. Er hatte sogar den Namen des verantwortlichen Vietcong-Offiziers herausgefunden: ein Captain Van Lee Duc von der 9. Kompanie des 53. Regiments. Aber er konnte den Hurensohn einfach nicht finden, so sehr er sich auch bemüht hatte.

Lieutenant Crossman hatte einfache Befehle von Captain Fenn erhalten: »Sie müssen diesen Bastard finden, Don, das ist alles.« Crossman war ebenfalls überzeugt, sein Bestes getan zu haben, aber das Beste war nicht gut genug gewesen. Nachdem er zehn Tage und Nächte im Dschungel verbracht hatte, wußte er immer noch nicht, wo Van Lee Duc steckte.

In den zehn Tagen und Nächten (zwei fünftägige Erkundungen) hatte sich nur bewiesen, daß dort draußen jemand war, der sie nicht mochte. Zwei seiner Männer waren in Fallen geraten. Sie hatten in Punji-Stöcke getreten – spießartige Stäbe, die mit Kot beschmiert waren und sich durch die Füße der Männer gebohrt hatten. Ein dritter Mann hatte einen zerschmetterten Oberarm davongetragen (er hatte Glück gehabt, daß er nicht wie eine Wanze zerquetscht worden war), als er auf einen Draht getreten war und eine Falle ausgelöst hatte – einen herabstürzenden Baumstamm, der mit kotbeschmierten Spießen versehen gewesen war.

Drei von Lieutenant Crossmans Männern waren jetzt im Lazarett in Saigon, und für Crossman war nur das sichere Gefühl dabei herausgekommen, daß Van Lee Duc irgendwo im Dschungel hinter einem Baum hockte und hämisch lachte.

Es gab natürlich mildernde Umstände für die Pleite. Die Einheimischen hatten verständlicherweise mehr Angst vor

Leuten, die es wagten, sich Gottes Zorn zuzuziehen, indem sie einen Priester in seiner eigenen Kirche töteten und entmannten, als vor Amerikanern, die eine sonderbare Kombination aus Soldat und Samariter waren. Folglich waren sie nicht bereit, den Amerikanern, geschweige denn der ARVN zu sagen, was sie über den Aufenthaltsort von Van Lee Duc und der 9. Kompanie des 53. Regiments der Volksbefreiungsarmee wußten.

Außerdem konnten sich Hauptmann Van Lee Duc und sein kleiner Stab (Schätzungen reichten von fünf bis elf Mann; tatsächlich waren es um die acht) in einem Gebiet von 170 Quadratmeilen – Wald, Dschungel und Reisfelder – verstecken.

Aber keiner der mildernden Umstände zählte. Sie waren nicht in der Lage gewesen, den Hurensohn aufzuspüren, was bedeutete, daß sie Staff Sergeant Franz im nächsten halben Jahr jeden Tag losschicken konnten und er keine Patienten haben würde.

Es wurde bald klar, daß Ellis nicht gekommen war, um jemanden abzulösen. Er machte einen Freundschaftsbesuch, nichts sonst. Und er war kein ganz glücklicher Besucher. Beim Abendessen erzählte Ellis, wie sie Eaglebury's Leiche von den Kubanern zurückgeholt hatten.

Das war von Ellis ein schlimmer Verstoß gegen die Sicherheitsbestimmungen, denn zweifellos war die ganze Sache immer noch als TOP SECRET erklärt. Aber genauso offenkundig war, daß diese Geheimhaltung völliger Blödsinn war. Die Kubaner hatten Eaglebury eine Zeitlang in ihrer Gewalt gehabt, bevor sie ihn erschossen hatten. Kein Mensch kann Folter über einen gewissen Punkt hinaus ertragen. Die Kubaner wußten also mit an Sicherheit grenzender Wahrscheinlichkeit, daß der Mann, den sie gefangengenommen, gefoltert, verhört und schließlich getötet hatten, ein Lieutenant Commander der U.S. Navy gewesen war. Und die Kubaner wußten verdammt gut, daß man ihnen 50 000 Dollar für seine Leiche bezahlt hatte. Für wen war der Fall also ein Geheimnis?

Nachdem die erste Kiste Asahi-Bier aus Literflaschen geleert worden war, kam die Unterhaltung auf Hauptmann Van Lee

Duc und die ermordeten Meßdiener. Captain Fenn und Lieutenant Crossman fühlten sich ein wenig unbehaglich, als ihr Scheitern vor Ellis zur Sprache gebracht wurde, aber sie konnten das einmal begonnene Thema nicht mehr stoppen. Fenn hielt es für möglich, daß Ellis irgendeine Idee hatte, die ihm nicht eingefallen war.

Er fand beträchtlichen Trost in der Tatsache, daß Ellis ebensowenig wußte, was zu tun war.

Am nächsten Morgen tat Ellis jedoch etwas, das Captain Fenn für ein wenig merkwürdig hielt. Ellis fragte SFC Talbott, den Funker, ob er mit seinem Funkgerät nach Saigon durchkommen könnte, und wenn, ob der Funker in Saigon ihn mit dem Hotel Caravelle verbinden könnte.

Talbott bezweifelte es, erklärte sich jedoch bereit, alles zu versuchen.

»Ich möchte mit Major Parker sprechen«, sagte Ellis.

Die Offiziere wußten, wer Major Parker war. Es gab nicht so viele Majors bei den Special Forces, und nur einer davon war ein Heeresflieger, auffallend groß und schwarz wie die Nacht.

Die Verbindung kam schließlich zustande. Captain Fenn, der das Gespräch mithörte, fand, daß Lieutenant Ellis allerhand Frechheit und Nervenkraft hatte (Ellis sagte Parker, er hätte Probleme mit der Rückfahrt, ob Parker ihn abholen könnte?), und daß Parker ein netter Kerl war, wie Captain Fenn gehört hatte, vielleicht ein etwas zu netter, der es zu gut meinte. (Parker stimmte widerstrebend zu, zu kommen und Ellis an der Start- und Landebahn in Kontum abzuholen.)

»Ich weiß nicht, ob es klappen wird, Captain«, sagte Ellis, als das Gespräch mit Parker beendet war. »Eigentlich spricht alles dagegen. Aber wir werden es versuchen. Haben Sie eine Karte übrig, auf der Sie markieren können, wo Sie diesen Bastard vermuten?«

»Van Lee Duc? Der könnte an jedem von einem Dutzend Plätzen sein«, sagte Fenn. »Was haben Sie vor?«

»Markieren Sie jede Stelle, an der er Ihrer Meinung nach sein könnte.«

»Was zum Teufel haben Sie vor, Ellis?«

»Wenn ich heute nacht nicht zurückkehre, dann war es Wunschdenken«, erwiderte Ellis.

»*Was*, verdammt noch mal?«

»Vielleicht kann Parker diesen Bastard für uns finden«, sagte Ellis.

»Wie?«

»Er hat ein sehr interessantes Flugzeug«, sagte Ellis. »Und das ist wirklich alles, was ich Ihnen darüber sagen kann. Es ist als TOP SECRET erklärt – nur zur Kenntnisnahme Gottes.«

»Und Sie denken, Parker wird helfen?«

»Ich weiß es nicht«, sagte Ellis. »Wenn er uns hilft, dann riskiert er seinen Kopf. Aber vielleicht macht er es. Ich werde ihm von den Meßdienern erzählen, die vor dem Altar mit Kopfschüssen ermordet wurden.«

4

U.S. Army OV-1A Flugzeug 92521
Steuerkurs: 30°. Höhe: 3500 Fuß.
Angezeigte Fluggeschwindigkeit: 270 Knoten
(Provinz Kontum, Republik Südvietnam)

19. Januar 1962, 20 Uhr 35

»Spanish Harlem«, sagte der Pilot ins Mikrofon. »Spanish Harlem, hier ist Father Divine. Wie verstehen Sie mich? Kommen!«

»Verstehe Sie laut und deutlich, Father Divine, und Gott segne Sie«, erwiderte Spanish Harlem.

»Haben Sie ein Streichholz, Spanish Harlem?« fragte Father Divine.

»Roger, zünde Streichholz an«, gab Spanish Harlem zurück.

Spanish Harlem saß mit dem Rücken an den gewaltigen Wurzeln eines bengalischen Feigenbaums. Ein AN/PRC-9

Funkgerät stand im faulig riechenden Laubboden des Dschungels vor ihm.

Spanish Harlem – Lieutenant Ellis – trug eine kugelsichere Weste, eine Arbeitshose und Corcoran-Fallschirmspringerstiefel, die mit einer Dreckschicht bedeckt waren, damit sie nicht glänzten. Über den Schulterriemen der kugelsicheren Weste trug er ein Gurtwerk-Tragegestell, an dem zwei Feldflaschen, zwei Munitionstaschen und eine .45er Colt Pistole in einem Lederholster befestigt waren. Außerdem eine Segeltuchtasche mit zwei Ersatzmagazinen und ein Erste-Hilfe-Set. In den Taschen der kugelsicheren Weste steckten jeweils eine Splitterhandgranate. Am Baum lehnte ein M-14-Gewehr, eine verbesserte Version des M 1 Garand-Gewehrs, das im Zweiten Weltkrieg und in Korea benutzt worden war. Das M-14 hatte ein Magazin, das 20 Patronen faßte. Ellis hatte zusätzlich Munition dabei, insgesamt 120 Schuß 7,62 Millimeter NATO (wie jetzt die verkürzten .30-06 Patronen bezeichnet wurden).

In einer Scheide, die er an seinem rechten Stiefel befestigt hatte, steckte ein Dolch. Es war ein britisches Modell, das von einem Shanghaier Polizisten namens Bruce Fairbairn für Kommandotrupps im Zweiten Weltkrieg entworfen worden war. Der Dolch war aus Edelstahl, mit scharfer Spitze und dünner Klinge, lang genug, um innere Organe zu durchdringen, und auf beiden Seiten geschärft. Der Dolch gehörte Captain Howard G. Fenn, und es war so etwas wie ein Friedenszweig von Seiten Fenns gewesen, als es nach Ellis' Erklärung, daß er und nicht Fenn in den Dschungel gehen würde, zu einem heftigen Streit gekommen war.

»Es ist ganz einfach«, hatte Ellis gesagt. »Wenn Sie gehen und jemand erfährt von der Aktion, dann weiß man, was ich Ihnen über die Möglichkeiten dieses Flugzeugs erzählt habe. Und dann reißt man mir den Arsch auf. Entweder bleiben Sie und Crossman hier, oder ich blase die ganze Sache ab.«

Es hatte eine hitzige Debatte gegeben, aber letzten Endes hatte Fenn nachgegeben. Das wichtigste war die Eliminierung von Hauptmann Van Lee Duc. Fenn sagte sich, daß er sich eben damit abfinden mußte: Ein anderer würde die Hälfte seines

Teams und ein halbes Dutzend verläßliche ARVN-Soldaten in den Dschungel führen.

Als Fenn gesehen hatte, daß Ellis ein häßlich aussehendes Messer mitnehmen wollte, hatte er einen lange bestehenden Schwur gebrochen (»Meine Zahnbürste können Sie haben, okay; meine Frau vielleicht. Aber mein Tommy-Messer? – niemals!«), und er hatte ihm den Fairbairn-Dolch aufgedrängt.

Spanish Harlem nahm jetzt etwas aus einer der Munitionstaschen, das wie ein Kugelschreiber aus rostfreiem Stahl aussah.

»Augen zu«, befahl er. »Ich mache das Streichholz an.«

Er schloß die Augen, hielt den Metallstift, der einem Kugelschreiber ähnelte, auf Armlänge von sich in die Höhe und schaltete ihn an.

Es zischte, und sofort zuckte ein weißer, unglaublich greller Lichtstrahl aus der Spitze des ›Kugelschreibers‹.

Das Licht riß die drei anderen Amerikaner der Patrouille, Ellis' Männer bei der Aktion in Kuba, und die sechs ARVN-Soldaten aus der Dunkelheit. Alle Männer waren wie Ellis gekleidet. Alle hatten das Gesicht mit einer nicht refklektierenden Paste geschwärzt. Alle hockten mit fest geschlossenen Augen da und schirmten sie gegen die schrecklich gleißende Helligkeit ab.

»Da ist es«, sagte der Kopilot der Mohawk zu Phil Parker. Der Kopilot schaute nicht aus dem Kanzelfenster, sondern auf ein Gerät am Armaturenbrett der Mohawk. Es spuckte einen Streifen dünnes, lichtempfindliches Papier aus, das sich schleimig anfühlte. Eine kleine, rote Lampe auf einem drehbaren Metallarm spendete genug Licht, und der Kopilot konnte lesen, was auf dem Papierstreifen stand.

»Wir haben Sie, Spanish Harlem«, sagte Phil Parker und wartete, bis genügend Papier aus dem Gerät kam, so daß er den Streifen abreißen konnte. Er studierte ihn sorgfältig. Die Mohawk flog mit dem Autopiloten auf genau 3500 Fuß Höhe und mit 270 Knoten.

Die Maschine war mit verschiedenen Zusatzgeräten ausgerüstet. Ein Navigationsgerät bestimmte die gegenwärtige Position des Flugzeugs im Verhältnis zum Punkt der Aktivierung – mit anderen Worten, zum Flugplatz, von dem die Mohawk gestartet war. Ein anderes Gerät hatte eine Karte des Gebiets, über das die Mohawk flog, eingespeichert und konnte die Position der Mohawk aufgrund dieser Karte feststellen. Ein weiteres Gerät mit den dazugehörigen Antennen und Sensoren war in der Lage, die Thermalstrahlung zu empfangen und die Quelle der Ausstrahlung, ihre Stärke und Frequenz aufzuzeichnen. Diese Daten wurden mit den bereits bekannten Daten elektronisch verglichen, und es konnte mit bemerkenswerter Genauigkeit festgestellt werden, ob die Quelle der Thermalstrahlung zum Beispiel die Auspuffgase eines Lastwagens, ein Lagerfeuer oder ein Gleißlichtstab war.

Schließlich sammelte ein anderer Computer sämtliche Daten, die Position des Flugzeugs, die Quellen der Thermalstrahlung und ihre vermutliche Ursache, und ein Gerät druckte eine Karte aus, auf der die Position des Flugzeugs und der Lichtquellen markiert waren. Es gab kleine Symbole, mit denen die Lichtquellen gekennzeichnet waren. In diesem Fall Spanish Harlems Gleißlicht und die Buchstaben WF, die anzeigten, daß es sich vermutlich um normale Holzfeuer handelte. Der schleimige Ausdruck, den Parker in den Händen hielt, zeigte die Buchstaben WF (Wood Fire), für ein Holzfeuer zweimal in einem Gebiet, das auf der Landkarte als Wald ausgewiesen war. In diesem Gebiet hätte überhaupt kein Holzfeuer sein sollen, geschweige denn zwei davon so nahe beisammen.

»Wir müssen sichergehen«, sagte Parker zum Kopiloten. »Das Ganze noch mal aus 2500 Fuß Höhe.«

Der Kopilot schaltete den Autopiloten aus, zog die Mohawk in eine Kurve und senkte die Nase der Maschine, während er zurückflog.

»Spanish Harlem. Ich brauche noch mal Licht. Ich sage, wann«, sprach Parker ins Mikrofon.

»Ich bleibe dran«, erwiderte Spanish Harlem.

Der einzige Unterschied zwischen dem Flug in 3500 Fuß und dem Flug von 2500 Fuß Höhe war die Tatsache, daß der schleimige Ausdruck jetzt vier Holzfeuer im Dschungel kennzeichnete. Aus der größeren Entfernung hatten die vier Feuer wie zwei ausgesehen.

»Spanish Harlem«, sagte Phil Parker ins Mikrofon. Und dann gab er die entsprechenden Daten durch.

Spanish Harlem wiederholte alles und fügte hinzu: »Gott segne Sie und gute Nacht, Father Divine.«

»Rufen Sie per R-Gespräch an, wenn Sie Arbeit finden«, sagte Parker. »Over.«

»Und jetzt?« fragte der Kopilot. »Heim?«

Parker machte eine vage Geste zum sanft leuchtenden Instrumentenbrett.

»Ich habe soeben ein flackerndes Warnlämpchen entdeckt. Wir sollten das in Kontum überprüfen.«

»Major, was immer sich diese Jungs eingebrockt haben, wir können ihnen nicht helfen.«

»Ich will als erster erfahren, wie die Sache ausgegangen ist«, sagte Parker. »Fliegen Sie nach Kontum, Lieutenant.«

5

Mit der Taschenlampe im Mund wie eine übergroße Zigarre markierte Tom Ellis sehr sorgfältig ihre Position, während ihm Dessler, Lopez, Talbott und Franz über die Schulter schauten. Dann zeichnete er die vier Holzfeuer auf seiner Landkarte ein.

»Klappt das wirklich, Lieutenant?« fragte Staff Sergeant Franz zweifelnd.

»Ich hoffe es«, erwiderte Ellis.

Laut Landkarte befanden sich die Feuer etwa hundert Meter vom Pfad entfernt, der durch den Dschungel führte. Es waren vier Feuer, was den Schluß zuließ, daß mit mindestens acht bis zehn Männern, vielleicht jedoch auch viel mehr gerechnet werden mußte. Ellis konnte sich nicht denken, warum acht oder mehr Männer im Dschungel sein sollten, wenn es keine Vietcong waren.

»Holen wir uns die Bastarde«, meinte Master Sergeant Dessler.

»Wie machen wir's, Dessler?« fragte Ellis. »Einfach über den Pfad gehen?«

»Die Bastarde wissen nicht, daß wir sie orten können«, sagte Dessler. »Sie ziehen vermutlich jede Nacht weiter. Deshalb bezweifle ich, daß sie sich die Zeit nehmen und Fallen aufstellen.«

»Wollen Sie die Spitze übernehmen?« fragte Ellis.

»Warum nicht«, sagte Dessler nach kaum wahrnehmbarem Zögern.

Es waren viereinhalb *Klicks* bis zu den Holzfeuern, deren Position Phil Parker angegeben hatte. Die Army war im Begriff, Meilen, Yards und Fuß auf die metrischen Maße der NATO-Partner umzustellen. *Kilometer* waren zu *Klicks* geworden.

Einen *Klick* vom Ziel entfernt, hob Dessler die Hand, um den Trupp zu stoppen. Als Ellis zu ihm aufschloß, schnüffelte Dessler. Ellis roch es ebenfalls. Holzfeuer.

»Ich glaube, das Blätterwerk schirmt den Lichtschein nach oben hin ab«, sagte Dessler und nickte zum dichten Laubwerk hinauf.

Dessler nahm sein M-14-Gewehr von der Schulter und entsicherte es. Die anderen folgten seinem Beispiel. Dessler setzte den Weg über den Pfad fort.

Dreihundert Meter weiter spürte Ellis, daß er fiel, und einen Augenblick später nahm er einen scharfen, stechenden Schmerz in seinem linken Bein und Fuß wahr. Er schaffte es, einen Aufschrei zu unterdrücken, indem er die Zähne aufeinanderpreßte, aber es gelang ihm nicht, die völlige Stille zu bewahren, die er für notwendig hielt, um am Leben zu bleiben. Ein sonderbarer Laut, halb Stöhnen, halb gepeinigter Hilferuf drang über seine Lippen.

Dessler fluchte unterdrückt.

Ellis versuchte sein linkes Bein zu bewegen. Er konnte es nicht. Es schmerzte schlimm.

»Scheiße!« sagte Dessler, als er heran war, und dann: »Es tut mir leid, Tom.«

Er entschuldigte sich, weil er die Situation falsch eingeschätzt hatte. Der Vietcong hatte tatsächlich eine Falle aufgebaut, und er, Dessler, hatte nicht damit gerechnet. Ellis war in eine Punji-

Falle gestürzt. Dessler hatte Glück gehabt und war über die Falle hinweggegangen.

»Franz!« rief Dessler gedämpft.

Der Sanitäter tauchte auf, und Dessler warnte ihn leise: »Punji!«

Franz ging vorsichtig um Ellis herum und ließ sich auf die Knie nieder.

»Scheiße«, sagte er.

»Was jetzt?« fragte Ellis. Er fühlte sich schwach und übel.

Franz tastete vorsichtig herum und richtete sich auf.

»Sie haben einen Punji-Spieß im Fuß«, erklärte er sachlich. »Und einen zweiten in der Wade.«

»Verdammt, das weiß ich!« sagte Ellis.

»Sie hatten Glück, an dieser Stelle in die Falle zu treten«, sagte Franz. »So hat es Sie nur zweifach erwischt.«

»Gottverdammt, unternehmen Sie etwas!«

»Es gibt zweierlei Möglichkeiten, Lieutenant«, sagte Franz. »Ich kann Ihnen eine Vollnarkose geben, was vielleicht das beste ist. Oder ich kann Ihr Bein und den Fuß örtlich betäuben, was vielleicht nicht genügend wirkt.«

»Wie lange wäre ich weg, wenn Sie mich schlafen legen?«

»Ein paar Stunden«, sagte Franz.

»Dann geben Sie mir die örtliche Betäubung«, befahl Ellis.

»Das wirkt vielleicht nicht.«

»Betäuben Sie örtlich, verdammt!« sagte Ellis.

»Okay«, sagte Franz nach kurzem Zögern. Ellis erkannte mit Zorn, daß Franz diese Entscheidung getroffen hatte. Franz würde tun, was er für das beste hielt, und er, Ellis, konnte ihm nichts anderes befehlen.

Franz nahm eine Spritze aus seiner Sanitätertasche, brachte eine sehr lange Nadel daran an und zog die Spritze mit Flüssigkeit aus einer Ampulle auf.

»Halten Sie die Lampe, Dessler«, befahl er.

Dessler hielt eine Taschenlampe mit rotem Glas dicht genug, so daß Franz sehen konnte, ob er den ganzen Inhalt der Ampulle geleert hatte.

»Bevor ich Ihnen dies gebe, Lieutenant«, sagte Franz, »sollen Sie wissen, daß Sie dadurch ein wenig abschlaffen. Die Spritze wird das Bein betäuben, sich aber auch auf Ihren Kopf auswirken. Haben Sie das verstanden?«

»Geben Sie mir das verdammte Zeug!« befahl Ellis. Es war ihm zum Schreien zumute.

Franz setzte die Spritze. Er tat es nicht sehr behutsam, und von neuem wurde Ellis von einer Schmerzwoge erfaßt.

»Ich hoffe, jemand hat einen Holzschneider mitgebracht«, sagte Franz. Ellis nahm benommen wahr, daß Dessler den Pfad entlangeilte.

Zuerst spürte Ellis ein kühles Gefühl im Bein, als wäre es plötzlich in kaltes Wasser getaucht worden. Das Gefühl breitete sich über das ganze Bein aus. Die Schmerzen waren noch da, aber die Kühle schien sie zu mildern. Dann fühlte er sich auf einmal sehr müde.

Als er gefallen war, hatte er im Reflex die Arme vor sich gerissen. Dann war er zusammengebrochen. Als nächstes hatte er sich auf die Ellenbogen aufgestemmt, weil die Schmerzen in dieser Position weniger unerträglich zu sein schienen. Jetzt wollte er sich wieder hinlegen, und warum sollte er es nicht? Er legte den Kopf auf seinen Arm.

Master Sergeant Dessler kam mit einem großen Bolzenschneider, wie er im Handel erhältlich war. Es war ein Werkzeug, das man eher in einem Maschinengeschäft zu sehen erwartete als mitten im Dschungel von Vietnam. Je mehr Ellis darüber nachdachte, desto komischer fand er es.

Er kicherte.

Die Schmerzen in seinem Bein hatten nachgelassen und ähnelten jetzt mehr Zahnschmerzen. Zahnschmerzen? Wer hat denn Zähne im Bein? Auch diesen Gedanken fand Ellis lustig.

»Ich muß all diese Scheißdinger aus dem Weg schneiden, bevor ich unter seinen Stiefel kommen kann«, erklärte Franz. »Und wenn ich soweit bin, müßt ihr ihn aufrecht halten, damit ich an den Stab in seiner Wade herankomme.«

»Ich kann ihn aufrichten«, sagte Dessler.

»Ich kann mich perfekt selbst aufrichten, trotzdem vielen Dank, Sergeant Dessler«, sagte Ellis.

Dessler lachte.

»Klar können Sie das, Tom«, murmelte er.

»Sie sollten mich nicht einfach Tom nennen, wenn andere das hören können«, sagte Ellis.

»Verzeihung, Sir«, sagte Dessler. »Wird nicht mehr vorkommen, Sir.«

»Ich lasse mich nicht gern verarschen, haben Sie das verstanden?«

»Perfekt verstanden, Sir«, sagte Dessler. »Haben Sie noch starke Schmerzen, Sir?«

»Es geht schon. Danke für Ihre Fürsorge, Sergeant Dessler.«

»Hölle, ich möchte wissen, welche verdammte Holzsorte die Bastarde benutzen«, sagte Franz. »Die Dinger lassen sich ja kaum schneiden!«

»Mir geht es jetzt prima, Sergeant Franz«, sagte Ellis. »Vielen Dank für Ihre Bemühungen.«

»Wenn er sich bewegt, halten Sie ihn fest«, sagte Franz. »Ich komme jetzt gleich mit dem Schneider unter einen Stiefel.«

»Ich sagte doch, daß es mir jetzt prima geht.«

»Wenn die Betäubung nachläßt, werde ich ihn k. o. schlagen müssen.«

»Wenn Sie ihn k. o. schlagen, müssen wir ihn tragen.«

»Ich weiß.«

Sergeant Franz stieß einen Grunzlaut aus. Ellis spürte ein Kitzeln an seinem Fuß, und er mußte kichern.

»Ich hab' das Ding«, sagte Franz. Dann rief er: »Lopez!«

»Ja?«

»Ich muß den Schneider zwischen die Wand des Lochs und den Pfahl bekommen, verstanden?«

»Ja.«

»Aber wenn ich den Punji rausziehe, würde ich den Muskel beschädigen. Das Ding hat Widerhaken.«

»Was soll ich also machen?«

»Während Dessler ihn hochhält, legen Sie die Hand hinten auf die Wade und halten Sie fest, damit er sie nicht bewegt. Können Sie an ihn heranreichen?«

»Ja«, sagte Lopez gleich darauf. »Er blutet verdammt stark.«

»Das ist gut«, sagte Franz.

»Eh, wie können Sie das gut finden!« sagte Ellis empört.

»Richten Sie ihn auf, Dessler«, befahl Franz.

»Hey, Sergeant Dessler«, sagte Ellis, als Dessler ihn eng in die Arme schloß und aufrichtete. »Ich wußte gar nicht, daß Sie mich so warm lieben!«

Lopez lachte.

Etwas biß in Ellis' Bein, und er schrie vor Schmerz auf.

»Okay«, sagte Franz. »Jetzt ziehen Sie ihn raus und legen ihn auf den Rücken.«

Ellis erkannte benommen, daß er auf einmal auf dem Rücken lag und Dessler, Lopez und Franz neben ihm knieten.

»Immer wenn sich zwei oder drei in meinem Namen versammeln . . .«, zitierte Ellis.

»Lieutenant, wenn Sie nicht die Klappe halten, muß ich Sie schlafen legen«, sagte Franz.

»Vielleicht wäre das ohnehin besser«, sagte Dessler.

»Ich tu ja schon, was Mama sagt.« Ellis legte den Zeigefinger auf die Lippen. Franz war anscheinend nicht nur ein netter Kerl, sondern auch ein fähiger Unteroffizier, und wenn er wünschte, daß er still war, dann würde er still sein.

»Jetzt schneide ich die Punjis ab, so weit wie ich kann«, sagte Franz. »Und dann ziehen wir den Rest heraus. Ihr müßt ihn stillhalten.«

Ich kann nicht sehr schlimm verletzt sein, sagte sich Ellis. *Ich spüre ja gar nichts mehr.*

»Und jetzt?« fragte Lopez.

»Jetzt pumpe ich ihn mit Penicillin voll«, sagte Franz. »Dann warten wir fünf bis zehn Minuten. Wenn er von Wolke Neun herunterkommt, lasse ich ihn von ein paar ARVN-Jungs stützen. Sollte er dann immer noch spinnen, lege ich ihn schlafen, und wir müssen eine Bahre für ihn anfertigen.«

»Wie wäre es mit Kaffee? Würde der helfen?«

»Ich weiß es nicht«, sagte Franz. »Kaffee regt an. Ich weiß nicht, welche Wirkung das auf das Antibiotikum hat.«

»Es kann nicht schaden, es auszuprobieren«, meinte Dessler. »Ich möchte nicht, daß er bewußtlos ist.«

Ellis nahm wahr, daß Dessler ihn im Sitzen stützte und Lopez ihm etwas sehr Bitteres aus seiner Feldflasche einflößte.

Das ist ein Beutel Pulverkaffee mit sehr wenig Wasser, erkannte Ellis nach einer Weile.

Der Kaffee wirkte nicht wie gewünscht. Ellis hatte das Gefühl, jeden Augenblick einzuschlafen.

Er öffnete die Augen. Dessler tätschelte ihm methodisch die Wangen.

Ellis hob die Hand, um ihn zu stoppen, und mühte sich auf die Ellenbogen.

»Wie lange war ich weggetreten?« fragte er.

»An die zwanzig Minuten«, sagte Dessler.

»Wie ist meine Verfassung?«

»Das wollte ich *Sie* fragen«, entgegnete Dessler. »Wir haben die Punjis rausgeholt und die Wunden verbunden, und Franz hat Ihnen viel Penicillin gegeben. Erinnern Sie sich, was geschehen ist? Wo wir sind?«

»Ich erinnere mich sogar daran, daß Sie mich abgeknutscht haben«, sagte Ellis. »Helfen Sie mir bitte auf.«

»Sind Sie sicher, daß Sie wieder einigermaßen fit sind, Lieutenant?«

»Wir sind unter Freunden, Charley«, sagte Ellis. »Sie können mich Tom nennen.«

Dessler kicherte. »Ich habe ein mieses Gefühl bei der Sache, Tom«, sagte er. »Ein wirklich mieses.«

»*Ich* bin in die gottverdammte Falle geraten«, sagte Ellis. »Also seien Sie nicht albern.«

Zwei der verläßlichen ARVN-Soldaten standen bei ihm und schauten auf ihn herab.

»Mal sehen, ob ihr Jungs mir beim Spazieren helfen könnt«, sagte Ellis.

Sie zogen ihn hoch. Er legte die Arme um ihre Schultern und stützte sich auf das unversehrte Bein. Das verletzte Bein brannte jetzt wie Feuer, und als er versuchte, es zu strecken, spürte er einen stechenden Schmerz.

»Es wird gehen«, sagte er.

»Ich habe mich hineingeschlichen und umgesehen«, sagte Dessler. »Ich weiß nicht, ob es die Leute sind, die wir suchen, aber es sind die bösen Jungs. Sie sind bewaffnet. Und sie haben Posten aufgestellt. Es sind insgesamt 25, vielleicht sogar 30 Mann. Was entscheiden Sie?«

»Jesus, so viele?«

Dessler nickte.

»Erledigen wir sie und schauen wir uns hinterher an, wer sie sind«, sagte Ellis.

»Sie halten ihre Feuer in Gang«, sagte Dessler. »Da ist also Licht.«

»Handgranaten, und dann auf jeden schießen, der sich bewegt«, sagte Ellis.

Dessler nickte. »Was machen wir mit Ihnen?« fragte er dann.

»Suchen Sie mir einen Platz, wo ich mit dem M-14 in Bauchlage schießen kann«, sagte Ellis.

»Warum lassen wir Sie nicht einfach hier mit ein paar ARVN-Jungs zurück?«

»Weil ich Angst allein im Dunkeln habe«, erwiderte Ellis.

»Es wäre gescheiter, Tom.«

»Indem ich in mit Scheiße beschmierte, spitze Stäbe getrampelt bin, habe ich bewiesen, daß ich nicht sehr gescheit bin«, sagte Ellis.

»Sie sind der Boß«, sagte Dessler.

»Nein, Sie haben ab sofort das Kommando«, sagte Ellis. »Wenn Sie mich wirklich hier zurücklassen wollen, dann tun Sie's.«

»Im Ernst?«

»Ja, im Ernst.«

»Dann bleiben Sie hier, Tom«, entschied Dessler. »Wir suchen einen Platz, von wo aus Sie den Pfad unter Beschuß nehmen können, und ich postiere einen zweiten Schützen auf der anderen Seite. Einige der Vietcong könnten es zum Pfad schaffen.«

Ellis zuckte die Achseln. Es gab keine richtige Alternative. Er war nicht in der Lage, das Vietcong-Lager mit nur einem Bein zu stürmen.

Dessler fand eine Stelle beim Pfad, wo Ellis den Lauf des M-14 auf einen gefällten Baumstamm auflegen konnte. Dort ließ er Ellis zurück. Ein paar Minuten später kehrte er zurück und malte den Pfad und die Position des Lagers mit einem Stock in den Dreck.

»Hier ist Franz«, sagte Dessler und wies hin. »Sorgen Sie also dafür, daß Sie Ihr Feuer links von ihm halten. Ich schicke ein paar ARVNs zur anderen Seite, falls sich die Vietcong tiefer in den Dschungel zurückziehen. Aber ich glaube nicht, daß sie das machen werden. Wenn sie flüchten, werden sie zum Pfad rennen.«

»Okay«, sagte Ellis. »Machen Sie es so.«

Es dauerte eine scheinbare Ewigkeit, bis irgendein Geräusch außer dem Rascheln von Laub und Ästen im Dschungel zu hören war. Ellis' Fuß und Bein brannten und schmerzten immer stärker, und als er zum Hosenbein tastete (er mochte nicht hinschauen), fühlte er, daß der Verband blutgetränkt war.

Dann hörte er das Krachen von Handgranaten, gedämpft durch die dichte Vegetation. Erst knallte es einmal, und dann explodierten fünf oder sechs Granaten fast gleichzeitig. Fünfzehn Sekunden später krachten wiederum Granaten, vielleicht drei Sekunden lang.

Dann ein ferner Ruf, ein Schmerzensschrei, das Stakkato von M-14-Gewehren, Schnellfeuer, aber nicht voll auf Automatik.

Vielleicht 33 Sekunden später folgten zwei Salven von drei oder vier Schützen. Dann das besondere Geräusch einer AK-47, Automatikfeuer, dem M-14-Salven folgten.

Dann Stille.

Plötzlich ein Rascheln. Jemand bahnte sich einen Weg durch den Dschungel. Auf ihn zu.

Ellis konnte nichts erkennen. Er konnte nicht einmal das Korn seines Gewehrs sehen. Er stellte den Hebel auf Automatik. Es klickte überraschend laut.

Und dann bewegten sich Schatten durch den Dschungel auf ihn zu.

Plötzlich dachte er entsetzt, daß es seine Leute sein konnten.

Aber das war unwahrscheinlich.

Mündungsfeuer flammte auf, als Franz zu schießen begann. Ellis drückte ab und feuerte, bis das 20-Schuß-Magazin leer war. Als der Rückstoß aufhörte, spürte Ellis einen stechenden Schmerz in seinem verletzten Bein und Fuß. Schweiß brach ihm aus, und Ellis befürchtete, ohnmächtig zu werden.

Im Dschungel fiel kein Schuß mehr.

Plötzlich ertönte die vertraute Stimme von Lopez.

»Wir kommen durch! Wir kommen!«

Lopez (Ellis wußte, daß er es war, denn sein Schatten war viel größer als die Schatten, auf die er gefeuert hatte) tauchte auf dem Pfad auf, gefolgt von drei anderen Männern.

Einer der drei löste sich von der Gruppe, ging zu den beiden reglosen Gestalten auf dem Pfad und gab jeweils zwei Schüsse auf sie ab.

»Alles okay, Lieutenant?« rief Lopez.

»Ja. Schicken Sie jemand, der mir aufhilft.«

Zwei der Schatten näherten sich. Es waren Soldaten der ARVN, und sie wußten, was man von ihnen erwartete. Sie zogen Ellis auf die Füße und trugen ihn durch den Dschungel.

Dessler und ein Feldwebel der ARVN hockten bei einem der Lagerfeuer und blätterten in Papieren, die sie einem billigen Baumwollrucksack entnommen hatten. Der ARVN-Feldwebel fand etwas, das ihn interessierte, und sprach aufgeregt, zuerst Vietnamesisch und dann in einem Singsang-Englisch.

»Volltreffer«, rief Dessler Ellis zu. »Wir haben den Hurensohn.«

»Ist er sicher?«

»Er ist so aufgeregt, weil wir auch noch einen hohen Besucher erwischt haben. Einen Colonel der Vietcong.«

»Tatsächlich?« Ellis war erfreut. Er drängte die ARVN-Soldaten, ihn zu Dessler zu bringen. Dann ließ er sich auf den Boden sinken.

Er glaubte, ein leuchtend organgefarbenes Licht zu sehen, und dann drehten sich der Dschungel, die primitiven Unterkünfte der Vietcong, das Feuer und Dessler im Kreis, und der Boden raste auf ihn zu und knallte ihm aufs Gesicht.

Zwanzig Meter oberhalb von ihnen lag Hauptmann Van Lee Duc, der Chef der 9. Kompanie des 53. Regiments, in einer Hängematte, die zwischen Zweigen eines großen Baums gespannt war. Er blutete leicht aus mehreren kleinen Wunden, wo ihn kleine Splitter der Handgranaten getroffen hatten, aber er war nicht ernsthaft verletzt und hatte keine Schmerzen.

Nach der Explosion der ersten Granate hatte er sich gehütet, sein AK-47 zu benutzen. Wenn der Angriff scheiterte, war es nicht nötig, und er hätte sein Leben gefährdet, indem er in einer Position auf sich aufmerksam machte, in der er keine Chance und keine Rückzugsmöglichkeit hatte. Und da der Angriff erfolgreich gewesen war, lagen 19 Leichen am Boden, was bedeutete, daß nur acht oder zehn seiner Männer entkommen waren. Es wäre dumm gewesen, sich zu zeigen.

Sein unmittelbares Problem war jetzt, daß er dem Stab des 53. Regiments erklären mußte, wie der Angriff möglich gewesen war und weshalb er nicht hatte verhindern können, daß der Feind einen ranghohen Stabsoffizier getötet hatte.

Für Hauptmann Van Lee Duc gab es keine Frage, was geschehen war. Es war Pech gewesen. Der Feind war nahe herangekommen und hatte den Rauch der Feuer gerochen.

In Zukunft würden Feuer nur noch zum Kochen angezündet und dann sofort gelöscht werden. In Zukunft würde er die Wachtposten sorgfältiger auswählen.

Unterdessen konnte er nur warten, bis die Amerikaner und ihre Marionetten von der ARVN verschwanden.

Das taten sie eine halbe Stunde später.

XIII

1

U.S. Army Special Warfare School and Center
Fort Bragg, North Carolina

29. Januar 1962, 16 Uhr 45

Paul Hanrahan war nicht überrascht, als Lieutenant Ellis auf Krücken in sein Büro humpelte. Hanrahan rief sich die wesentlichen Punkte des Telegramms in Erinnerung, das er vor zwei Tagen vom Hauptquartier des Militärischen Unterstützungskommandos Vietnam aus Saigon erhalten hatte:

1. Lieutenant Ellis, Thomas J., Infanterie 0-326745, hat sich ohne Erlaubnis als Patient aus dem 811. Feldlazarett Saigon, Republik Vietnam, entfernt und wird wegen unerlaubten Entfernens von der Truppe gesucht.
2. Der betreffende Offizier war am 19. Januar 62 per Hubschrauber von einer Position bei An Lac Shi nach Kontum zur ärztlichen Behandlung geflogen worden. Die medizinischen Möglichkeiten des Lazaretts Kontum hatten nicht ausgereicht, und Lt. Ellis war mit einem Sanitätsflugzeug der U.S. Air Force zum 811. Feldlazarett Saigon geflogen worden, wo er gegen seine Proteste behandelt und ins Krankenrevier eingewiesen wurde.
3. Lt. Ellis hatte schwere Verletzungen des linken Fußes und Beins, Beschädigungen an Muskeln, Sehnen und Knochen und eine Fleischwunde an der linken Wade mit damit verbundenen Muskelschäden erlitten. Die Verletzungen waren durch Spieße aus angespitzten Holzstäben verursacht worden – allgemein als ›Punji-Stäbe‹ bezeichnet, die durch menschlichen Kot und andere, unbekannte Giftstoffe verunreinigt waren, mit der Absicht, eine Infektion herbeizuführen. Der betreffende Offizier hatte viel Blut verloren, was seine körperliche Verfassung verschlimmerte. Sein Zustand wurde bei der Einweisung als ›ernst und zu beobachten‹ beurteilt.
4. Der betreffende Offizier wurde belehrt, daß er dienstuntauglich war und mindestens 21 Tage – einen normalen Heilungsprozeß vorausgesetzt – im 811. Feldlazarett bleiben und sich ärztlicher Behandlung zur Reduzierung der Infektion und jeder anderen angezeigten Therapie und Behandlung unterziehen müsse. Der betreffende Offizier wurde belehrt, daß seine Befehle als Kurieroffizier mit seiner Einweisung ins Lazarett aufgehoben waren und daß er weitere Befehle von entsprechender Stelle erhalten werde, wenn er von Sanitätsoffizieren des 811. Feldlazaretts als wieder diensttauglich erklärt werden würde.

5. Weitere Ermittlungen in diesem Fall haben ergeben, daß der betreffende Offizier bei der Beteiligung an einer Aktion gegen Kräfte des Vietcong in der Nähe von An Lac

Shi verwundet wurde. Der befehlshabende Offizier der 5th Special Forces Group erklärte, daß der betreffende Offizier *nicht* befugt war, an irgendwelchen Aktivitäten von untergeordneten Einheiten der 5th Special Forces Group teilzunehmen.

6. Die Krankenakte des betreffenden Offiziers bezeichnet seine Verfassung zum Zeitpunkt des unerlaubten Entfernens von der Truppe als ›zufriedenstellend, noch unter Antibiotika, normaler Heilungsprozeß der Wunden, in der Genesung‹. Es war die Absicht der Sanitätsoffiziere, die Behandlung mit Antibiotika mindestens weitere sieben Tage (7) fortzuführen, um dem erneuten Auftreten einer Infektion entgegenzuwirken.

7. Die Criminal Investigation Division, Büro des Kommandeurs der Militärpolizei, Headquarters MAC V, hat ermittelt, daß der betreffende Offizier den Flughafen Tan Son Nhut Saigon am 26. Januar 1962, 13 Uhr 05 an Bord der Northwest Orient Airlines Flug 303 verlassen hat. Der betreffende Offizier erhielt die notwendigen Tickets nach Vorlage seiner ungültigen Befehle als Kurieroffizier. Er trifft am 28. Januar 1962, 17 Uhr 15 ZULU, in San Francisco, Californien, ein.

8. Es wird empfohlen, betreffenden Offizier nach Möglichkeit von kompetenter Stelle in San Francisco in Empfang zu nehmen und unverzüglich in den Patienten-Status zurückzuversetzen. Der betreffende Offizier hat Tickets für den Weiterflug nach Fayetteville, North Carolina, jedoch keine Reservierung.

9. Falls es nicht möglich ist, den betreffenden Offizier in San Francisco, Calif., wieder in den Patienten-Status zu versetzen, wird dringend empfohlen, ihn nach seiner Rückkehr unter militärische Kontrolle unverzüglich ärztlich untersuchen und ihm die nötige Behandlung zuteil werden zu lassen, vorrangig vor disziplinarischen Maßnahmen, die unter den gegebenen Umständen für notwendig und angemessen gehalten werden.

10. Fotokopien aller Krankenakten werden dem Büro des Generalarztes der Army per Kurier übermittelt.

11. Eidesstattliche Versicherungen von Personal, das mit den Aktivitäten des betreffenden Offizies während seines Aufenthalts in der Republik Vietnam vertraut ist, werden vorbereitet und per Kurier zugestellt, sobald sie zur Verfügung stehen.

12. Dieses Hauptquartier wünscht, daß es ausführlich über die gesundheitliche Verfassung des betreffenden Offiziers informiert wird, sobald er wieder unter militärischer Kontrolle ist. Ebenfalls ist mitzuteilen, welche disziplinarischen Maßnahmen gegen den betreffenden Offizier ergriffen werden . . .

An all das erinnerte sich Paul Hanrahan im Zeitraffertempo, als Lieutenant Ellis in sein Büro humpelte.

Ellis sah aus wie der aufgewärmte Tod. Als er grüßte, hatte es den Anschein, als würde er zusammenklappen.

»Lieutenant Ellis«, sagte Hanrahan, »betrachten Sie sich bis zu einem Urteil in den Anklagen, die voraussichtlich gegen Sie erhoben werden, unter Arrest.«

Hanrahan hätte nicht gedacht, daß Tom Ellis noch bleicher werden konnte, als er schon war. Aber das wurde er.

»Ich hielt es für besser, heimzukehren, Sir«, sagte Ellis.

»Und Sie sagten sich, ›was soll's, wenn ich erst einmal weg bin, was kann man mir schon tun?‹ War es so?« sagte Hanrahan eisig.

Ellis gab keine Antwort.

»Lieutenant Ellis, folgendes ist ein direkter Befehl«, fuhr Hanrahan fort. »Sie werden sich sofort im Standortlazarett melden. Sie werden die Lazarettleitung informieren, daß Sie unter Arrest stehen. Sie werden im Lazarett bleiben und sich jeder ärztlichen Behandlung unterziehen, die angeordnet wird, bis Sie von kompetenter ärztlicher Stelle entlassen werden. Ist das klar?«

»Jawohl, Sir.«

»Sergeant Major, würden Sie bitte Lieutenant Ellis zum Lazarett begleiten? Sie können meinen Wagen benutzen.«

»Jawohl, Sir.«

»Das ist alles, Lieutenant«, sagte Hanrahan. »Sie sind hier entlassen.«

Ellis salutierte. Als er eine Kehrtwendung versuchte, fiel er fast. Sergeant Major Taylor sprang zu ihm und stützte ihn.

Taylors und Hanrahans Blicke begegneten sich. Hanrahan schüttelte den Kopf.

Als sie fort waren, ging Paul Hanrahan zum Fenster und zog den Vorhang ein wenig zur Seite, so daß er hinausblicken konnte. Taylor hatte große Mühe, Ellis in den Stabswagen zu bugsieren. Hanrahan fragte sich, wie Ellis es vom Flughafen bis nach Bragg geschafft hatte.

Ellis' Fuß und Bein waren verbunden. Die Verbände waren dunkel von Blut.

Scheiße, ich hätte einen Krankenwagen rufen sollen, dachte Hanrahan.

Als der Stabswagen endlich davonfuhr, ging Hanrahan zum Telefon und wählte.

»Hallo?« ertönte bald darauf die heitere Stimme seiner Frau Patricia.

»Tom traf soeben ein«, sagte er. »Er *humpelte* herein.«

»Gott sei Dank!« stieß sie hervor. »Ist alles in Ordnung mit ihm?«

»Nein, er sieht schrecklich aus.«

»Ich hoffe, du hast ihn ins Lazarett geschickt«, sagte Patricia Hanrahan.

»Ja«, sagte Hanrahan. »Unter Arrest.«

»War das nötig?«

»Ja«, sagte er.

»Kann ich ihn besuchen? Ihm irgend etwas bringen?«

»Ich sagte doch, er steht unter Arrest«, erwiderte Hanrahan schärfer als beabsichtigt.

Ihre Antwort war Schweigen.

»Vielleicht morgen«, sagte er. Ihr Tonfall machte klar, daß sie ihn für einen herzlosen Kerl hielt.

»Ich muß Schluß machen«, sagte er.

Patricia legte ohne ein weiteres Wort auf.

Hanrahan wählte eine andere Nummer.

»Liberty 7-2338«, meldete sich eine weibliche Stimme.

»General Hanrahan für Colonel Felter«, sagte Hanrahan.

»Einen Moment, bitte.« Dann nach kurzer Pause: »Bedaure, General, Colonel Felter ist augenblicklich nicht in seinem Büro. Möchten Sie eine Nachricht hinterlassen?«

»Bitte bestellen Sie ihm, der verlorene Sohn ist heimgekehrt«, sagte Hanrahan.

»Der verlorene Sohn ist heimgekehrt«, wiederholte sie. »Ich werde es Colonel Felter ausrichten, General.«

»Danke.« Hanrahan unterbrach die Verbindung, wählte eine Nummer aus dem Gedächtnis, und kurz darauf ertönte es aus dem Hörer: »Charley Company, 505th, First Sergeant, Sir.«

»Verzeihung«, sagte Hanrahan, unterbrach die Verbindung, fluchte und zog das Telefonverzeichnis zu Rate, bevor er wählte.

»Pathologie, Sergeant Finster.«

»Dr. Parker, bitte«, sagte Hanrahan.

»Frau Doktor ist im Labor, Sir.«

»Holen Sie sie ans Telefon«, befahl Hanrahan. »Dies ist wichtig.«

»Jawohl, Sir.«

Es dauerte eine Weile, bis sich Dr. Antoinette Parker meldete.

»Taylor ist mit Tom Ellis unterwegs«, sagte Hanrahan.

Es folgte eine Pause, bevor Toni Parker etwas erwiderte.

»Nun, es wird uns nicht an Aufmerksamkeit mangeln, Paul«, sagte sie dann.

»Was heißt das?«

»Ich habe über diese Punji-Stäbe gelesen und über die Infektion, die sie verursachen«, sagte Toni Parker. »Ich benutze die Formulierung ungern, aber die Infektionen sind ›interessant‹.«

»Infektionen – *Mehrzahl?«*

»Verschiedene unbekannte Bazillus-Stämme und solche, die resistent gegen Antibiotika sind«, erklärte sie. »Einige verursachen anscheinend ein Absterben von Gewebe, das schwer zu stoppen ist.«

»Oh, verdammt!«

»Einige Leute hier sind entzückt darüber, daß er aus dem Lazarett in Saigon abhaute. Er wird ihr erster Fall sein.«

»Was bedeutet, daß Sie nicht wissen, wie Sie ihn behandeln sollen?«

»In Saigon wissen sie nicht viel mehr, Paul«, sagte Toni Parker.

»Schauen Sie sich Ellis an, wenn Sie eine Möglichkeit haben, Toni, und rufen Sie mich dann an, ja?«

»Ich werde hier sein, wenn er eingeliefert wird«, sagte sie. »Ich rufe an, sobald ich etwas weiß.«

»Danke, Toni. Und wenn Sie mich nicht erreichen können, rufen Sie Pat an.«

»Ich wollte ohnehin zuerst mit ihr telefonieren.« Toni Parker lachte und legte auf.

General Hanrahan wollte die Zentrale anrufen, entschied sich jedoch dagegen, ging ins Vorzimmer und schenkte sich eine Tasse Kaffee ein. Dann stellte er sie unberührt ab, kehrte in sein Büro zurück und meldete ein Gespräch mit Miß Dianne Eaglebury im Tri-Delt-House der Duke University in Durham an.

Als Dianne am Apparat war, behauptete er, keinen besonderen Grund für das Telefonat zu haben, er wolle nur die Einladung zur Besichtigung des Special Warfare Center wiederholen.

Dianne sagte, sie wolle wirklich gern nach Fort Bragg kommen, aber eines sei zum anderen gekommen, und sie habe einfach noch nicht die Zeit gefunden.

»Nun, wann immer Sie uns besuchen, wir werden den roten Teppich ausrollen«, sagte Hanrahan.

»Ich weiß die Einladung zu schätzen«, sagte Dianne. »Eines Tages werde ich Sie beim Wort nehmen.«

»Übrigens – Tom Ellis ist zurück. Und es geht ihm den Umständen entsprechend gut.«

»Zurück? Zurück woher? ›Es geht ihm den Umständen entsprechend gut‹? Ist etwas mit ihm passiert?«

»Ich dachte, Sie wüßten das«, sagte Hanrahan. »Er war in Vietnam.«

»Nein, das wußte ich nicht«, sagte Dianne ärgerlich. »Was

meinen Sie mit ›es geht ihm den Umständen entsprechend gut‹?«

»Es trat dort in etwas und zog sich Verwundungen zu«, sagte Hanrahan. »Man brachte ihn ins Lazarett.«

»Dort – in Fort Bragg?«

»Ja.«

»Nun, danke für die Auskunft, General«, sagte Dianne. »Und nochmals vielen Dank für den Anruf.«

2

Oval Office
Im Weißen Haus
Washington, D.C.

29. Januar 1962, 17 Uhr 15

Die Sekretärin des Präsidenten ging in sein Büro und überreichte ihm einen Umschlag.

»Mr. Kennedy schickte es, es ist markiert zur sofortigen Auslieferung«, sagte sie.

»Danke«, sagte der Präsident, riß das Kuvert auf, entnahm ihm ein mit Schreibmaschine beschriebenes Blatt und las es.

»Für Sie habe ich ebenfalls eine Nachricht«, sagte die Sekretärin des Präsidenten zu Lieutenant Colonel Sanford T. Felter, der beim Schreibtisch des Präsidenten stand. Auf dem Schreibtisch lag ein Stapel von Luftaufnahmen.

»So?«

»Die Telefonzentrale bat mich, Ihnen von General Hanrahan auszurichten, der verlorene Sohn sei zurückgekehrt«, sagte sie.

»Warum habe ich manchmal das Gefühl, daß mich Senator Goldwater nicht leiden kann?« fragte Präsident Kennedy, und dann wurde ihm bewußt, was seine Sekretärin gesagt hatte. »Welcher verlorene Sohn ist das, Sandy? Ihr Busenfreund Lowell?«

»Nein, Sir.« Felter zögerte kurz, bevor er fortfuhr: »In diesem Fall ist der verlorene Sohn Lieutenant Ellis.«

»Der Krieger mit dem Jungengesicht? Wo war er?«

»In Vietnam, Sir.«

»Und General Hanrahan hält seine Rückkehr für so wichtig, daß er Ihnen das verschlüsselt mitteilt?« fragte der Präsident. »Sie können mir sagen, was los ist, Felter. Ich bin der Präsident. Man kann mir vertrauen, trotz der Meinung eines gewissen Senator-Generals.«

Die Sekretärin lachte laut.

»Ellis war dort als Kurier«, sagte Felter. »Und während seines Aufenthalts dort beteiligte er sich an einem Spähtruppunternehmen, an dem er nicht hätte teilnehmen sollen. Dabei trat er in eine Falle aus Punji-Stäben. Man flog ihn zum Lazarett, und er machte sich dort davon und kam nach Hause.«

»Er entfernte sich einfach aus dem Lazarett?« fragte der Präsident.

»Was ist ein Punji-Stab?« fragte die Sekretärin.

Der Präsident erklärte es ihr, und dann wiederholte er seine Frage: »Warum dieses unerlaubte Entfernen von der Truppe, Felter?«

»Ich nehme an, er hoffte, daß seine Beteiligung an dem Spähtrupp nicht herauskommt, wenn er heimkehrt.«

»Aber er wurde erwischt?«

»Die Ärzte sorgen sich um seine Gesundheit, Sir. Er hätte wirklich im Lazarett bleiben sollen. Sie schickten ein Fernschreiben.«

»Sie meinen, er ist jetzt in Fort Bragg?«

»Wenn er in Bragg ist, Sir, dann ist er im Lazarett.«

»Warum nahm er Ihrer Meinung nach an dem Spähtrupp teil?«

»Vietnam ist wie Nektar, Sir, und Lieutenant Ellis ist wie eine Biene«, sagte Felter.

»Muß ich daraus schließen, daß er jetzt Schwierigkeiten mit der Army hat?«

»MAC V wirft ihm unerlaubtes Entfernen von der Truppe vor, Sir.«

»Nun, es liegt mir fern, bei der Einhaltung von militärischer

Ordnung und Disziplin zu stören«, sagte der Präsident trocken. »Andererseits sehe ich keinen Grund, weshalb Sie, Felter, nicht Lieutenant Ellis meine besten Genesungswünsche übermitteln sollten, wenn Sie ohnehin nach Bragg fliegen. Vorzugsweise, um festzustellen, wer sich mit der Frage des unerlaubten Entfernens von der Truppe beschäftigt.«

»Ich wußte nicht, daß ich nach Fort Bragg fliege, Sir«, sagte Felter.

»Ich habe manches Mal bemerkt, daß die Leute, wenn ich ihnen sage, etwas für sie Unangenehmes zu tun, dazu neigen, zu vergessen, daß *ich* es ihnen gesagt habe. Wenn Sie Bragg besuchen, würde es mich überhaupt nicht überraschen, daß es zu einer Auffrischung Ihres Gedächtnisses dient.«

»Dessen bin ich sicher, Mr. President.« Felter fragte sich, ob er nach Bragg geschickt wurde, weil Kennedy etwas Bewundernwertes an einem jungen Offizier fand, der ohne Befehl an einem Spähtruppunternehmen teilnahm und sich dann unerlaubt von der Truppe entfernte, oder ob Kennedy tatsächlich meinte, was er über die ›Auffrischung des Gedächtnisses‹ gesagt hatte. Er gelangte zu dem Schluß, daß es vermutlich beides war, mit Betonung auf dem letzteren.

Felter war zu der Ansicht gelangt, Kennedy hoffte, das Problem Indochina mit unkonventionellen Kräften zu lösen, anstatt in einen totalen Krieg verwickelt zu werden. Felter nahm an, daß dies viel mit McNamaras Befehl zu tun hatte, einen Vorschlag für eine luftmobile Division zu machen.

Felter bezweifelte, daß zehnmal so viele Green Berets wie vorgeschlagen oder ein Dutzend Divisionen, luftmobil oder nicht, von großem Nutzen in Vietnam sein würden, wenn nicht die Entscheidung getroffen wurde, den Krieg nach Hanoi und – wenn notwendig – nach Peking zu tragen.

Aber man hatte ihn nicht nach seinen Ansichten gefragt, und er wußte, daß man nicht auf ihn hören würde, wenn er seine Meinung zum besten geben würde.

3

Station 3-B-14
Standortlazarett
Fort Bragg, North Carolina

30. Januar 1962, 9 Uhr 30

Die Botin vom Blumengeschäft trug eine in Silberfolie eingehüllte Blumenschale. Sie ging zum Schwesternzimmer.

»Lieutenant Ellis?« fragte sie, als die Stationsschwester auf sie aufmerksam wurde.

Die Schwester schaute sie überrascht an.

»Blumen für Lieutenant Ellis«, sagte die junge Frau vom Blumengeschäft.

»Er darf nichts auf dem Zimmer haben«, sagte die Schwester.

»Nicht einmal Blumen?« fragte eine große Schwarze. Sie trug einen Arztkittel, an dem ein Namensschild mit der Aufschrift ANTOINETTE PARKER, M.D. CHIEF, PATHOLOGICAL SERVICE angesteckt war.

»Er steht unter Arrest, Doktor«, sagte die Schwester.

»Was hat das mit Blumen zu tun? Denken Sie, da wird eine Feile zwischen den Rosen eingeschmuggelt?«

»Ich habe keine Befugnis, irgend etwas zu ihm zu lassen«, sagte die Schwester.

»Aber ich«, sagte Dr. Parker. »Gehen Sie nur, meine Liebe, er ist in Zimmer 307, letzte Tür links.«

»Doktor, ich möchte schriftlich haben, daß Sie die Erlaubnis gegeben haben«, sagte die Schwester.

»Klar«, erwiderte Dr. Parker. »Warum nicht?«

Sie nahm Tom Ellis' Karte, die sie soeben in die Kartei gesteckt hatte, und schrieb auf die Karte: »Auslieferung von Blumen erlaubt. A. Parker, M.D., 30. Januar, 9 Uhr 35.« Sie zeigte der Schwester die Eintragung und steckte die Karte wieder in die Kartei.

Tom Ellis war krank und fühlte sich elend. Der Flug um die halbe Welt mit offenen Wunden, Fieber und einer Infektion, die nicht unter Kontrolle war, war sowohl verrückt als auch schwächend gewesen. Sein Fuß und die Wade waren geschwollen, entzündet und schmerzten, und es war nicht damit zu rechnen, daß sich sein Zustand bald bessern würde. Von Zeit zu Zeit hatte er Schweißausbrüche und dann Schüttelfrost, und man wußte nicht genau, was die Ausbrüche verursachte, obwohl die Infektion und eine Reihe kaum bekannter asiatischer Viren dafür verantwortlich gemacht wurden. Er hatte Schläuche in beiden Armen. Durch einen erhielt er intravenös Antibiotika, durch den anderen eine Salzlösung, falls unerwartete Komplikationen eintreten sollten. Sein EKG hatte gewisse Unregelmäßigkeiten angezeigt. Als Vorsichtsmaßnahme, um sein Herz zu entlasten, führte man ihm Sauerstoff durch die Nasenlöcher zu. Als erstes an diesem Morgen hatte man ihm ein Kontrastmittel gegeben und seinen Darm geröntgt.

Blumen, entschied Dr. Parker professionell, und besonders Blumen, die von einem hübschen, jungen Mädchen überbracht wurden, waren nicht kontraindiziert; in seiner Verfassung konnte ihn der Anblick nur aufmuntern.

Dr. Parker schaute ungeduldig auf ihre Armbanduhr, als ein Captain der Air Force ins Schwesternzimmer kam. Sie hatte gehofft, einen Knochen- und Muskelexperten und mindestens einen der vier Internisten zu sehen, die Tom behandelten, und ihre Prognosen zu hören. Aber keiner davon war bei dem Captain, und sie mußte zurück in ihr Labor.

»Blumen für Lieutenant Ellis«, sagte der Captain der Air Force.

»Ein beliebter Typ, nicht wahr?« sagte Toni und lächelte die Schwester breit an.

»Sehr beliebt, Doktor«, sagte der Captain. »Mit Freunden an hohen Stellen.«

»So?«

Er wies auf den grünen Draht, der in dem Blumentopf steckte, daran waren zwei Anhängsel befestigt. Auf einem stand »Capitol Florist, 13th and M.N.W., Washington, D.C.« und das andere war ein kleines, weißes Kuvert mit goldener Prägung: THE WHITE HOUSE, Washington.

»Wirklich?« Die Schwester konnte es nicht fassen.

»Zur Maschine geliefert, kurz bevor wir hierhin abflogen«, sagte der Captain. »Wo ist er?«

»Hier entlang, Captain«, sagte Dr. Parker. »Ich führe Sie hin.«

Als sie die Tür von Zimmer 307 aufstieß, befand sich eine junge Frau in Lieutenant Ellis' Zimmer, und es war nicht das Mädchen vom Blumenladen. Ellis lag immer noch auf dem Rücken, mit den Schläuchen in Nasenlöchern und in jedem Arm. Das Mädchen saß auf dem Bett neben ihm und tupfte ihm sanft Schweiß von der Stirn. Das Mädchen hatte geweint. Ihre Wimperntusche war verlaufen, und ihr Make-up war verschmiert. Lippenstiftspuren waren auf Tom Ellis' Stirn und auf Wangen und Mund, und es sah aus, als hätte er ebenfalls geweint.

»Miß Eaglebury, nehme ich an?« sagte Dr. Parker. »General Hanrahan sagte mir, daß Sie vielleicht vorbeischauen.«

4

Büro des Kommandierenden Generals
U.S. Army Special Warfare School and Center
Fort Bragg, North Carolina

30. Januar 1962, 12 Uhr 45

Sergeant Major Taylor betrat das Büro, ohne anzuklopfen, und schloß die Tür hinter sich.

»Da ist ein Gentleman von der CIA, General«, meldete er. »Ich sagte ihm, daß Sie beschäftigt sind, aber er besteht darauf, mit Ihnen zu sprechen.«

General Hanrahan schaute zu Lieutenant Colonel Felter, der bei ihm im Büro war. Felter zuckte die Achseln.

»Bitten Sie ihn herein, Taylor«, sagte Hanrahan.

Ein Mann Anfang 30 betrat forschen Schrittes das Büro. Er

trug einen grauen Flanellanzug, weißes Hemd mit rotgestreifter Krawatte und auf Hochglanz polierte schwarze Halbschuhe. Über dem Arm hielt er einen teuren Kamelhaarmantel und in der Hand einen schicken Hut. Sandy Felter fand, daß der Mann wie ein intelligenter und erfolgreicher junger Börsenmakler wirkte.

»General Hanrahan?« Der Mann hielt ihm ein ledernes Ausweisetui hin. »Verzeihen Sie die Störung. Danke für den Empfang.«

Er gewährte Hanrahan nur einen kurzen Blick auf seinen Ausweis, und Hanrahan sagte: »Darf ich das bitte noch mal sehen?«

Mit sichtlicher Ungeduld gab ihm der CIA-Mann den Ausweis. Er schaute zu Felter.

»Colonel, ich möchte Sie nicht vertreiben, aber ich muß unter vier Augen mit General Hanrahan sprechen.«

»Ich habe Ihren Namen nicht mitbekommen«, sagte Felter.

»Ich habe ihn nicht genannt«, erwiderte der CIA-Mann.

»J. Croom Winston der Dritte«, las Hanrahan von dem Ausweis ab, was ihm einen mißbilligenden Blick von J. Croom Winston III eintrug.

»Colonel Felter«, fuhr Hanrahan fort, »hat hier Zugang zu allem, Mr, Winston.«

»Ich befürchte, das müssen Sie meinem Urteil überlassen«, sagte Winston. »Würden Sie uns enschuldigen, Colonel?«

»Gewiß.« Felter erhob sich, verließ das Büro und schloß die Tür hinter sich.

»War es richtig, daß ich ins Büro reinplatzte?« fragte Sergeant Major Taylor.

»Was blieb Ihnen anderes übrig«, erwiderte Felter. »Gibt es hier ein Telefon mit Verschlüsselungsgerät?«

Taylor griff in sein Arbeitshemd und zog seine Erkennungsmarke hervor. An dem Kettchen waren außer der Erkennungsmarke drei Schlüssel befestigt. Er schloß mit einem der Schlüssel einen Stahlschrank auf, nahm einen Telefonapparat heraus und stellte ihn auf den niedrigen Stahlschrank.

»Wie funktioniert das?« fragte Felter.

»Sie sagen dem Telefonisten Bescheid. Sie brauchen den Kode, der Ihnen Zugang zum Chiffriergerät erlaubt.«

»Wird es mit meinem Kode gehen?«

»Wenn nicht, dann gebe ich Ihnen unseren«, sagte Taylor.

Felter nickte und wählte die 0.

»Able One-Nine Willy«, sagte er. »Verbinden Sie mich mit der Militärischen Verbindung bei der CIA in McLean.«

Es folgte eine Pause, während der Telefonist den Kode überprüfte.

»Einen Augenblick, Sir.«

Dann klickte und summte es ein paarmal.

»Militärische Verbindung, Martindale.«

»Sie haben einen Anruf, Sir. Würden Sie bitte Ihren Scrambler einschalten?«

»Eingeschaltet«, sagte der Mann kurz darauf.

»Sprechen Sie bitte und geben Sie das Signal, wenn das Gespräch beendet ist. Ich gehe jetzt aus der Leitung.«

»Sandy Felter, Marty«, sagte Felter.

»Was kann ich für das Weiße Haus tun?«

»Sagt Ihnen der Name Croom Winston der Dritte irgend etwas?«

»Nie gehört.«

»Er hat einen Ausweis, und er hielt ihn Paul Hanrahan unter die Nase. Stellen Sie bitte fest, wer der Mann ist, ja?«

»Bleiben Sie dran. Sie klingen verärgert.«

»Das bin ich auch.«

Es folgten 90 Sekunden Warten für Felter.

»Er arbeitet in der Abteilung Südost-Region für das Ressort Ostdeutschland.«

»Wer leitet das Ressort Ostdeutschland?«

»Hoare.«

»Was wäre schneller, wenn Sie Hoare dort anrufen oder wenn ich abbreche und von vorne anfange?«

»Am schnellsten wäre, wenn ich über den Flur ginge und Hoare an den Apparat holte.«

»Würden Sie das bitte tun, Marty?«

Wieder wartete Felter.

»Joe Hoare, Sandy. Was kann ich für Sie tun?«

»Arbeitet ein arroganter junger Schnösel namens J. Croom Winston der Dritte für Sie, Joe?«

»Ich finde, das ist alles in allem eine passende Beschreibung. Hat er Sie irgendwie verärgert? Wie?«

»Er warf mich soeben aus Paul Hanrahans Büro«, sagte Felter. »Hanrahan sagte ihm, daß ich Geheimnisträger bin, aber Winston erklärte, daß ich das seinem Urteil überlassen solle. Geht etwas vor, über das ich nicht Bescheid weiß?«

»Es würde mich sehr überraschen, Sandy, wenn irgendwo irgend etwas vorginge, von dem Sie nichts wissen«, sagte Joe Hoare. »Geben Sie mir eine Minute, um die Sache zu überprüfen, aber ich glaube nicht, daß man Winston irgend etwas Wichtiges übertragen hat.«

»Ich warte«, sagte Felter. »Danke, Joe.«

Schließlich meldete sich Hoare wieder.

»Sandy, er sucht dort unten bei euch nach einem Mann namens Karl-Heinz Wagner. Erinnern Sie sich an den Pionier-Leutnant aus Ostdeutschland, der mit einem Lastwagen durch die Berliner Mauer brach?«

»Nein!« sagte Felter.

»Nun, dieser Knabe schaffte es bis in die Staaten, verpflichtete sich bei der Army und ging zu den Berets. Wir graben immer noch Tunnel nach drüben, und dabei tauchte Wagners Name auf. Der Einsatzoffizier will, daß Wagner seinen Grips anstrengt. Er weiß etwas über die andere Seite, man hofft es wenigstens. Winston wurde nach Bragg geschickt, um mit Wagner zu reden und die Army zu fragen, ob er ihn für einen Monat oder sechs Wochen ausleihen kann, wenn er den Eindruck gewinnt, daß Wagner irgendwelche wichtige Informationen geben kann.«

»Das ist alles?« fragte Felter ungläubig.

»Ja. Dachten Sie, daß mehr dahintersteckt?«

»Es hilft der engen Zusammenarbeit, die sich jeder zwischen CIA und Army erhofft, kein bißchen, Joe, wenn Sie Ihren Leuten nicht klarmachen, was der Unterschied zwischen einer Routinesache und etwas Wichtigem ist.«

»Sie sind verärgert, nicht wahr, Sandy?«

»Oder wenn Sie die falsche Einstellung dulden, daß Ihre

Leute Sergeant Majors oder gar Offiziere im Generalsrang herumkommandieren können wie kleine Angestellte, nur weil sie einen Job und ein Stück Plastik mit ihrem Foto erhalten haben.«

Es folgte eine Pause, bis Hoare antwortete.

»Ich habe verstanden, Sandy. Ist er noch irgendwo dort?«

»Er ist in Hanrahans Büro.«

»Würden Sie ihn bitte ans Telefon rufen?«

»Sie verstehen bestimmt, daß meine Sorge nicht allein diesen jungen Mann betrifft«, sagte Felter.

Er hielt den Hörer mit der Hand zu. »Sergeant Major, würden Sie bitte Mr. J. Croom Winston dem Dritten sagen, daß Mr. Joseph Hoare hofft, ihn von seinen Pflichten wegreißen zu können, um einen Moment am Telefon mit ihm zu plaudern?«

»Mit großen Vergnügen, Colonel Felter«, sagte Taylor.

Er ging zur Tür von Hanrahans Büro, klopfte an und trat ein.

»Ein Telefonat für Mr. Winston, General«, sagte er.

»Das ist ein bißchen sonderbar«, sagte J. Croom Winston zu General Hanrahan. »Es muß sehr wichtig sein, wenn man mich hier anruft.«

Er folgte Sergeant Major Taylor hinaus ins Vorzimmer.

»Ist diese Leitung sicher?« fragte er den kleinen, jüdischen Lieutenant Colonel mit dem schütteren Haar, der ihm den Telefonhörer hinhielt.

»Sie ist an ein Verschlüsselungsgerät angeschlossen«, sagte Felter.

»Ich möchte gern ungestört sprechen, wenn es Ihnen nichts ausmacht«, sagte Winston. »Das werden Sie gewiß verstehen.«

»Absolut«, sagte Felter. »Würden Sie bitte mitkommen, Sergeant Major?«

Er ging mit Taylor in General Hanrahans Büro und schloß die Tür.

»Winston hier«, sagte Winston am Telefon.

»Joseph Hoare, Winston.«

»Ja, Sir.«

»Winston, es gibt etwa ein halbes Dutzend Leute, die bei einem Anruf hier sofort zum Direktor durchgestellt werden.«

»Ja, Sir?«

»Sie haben sich soeben vor einem dieser Leute zu einem Armleuchter gemacht und folglich mich ebenfalls.«

»Sir?«

»Ihre Vorgesetzten werden das ausführlicher mit Ihnen diskutieren, dessen bin ich sicher, aber im Augenblick brauchen Sie nur zu wissen, daß der Lieutenant Colonel, den Sie aus General Hanrahans Büro schickten, der persönliche Verbindungsmann des Präsidenten zum Nachrichtendienst ist. Er hält Sie für einen arroganten Blödmann, dessen Größenwahn die Beziehung zwischen uns und der Army stört. Der einzige Silberstreif in dieser schwarzen Wolke ist die Tatsache, daß der Lieutenant Colonel sich entschied, mich anzurufen und nicht den Direktor!«

Während J. Croom Winston III versuchte, eine Erwiderung zu formulieren, klickte es zweimal in der Leitung, und Joseph Hoare sagte zu jemand: »Ende des Gesprächs.«

Und dann war nur noch ein Summen in der Leitung.

5

Schießplatz 3
Camp McCall, North Carolina

30. Januar 1962, 13 Uhr 40

Der Schießplatz hatte sich sehr verändert seit der Zeit, in der während des Zweiten Weltkriegs Tausende Rekruten in der Grundausbildung hier mit Garand-Gewehren geschossen hatten. Die Schießscheiben waren verwittert, und die Rahmen und Gestelle waren seit langem verfallen. Das Gelände zwischen der Basislinie und den Schießscheiben in 200, 300 und 500 Metern Entfernung war jetzt von einem Gewirr von Gräben durchzogen, mit Unkraut überwuchert und von Bäumen durchsetzt, wovon einige abgestorben, manche von Kugeln zerfetzt und einige wie durch ein Wunder unversehrt waren. Über ein

Dutzend Wracks von Lastwagen, Pkws, Panzern und Transportern, rostig und von Kugellöchern übersät, waren zwischen der Schußlinie und den Schießscheiben verstreut. Es gab Bunker, MG-Stellungen, Schützenlöcher und Granattrichter.

Der Schießplatz sah heruntergekommen und verwildert aus, doch in Wirklichkeit war er ein sorgfältig ausgeklügelter Übungsplatz. Während ihrer Ausbildung in Camp McCall mußten die Männer der Special Forces, jeweils zu zweit nach dem Kameraden-System, begleitet von einem Ausbilder, die Übungsstrecke dreimal bewältigen. Sie schossen jeweils einen Durchgang (mit M-14-Gewehr, Panzerfaust und M-60-Maschinengewehr) und richteten den Schießplatz dann für die nächsten Schützen her.

Stählerne Zielscheiben, den Umriß eines Körpers darstellend (in einigen Fällen auch nur eines Kopfes), wurden in den Führerständen von Lastwagen aufgestellt, wo MG-Schützen in Stellungen sein konnten, in Schützenlöchern und in den Ausstiegsluken von Panzern. Wenn die Ziele getroffen wurden, fielen sie. Es galt bei der Übung, alle Ziele mit der zugeteilten Munition zu treffen und den Kurs in einer bestimmten Zeit zu absolvieren.

Der Ausbilder ging hinter den Auszubildenden, während sie einen der fünf Pfade nahmen, den er willkürlich ausgewählt hatte. Er stellte fest, ob die jeweiligen Stahlziele bei der ersten sich bietenden Gelegenheit getroffen wurden. Es war erforderlich, jedes Ziel zu treffen, bevor es zum nächsten weiterging. Wenn dem Auszubildenden die Munition ausging, bevor alle Ziele getroffen waren, mußte er den Kurs wieder von vorne anfangen, das nächste Mal während der normalen Ausbildungsstunden und der zweite Durchgang und die folgenden Male am Sonntag, dem einzigen freien Tag der Auszubildenden.

Private Geoffrey Craig hatte den ersten Durchgang absolviert und war sich ziemlich sicher, daß er genug daraus gelernt hatte, um einen eventuellen zweiten Durchgang oder sogar einen dritten – seinen ersten Sonntagsausflug – höchstwahrscheinlich zu schaffen.

Beim ersten Durchgang wurde mit dem M-14-Gewehr geschossen. Geoff Craig hatte ein Doppelmagazin mit jeweils 20

Patronen im Gewehr und vier weitere Doppel-Magazine in Taschen an seinem Koppel gehabt. Wenn diese Munition verbraucht war, tauschte er die leeren Magazine gegen volle, die sein Kamerad, Private Karl-Heinz Wagner, zu diesem Zweck mitführte. Geoff Craig war alarmiert gewesen, wie schnell er die ersten 200 Patronen verschossen hatte, und er hatte sich geschworen, mit den nächsten 200 Patronen sparsamer umzugehen.

Und dann hatte er sich mit dem Schallschutz auf den Ohren zu dem Ausbilder gewandt, um weitere Anweisungen zu erhalten, und Geoff war überzeugt gewesen, daß er das Kommando ›links!‹ oder ›rechts‹ des Ausbilders überhört hatte.

Der Ausbilder signalisierte ihm, den grünen Schallschutz abzunehmen, und als Geoff den Befehl befolgt hatte, machte er ihm das netteste Kompliment, das Geoff je gehört zu haben glaubte: »Für eine Mimose sind Sie kein schlechter Schütze, Craig.«

»Tatsächlich?« hatte Geoff Craig ehrlich überrascht gefragt.

»Tatsächlich«, war die Antwort des Ausbilders gewesen. »Geben Sie mir das Magazin. Ich will die Patronen zählen.«

Dann erfuhr Geoff, daß es einen mehr oder weniger freiwilligen Schießwettbewerb gab, bei dem es um den Gewinn eines ›Potts‹ ging. Jeder zahlte theoretisch einen Nickel (5 Cents) in den Pott für jede Patrone, die er erhielt (400 Patronen entsprachen also 20 Dollar) und erhielt theoretisch eine Rückzahlung von einem Nickel pro Patrone, die nach dem erfolgreichen Abschluß des Kurses übrig war. Wer keine Patrone übrig hatte, bekam keine Rückzahlung. Craig hatte noch 106 Patronen, folglich betrug sein ›freiwilliger‹ Beitrag zum Pott nur 14,70 Dollar.

Wenn alle das Übungsschießen mit dem Gewehr erfolgreich abgeschlossen hatten (und die Durchgänge mit Panzerfaust und MG, bei denen es andere, aber ähnliche Regeln gab und die einen maximalen Beitrag von 20 Dollar minus Rückzahlung vorschrieben), würde das Geld aus dem Pott an die drei besten Schützen – diejenigen, die am wenigsten Munition verbraucht hatten – ausbezahlt werden, im Verhältnis 50:30:20.

Es war mehr oder weniger taktvoll erwähnt worden, daß sich

die Teilnehmer den Beitrag zum Pott leisten konnten, denn alle, sogar Goldnase Craig, erhielten Fallschirmspringerzulage. Keinem würde es also weh tun, den Pott zu füllen, besonders da die Gewinner gewiß mit Freuden die Hälfte ihres Gewinns für die Finanzierung eines Bierabends spenden würden.

Zu Private Geoffrey Craigs ehrlicher Überraschung und enormer Freude war er zweitbester Schütze mit dem M-14, der beste mit der Panzerfaust, und wenn ihm jetzt das Glück hold blieb und er nichts vermasselte, würde er auch der Sieger beim Durchgang mit dem MG ein.

Der einzige Wermutstropfen in Geoffs Freude war das Abschneiden von Karl-Heinz. Obwohl er die Expert Medal besaß, hatte er sich als relativ mieser Schütze erwiesen. Beim ersten Durchgang mit dem M-14 hatte er völlig versagt, und nach dem zweiten Versuch hatte er nur noch zwölf Patronen übrig gehabt. Folglich würde er morgen am Zahltag allein für das Schießen mit dem Gewehr 39,40 Dollar in den Pott zahlen. Mit der Panzerfaust hatte er es beim ersten Durchgang geschafft, jedoch von 50 Raketen nur fünf – zu je 40 Cent – übrigbehalten, was bedeutete, daß er 18 Dollar in den Pott zu zahlen hatte. Geoff befürchtete, daß Karl-Heinz nicht viel besser mit dem M-60-Maschinengewehr abschneiden würde als mit dem M-14, was bedeutete, daß seine erste Fallschirmspringerzulage in Höhe von 50 Dollar nicht mal den Beitrag ausgleichen würde, den er in den Pott zahlen mußte.

Vor dem Schießen mit dem MG stellte sich Geoff psychisch darauf ein. Wenn er sich Sorgen um Ursula und Karl-Heinz machte, weil sie so mitleiderregend arm waren, konnte er nicht beim Schießen mit dem MG gewinnen. Wenn er jedoch gewann, dann konnte er fast 500 Bucks aus dem Pott einstreichen. Selbst wenn er die Hälfte davon für das Besäufnis ›spendete‹, blieben ihm so an die 250 Dollar an ›erklärbarem‹ Geld übrig. Dieses Geld konnte er taktvoll Karl-Heinz aufdrängen, um ihn über Wasser zu halten, bis sie die John Wayne High School – sprich die Ausbildung bei dem Special Forces – hinter sich hatten und Ihre Sergeant-Streifen erhielten – und den damit verbundenen Sold.

Geoff war sehr besorgt, Karl-Heinz könnte ihm die Freundschaft kündigen, wenn er erfuhr, daß Geld für ihn, Geoff, kein Problem war. Karl-Heinz war ein stolzer Hurensohn, und Geoff war kürzlich zu der unangenehmen Erkenntnis gelangt, daß er den Wagners von Anfang an reinen Wein hätte einschenken sollen. Wenn jetzt herauskam, daß sein Freund Geoff finanziell so gut gestellt war, dann würde Karl-Heinz ihm die Täuschung übelnehmen.

Geoff fand jedoch keine Lösung dieses Problems. Er konnte nur improvisieren und das beste erhoffen. Der Gedanke, von Ursula abgelehnt zu werden, war unerträglich für ihn. Bis jetzt hatte er von ihr nur ein paar schwesterliche Küsse bekommen, nur zwei oder drei auf den Mund, aber sie ging ihm einfach nicht aus dem Sinn.

»Wenn Sie meinen, Sie können mit dem Ding herumstolpern, ohne sich in den Fuß zu schießen, dann bin ich bereit, wenn Sie es sagen«, rief der Ausbilder.

»Bereit, Sergeant«, sagte Geoff.

Der Ausbilder gab die Befehle.

Das erste Ziel war ein MG-Nest, zwei Mannscheiben-Silhouetten in einer Sandsackstellung. Das Ziel war 100 Meter von der Schußlinie entfernt und wurde als eines der leichteren betrachtet.

Geoff gab zwei kurze Feuerstöße ab. Beide Zielscheiben fielen um.

Der Sergeant sagte etwas, das wie ein Schimpfname klang, aber er lächelte dabei.

Geoff lief mit dem MG über den Kurs, Karl-Heinz folgte ihm mit einer Munitionskiste in jeder Hand, und der Ausbilder trottete hinterher.

Heute ist dein Tag! dachte Geoff, als er den Durchgang beendet hatte. Karl-Heinz hatte die zweite Munitionskiste gar nicht zu öffnen brauchen. *Ich glaube, ich habe soeben den Pott gewonnen!*

Sie stellten alle stählernen Ziele wieder auf, die Geoff ›abgeschossen‹ hatte. Als sie dann zur Schußlinie zurückkehrten, parkte ein zweiter Jeep neben dem Jeep, mit dem sie zum Schießplatz gefahren waren. Der Fahrer war ein junger Sergeant.

»Wer von euch Jungs ist Wagner?« fragte er.

Obwohl es in der amerikanischen Army nicht nötig war und er es zu unterlassen versuchte, stand Karl-Heinz fast stramm, weil er von einem Vorgesetzten angesprochen wurde; die Gewohnheit war zu stark.

»Ich bin Private Wagner, Sergeant«, sagte er.

»Steigen Sie ein, Colonel Mac will Sie sprechen«, sagte der Sergeant.

»Er ist mit dem Schießen dran«, sagte der Ausbilder. »Hat es nicht eine halbe Stunde Zeit?«

»Colonel Mac befahl mir, ihn sofort zu holen. Und das tue ich hiermit.«

Der Ausbilder murmelte eine Verwünschung. »Fahren Sie, Wagner«, sagte er dann.

Als der Jeep davonfuhr, fragte Geoff. »Was hat das alles zu bedeuten? Wer ist Colonel Mac?«

»Ich weiß es nicht«, erwiderte der Ausbilder. »Colonel Mac ist der mit der Medaille; er erledigt alle dreckigen Jobs für den General.«

»Welche Medaille hat er?«

»Die mit den kleinen weißen Sternen – die vom Kongreß.«

»Die Tapferkeitsmedaille!«

Geoff entschloß sich, ein Risiko einzugehen.

»Darf ich Ihnen etwas im Vertrauen sagen?« fragte er.

»Nur zu.«

»Karl-Heinz kann sich nicht erlauben, das Geld in diesen verdammten Pott zu zahlen. Er unterstützt seine Schwester von seinem Sold als Private.«

»Davon habe ich gehört«, sagte der Ausbilder. »Worauf wollen Sie hinaus?«

»Schauen Sie weg und lassen Sie mich für ihn schießen.«

Der Ausbilder sah ihm lange in die Augen.

»Zur Hölle mit Ihnen, Craig«, sagte er schließlich. Er ging zur Schußlinie, hob das MG auf und nahm den Patronengurt.

»Sie werden hinter mir marschieren und die Schnauze halten«, sagte er mit deutschem Akzent. »Sie werden die Klappe nur aufmachen, wenn ich Sie anspreche. Dann werden Sie mich ›Herr Feldwebel‹ nennen. Wenn auch nur ein Sterbenswörtchen von dieser Sache herauskommt, dann werde ich Sie mit Eiern füttern, und zwar mit Ihren eigenen. Haben Sie alles verstanden, Sie Scheißer?«

»Jawohl, Herr Feldwebel!« sagte Geoff auf deutsch.

»Vorwärts, marsch!« sagte der Ausbilder auf deutsch, und es klang wie ›vorwooots, maaatsch!‹ Und dann gab er mit dem M-60 aus dem Hüftanschlag einen Feuerstoß von sechs Patronen ab und legte die beiden Mannscheiben-Silhouetten im MG-Nest um.

6

Büro des Stellvertretenden Leiters der Abteilung Sonderprojekte
U.S. Special Warfare Center and School
Fort Bragg, North Carolina

30. Januar 1962, 14 Uhr 25

»Aber ich kann doch nicht in dieser Aufmachung da reingehen, Sergeant Major«, sagte Private Karl-Heinz Wagner im Vorzimmer. »Ich sehe ja schlimm aus.«

Er trug einen schmutzigen Arbeitsanzug und eine Feldjacke und war schlecht rasiert.

»Man weiß, wo Sie waren«, sagte Taylor. »Machen Sie sich keine Sorgen. Klopfen Sie nur an und treten Sie ein, wenn man Sie dazu auffordert.«

Karl-Heinz tat es. Dann marschierte er in das Büro, blieb drei Schritte vor Lieutenant Colonel Rudolph G. Macmillans Schreibtisch stehen und grüßte schneidig, wobei er starr über MacMillans Kopf hinwegsah.

»PFC Wagner, Karl-Heinz, meldet sich wie befohlen, Sir.« Mac erwiderte den Gruß.

»Rühren, Wagner«, sagte er lächelnd. »Waren Sie gerade bei etwas Interessantem, oder waren Sie froh, von McCall weggeholt zu werden?«

»Ich war vor dem Schießen mit dem M-60, Sir«, erwiderte Wagner.

»Nun, ich denke, Sie haben schon mit MGs geschossen«, sagte Mac. »Dies sind Colonel Felter und Mr. Winston. Sie möchten mit Ihnen reden.«

Felter ging zu Wagner, reichte ihm die Hand und sprach Deutsch mit ihm.

»Sie sind ein sehr interessanter Mann«, sagte er. »Ich freue mich, Ihre Bekanntschaft zu machen.«

Er hat einen Berliner Akzent, dachte Karl-Heinz. Und er fand, daß der kleine Colonel ebenfalls ein interessanter Mann war. Es war zweifellos ein Infanterie-Offizier mit viel Erfahrung und großer Tapferkeit, wie seine Auszeichnungen bewiesen. Unter anderem trug er die zweithöchste amerikanische Medaille, die für Tapferkeit verliehen wurde.

»Es ist mir eine Ehre, Herr Oberstleutnant«, sagte Wagner.

»Und dies ist Mr. Winston«, stellte Felter vor.

Winston lächelte, reichte Wagner jedoch nicht die Hand.

»Führen Sie das Gespräch bitte auf englisch, Sandy«, sagte Mac.

»So oft der Colonel auch in Germany war, sein Deutsch ist auf ›noch ein Bier, Herr Ober‹ und ›Wo ist die Toilette?‹ beschränkt«, sagte Felter.

»Das, Herr Oberstleutnant, habe ich verstanden«, sagte MacMillan in gar nicht so schlechtem Deutsch.

»Wir wollten gerade einen Kaffee trinken«, sagte Felter auf englisch. »Möchten Sie einen, Wagner? Es muß kühl in dem Jeep gewesen sein.«

Warum nicht? dachte Wagner. *Sie gehen mir aus irgendeinem Grund um den Bart, aber warum sollte ich keinen Kaffee nehmen?*

»Danke, gern, Sir«, sagte Wagner.

»Es gibt in Berlin einen CIA-Offizier«, sagte Felter unvermittelt, »der glaubt, daß Sie gewisse Informationen über die Mauer, Gebiete in der Nähe der Mauer und vermutlich über die Ausrüstung ostdeutscher Pioniere haben, Informationen, die nützlich für ihn sein könnten. Mr. Winston ist hier, um Sie zu fragen, ob Sie bereit sind, nach Berlin zu fliegen und solche Informationen zu geben. Sind Sie dazu bereit?«

Wagner wurde einer sofortigen Antwort enthoben, weil Sergeant Major Taylor und ein ziviler Angestellter Tabletts mit Kaffeekannen, Geschirr und Gebäck brachten.

»Nehmen Sie Platz, Taylor«, sagte Felter. »Ich möchte, daß Sie dabei sind.«

»Jawohl, Sir.« Der Sergeant Major setzte sich.

»Ich fragte soeben Wagner, ob er nach Berlin fliegen und sich dort nützlich machen möchte«, sagte Felter. »Ich warte auf seine Antwort.«

»Habe ich eine Wahl in dieser Sache, Colonel?« fragte Wagner.

»Ja, natürlich«, sagte Felter.

»Dann, bei allem Respekt, nein, Sir.«

»Okay«, sagte Felter. »Das wär's dann.«

»Colonel!« protestierte Mr. Winston.

Felter schaute ihn an.

»Haben Sie etwas zu sagen, Mr. Winston?« fragte er kühl.

»Darf ich Wagner fragen, warum er nicht nach Berlin will, Sir?«

»Sie dürfen ihn fragen, aber er ist nicht verpflichtet, darauf zu antworten«, sagte Felter. »Haben Sie das verstanden, Wagner?«

»Es ist eine Sache der Ehre, Sir«, sagte Wagner.

»Trafen Sie diese Entscheidung nicht, als Sie über die Mauer kamen?« fragte Winston.

»Das war die Enscheidung, das Land zu verlassen«, sagte Felter, »was etwas anderes ist. Ich glaube, Wagner denkt an den Eid, den er der DDR geleistet hat, als er zum Offizier ernannt wurde. Ist das korrekt, Wagner?«

»Jawohl, Sir.«

»Darf ich etwas sagen, Colonel?« fragte Taylor.

»Das hatte ich gehofft«, sagte Felter.

»Da ist ein Widerspruch zwischen den Eiden«, sagte Taylor. »Zwischen dem Eid, den er als ostdeutscher Offizier leistete, und dem, den er hier bei seiner Verpflichtung leistete.«

»Als ich mich verpflichtete, Sergeant Major«, sagte Wagner, »ging ich davon aus, daß man mich nicht nach Deutschland schicken würde.«

»Und das tut man auch nicht«, sagte Felter. »Nicht gegen Ihren Willen.«

»Wir verlangen nicht von ihm, daß er Waffen in die Hand nimmt«, sagte Winston. »Wir wollen nur, daß er uns bezüglich der Mauer hilft. Und er weiß aus persönlicher Erfahrung, welch moralische Abscheulichkeit das ist!«

»Ich werde Sie zu Ihrem nächsten Beitrag an dieser Diskussion auffordern, Mr. Winston«, sagte Felter. »Ist das klar?«

»Taylor hat recht«, sagte MacMillan. »Wenn Wagner der Ansicht ist, nicht für immer und ewig den Eid gebrochen zu haben, den er Ostdeutschland leistete, dann kann der nicht zählen, den er hier leistete.«

»Er schwor, die Verfassung zu verteidigen und die Befehle von vorgesetzten Offizieren und Unteroffizieren zu befolgen, das ist alles«, sagte Felter. »Und dabei ging er davon aus, daß er nicht nach Deutschland geschickt werden würde.«

»Quatsch, Sandy«, sagte MacMillan. »Er schwor ebenfalls, daß er ›keine geistigen Vorbehalte welcher Art auch immer‹ hat. Entweder hat er die, oder er hat sie nicht.«

»Da stimme ich widerwillig zu«, sagte Felter. »Aber jemand versprach ihm, daß er nicht nach Deutschland geschickt werden würde, und ich möchte nicht, daß er dorthin befohlen wird.«

»Colonel MacMillan, mit Ihrer Erlaubnis, darf ich fragen, was Sie in meiner Lage tun würden?« fragte Wagner.

»Ich bin kein West Pointer. Wenn Sie die noblen Punkte der Offiziersehre wissen wollen, dann fragen Sie Colonel Felter. Er ist ein West Pointer.«

»Was hat das damit zu tun?« sagte Felter ungeduldig.

»Was würden Sie als Mensch tun?« platzte Wagner heraus.

»Was *ich* tun würde? Ich würde mich erkundigen, was dabei für mich herausspringt«, sagte MacMillan.

»Mit Respekt, Sir, ich verstehe nicht«, sagte Wagner.

»Sie sind ein lausiger Private First Class«, sagte MacMillan, »der nicht mal einen Pinkelpott besitzt. Vorher waren Sie ein Offizier, also sollte man denken, daß Sie schlau genug sind, um das selbst herauszufinden, Sie sollten ebenfalls schlau genug sein, um zu erkennen, daß ein paar Colonels und jemand von der CIA Sie nicht grundlos bestellen und Sie um etwas bitten, sondern weil das, was Sie anzubieten haben, wertvoll ist. An Ihrer Stelle würde ich fragen, wie der Handel laufen soll.«

Wagner sah, daß Felter und der Sergeant Major peinlich berührt von MacMillans Worten waren und daß sich der Mann von der CIA ärgerte.

»Ich bin nicht interessiert an einem Handel, Colonel«, sagte Wagner.

»Sie sind jetzt kein Offizier«, sagte MacMillan. »Reden Sie nicht vom hohen Roß herunter mit mir. Sie sind nicht in der Position, um einen Handel abzulehnen, bevor Sie sich angehört haben, was für einer es ist.«

»Ich wiederhole, Sir, es ist eine Sache der Ehre.«

»Blödsinn!« sagte MacMillan ärgerlich. »Sie brachten Ihre Schwester mit. Sie sind verantwortlich für sie. Sie leben von Bohnen und Tomatensoße. Mann, Sie machen mich krank!«

»Sie bieten mir Geld an?«

»Ich biete Ihnen einen vorzeitigen Abgang von der Ausbildung an. Damit wären Sie Sergeant. Ich werde das noch versüßen, indem ich daraus einen Staff Sergeant mache. Ich werde dafür sorgen, daß Taylor seine Beziehungen spielen läßt und Ihrer Schwester eine Wohnung in der Garnison beschafft. Und als Gegenleistung verlange ich dafür nur, daß Sie nach Deutschland fliegen und den Geheimdienstlern helfen, eine Möglichkeit zu finden, wie andere Leute durch die Mauer herausgeholt werden können. Wenn das gegen Ihre ›Offiziersehre‹ verstößt, dann können Sie mich am Arsch lecken, Herr Ex-Oberleutnant Wagner.«

»Regen Sie sich ab, Mac«, sagte Felter.

»Ah, verdammt! Er kotzt mich an!«

MacMillans Zorn war echt, wie Wagner erkannte. Der Mann verachtete ihn, und das war nicht fair. Mit welchem Recht verachtete er ihn?

Er schaute ihn an, und dann fiel sein Blick auf die Reihen von Ordensbändern an MacMillans Uniformrock. Er hatte sich schon immer für Auszeichnungen und Insignien interessiert, und er kannte sich auch mit den amerikanischen aus. Und all das, was er an Ordensbändern auf dem Uniformrock dieses Lieutenant Colonels sah, der ihn finster und verärgert anschaute, beeindruckte ihn tief.

Karl-Heinz Wagner gelangte zu dem Schluß, daß er es sich

nicht erlauben konnte, solch einen hoch ausgezeichneten Offizier gegen sich aufzubringen. Er, Wagner, war in der Tat ein kleiner Private First Class, der buchstäblich von Bohnen und Tomatensoße lebte. Die einzige Chance, seine Position zu verbessern, war ein früherer Abschluß der Ausbildung auf der Schule der Special Forces und die Beförderung zum Sergeant. Vielleicht warf man ihn aus der Schule und den Special Forces, wenn er sich weiterhin den Zorn dieses Offiziers zuzog. Möglicherweise versetzte man ihn dann zur 82. Luftlandedivision, mit einer Bemerkung in seiner Dienstakte, daß er als ›untauglich‹ für die Special Forces beurteilt worden war. Unter diesen Umständen würde es sehr, sehr lange dauern, bis er zum Corporal befördert werden würde, gar nicht zu reden von einer Beförderung zum Sergeant.

Er hatte wirklich keine Wahl. Er fand, daß die Annahme naiv von ihm gewesen war, die Army würde nicht von ihm verlangen, was immer sie wollte, und daß das Verlangte nicht seine ehemaligen Kameraden in der Armee der Deutschen Demokratischen Republik einbeziehen würde.

»Wann werde ich nach Deutschland fliegen?« fragte er.

»Ich wiederhole, Wagner«, sagte der kleine, jüdische Lieutenant Colonel, »daß es Ihnen nicht befohlen wird, wenn Sie es nicht wollen.«

»Jawohl, Sir«, sagte Wagner. »Ich habe das verstanden, Sir. Ich bin bereit, es zu tun, Sir.«

»Reden Sie nicht, als würden Sie uns irgendeinen verdammten *Gefallen* tun, Herr Oberleutnant!« sagte Colonel MacMillan.

»Es reicht, Mac«, sagte Felter. Wagner war sowohl über den eisigen Tonfall als auch über Colonel MacMillans Reaktion darauf überrascht. Es fiel ihm sehr schwer, den Mund zu halten, aber er schaffte es.

»Wann möchten Sie Wagner haben, Mr. Winston?« fragte Colonel Felter.

»Sobald wie möglich, Colonel. Am liebsten noch heute.«

»Das kommt nicht in Frage«, wandte Felter sofort ein. »Er muß seine persönlichen Angelegenheiten regeln.«

Winston nickte. Für Wagner gab es keinen Zweifel mehr, daß der kleine Colonel das Sagen hatte.

»Wenn wir ihn zur vorübergehenden Verwendung ›in Washington, D.C., und anderen Zielorten wie befohlen‹ einteilen«, fragte Felter, »können wir ihm dann Tagegeld zahlen?«

»Anstatt der Pauschale?« fragte der Sergeant Major, während er sich die Vorschriften durch den Kopf gehen ließ. »Jawohl, Sir. ›Erfordernisse des Dienstes‹. Der General wird das genehmigen müssen.«

»Wie steht es mit Zivilkleidung, Mr. Winston?« fragte Felter.

»Daran hatte ich noch nicht gedacht, Colonel«, bekannte Winston nach kurzem Zögern.

»Vielleicht hätten Sie daran denken sollen«, bemerkte Felter trocken. »Taylor, sorgen Sie dafür, daß er die Kleidungszulage bekommt.«

»Jawohl, Sir.«

»Winston, ich glaube, jetzt brauchen wir Sie nicht mehr«, sagte Felter. »Wagner wird nach Washington geschickt werden, sobald er seine Angelegenheiten geregelt hat. Es sei denn, Sie haben sonst noch etwas?«

7

PFC Karl-Heinz Wagner stand neben Sergeant Major Taylor vor dem Schreibtisch des Personal-Sergeants, während Taylor aus der Erinnerung diktierte und der Personal-Sergeant aufschrieb, was für die Bürokratie erforderlich war.

Mit Genehmigung des befehlshabenden Generals wurde entschieden, daß PFC Wagner unter Berücksichtigung seiner vorher erworbenen Erfahrung die Anforderungen für den Abschluß der Grundausbildung der Special Warfare School erfüllte. Angesichts seiner Leistungen während der Ausbildung und seiner bewiesenen Führungsqualitäten wurde er mit sofortiger Wirkung zum Staff Sergeant befördert. Staff Sergeant Wagner wurde zu vorübergehender Verwendung für 90 Tage Dienst der Defense Intelligence Agency, Washington, D.C., zugeteilt. Reise mit persönlichem Kfz und/oder durch militärischen und zivilen Transport per Auto, Bahn, Schiff und Flugzeug waren genehmigt.

Da die Erfordernisse des Dienstes es unmöglich machten, die Art seiner Pflichten oder die Orte, an denen er sie ausübte, genau festzulegen, erhielt er den entsprechenden Tagegeldsatz anstelle von Verpflegungs- und Unterkunftspauschale, dreißig Tagegeldsätze als Vorauszahlung. Da die Art seines Dienstes das Tragen von Zivilkleidung erforderlich machte, wurde ein Bekleidungszuschuß von 300 Dollar genehmigt. Darüber hinaus hatte der befehlshabende General entschieden, daß wegen der besonderen Art von Staff Sergeant Wagners Dienst die Unterbringung seiner Angehörigen sowohl aus Sicherheitsgründen als auch wegen eines Härtefalls in einer Regierungswohnung in der Garnison erforderlich war, und der zuständige Offizier in Fort Bragg, North Carolina, wurde angewiesen, den Kommandeur zu informieren, wenn es einen Grund geben sollte, weshalb Staff Sergeant Wagners Angehörige nicht in der nächsten frei werdenden Wohnung eines Unteroffiziers-Angehörigen einquartiert werden konnte.

»Fällt Ihnen sonst noch etwas ein?« fragte Taylor den Personal-Sergeant.

»Vorauszahlung?«

»Dreißig Tage Vorauszahlung, sagte ich. Tippen Sie das alles jetzt richtig, Phil.«

»Hören Sie nicht, daß meine Schreibmaschine schon heiß klappert?«

»Nun werden wir Sie nach McCall bringen, und Sie können Ihre Sachen abholen«, sagte Taylor zu Wagner, als er ihn drei Minuten später zu einem Jeep führte. »Morgen früh wird der Schreibkram erledigt sein. Ich kenne den Sergeant, der für die Vergabe der Wohnungen in der Garnison zuständig ist, und so kann Ihre Schwester morgen einziehen, Sie können ihr noch ein wenig helfen und dann übermorgen nach D.C. fliegen. Wie gefällt Ihnen das?«

»Prima«, sagte Wagner. »Vielen Dank, Sergeant Major Taylor.«

»Hören Sie, grämen Sie sich nicht zu sehr über das, was Colonel Mac sagte.«

»Ich verstehe ihn«, sagte Wagner.

»Das glaube ich nicht«, widersprach Taylor. »Ich diente mit ihm im Zweiten Weltkrieg. Als Mac noch Unteroffizier war. Ich war mit ihm bei Anzio. Glauben Sie mir, Wagner, Mac weiß, wie es ist, wenn man pleite ist. Er dachte, Sie wären einfach ein bißchen dumm, einen guten Handel auszuschlagen, wenn Ihnen einer angeboten wird.«

»Mit Respekt, Sergeant Major, ich denke, Sie irren sich.«

»So?«

»Lieutenant Colonel MacMillan ist ein sehr guter Soldat. Und fast in dem Verhältnis, wie gut ein Soldat ist, verachtet er einen Überläufer. Ich bin in der unglücklichen Lage, ihm darin zustimmen zu müssen.«

»Ich denke, Sie labern Scheiß, Sergeant«, entgegnete Taylor. »Und Sie müssen bescheuert sein, wenn Sie noch nicht herausgefunden haben, daß wir die guten Jungs und die anderen die schlechten sind. Oder kamen Sie durch die Berliner Mauer, weil man Sie beim Griff in die Kasse des Offiziersklubs erwischte?«

»Natürlich nicht«, sagte Wagner.

»Meiner Meinung nach ist ein Überläufer jemand, der die Seiten wechselt, wenn es nach einer Niederlage seiner Seite aussieht.«

»Vielleicht haben Sie recht«, sagte Wagner.

Taylor hatte nicht das Gefühl, daß Wagner vollkommen von der Logik seines Arguments überzeugt war.

XIV

1

Camp McCall, North Carolina

4. Februar 1962, 20 Uhr 05

Private Geoffrey Craig hatte sich vor fast einer Stunde ›zur Abendruhe begeben‹, als er zum Dienst gerufen wurde. Zum erstenmal in 48 Stunden hatte er sich vor dem Schlafengehen ausgezogen und in dem relativen Komfort eines Schlafsacks auf einem Boden aus Segeltuch in einem Zweimannzelt hingelegt.

In den vergangenen beiden Tagen hatte er lernen müssen, unter extrem widrigen Bedingungen (in diesem Fall Schnee und Schneeregen) mit Hilfe eines Kompasses querfeldein zu marschieren.

Vor dem Schlafengehen hatte Geoff sich in das Gebiet des Stammpersonals schleichen müssen, um die zweite Hälfte eines Zweimannzelts aus der Versorgungshütte zu stehlen. Nach dem plötzlichen und unerklärlichen Verschwinden von PFC Karl-Heinz Wagner hatte er keinen Partner mehr und folglich nur eine Hälfte der beiden Planen, die man brauchte, um ein Zelt zu errichten. Die Ausbilder hatten sich als völlig uninteressiert an seinen Problemen erwiesen, und er hatte die Wahl, sich mit dem Schutz eines halben Zelts zufriedenzugeben oder sich eine zweite Hälfte zu besorgen. Es war ihm eingebleut worden, daß ein Green Beret vor allem selbständig und einfallsreich sein mußte. Das hatte er sich zu Herzen genommen, und seine Überzeugung war noch gefestigt worden durch die Tatsache, daß er unter einer Decke von Schnee und Eisregen schlafen mußte, wenn er keine zweite Plane für ein Zelt organisierte. Es bot sich förmlich an, eine Plane zu stehlen, und er hatte es getan und fürchtete sich nicht vor dem Augenblick, an dem der Teufel los sein würde, wenn man herausfand, daß das Vorhängeschloß der Hütte geknackt, eine Plane gestohlen und aus einer aufgebrochenen Kiste Verpflegung geklaut worden war.

Private Geoffrey Craig hatte in den letzten 48 Stunden verdammt wenig zu essen gehabt, und er hatte sich gesagt, daß es keinen großen Unterschied machte, ob man ihn als Wolf oder als Lamm aufhängte. Was konnte man ihm denn schon tun? Ihn zum John-Wayne-Lehrgang auf der Camp-McCall-Schule für Knaben schicken? Da war er doch schon.

»Lassen Sie den Pimmel sinken, und ziehen Sie die Socken hoch, Mimose«, sagte der Sergeant vom Stammpersonal, der für die Versorgung zuständig war. »Ihr geliebtes Vaterland benötigt Ihre Dienste.«

»O Gott!«

»Jetzt ist weder der Zeitpunkt zum Beten noch zum Fragen, Mimose«, sagte der Sergeant. »Sie haben nur den Arsch aus dem Schlafsack zu heben, bevor ich ihn mit Schnee zuschaufele.«

Geoff fragte sich, ob der Diebstahl bereits entdeckt und ob man ihn als den Missetäter entlarvt hatte. Wenn das der Fall war, dann würde man ihn vielleicht über einem kleinen Feuer rösten.

Unter den gegebenen – kalten – Umständen wäre das nicht mal so schlecht, wie es klang, sagte er sich.

Er zog seine Winterunterwäsche über Unterhemd und Unterhose an, und mit Mühe schaffte er es, die Füße in die fast trockenen und folglich ziemlich steifen Fallschirmspringerstiefel zu zwängen. Es bereitete ihm große Schwierigkeiten, die Stiefel zu schnüren. In seinem Zelt war es finster wie in einem Bärenhintern, und seine Finger waren steif von der Kälte.

Schließlich zog er den Reißverschluß des Schlafsackes zu, kroch aus dem Schutzzelt und zog seine Feldjacke an. Sie war hart, und er fragte sich, ob das verdammte, vom Schnee und Regen nasse Ding gefroren war. Es dauerte sehr lange, bis er mit den steifen Fingern den Reißverschluß zuziehen konnte.

»Man soll immer daran denken, daß es äußerst schwierig ist, die bösen Buben zu erschießen, wenn man sein Gewehr vergessen hat, nicht wahr?« sagte der Sergeant.

Private Craig fluchte. Er beugte sich ins Zelt zurück, zog sein M-13 heraus und schlang es sich mit dem Riemen über die Schulter. Dann folgte er dem Sergeant durch die Dunkelheit. Zu seiner Ausrüstung zählte eine Taschenlampe, aber er hatte sie vergessen, und jetzt konnte er nicht umkehren, um sie zu holen.

»Wohin gehen wir?«

»Ich gehe schlafen«, sagte der Sergeant. »*Sie* fahren nach Fort Bragg.«

»Warum denn das?«

»Das System sieht vor, daß die Privates zu tun haben, was die Sergeants ihnen sagen«, erwiderte der Sergeant. »Es dürfte Ihnen nicht entgangen sein, daß Sie Private sind.«

Ein Versorgungstransport, sagte sich Private Geoff Craig. Ein verdammter Ein-Mann-Nachschubtransport. Er würde auf der Ladefläche eines Dreivierteltonner-Trucks sitzen und sich zwischen hier und Bragg den Hintern abfrieren, und in Bragg würde er irgend etwas Schweres zum Beispiel Kisten mit Lebensmitteln, auf den Lastwagen laden und sich den Hintern auf der Fahrt nach McCall noch einmal abfrieren, sofern das möglich war, und dann würde man ihm erlauben, die schweren Kisten mit Lebensmitteln abzuladen, und das alles mit abgefrorenem Hintern.

Als sie beim Fahrzeugpark eintrafen, war der First Sergeant dort. Im ersten Augenblick war Geoff überrascht, den Mann noch so spät auf zu sehen. Dann wurde ihm klar, daß die Ausbilder und anderen vom Stammpersonal alles mögliche hatten, wie zum Beispiel elektrisches Licht, was ihnen erlaubte, nach Sonnenuntergang aufzubleiben.

»Zwei Umschläge, Craig«, sagte der Frist Sergeant und hielt jeden hoch. »Einer für das Hauptquartier, der andere geht an die Adresse, die darauf steht. Sie werden die Post abliefern und dann zurückkommen. Können Sie sich das alles merken, oder möchten Sie es sich aufschreiben?«

»Ich glaube, ich kann es mir merken«, sagte Geoff.

»Das rate ich Ihnen«, sagte der First Sergeant. Und dann fügte er etwas hinzu, das für ihn außergewöhnlich mitfühlend und sanft war: »Sie brauchen sich mit der Rückkehr nicht zu beeilen. Sie sollten in Bragg duschen und sich rasieren. Sie stinken ja wie 'ne Ziege, die Blähungen hat.«

»Wer wird mich fahren?« fragte Geoff.

»Ich konnte es nicht übers Herz bringen, einen meiner empfindlichen Unteroffiziers-Kameraden zu bitten, den weiten Weg durch Eis und Schnee zu fahren«, sagte der First Sergeant. »Nehmen Sie meinen Jeep.«

Die 20-Meilen-Fahrt nach Fort Bragg in dem offenen Jeep war kalt wie eine Hexentitte, obwohl Geoff die Kapuze seiner Feldjacke über den Kopf gezogen und so fest zugebunden hatte, daß kaum mehr als seine Nase aus der Öffnung ragte. Er mußte den Kopf sehr ruhig halten, um etwas durch den winzigen Spalt sehen zu können.

Er lieferte das erste dicke Kuvert im Hauptquartier ab, und dann fragte er, ob er irgendwo duschen könne.

»Sie liefern besser erst die andere Post ab, bevor Sie an

Duschen denken. Sie wissen doch – erst die Arbeit, dann das Vergnügen.«

Geoff schaute auf den anderen Umschlag. Die Adresse lautete: Apartment 2 C, Gebäude Q-404, Carentan Terrace 14.

»Wo ist das? erkundigte er sich.

Der Unteroffizier vom Dienst beschrieb ihm den Weg.

Ziemlich vage, wie sich herausstellte, aber immerhin fand Geoff das erwähnte Gebiet mit den Unteroffiziers-Wohnungen, in dem er die betreffende Adresse finden müßte.

Gebäude Q-404 entpuppte sich als zweigeschossiger Fachwerkbau – sozusagen ein Zweifamilienhaus – mit zwei Wohnungen auf jeder Etage des Gebäudes. Geoff sagte sich, daß er das Gewehr nicht im Jeep zurücklassen durfte. Es schlang es über die Schulter und stieg die Treppe zum Obergeschoß hinauf.

An der Tür von 2-C war ein kleines Schild: S/SGT WAGNER.

Geoff fragte sich, wer zur Hölle Staff Sergeant Wagner sein mochte und welche Bedeutung er für die Army hatte, wenn er seine Post per Kurier von Camp McCall geliefert bekam. Geoff klopfte an und wartete. Er hörte die Geräusche von Fernsehern in anderen Wohnungen und das entzückte Lachen eines Kindes, und dann nahm er Schritte in der Wohnung und das leise Klirren der Türkette wahr. Die Tür wurde geöffnet.

»Ach du lieber Gott!« stieß Ursula auf deutsch hervor, als sie Geoff sah. Sie schlug die Hände vor den Mund.

»Jesus Christus!« sagte Geoff als kleine Variante ihres Ausrufs.

Ursula überraschte ihn. Sie umarmte ihn, trotz der schmutzigen, kalten Feldjacke.

Als werde ihr plötzlich bewußt, was sie getan hatte, löste sie sich hastig von ihm. »Ich freue mich, Sie zu sehen«, sagte sie ein wenig förmlicher. Während der kurzen Umarmung hatte Geoff die Wärme ihres Körpers unter dem Morgenrock gespürt, den sie anhatte.

»Wo ist Karl-Heinz?« fragte Geoff.

»Ich weiß es nicht«, antwortete Ursula. »Sie schickten ihn irgendwohin, und er konnte mir den Ort nicht sagen.«

»Wessen Apartment ist das hier?«

»Seines – unseres. Sie machten ihn zum Staff Sergeant, und ich darf hier wohnen.« Ursula schaute ihn an, ihre Blicke trafen sich, und sie fragte: »Was machen Sie hier?«

Er nahm das Kuvert aus der Tasche seiner Feldjacke und überreichte es ihr.

»Was ist das?«

»Ich habe keine Ahnung.«

»Kommen Sie herein, Geoffrey. Gott, was ist nur mit mir los? Sie sehen durchgefroren aus. Ich werde Ihnen eine Tasse Kaffee machen. Möchten Sie etwas essen?«

Sie führte ihn in die Küche, stellte Kaffeewasser auf und schaltete den Herd ein.

Sie wandte sich zu ihm um. Es bewegte sich etwas unter ihrem Nachthemd und dem Morgenrock, und er wußte, daß sie darunter nackt war.

»Ziehen Sie die Jacke aus, Geoffrey«, sagte Ursula. »Sie müssen sich aufwärmen. Vorher lasse ich Sie nicht weg.«

»Ich glaube, ich bin verliebt in Sie«, sagte er.

»Sie sind ein Dummkopf«, erwiderte Ursula. »Ein Junge und ein Dummkopf. Ich will so was nicht noch einmal hören.« Sie legte eine Pause ein, als denke sie über ihre Worte nach. »Liebe? Wie können Sie auch nur so was denken. Sie sind ein Narr!«

Sie wandte sich ärgerlich ab und nahm eine Dose Pulverkaffee aus dem Küchenschrank.

»Ursula, möchten Sie, daß ich gehe?«

»Ich möchte, daß Sie Ihre Jacke ausziehen und sich aufwärmen.«

Er zog die Feldjacke aus und hängte sie über die Rückenlehne eines Stuhls. Die Wohnung war völlig möbliert, einfach, aber komplett. Er sagte sich, daß die Möbel der Army gehören mußten, weil die Wagners kein Geld hatten.

»Erzählen Sie mir von Karl-Heinz«, sagte er.

»Was wissen Sie über die Sache?«

»Er sagte mir nur, daß er eine Dienstreise macht, und er fragte, ob er sich den Volkswagen leihen kann.«

»Der steht hinter dem Haus«, sagte Ursula. »Ich lasse den

Motor jeden Morgen laufen, damit die Batterie geladen bleibt. Sie war leer, als er kam, um den Wagen zu holen.«

»Sie fahren nicht damit? Warum nicht?«

»Ich bin keine gute Fahrerin, und ich könnte nicht bezahlen, wenn ich irgend etwas an dem Wagen beschädige.«

»Der Wagen ist versichert, und Sie fahren ihn, Ursula«, sagte er. »Es ist besser für den VW, wenn Sie ihn fahren, und ich werde noch einen verdammten Monat lang draußen im Gelände sein.«

»Wenn Sie es für das beste halten«, sagte sie.

»Erzählen Sie mir über Karl-Heinz«, forderte er sie von neuem auf.

»Er wollte mir nicht sagen, wohin er geht, aber ich glaube, man schickt ihn nach Deutschland.«

Wie kommen Sie auf Deutschland?«

»Weil er nicht weg wollte.«

»Und warum geht er dann weg?«

»Blöde Frage«, sagte Ursula. »Weil er den Befehl erhielt. Manchmal sind Sie wirklich albern, Geoff.«

»Er erzählte mir, man hätte ihm versprochen, ihn nicht nach Germany zu schicken«, sagte Geoff. »Eine Art Handel. Und abgemacht ist abgemacht.«

»Und ein Dummkopf ist ein Dummkopf. Er ist Soldat, und er tut, was ihm befohlen wird.«

Der Wasserkessel pfiff, und Ursula schüttete heißes Wasser auf den Pulverkaffee, den sie in eine Tasse gelöffelt hatte.

»Ich mache Ihnen ein Butterbrot. Oder Suppe? Mögen Sie eine Suppe? Ich habe eine fertig, die ich nur aufzuwärmen brauche.«

»Schauen Sie nach, was in dem Umschlag ist«, sagte Geoff. »Und dann geben Sie mir bitte etwas Suppe.«

Sie riß das Kuvert auf. Darin waren zwei weitere Umschläge. Ursula öffnete den dickeren. Er enthielt einen Stapel 20-Dollar-Scheine. Ursula blickte Geoff an, um seine Reaktion zu sehen, und er schaute ihr in die Augen und dachte: *Verdammt, ich liebe sie. Da gibt es keinen Zweifel!*

»Was ist das?« fragte sie.

»Ich sagte es schon, ich weiß es nicht.«

Ursula öffnete den zweiten Umschlag, nahm ein Blatt Papier heraus, las, was darauf stand, und reichte es ihm.

»Was hat das zu bedeuten?« fragte sie.

Es war ein kurzer, mit Schreibmaschine getippter Text:

Liebe Miß Wagner,
S./Sgt. Wagner gewann den dritten Preis beim Wettbewerb. Ich schicke Ihnen das Geld vom Pott, weil Ihr Bruder vorübergehend woanders Dienst hat.
Mit freundlichem Gruß
Scott Tourtillott, 1/Sgt.

Ursula zählte das Geld. Es waren etwas über 300 Dollar. »Wir brauchen das nicht, und wir werden es nicht annehmen. Sie bringen es zurück und sagen vielen Dank.«

»Er hat es gewonnen, Ursula«, sagte Geoff. Und er dachte: *Einen Scheiß hat er. Der kann kein Scheunentor auf zehn Yard mit einem MG treffen.*

»Gewonnen? Was ist das für ein ›Pott‹?«

Geoff erklärte es ihr, und dabei fand er selbst eine Erklärung. First Sergeant ›Indian Joe‹ Tourtillott hatte ihn, Geoff, das Geld überbringen lassen, weil er nicht wußte, wie er Ursula Wagner dazu bringen konnte, es anzunehmen.

»Er war Offizier«, sagte Ursula. »Er ist ein sehr guter Schütze.«

»Ich weiß«, murmelte Geoff.

»Er hätte das Geld gewinnen sollen, als wir es so dringend brauchten«, fuhr sie fort. »Jetzt haben wir genug Geld, und es kommt noch mehr.«

»Tatsächlich?«

»Mrs. Sergeant Major Taylor besuchte mich, und sie sagte mir genau, wieviel Geld Karl-Heinz jetzt verdient, und daß die Army mir nächsten Monat am Zahltag einen Scheck schickt.«

»In diesem Land geben wir der Frau nicht den Titel des Mannes, Ursula«, sagte Geoff.

»Nicht?«

»Nein. Wenn Sie mich heiraten, zum Beispiel, dann werden Sie einfach Mrs. Geoffrey Craig sein.«

»Ich sagte schon, daß ich solch ein dummes Zeug nicht mehr hören will«, erwiderte sie heftig. »Sie müssen verrückt sein.«

»Was hat das mit allem zu tun?«

»Wenn Sie nicht ein für allemal damit aufhören, dann gehen Sie«, sagte Ursula. »Wenn Karl-Heinz Sie auch nur so reden hört, wird er sehr wütend.«

»Sie sagten etwas von Suppe?«

Die Suppe schmeckte ihm köstlich.

»Kann ich Ihnen etwas sagen, Geoff?« fragte Ursula.

»Alles.«

»Sie stinken. Sie brauchen ein Bad.«

»Ich weiß.«

»Und Ihre Sachen stinken auch. Müssen Sie sofort zurück?«

»Nein.«

»Dann baden Sie. Ich wasche die Kleidung«, sagte Ursula entschieden.

»Und wie werden die Sachen trocken?«

»Da ist eine Maschine«, sagte Ursula.

»Ich sagte ›trocken‹.«

»Da ist die Maschine«, wiederholte sie. »Man steckt die Kleidungsstücke rein, und die Trommel dreht sich mit Hitze, und die Wäschestücke trocknen. Mrs. Sergeant – äh – Mrs. Taylor zeigte mir, wie die Maschine funktioniert.«

»Und während meine Sachen trocknen, muß ich Sie nackt durch das Apartment jagen?«

»Seien Sie nicht albern!« fuhr sie ihn an. »Ich gebe Ihnen Sachen von Karl-Heinz.«

Über dem Duschvorhang hingen ein Höschen mit dem Aufruck THURSDAY und kleinen Herzchen, ein Büstenhalter und ein Unterhemdchen. Geoff fand, daß er noch nie so etwas Erotisches gesehen hatte.

Ursula gab ihm ein Hemd und eine Hose für die Zeit, in der Waschmaschine und Trockner arbeiteten. Die Sachen paßten nicht, und sie waren aus einem sonderbaren billigen Material. Geoff fragte Ursula, ob Karl-Heinz sie aus Ostdeutschland mitgebracht hatte.

»Nicht gut, was?« erwiderte sie und nickte.

»Einem geschenkten Gaul schaut man nicht ins Maul«, sagte Geoff. »Es war keine Kritik von mir, nur Neugier.«

Ursula hatte seine scherzhafte Bemerkung, sie nackt durch das Apartment zu jagen, mindestens halb ernst genommen, wie er bedauernd feststellte. Während seines Bades hatte sie sich Pullover und Rock angezogen und ihr Haar aufgesteckt.

»Alles dort ist billig«, sagte sie. »Ich meine nicht billig im Preis, sondern billig gemacht.«

»Ich verstehe«, murmelte Geoff.

»Glauben Sie, Karl-Heinz wird zu dem Termin zurückkommen, den man genannt hat?«

»Klar«? sagte er. »Wie lange soll sein Dienst denn sein?«

»90 Tage.« Und dann fügte sie glücklich hinzu: »Mrs. Taylor sagte, wenn ich will, kann ich einen Job im PX haben.«

»Als was?«

»Als Kellnerin in der Snackbar. Für den Anfang.«

Scheiß darauf! dachte Geoff ärgerlich.

»Brauchen Sie das Geld so sehr?«

»Ich möchte helfen«, sagte sie. »Sie wissen, wir sind arm.«

»Nun, Sie werden die Chance haben, eine Reihe Männer in der Snackbar kennenzulernen«, sagte Geoff. »Versuchen Sie, sich einen Reichen zu angeln.«

Sie dachte darüber nach und entschied sich, es als Scherz zu bewerten.

»Was würde ein reicher Mann schon von mir wollen?«

Dich lieben, dich verehren, dich in den Armen halten, dir teure Wäsche und Großflaschen französisches Parfum kaufen.

»Sie machen eine prima Suppe«, sagte er.

Ursula lächelte ihn an.

»Schauen Sie mich nicht so an«, sagte sie.

»Wie schaue ich denn?«

»Wie ein Hündchen.«

»Ich kann nichts dafür«, sagte er.

»Sie sind ein Dummkopf, Geoffrey. Ein Dummkopf.«

Er liebte es, wie sein Name aus ihrem Mund klang. Und er spürte, daß sie sich anscheinend nicht mehr ganz so völlig sicher war, ob er tatsächlich ein Dummkopf war.

»Eigentlich bin ich kein so schlechter Kerl«, sagte er. »Die meisten Hündchen wie ich, mit Ausnahme von Dobermännern . . .«

In diesem Augenblick kündigte der Wäschetrockner mit einem kurzen Klingeln an, daß er seine Aufgabe erfüllt hatte.

Beide ärgerten sich über die Störung, aber es blieb Geoff nichts anderes übrig, als zu dem gottverdammten Trockner zu gehen, sich zu vergewissern, daß die gottverdammten Sachen sauber, trocken und warm wie aus dem Toaster waren, und mit den gottverdammten Sachen ins Badezimmer gehen und sie anzuziehen.

Ursula ging dann mit ihm zur Haustür.

»Kann ich wiederkommen?« fragte er.

»Sicher, warum fragen Sie, Geoff?«

»Weil ich dachte, nachdem ich Ihnen gesagt habe, daß ich Sie liebe, möchten Sie mich vielleicht nicht mehr wiedersehen.«

Sie schaute zu ihm auf, und ihre Blicke tauchten ineinander, und dann sagte Ursula: »Ich möchte nicht einmal jetzt, daß Sie weggehen, Geoff.«

»Ich könnte auch noch etwas hierbleiben.«

»Sie müssen noch nicht weg, Geoff?«

»Nein, ich muß noch nicht weg.«

»Geoff – du mußt wissen . . .«

»Was?«

»Ich – habe es noch nie getan.«

»Bist du sicher, daß du es jetzt willst?« fragte er sehr sanft.

»Was denkst du denn?« Sie ging von ihm fort durch das kleine Wohnzimmer und ins Schlafzimmer. Sein Herz schlug schneller, fast wie in einem Trommelwirbel, so kam es ihm vor, und er folgte ihr.

»Schau nicht her!« sagte sie im Befehlston.

Er mogelte. Er wandte ihr zwar den Rücken zu, aber er sah alles, was er nicht sehen sollte, im Spiegel. Und sie ertappte ihn dabei.

»Zufrieden?« fragte sie, und ihre Wangen wurden eine Spur dunkler.

»Hast du jetzt nichts dagegen, wenn ich dir sage, daß ich dich liebe?«

»Oh, mein Geoffrey!« Sie lief zu ihm.

Eine Minute oder so später schaffte er es wesentlich schneller, die Stiefel auszuziehen, als er sie vorher angezogen hatte. Und es tat ihr weh, wie es bei einer Jungfrau sein sollte, aber sie drohte ihm, ihn umzubringen, wenn er nicht weitermachen würde.

2

U.S. Army Standortlazarett
Fort Bragg, North Carolina

6. Februar 1962, 8 Uhr 30

Als Dianne Eaglebury Tom Ellis' Jaguar auf dem Besucherparkplatz parkte und die Puppe vom Rücksitz nahm, rutschten ihre Brüste aus dem BH. Nachdem sie die Puppe auf das Wagendach gelegt hatte, griff Dianne von neuem unter den Sweater und rückte die Dinge dorthin, wo sie hingehörten, wobei sie inständig hoffte, daß niemand es beobachtete.

Sie wußte nur zu gut, weshalb die Brüste aus dem BH gehüpft waren. Der Büstenhalter war nicht kreiert worden, um etwas zu halten, sondern mehr, um etwas zur Schau zu stellen. Er bestand aus hauchdünner Spitze, und die Körbchen waren noch ein wenig knapper als eine Halbkugel. Wenn alles richtig an Ort und Stelle war, dann hoben die Körbchen den unteren Teil der Brüste an, während der obere Teil bis zu den Brustspitzen frei war.

Sie hatte diesen BH im Schaufenster eines Ladens an der Book Row in Durham gesehen und für 29,95 Dollar gekauft, obwohl das ein ziemlich saftiger Preis für ein BH- und Höschen-Set war, das alles in allem aus soviel Material bestand wie ein Männertaschentuch. Dianne hielt es für durchaus möglich, daß sie den BH – und was er enthielt – Tom Ellis präsentieren konnte. Das gab ihr ein Gefühl, köstlich verrucht zu sein. Weniger wahrscheinlich war, daß sie eine Möglichkeit fand, ihm einen Blick auf das schwarze, durchsichtige Höschen zu gewähren. Die Zimmertür konnte nicht abgeschlossen werden, und wenn Dianne auch bereit war, schamlos lüstern für Tom zu sein, so wollte sie das nicht für ein Publikum aus Schwestern, Pflegern oder sonst jemand sein, der in das Zimmer kam, ohne vorher anzuklopfen.

Die Puppe hatte ihr Leben als Typ ›süße Göre‹ mit hübschen kleinen Zöpfen begonnen, mit einem Röckchen, unter dem weißrote Ringelstrümpfe zu sehen waren, und einer niedlichen pinkfarbenen Mütze, die schief auf dem Kopf thronte. Der Anblick der Mütze hatte Dianne inspiriert. Jetzt war die Mütze grün, ein Green Beret, das Resultat einer halben Stunde sorgfältiger Arbeit mit einem grünen Textmarker. In Stunden zusätzlicher sorgfältiger Arbeit war der Miniatur-Blitz der Special Forces auf dem Beret entstanden. Die blonden Nylonzöpfe waren behutsam entflochten, gekämmt und in einer ziemlich guten Imitation von Diannes eigener Frisur hergerichtet worden. Der Rock war über den Knien abgeschnitten, und statt der Ringelstrümpfe trug die Göre jetzt ein schwarzes, fast ebenso gewagtes Spitzenhöschen, wie Dianne eines anhatte.

Tom würde sich amüsieren.

Gott, sie hoffte es. Es ging ihm so schlecht.

Dr. Parker hatte am Vorabend angerufen und sie vorgewarnt, daß Tom bei ihrem nächsten Besuch ein wenig ›sonderbar‹ sein könnte. Er hatte irgendeine fieberhafte Erkrankung, und ein völlig normales, zu erwartendes Symptom war eine gewisse Verwirrtheit.

Kein Grund zur Sorge, hatte Dr. Parker gesagt, aber sie wolle Dianne darauf vorbereiten. Es würde vorübergehen, wenn das Fieber nachlassen würde, und das konnte bereits der Fall sein, wenn Dianne von Durham zum Lazarett kommen würde.

Dianne konnte sich nicht überwinden, die Ärztin ›Toni‹ zu nennen oder auch nur an sie als ›Toni‹ zu denken, obwohl Dr. Parker sie dazu ermuntert hatte und sie sich angefreundet hatten. Antoinette Parker hatte darauf bestanden, daß Dianne bei ihr in ihrer Wohnung blieb.

Dianne hatte sich mit allerhand Wein Mut angetrunken und dann eine Bitte vorgetragen. Dr. Parker hatte sie ihr erfüllt und ihr einen Vortrag über die Feinheiten der Geburtenkontrolle gehalten, begleitet von der entsprechenden Beschreibung und dem Bekenntnis, wie überraschend schnell sie alle Vernunft vergessen hatte, als sie mit Phil Parker vor der Ehe geschlafen hatte.

»Da war ich, eine Hohepriesterin und – noch jungfräuliche – Medizinerin, fest davon überzeugt, daß fleischliche Gelüste eine Schwachheit der weniger intellektuellen Leute sind, und eine Woche später folgte ich ihm von Garnision zu Garnison, tigerte in schwarzer Unterwäsche verführerisch durch ein Motelzimmer in Manhattan, Kansas, und betete, daß der Anblick einen Soldaten überzeugen würde, das Leben ohne mich wäre undenkbar.«

Dr. Antoinette verstand anscheinend Diannes Gefühle für Tom. Dianne bezweifelte, daß ihre Eltern sie so leicht verstehen würden, wenn überhaupt.

Heute brauchte sie sich nicht ins Lazarett zu stehlen wie bei ihrem ersten Besuch bei Tom, als man sie nicht zu ihm lassen wollte und sie zu verzweifelten Maßnahmen greifen mußte. Dr. Parker hatte bei der Lazarettverwaltung erreicht, daß Dianne als ›Angehörige‹ geführt wurde. Dianne spürte, daß das keine Routinesache war, denn sie fing einen sonderbaren Blick des Soldaten am Besucherschalter auf, bevor er ihr eine Anstecknadel für Besucher gab, die sie an ihren Sweater heften sollte. Dann fragte er sie, ob sie wisse, wo die Station war.

»Ich weiß Bescheid, ich war schon dort«, sagte Dianne.

Dr. Parker stand auf dem Flur beim Schwesternzimmer und sprach mit einer großen, gutaussehenden Frau, deren Haar sich grau zu verfärben begann und die offenbar so überzeugt von ihrem attraktiven Aussehen war, daß sie darauf verzichtete, die grauen Strähnen zu färben.

»Guten Morgen«, grüßte Dianne heiter.

»Wir haben auf Sie gewartet«, sagte Dr. Parker. »Dies ist Patricia Hanrahan, ebenfalls eine Freundin von Tom.«

»Hallo, Dianne«, sagte Patricia Hanrahan sehr leise.

Dianne erkannte die Verbindung.

»Sie sind die Frau des Generals«, sagte sie. »Tom hat mir von Ihnen erzählt.«

»Er hat mir auch von Ihnen erzählt«, sagte Patricia Hanrahan.

Dr. Parker ergriff Dianne am Arm und führte sie über den Flur.

»Wohin gehen wir?« fragte Dianne.

»Wir müssen uns unterhalten, und das möchte ich nicht auf dem Gang«, sagte Dr. Parker.

»Worüber unterhalten?« fragte Dianne so beklommen, wie sie sich auf einmal fühlte.

Sie gelangten in einen kleinen Raum, der mit Chrom-Vinylstühlen, zwei kleinen Tischen und einem Cola-Automaten ausgestattet war.

»Tom ist nicht mehr da, Dianne«, sagte Dr. Parker.

»Tom ist nicht mehr da? Was meinen Sie damit? Wo ist er hingegangen?«

»Tom starb heute morgen um 7 Uhr 15«, sagte Dr. Parker.

»Es tut mir so leid, Schatz«, sagte Patricia Hanrahan.

Ein Teil von Diannes Verstand sagte ihr, daß es nicht wahr sein konnte. Ein anderer Teil sagte ihr, daß es die grausame Wahrheit war.

»Was – ist – passiert?« fragte sie kaum hörbar.

»Keiner weiß es wirklich«, sagte Toni Parker.

»Was zur Hölle ist passiert?« wiederholte Dianne heftig.

»Es war vermutlich die Infektion . . .«, sagte Toni Parker.

»Vermutlich? Er ist tot, und Sie *wissen* nicht, woran er starb?«

»O Gott!« Patricia Hanrahan schluchzte auf.

»Gestern morgen, früh gestern morgen, begann seine Temperatur gefährlich anzusteigen«, erklärte Toni Parker. »Wir schafften es, das Fieber im Laufe des Tages zu senken. Als ich Sie anrief, glaubten wir, es unter Kontrolle zu haben. Und dann stieg es wieder, und wir konnten es nicht mehr senken.«

Dianne starrte sie an.

»Muß ich sagen, daß wir alles Menschenmögliche getan haben?« Toni Parker konnte ihre Stimme kaum unter Kontrolle halten.

»Sie waren nicht hier?« sagte Dianne anklagend.

»Ich war die meiste Zeit des Nachmittags bei ihm«, sagte Toni Parker. »Und letzte Nacht. Ich war bei ihm, als er starb.«

»Was *passierte?«* fragte Dianne.

»Es gab eine Störung des Nervensystems«, sagte Toni Parker mit gepreßter Stimme. »Und des Stoffwechsels. Ich weiß nicht, was die Autopsie ergeben wird, wenn überhaupt etwas dabei herauskommt.«

»Autopsie? *Mein Gott!* Man wird ihn aufschneiden?«

»Vielleicht finden wir etwas, das beim nächsten Fall dieser Art helfen wird«, sagte Toni Parker.

»Ich kann Ihnen nicht sagen, wie leid es mir tut«, warf Patricia Hanrahan ein.

»Warum hat mich niemand angerufen?« fragte Dianne sehr leise. »Ich hätte gestern kommen können. Ich hätte die Nacht bei ihm sein können.«

»Ich traf diese Entscheidung«, sagte Toni Parker.

»Vielen Dank«, sagte Dianne voller Bitterkeit.

»Er lag im Koma«, fuhr Toni Parker fort. »Er war in Intensivpflege. Man hätte Ihnen nicht erlaubt, zu ihm zu gehen. Ich dachte – wir *alle* dachten, daß wir das Fieber senken würden. Ich betete darum.«

»Ich hätte hier sein sollen«, sagte Dianne, und dann zorniger: »Ich hätte hier sein sollen!«

»Es tut mir leid«, sagte Toni Parker. »Guter Gott, wie leid es mit tut!«

»Wo ist er? Kann ich ihn sehen?«

»Nein«, antwortete Toni Parker schnell und bestimmt, als hätte sie die Frage erwartet und befürchtet.

»Warum nicht? Warum kann ich ihn nicht sehen? Lieber Gott, warum kann ich ihn nicht einmal *sehen?«*

Jetzt weinte sie. Toni Parker nahm sie in die Arme und hielt sie. Patricia Hanrahan preßte die Lippen aufeinander und wischte sich Tränen aus den Augen.

Lange Zeit war nur das Weinen des Mädchens zu hören. Dann sagte Toni Parker, die Dianne immer noch in den Armen hielt, langsam und als wäge sie jedes Wort sehr sorgfältig ab: »Toms Vater ist hier, Dianne. Als Toms Zustand als äußerst kritisch betrachtet wurde, informierte man seinen Vater, und er flog her.«

»Sie haben es ihm gesagt? Er schämte sich Toms, und Tom

konnte ihn nicht ausstehen, aber Sie haben es ihm gesagt. Und nicht mir?«

»Das machte die Verwaltung«, sagte Toni Parker.

Dianne löste sich ruckartig von ihr, nahm ein Taschentuch aus der Handtasche und schneuzte sich.

»Was geschieht jetzt?« fragte sie dann.

»Wenn der Leichnam freigegeben wird . . .«

»Freigegeben?«

»Nach der Autopsie«, erklärte Toni. »Es gibt einige Sorge wegen einer möglichen Kontaminierung.«

»Was ist, wenn der Leichnam freigegeben wird?« fragte Dianne.

»O Mutter Gottes«, sagte Patricia Hanrahan.

»Wir halten es für das beste, wenn die sterblichen Überreste eingeäschert werden«, sagte Toni Parker. »Mr. Ellis hat eingewilligt.«

»So?« sagte Dianne. »Was ändert das denn?«

»Mr. Ellis hat entschieden, Toms Urne auf dem Friedhof in Fayetteville beizusetzen«, sagte Patricia Hanrahan. »Es wird natürlich eine militärische Beisetzung sein. Tom gilt als gefallen auf Grund von Verwundungen, die er im Kampf erlitt.«

»Ich weiß nicht, worauf Sie hinauswollen, aber irgend etwas wollen Sie«, sagte Dianne.

»Mr. Ellis' hat nach Toms Besitz gefragt«, sagte Patricia Hanrahan. »Er hat nach Toms Auto gefragt.«

»Der Bastard hat ihn im Stich gelassen, hatte nichts mehr mit ihm zu tun, als Tom aufwuchs, aber er taucht jetzt auf, um Toms Wagen zu bekommen, richtig?«

»Tom machte ein Testament, bevor er nach Vietnam flog«, sagte Patricia Hanrahan. »Wir wissen noch nicht, was darin steht. Er ist beim Militärrichter. Ich weiß nicht – ist es möglich, daß Tom Sie in seinem Testament bedacht hat?«

»Das glaube ich nicht«, erwiderte Dianne bitter. »Er ging fort mit dem Gedanken, ich wäre zu gut für ihn.«

»Ach du meine Güte!« sagte Patricia Hanrahan.

»Wird Ellis mir den Jaguar verkaufen?« fragte Dianne.

Toni Parker und Patricia Hanrahan tauschten Blicke.

»Ich befürchte, nein«, sagte Patricia Hanrahan nach einigem Zögern.

»Woher wissen wir das, bevor wir ihn fragen?«

»Mein Mann hat ihn gefragt«, sagte Patricia Hanrahan. »Mein Mann erzählte ihm von Ihnen und sagte ihm, daß Sie vielleicht den Wagen kaufen möchten.«

»Und?«

»Toms Vater sagte, das sei vermutlich die einzige Chance für ihn, jemals solch einen Wagen zu besitzen, und wenn er ihn verkaufe, würde seine Frau das Geld nur draufhauen.«

»Der Wagen steht draußen«, sagte Dianne.

»Die Beisetzung ist morgen um 10 Uhr«, sagte Patricia Hanrahan.

»Die Beisetzungsfeier oder die Einäscherung?« fragte Dianne.

»Die Einäscherung findet heute statt«, antwortete Toni Parker.

»Ich weiß«, sagte Dianne in tiefem Sarkasmus, »sobald *der Leichnam freigegeben ist.*«

»Sie können bei mir bleiben«, sagte Toni Parker.

»Kommt seine Mutter?« fragte Dianne.

»Sie sagte, sie kann es sich finanziell nicht leisten«, antwortete Patricia Hanrahan.

»Würde sie kommen, wenn ich ihr ein Flugticket schickte und für ein Motelzimmer bezahlte?«

»Ich weiß es nicht«, sagte Patricia Hanrahan. »Ich kann anrufen und sie fragen, wenn Sie es wollen.«

»Sie war kaum das, was man als ideale Mutter bezeichnen kann«, sagte Dianne. »Aber sie war seine Mutter. Würden Sie bitte anrufen?«

»Ich mache es gleich, wenn Sie möchten«, sagte Patricia Hanrahan.

»Kann ich irgend etwas für Sie tun, Dianne?« fragte Toni. »Möchten Sie eine Pille oder einen Kaplan? Irgend etwas?«

»Nein«, sagte Dianne. Und etwas später: »Danke.«

Patricia Hanrahan rief Sergeant Major Taylor an und erhielt von ihm die Telefonnummer. Dann telefonierte sie mit Tom Ellis' Mutter und erklärte ihr, daß Sie kommen könne, es gäbe einen Fonds, aus dem die Reise- und Hotelkosten bezahlt werden.

»Sie sind sehr gut in so was«, sagte Dianne bewundernd, als Patricia Hanrahan Toms Mutter erklärt hatte, daß sie innerhalb einer Stunde noch einmal anrufen und ihr die Einzelheiten mitteilen würde.

»Ich versuche es zu sein«, sagte Patricia Hanrahan. »Schatz, wenn Toms Wagen wichtig für Sie ist, dann können Sie vielleicht mit Mr. Ellis oder Toms Mutter sprechen, wenn das Testament eröffnet ist. Oder mein Mann kann das erledigen. Vielleicht können Sie nach der Beisetzung mit den beiden reden.«

»Ich gehe nicht zu der Beisetzung«, sagte Dianne. »Ich würde dem Mann ins Gesicht spucken, wenn ich ihn nur sehe.«

»Sind Sie sicher, Dianne?« fragte Toni Parker. »Daß Sie nicht zu der Beisetzung gehen wollen, meine ich?«

»Ich habe mich von Tom verabschiedet. Ich habe ihm guten Tag und auf Wiedersehen gesagt, als ich ihn zum letzten Mal sah«, erwiderte Dianne.

»Fahren Sie zurück zur Uni?« fragte Patricia Hanrahan. »Oder heim?«

»Ich fahre zurück zur Uni. Ich will nicht, daß mein Vater Mitleid mit mir hat.«

»Ich fahre Sie«, bot Patricia Hanrahan an.

»Das brauchen Sie nicht«, sagte Dianne. »Ich werde einen Wagen mieten.«

»Ich fahre Sie«, beharrte Patricia Hanrahan. »Tom würde sich das von mir wünschen.«

Sie nahm die Puppe mit dem schwarzen Spitzenhöschen und dem Green Beret und reichte sie Dianne Eaglebury.

3

Büro des Befehlshabenden Generals
U.S. Army Special Warfare School and Center
Fort Bragg, North Carolina

2. März 1962, 11 Uhr 30

First Lieutenant Charles J. Wood junior, Infanterie, Adjutant von Brigadier General Paul T. Hanrahan, sprang auf, als der große, gutaussehende Offizier das Vorzimmer betrat.

»Guten Morgen, Colonel«, sagte er. »Darf ich Ihnen helfen?«

Tom Ellis war von einem tüchtig wirkenden Adjutanten ersetzt worden, wie Craig Lowell fand. Der Mann strahlte alles aus, was man von einem guten Adjutanten erwartete, und vermutlich alles, was Tom Ellis nicht gewesen war. Dieser First Lieutenant trug stolz den Ring zum Zeichen dafür, daß er die U.S. Militärakademie West Point absolviert hatte. Seine Haltung war tadellos, er sah aus, als hätte er sich nach einem täglichen Haarschnitt zehn Minuten lang rasiert, und er wirkte intelligent und schneidig.

Vermutlich wurde er ausgewählt, weil er Hanrahan nicht an Tom Ellis erinnert, dachte Lowell.

»Guten Morgen, Lieutenant«, sagte Lowell. »Mein Name ist Lowell, und wenn der General nicht zu sehr beschäftigt ist, wäre ich dankbar, wenn Sie mir ein paar Minuten seiner Zeit verschaffen könnten.«

»Ich werde feststellen, ob der General beschäftigt ist, Sir. Würde es Ihnen etwas ausmachen, mir die Art Ihres Besuchs zu sagen?«

»Ich möchte ihm meine Aufwartung machen, während ich hier in vorübergehender Verwendung bin.«

Lieutenant Wood ging zur Tür von Hanrahans Büro, klopfte an, wurde zum Eintreten aufgefordert, trat ein und schloß die Tür hinter sich.

»Ich wette, er macht das Leben hier interessant«, sagte Lowell zu Sergeant Major Taylor.

»Der Lieutenant versucht, uns alle zum Spuren zu bringen«, bemerkte Taylor.

»Ist das da draußen nicht Tom Ellis' Wagen?« fragte Lowell.

»Ja, das ist er. Oder war er.«

»Mrs. Hanrahan sagte mir, Toms Mutter kam zur Beisetzung.«

»Eine häßliche Sache, Colonel«, sagte Taylor. »Toms Mutter und der geschiedene Vater glaubten beide, den Wagen und den übrigen Besitz zu erben.«

»Und, ist das nicht so?«

»Nicht vor Eröffnung des Testaments. Sie waren beide höllisch sauer, weil sie Toms Sachen nicht mit nach Hause nehmen konnten.«

»Allmächtiger!« sagte Lowell.

»Ich hoffe, seine Mutter bekommt das Erbe«, sagte Taylor.

»Ich schließe daraus, daß sie der nettere Teil der beiden war?«

»Nein. Auf einer ›Nettigkeitsskala‹ von 1 – 10 würden sie beide nicht über anderthalb hinauskommen. Aber die Mutter würde den Wagen an Ellis' Mädchen verkaufen. Sein Vater will damit herumgondeln und angeben.«

»Wie hat Dianne es aufgenommen?«

»Sie zahlte der Mutter Flug- und Hotelkosten, damit sie kommen konnte, aber sie selbst nahm nicht an der Beisetzung teil.«

»Es ist hart, einen Bruder und den Freund binnen eines Jahres zu verlieren«, sagte Lowell. »Wie lange wird es dauern, bis das mit der Erbschaft geregelt ist?«

»Ich bezweifle, daß sich der JAG (Judge Advocate General – Oberster Militärrichter) abhetzt, um alles zu beschleunigen. Ellis' Vater hat praktisch den Vorwurf erhoben, die Army versuche, ihn um die Erbschaft zu betrügen.«

»Der General hat jetzt Zeit für Sie, Colonel Lowell«, sagte Lieutenant Wood und hielt die Tür auf. Und als Lowell zu Hanrahans Büro ging, meldete Wood förmlich: »General, Lieutenant Colonel Lowell.«

Lowell marschierte ins Büro, blieb drei Schritte vor General Hanrahans Schreibtisch stehen, grüßte steif und sagte: »Lieutenant Colonel Lowell, C.W., Sir, erbittet eine Audienz beim Befehlshabenden General, Sir.«

General Hanrahan erwiderte den Gruß.

»Mir würde der Gedanke mißfallen, daß Sie sich über meinen Adjutanten lustig machen, Craig«, sagte er.

»Nein, Sir«, sagte Lowell. »Das käme mir nicht in den Sinn, Sir.«

»Dann sind Sie ein Vorbild an militärischer Höflichkeit, und das mißfällt mir ebenfalls, denn es bringt mich auf den Verdacht, daß Sie etwas von mir wollen, was ich Ihnen nicht geben möchte.«

»Sie hatten schon immer eine mißtrauische Natur, General.«

»Was Sie anbetrifft, so habe ich allen Grund, eine zu haben. Charley, das ist Colonel . . .«

»Der Colonel und ich haben uns kennengelernt«, sagte Wood.

». . . den ich schon kannte, als er noch jünger war als Sie. Wenn er Sie jemals um etwas bittet, überprüfen Sie das mit Sergeant Major Taylor, mit Colonel Mac und mir selbst, bevor Sie es ihm geben. Er ist kein netter Mann.«

»Jawohl, Sir.«

»Netter Junge«, bemerkte Lowell, als Wood das Büro verlassen hatte.

»Was wollen Sie, Craig?«

»Ich freue mich auch, Sie wiederzusehen, Sir.«

»Was wollen Sie, Craig?«

»Können Sie mir in einer halben Stunde alles über HALO sagen?«

»Warum sollte ich das wollen?«

»Weil wir dann zum Essen gehen und uns über etwas Angenehmes unterhalten könnten«, erwiderte Lowell.

»Ich weiß nicht, ob ich Ihnen an einem ganzen Nachmittag etwas über HALO (High Altitude – Low Opening/Öffnen des Fallschirms in geringer Höhe) erzählen kann, geschweige denn in einer halben Stunde, und ich werde Ihnen nicht das geringste darüber erzählen, wenn Sie mir nicht sagen, warum Sie das wissen wollen.«

Ohne anzuklopfen betrat Lieutenant Colonel Rudolph G. MacMillan das Büro.

»Hoho«, sagte er, »was führt er im Schilde?«

»Abgesehen davon, daß er uns zum Essen eingeladen hat, will er alles über HALO wissen.«

»Ich habe nichts von *uns* gesagt, was die Einladung zum Essen anbetrifft«, sagte Lowell. »Mac kann sein Essen selbst bezahlen.«

»Wünschen Sie sonst noch etwas, General?« fragte Lieutenant Wood.

»Bleiben Sie bei uns, Charley«, sagte General Hanrahan. »Colonel Lowell führt uns alle zum Essen aus.«

»Jawohl, Sir«, sagte Lieutenant Wood.

»Warum wollen Sie was über HALO wissen, Craig?« fragte MacMillan.

»Eigenartig, daß Sie fragen, Mac«, sagte Lowell. »Zufällig ist General Roberts zu der Erkenntnis gelangt, daß es eine Lücke in meiner militärischen Bildung ist, die unverzüglich ausgefüllt werden muß.«

»Und wie gelangte er zu dieser Erkenntnis?« erkundigte sich Hanrahan.

»Wir hatten eine Konferenz«, erklärte Lowell. »Wie so oft in letzter Zeit, falls niemand davon gehört hat, und Brigadier General Jack Holson machte die erstaunliche Ankündigung, im Zusammenhang mit nichts Besonderem, an das ich mich erinnere, daß die Army, besonders die Special Forces, in der Lage ist, aus 10 000 Metern Höhe aus einem Jet zu springen und in einem Gurkenfaß ihrer Wahl zu landen.«

»Was ist daran lustig?« schnaubte Mac. »Wir können das.«

»Als General Holson Zweifel an meiner Miene abzulesen glaubte, informierte er mich ein wenig spitz über die Sache«, sagte Lowell. »Er stellte ebenso spitz fest, daß ich wirklich nicht viel über die Fähigkeiten der Luftlandetruppen weiß. Worauf ich erwiderte, daß ich so wenig wie nur möglich über Luftlande-Operationen wissen möchte. Meine Abneigung gegen Springen aus Flugzeugen, die völlig intakt sind, ist allgemein bekannt, fügte ich hinzu. Aus irgendeinem Grund nahm General Holson Anstoß an diesen Worten, die ich für eine amüsante Bemerkung gehalten hatte.«

Hanrahan lachte. Brigadier General Jack Holson war ein alter Fallschirmjäger und später bekehrt zur Heeresfliegerei und der Luftbeweglichkeit der Army. Aber er war und blieb vor allem ein Fallschirmjäger, der eine Kompanie der 11. Luftlandedivision über Corregidor abspringen ließ, um es den Japanern wieder abzunehmen. Es war nicht schwierig für Hanrahan, sich vorzustellen, wie ›spitz‹ Jack Holsons Bemerkungen Lowell gegenüber gewesen waren.

»Brigadier General Bill Roberts wollte anscheinend die Wogen glätten«, fuhr Lowell fort. »Er kündigte an, daß ich mich so bald wie möglich über den neuesten Stand der Luftlandeoperationen informieren würde.«

»Und das war kein Scherz – dieses ›so bald wie möglich‹ ist jetzt?« fragte Hanrahan.

»Es war kein Scherz«, sagte Lowell. »Ein weiterer Entwurf des Projektes Luftbeweglichkeit wurde zur Begutachtung verteilt, und Roberts schickte mich hier rauf, um alles zu lernen, was es über HALO zu wissen gibt.«

»Nichts über die üblichen Operationen?« fragte Mac.

»Ich konnte darauf verweisen, Colonel, daß jeder, der eine Zeitlang zusammen mit Ihnen diente, alle Einzelheiten der Luftlandeoperationen des Zweiten Weltkrieges oder des konventionellen Einsatzes von Fallschirmjägern unauslöschlich in Erinnerung hat.«

MacMillan lachte.

»Weil Sie ständig davon schwätzen«, fügte Lowell hinzu.

MacMillans Lachen verstummte. »Aber das mit HALO ist Ihnen ernst?«

»Ich nehme an, es bleibt mir nichts anderes übrig, denn es wird bestimmt ein Quiz bei meiner Rückkehr veranstaltet werden«, sagte Lowell.

MacMillan ging zum Telefon und wählte eine Nummer.

Er ruft einen Experten an, dachte Lowell. Der Experte würde ihm einen schnellen Vortrag halten, nicht länger als eine Stunde Unterricht vermutlich. Dann würde er vielleicht um halb zwei oder drei Uhr fertig sein und konnte im Lazarett anrufen und anfragen, ob Lady-Captain Barbara Gillis vom Sanitätskorps frei hatte, um mit ihm und seiner sehr guten Freundin Dr. Antoinette Parker Cocktails zu trinken. Wenn Antoinette dabei war, würde Barbara Gillis die Einladung vielleicht annehmen. Und da Toni Parker tatsächlich eine sehr gute Freundin war, konnte er von ihr erwarten, daß sie eine Ausrede fand, um ihn und Barbara sofort nach dem Abendessen allein zu lassen.

Lowell hatte fünfmal mit Barbara Gillis telefoniert, seit er sie auf dem Rückflug von Frankfurt kennengelernt hatte. Es waren stets angenehme, amüsante Unterhaltungen gewesen, und er dachte, daß heute die Nacht der Nächte stattfinden würde. Diese blödsinnige Idee von Bill Roberts, daß er – Lowell – sich alles Wissenswerte über HALO aneignen müsse, würde vielleicht doch noch ein Happy-End haben.

»Roxy«, sagte Mac am Telefon, »zieh dir ein hübsches Kleid an, hol Patricia Hanrahan ab und komm mit ihr in den Hauptklub. Lowell ist hier, und er spendiert uns allen ein Essen. In einer halben Stunde.«

»Ich dachte, Sie bestellen einen HALO-Experten für mich«, sagte Lowell.

»Da ist er«, sagte Mac und wies auf Lieutenant Wood. »Bevor er für den General arbeitete, war er Stellvertretender Projektoffizier für HALO. Er hat 60 Absprünge gemacht, oder, Wood?«

»64, Sir«, sagte Wood.

»64 HALOs«, sagte Mac.

»Sonderbar, Lieutenant«, sagte Lowell. »Sie sehen gar nicht so irre aus.«

»Es ist eine sehr interessante Sache, dieses HALO, Colonel«, sagte Lieutenant Wood.

Über die ich zweifellos mehr lernen werde, als ich in Wirklichkeit wissen möchte, dachte Lowell.

Hanrahan kleidete das in Worte. »Nach dem Essen, Craig, wird Charley Sie instruieren und mit Ihnen das Ausbildungsprogramm durchführen.«

»Mir das Programm *zeigen*, meinen Sie«, korrigierte Lowell. »›Durchführen‹ hat eine völlig andere Bedeutung.«

Das Essen verlief überwiegend angenehm. Lowell mochte Roxy MacMillan und hatste auch Patricia Hanrahan gern.

Roxy MacMillan, die sich immer noch über das Verhalten von Tom Ellis' Vater ärgerte, brachte das Thema zur Sprache.

»Ich bin mir nicht sicher, ob ich Dianne Eaglebury anrufen und fürs Wochenende einladen soll. Ich frage mich, ob das nicht wieder die Wunde aufreißen würde.«

»Laß sie in Frieden«, sagte Mac. »Sie hat den Bruder und den Freund verloren. Würdest du herkommen, wenn du an ihrer Stelle wärst?«

»Dich habe ich nicht gefragt«, sagte Roxy.

»Mac hat recht, Roxy«, sagte Lowell.

Daraufhin kündigte Roxy an, daß sie ein paar Steaks besorgen und Toni Parker zu einem Barbecue einladen werde. Natürlich sei Lowell ebenfalls eingeladen. Es sei eine Schande, daß er einfach nach der Landung in Fayetteville einen Wagen und ein Motelzimmer gemietet habe, anstatt ihr Gast zu sein.

»Darf ich jemanden mitbringen?« fragte Lowell. Es gab keinen Ausweg. Wenn er Roxys Einladung ablehnte, würde er sie kränken, und das wollte er nicht, ganz gleich wie sehr das der Verführung von Lady Klapsdoktor schaden mochte.

»Ich schrecke davor zurück, zu fragen, wer es ist«, erwiderte Roxy. »Aber ich tue es.«

»Ein Captain vom Lazarett«, sagte Lowell.

»Wer ist der Captain?«

»Es ist eine Sie«, erklärte Lowell.

»Das hätte ich mir eigentlich denken können«, bemerkte Roxy.

»Sie ist Psychiaterin«, sagte Lowell. »Sie kann Charley Wood fragen, was ihn dazu getrieben hat, 64 mal in 7000 Metern Höhe aus Flugzeugen zu hüpfen.«

»Aus *10 000* Metern Höhe, Colonel«, korrigierte Wood. »Und getrieben hat mich eigentlich die Springerzulage.«

Lowell lachte. Nachdem er den steifen, kleinen West Pointer näher kennengelernt hatte, fand er ihn ganz sympathisch.

»Reißt du immer noch deine Witze über die Fallschirmjäger?« fragte Roxy. »Kannst du denn niemals damit aufhören?«

»Nur wenn ich Bemerkungen über Leute mache, die Pfadfinderinnenmützen tragen«, sagte Lowell.

»Auch das können wir nicht mehr hören, lieber Craig«, sagte Roxy. »Hör bitte damit auf.«

»Als Toms Freundin ins Lazarett kam«, warf Patricia Hanrahan ein, »hatte sie ihm eine Puppe mit einem Green Beret gemacht.«

»Oh, verdammt«, sagte Roxy.

»Laßt uns das Thema wechseln«, meinte General Hanrahan.

»Reden wir von etwas Lustigem«, stimmte Roxy zu.

»Zum Beispiel, wie wir Lowell aus einem Flugzeug werfen?« fragte Mac.

»Sehr lustig«, sagte General Hanrahan. »Die Idee hat einen gewissen Reiz.«

»Gibt es eine Möglichkeit, Geoff Craig zu sehen, ohne irgendwelche Schwierigkeiten zu machen?« erkundigte sich Lowell.

»Er beendet heute die Ausbildung in McCall«, sagte Mac. »Morgen bekommen die Jungs die Green Berets. Da Sie ein fieser Kerl sind, können und werden Sie sie vielleicht sehen, wenn sie von McCall kommen. Wenn Sie ein netter Kerl wären, würden Sie ihn heute abend in Ruhe lassen und morgen zur Abschlußparade gehen.«

»Was hast du gegen heute abend?« fragte Roxy. »Was soll's, bring den Jungen zum Barbecue mit.«

»Nein, Roxy«, sagte Mac.

»Warum nicht? Ich meine, schließlich gehört er zur Familie. Ich erinnere nur daran, daß *du* PFC Lowell zu einer Grillparty in Bad Nauheim mitbrachtest.«

»Das wurde mir befohlen«, sagte Mac. »General Porky Waterford gab mir den Befehl.«

»Dann befehlen Sie es ihm, General«, sagte Roxy.

»Nein, Roxy«, wiederholte Mac.

»Warum nicht?«

»Weil die Jungs heute abend von der Leine gelassen werden«, sagte Mac. »Heute abend trinken sie Bier und gehen auf Mädchenjagd. Geoff möchte nicht mit Offizieren und ihren Frauen zusammensein.«

»Ich sage es ungern, aber er hat wieder recht, Roxy«, bemerkte Lowell. »Vielleicht kann ich ihm morgen ein Essen spendieren.«

»Also gut«, sagte Roxy, sichtlich enttäuscht.

Von 14 Uhr 15 bis 17 Uhr 30, nur mit einer Pause, in der Lowell Toni Parker anrufen und sicherstellen konnte, daß sie Dr. Gillis mit zu den MacMillans bringen würde, wurde Lowell von First Lieutenant Charley Wood über die HALO-Einsätze, die Techniken und Möglichkeiten informiert. Lieutenant Wood war tatsächlich ein Fachmann für HALO-(High-Altitude, Low-Opening-)Fallschirm-Techniken und schien von dem brennenden Verlangen beseelt zu sein, all sein Wissen auf Lieutenant Colonel Lowell zu übertragen. Lowell lernte in der Tat mehr, als er überhaupt wissen wollte.

Einiges davon fand er interessant. Er hatte keine Ahnung gehabt, über welch große Distanz HALO-Fallschirmspringer sich über den Boden bewegen konnten. Die Spezialfallschirme waren eigentlich mehr Flügel als Fallschirme. Damit konnte eine Geschwindigkeit bis zu 30 Stundenkilometern in einer gewählten Richtung über dem Boden erreicht werden, während der Fallschirmspringer herabschwebte.

Mit anderen Worten, die Fallschirmspringer konnten unbemerkt über eigenem Gelände abspringen und weit in feindlichem Gebiet landen. Das war eine interessante Fähigkeit. Und laut Wood konnten sie wirklich mit ein wenig Übung in einem Sektor landen, der so klein wie ein Gurkenfaß war. Es gab viele militärische Möglichkeiten mit dieser Fähigkeit, und als Wood den Unterricht beendete, war Lowell fasziniert von dem, was er erfahren hatte.

Er hatte gedacht, seine erzwungene Beschäftigung mit HALO wäre nur eine Lektion von Bill Roberts, daß man sehr sorgfältig abwägen sollte, was man über Fallschirmspringer sagt, wenn ein General anwesend ist, der zufällig ein hervorragender Fallschirmspringer gewesen ist. Diese Ansicht hatte sich nun geändert.

Als Lieutenant Wood ihm sagte, daß ein HALO-Springen für den nächsten Morgen geplant war und daß er zuschauen könnte, nahm Lowell das Angebot sofort an.

Die Grillparty war sehr schön. Toni trank ein wenig viel und erzählte, wie romantisch Phil um ihre Hand angehalten hatte, als Phil Parker und Lowell zusammen in einem Musterhaus bei Fort Riley gewohnt hatten. Jeder von Barbara Gillis bis zu Hanrahan (der die Geschichte schon x-mal gehört hatte) lachte laut über Toni Parkers Beschreibung von Phils und Craigs Junggesellenbude und daß sie das Schild MODELL-Haus auf dem Rasen hatten stehen lassen (obwohl das Haus schon verkauft war), weil sie auf diese Weise interessierte junge Frauen hatten anlocken wollen.

Bevor Barbara Gillis mit Toni Parker aufbrach, um zum Lazarett zurückzukehren, drückte sie Lowells Hand – recht vielversprechend, wie er fand – und stimmte schnell und verstohlen zu, daß sie am nächsten Abend mit ihm essen gehen würde.

Am Morgen, um 5 Uhr 15, traf Lowell Lieutenant Wood im Offizierskasino, wo sie frühstückten, und dann fuhren sie zur Pope Air Force Base, wo eine Gruppe von 21 Green Berets darauf wartete, ihren ersten HALO-Sprung aus einer C-130 in 10 000 Metern Höhe zu machen.

Alle hatten ihre Ausrüstung auf dem Zement neben der Maschine ausgelegt, und Lowell argwöhnte, daß sie die Ausrüstung längst angelegt hätten, wenn sie nicht von seinem Kommen gewußt hätten.

Er wurde dem Jump Master vorgestellt, einem fähig wirkenden Master Sergeant in Lowells Alter, und seinem Stab von Ausbildern. Es gab einen Ausbilder pro Mann. Der Jump Master erklärte Lowell, daß Springer und Ausbilder zusammen zur offenen Hecktür der Maschine gingen. Der Springer sprang auf ein Kommando hin rückwärts aus der Maschine, und der Ausbilder sprang hinter ihm her, ›flog‹ neben ihm und sorgte dafür, daß alles in Ordnung war und daß der Auszubildende den D-Ring zog, mit dem sein Fallschirm geöffnet wurde, wenn er den Befehl dazu erhielt. Es gab eine Sicherheitsvorrichtung, ein Gerät, das auf atmosphärischen Druck reagierte und den Fallschirm automatisch in etwa 1500 Metern Höhe öffnete. Wenn damit etwas schiefging, gab es noch einen Reservefallschirm für den Notfall.

»Ich nehme an, Sie möchten mit uns rauf, um zuzuschauen, Colonel?«

»Wenn ich nicht im Weg sein werde.«

»Überhaupt nicht, Sir«, sagte der Master Sergeant. »Wir freuen uns, Sie bei uns zu haben.«

»Danke«, sagte Lowell.

»Ich hörte, Sie und Mr. Wojinski und der General dienten zusammen in Griechenland, Colonel?«

»Ja, das stimmt.«

»Ski ist ein alter Freund von mir«, sagte der Master Sergeant. »Ich freue mich wirklich, Sie bei uns zu haben. Und jetzt entschuldigen Sie mich bitte. Ich muß hier alles überprüfen. Lieutenant Wood wird dafür sorgen, daß Sie ordentlich ausgerüstet werden.«

»Ich werde ausgerüstet?«

»Colonel, ohne Lederzeug und Sauerstoff ist es ziemlich ungemütlich in 10 000 Metern Höhe.«

»Das kann ich mir denken.« Lowell fühlte sich unbehaglich, weil er sich vor dem Master Sergeant so unwissend und einfältig gezeigt hatte.

»Das ›Leder‹, wie es der Master Sergeant bezeichnet hatte, waren eine mit Schaffell gefütterte Jacke und eine Hose. Hinzu kamen ein mit Schaffell gefütterter Helm, der sehr denen ähnelte, die Flieger in den Tagen der Flugzeuge mit offenem Cockpit getragen hatten, und normale Fallschirmspringerstiefel. Lieutenant Wood erklärte Lowell, daß er die Springerstiefel tragen müsse, weil er sonst bei der Temperatur dort oben Erfrierungen riskieren würde, wenn Füße und Waden nicht gut geschützt und der Saum der schaffellgefütterten Hose nicht fest über den Stiefeln geschlossen sein würde.

Der Helm war mit Schutzbrille und einer Gesichtsmaske ausgerüstet, durch die Sauerstoff zugeführt wurde, entweder aus einer der beiden tragbaren Sauerstoffflaschen, die am Fallschirmgurtzeug befestigt waren, oder aus dem Sauerstoffsystem des Flugzeugs. Es gab zwei Fallschirme: den manuellen Schirm und den automatischen Reservefallschirm. Allein das Herumgehen in der Ausrüstung war schwierig. Lowell beneidete nicht den Jump Master und die Ausbilder, die sich nicht nur um sich kümmern, sondern auch noch ihre Schüler im Auge behalten mußten.

Nach 35 Flugminuten wurde der Befehl gegeben, die Sauerstoffzufuhr vom Vorrat in der Maschine auf die Sauerstoffflaschen umzustellen. Als der Jump Master sich vergewissert hatte, daß bei jedem die tragbare Sauerstoffausrüstung einwandfrei funktionierte, ertönte ein hydraulisches Heulen, und dann war das Pfeifen von Luft zu hören. Die Hecktür des Flugzeugs öffnete sich und bildete eine Plattform.

Lieutenant Wood entfernte das Sauerstoffmundstück der ledernen Gesichtsmaske gerade lange genug, um Lowell aufzufordern, mit ihm zu kommen. Er führte ihn zu der jetzt bis zur Horizontalen aufgeklappten Hecktür und führte Lowells Hände zu den Haltegriffen im Rumpf, wo er sich festhalten konnte. Lowell sagte sich, daß er einen wirklich guten Blick auf diese tapferen – oder verrückten – jungen Männer haben würde, wenn sie aus 10 000 Metern Höhe ins Nichts treten würden.

Er sah, daß die Ausbilder die Ausrüstung jedes Schülers überprüften. Dann bildeten Schüler und Ausbilder eine Zweimannreihe im Rumpf und bereiteten sich zum Sprung vor.

Es stimmt *beides,* sagte sich Lowell. Diese Leute sind offensichtlich tapfer *und* verrückt.

Der Jump Master kam zur horizontalen Tür, hielt sich an einem Haltegriff fest und nickte Lowell zu. Dann kam Lieutenant Wood an Lowells Seite. Lowell fand, daß die beiden wie Ballonfahrer von 1930 aussahen. Er erinnerte sich an Bilder aus dem *National Geographic* Magazin.

Der Jump Master winkte ihn zu sich.

Der muß irre sein, wenn er glaubt, ich würde auch nur dort rübergehen, dachte Lowell. *Ich habe nicht vor, aus diesem Flugzeug zu fallen. Wenn ich gerade mitten in der offenen Tür stehe, und der Pilot die Nase der Maschine ein bißchen anhebt, würde ich hinausschlittern wie Kies aus einem Kipplader.*

Lowell schüttelte heftig den Kopf: Nein!

Lieutenant Wood tippte ihm auf die Schulter, wies zum Jump Master und signalisierte Lowell eindringlich, hinüber zu ihm zu gehen.

Lowell schüttelte erneut heftig den Kopf.

Lieutenant Wood wies auf eine blinkende rote Lampe und erklärte dann mit Gesten, daß er ihn buchstäblich an die Hand nehmen würde, wenn er so feige war und nicht die paar Schritte über perfekt ebenen Boden gehen würde, um aus dem Weg zu sein, damit die *Männer* mit ihrem Job weitermachen konnten.

Lowell erkannte, daß der Jump Master ebenfalls seine Angst bemerkt hatte. Er war jetzt auf Armlänge von seiner Seite der Tür entfernt und streckte die Hand zu Lowell hin.

Zur Hölle, wenn ich die Dinge vermassele und sie das Springen abblasen müssen, werden mir Hanrahan und MacMillan das ewig unter die Nase reiben.

Mit beträchtlicher Willenskraft löste Lowell die Hand, mit der er sich fest an den Haltegriff geklammert hatte, und gab Lieutenant Wood die Hand. Dann bewegte er sich sehr vorsichtig zur Mitte der Tür hin, die andere Hand zum Jump Master hingestreckt.

Schließlich erreichte er die Hand des Jump Masters und packte sie so fest wie er konnte.

Daraufhin ließen der Jump Master und Lieutenant Wood die Haltegriffe los, traten schnell näher zu Lieutenant Colonel Lowell, hoben ihn mit all der Erfahrung und dem Geschick langjähriger Rausschmeißer von unerwünschten Gästen vom Boden ab, trugen ihn zwischen sich ein Stück zurück, um Anlauf zu nehmen, liefen dann bis zum Rand der horizontalen Tür und sprangen.

XV

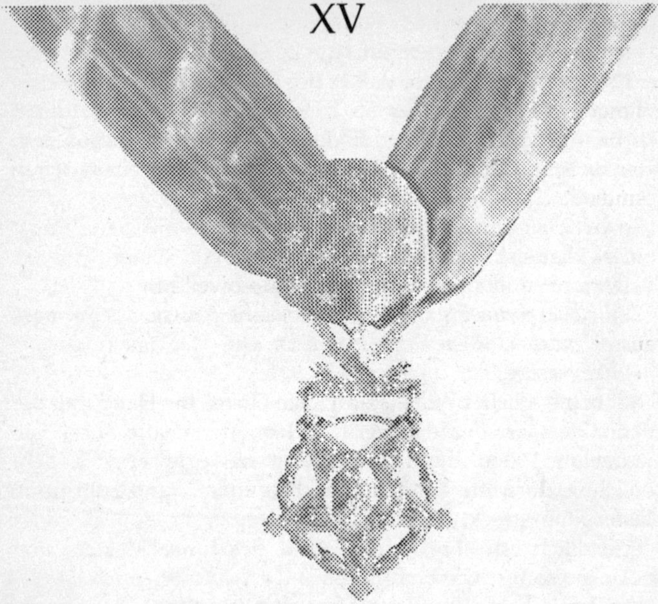

1

Offizierskasino
Fort Bragg, North Carolina

2. März 1962, 18 Uhr 30

Als Lowell das Offizierskasino durch den Haupteingang betrat, wurde er von einem Kluboffizier, einem Captain, gestoppt, der ihn fragte, ob er ihm helfen könne.

»Danke. Ich weiß, wo die Bar ist.«

»Sind Sie Mitglied?«

»Ich bin hierher kommandiert.«

»Die Kleidungsvorschriften verlangen eine Krawatte, Sir.«

Lowell trug einen dunkelgrünen Blazer, Flanellfreizeithose, ein Baumwollhemd und einen britischen Trenchcoat, den er offen über die Schultern gehängt hatte. Im Ausschnitt seines Hemds steckte ein seidenes Halstuch.

Er fand nichts falsch an seiner Kleidung.

»Das ist alles, was ich habe«, sagte er.

»Dann muß ich Sie bitten, den Klub zu verlassen, Sir.«

»Sie sind weder ranghoch noch stark genug, um mich rauszuschmeißen, Captain«, sagte Lowell.

»Dann sollte ich Ihren vorgesetzten Offizier informieren, Sir«, sagte der Captain. »Darf ich bitte Ihre Legitimation sehen?«

Lowell gab ihm seine Kommandierungsverfügung.

»Ich bin auf vorübergehender Verwendung beim Special Warfare Center«, sagte er. »Ich bin Brigadier General Hanrahan unterstellt.«

Der Captain schrieb Lowells Name in ein Notizbuch. Lowell hatte das Gefühl, daß der Kluboffizier nicht viel von General Hanrahan hielt, und er nahm richtig an, daß Hanrahan die Meldung seiner himmelschreienden Mißachtung von Kleidungsvorschriften ignorieren würde.

Barbara Gillis saß in Uniform an der Bar.

»Wir sollten uns nicht mehr auf diese Weise treffen«, sagte Lowell, als er bei ihr angelangt war. »Ein Mann kann seinen Ruf ruinieren, wenn er mit Soldaten ausgeht.«

Der Barmann hob die Augenbrauen. Er hatte Lowell beim Wort genommen. Mit seiner teuren Zivilkleidung sah Lieutenant Colonel Lowell mehr wie ein Zivilist als ein Soldat in Zivil aus.

»Ach du meine Güte!« sagte Barbara Gillis.

»Wenn Sie versprechen, artig zu sein und es nicht auszunutzen, dann werde ich einen klitzekleinen Drink nehmen«, sagte Lowell. Er schaute zum Barmann. »Geben Sie ein paar Spritzer Wermut in ein großes Glas Gin und servieren Sie es mit Eis.«

Der Barmann nickte und ging davon.

»Warum habe ich das Gefühl, daß er mich mißbilligt?« sagte Lowell. »Sie sind eine Klapsdoktorin – sagen *Sie's* mir.«

»Trinken Sie immer Martinis?« fragte sie.

»Nur wenn man mich fertiggemacht hat«, erwiderte er.

»Ich habe das sonderbare Gefühl, daß dies nahe an die Wahrheit herankommt«, sagte Barbara. »Sie sehen sonderbar aus. Ist etwas passiert?«

»Zweierlei«, antwortete Lowell und nickte, als der Barmann den Drink vor ihn hinstellte. »Einmal soeben und einmal heute morgen, als ich von Freunden hereingelegt wurde.«

Barbara hob fragend die Augenbrauen. Schöne Augen, dachte er.

»Da war ich«, erklärte er, »dachte an nichts Böses, tat nichts Böses, und dann wurde ich brutal überfallen und aus der Tür geworfen.«

»Aus welcher Tür?«

»Aus der Hecktür einer C-130. Es war ein tiefer Fall.«

»Ich habe nicht die leiseste Ahnung, wovon Sie reden. Sind Sie betrunken?«

»Noch nicht«, erwiderte er heiter. Er hob das Glas an die Lippen und trank ausgiebig. »Nicht *ganz* genug Gin«, sagte er, »aber es geht.«

»Fangen Sie von neuem an«, forderte Barbara Gillis ihn auf.

»Es schmerzt zu sehr, daran zu denken«, sagte er. »Sie sollten Verständnis dafür haben.«

Sie schüttelte den Kopf.

»Sie haben nicht zufällig irgend etwas Tödliches in Ihrer Handtasche, Doc?« fragte er hastig.

»Wie meinen Sie das?«

»Wenn Sie kein Strychnin oder was anderes wirklich Gutes haben, wie wäre es dann mit einem Abführmittel? Mit einem, das sofort und durchschlagend wirkt?«

»Vielleicht brauchen Sie meine beruflichen Dienste«, sagte Barbara, die Psychiaterin.

»Unter den anderen Dingen, die heute schiefgelaufen sind, ist mein Plan in die Hosen gegangen, mit Ihnen allein zu sein und Sie beschwipst zu machen, um Ihre jungfräulichen Hemmungen abzubauen«, sagte Lowell. »Der Gorilla, der sich soeben einen Weg zu uns bahnt, ist ein alter Freund von mir, der sagte, daß er mich ›vertraulich‹ sprechen will. Ich wußte nicht, wie ich ihm das abschlagen sollte.«

»Guten Abend, Sir«, sagte Warrant Officer Wojinski. Er trug Hemd und Krawatte und ein mehrfarbiges Sportjackett. In seiner Begleitung war eine große, scharfgesichtige Frau mit einer toupierten Hochfrisur und einem aufreizend schwarzen Kleid, das tief genug ausgeschnitten war, um allerhand von einem enormen, sommersprossigen Busen und dem schwarzen BH zu zeigen, der ihn mehr oder weniger bändigte. Sie fühlte sich offensichtlich unbehaglich.

»Hallo, Ski«, sagte Lowell herzlich und schüttelte Wojinski die Hand. »Captain Gillis, darf ich Ihnen Warrant Officer und Mrs. Wojinski vorstellen? Ski ist einer meiner ältesten und besten Freunde.«

Mrs. Wojinski ist fast entzückt über die Art, wie Lowell ihren Mann vorgestellt hat, dachte Barbara.

»Mrs. Wojinski denkt andererseits, daß ich einen schlechten Einfluß auf ihren Mann habe«, fuhr Lowell fort. »Bevor er mich kennenlernte, sagt sie, war er Abstinenzler.«

»Den Teufel war er«, sagte Mrs. Wojinski. »So etwas habe ich nie gesagt.«

»Da wir vom Trinken reden«, sagte Ski und wandte sich an der Barkeeper. »Nelson, bringen Sie bitte dem Colonel und seiner Lady noch eine Runde von dem, was sie haben, und mir und meiner Frau Whisky-Cola.«

»Brr!« sagte Lowell. »*Ein* doppelter Martini reicht. Wenn ich den getrunken habe, nehme ich einen Scotch. Und tun Sie jedes Gift, das Sie zufällig zur Hand haben, in Mr. Wojinskis Drink. Alles, solange es entweder tödlich ist oder ihn dahinsiechen läßt.«

»Ich hatte nichts damit zu tun, Duke«, sagte Wojinski sehr ernst. »Der Himmel sei mir gnädig! Ich nehme an, man dachte, ich würde es Ihnen sagen.«

»Kann mir jemand erklären, worum es überhaupt geht?« frgte Barbara Gillis.

»Man warf den Colonel aus einer C-130«, sagte Mrs. Wojinski in nüchternem Tonfall.

»Eigentlich trugen sie mich mehr hinaus«, sagte Lowell.

»Was machten sie?« fragte Barbara.

»Sie überredeten ihn mit einem Trick, eine Fallschirmspringerausrüstung anzulegen«, erklärte Ski. »Und dann flogen sie mit ihm auf 10 000 Meter Höhe und sprangen mit ihm aus dem Flugzeug.«

Barbara sah, daß Wojinski das äußert lustig fand und sich vergeblich bemühte, es zu verbergen.

»Warum denn das?« fragte Barbara. Und dann fiel ihr eine andere Frage ein, und sie stellte sie, bevor die erste beantwortet wurde.

»*Zehntausend* Meter? In dieser Höhe überlebt man nicht ohne Sauerstoff.«

»Sie gaben mir Sauerstoff«, sagte Lowell. »Sie dachten an alles.«

»Ja«, sagte Ski und lachte. »Das taten sie.«

Lowell bedachte ihn mit einem vernichtenden Blick.

»Kein Wunder, daß Sie einen doppelten Martini wollten«, sagte Barbara mitfühlend.

»Genug der müßigen Plauderei«, sagte Lowell. »Was gibt es, Ski?«

Warrant Officer Wojinski und seine Frau fühlten sich sichtlich unbehaglich.

»Die Bar ist eigentlich nicht der richtige Ort für dieses Gespräch«, sagte Ski schließlich.

»Nun, dann schlage ich vor, wir gehen in den Speiseraum«, sagte Lowell. »Aber dieser aufgeblasene kleine Hurensohn an der Tür ist der Kluboffizier oder sein Stellvertreter, und ich wette, daß er nur darauf wartet, mir sagen zu können, daß er mit höherer Stelle gesprochen hat und ich nicht ohne Krawatte eintreten darf.« Er blickte Wojinski fragend an. »Ist dieses Hummerlokal in Fayetteville noch geöffnet?«

»Ja, aber da ist es höllisch teuer«, antwortete Ski.

»Sind Sie mit Hummer einverstanden, Barbara?« fragte Lowell.

»Ich wußte nicht mal, daß es hier ein Lokal gibt, in dem man Hummer bekommen kann«, sagte sie. »Ich werde die Rechnung bezahlen. Bringen Sie mich nur hin.«

»Nein«, sagte Ski sofort mit gepreßter Stimme. »Das geht auf mich. Nicht jeden Tag wird jemand binnen Sekunden zum Fallschirmjäger.«

»Wenn das so ist«, sagte Lowell, »könnt ihr beide euch die Rechnung teilen, und wir alle gönnen uns *zwei* Hummer.«

Sie fuhren mit Wojinskis Oldsmobile-Kombi nach Fayetteville. Mrs. Wojinski bestand zu Lowells Bedauern darauf, daß ›die Damen‹ zusammen hinten saßen. Auf halben Weg nach Fayetteville neigte sich Mrs. Wojinski auf dem Sitz vor.

»Hier können wir uns genausogut unterhalten wie sonstwo«, sagte sie. »Und ich nehme an, daß Frau Captain als Ärztin nicht allzusehr schockiert sein wird.«

»Sprechen Sie nur«, sagte Dr. Barbara Gillis. »Mich kann nichts schockieren. Und nennen Sie mich bitte Barbara.«

»Colonel, der Sohn Ihres Cousins – er treibt es zu weit«, sagte Mrs. Wojinski.

»Tatsächlich? Mit Frauen – *einer* Frau, meinen Sie?« Das hatte Lowell ihrem Tonfall entnommen.

»Bevor Ski Warant wurde, wohnten wir an der Carentan Terrace«, sagte Mrs. Wojinski.

»Wir haben immer noch Freunde dort. Und die meinten, ich sollte es wissen, damit ich Ski formiere. Sie erzählten es mir, und ich sagte es Ski, und er meinte, wir sollten Sie ins Bild setzen.«

»Sagen Sie mir, was genau los ist.«

»Er treibt es – zu offen«, sagte sie.

»Mit der Frau eines andern?«

»Mit einem deutschen Mädchen, der Schwester eines gewissen Wagner.«

»Geht das nicht nur die beiden etwas an?« fragte Lowell.

»Normalerweise ja, Duke«, sagte Ski. »Aber zweierlei spricht dagegen. Zum einen gab es dort eine Reihe von Leuten, die Partnertausch treiben und erwischt wurden. Da war der Teufel los. Man gab einem halben Dutzend Paaren genau sechs Stunden, um aus der Garnison zu verschwinden.«

»Geoff treibt Partnertausch?« fragte Lowell. »Wie schafft er das denn ohne eine Frau zum Tauschen?«

»Craig!« sagte Barbara tadelnd.

»Und da gibt es eine Reihe von Frömmlern«, fuhr Ski fort. »Sie haben einen neuen Kaplan, und der hat sie alle aufgewühlt. Das sind richtige Fanatiker. Sie schickten einen Brief zum Kommandeur und beschwerten sich, daß die Mädchen, die das Footballteam anfeuern, zu kurze Röckchen tragen und dergleichen Blödsinn. Und nach dem Partnertausch ernannten sie sich zu Tugendwächtern im Bereich der Unteroffizierswohnungen. Sie werden den Jungen anzeigen.«

»Anzeigen – weswegen?«

»Weil er die Nächte in Sergeant Wagners Wohnung verbringt«, erklärte Mrs. Wojinski. »Während Wagners Abwesenheit.«

»Wo ist er denn?«

»In Berlin, für 90 Tage Dienst«, sagte Ski.

»Oh.« Lowell verstand.

»Wenn es bekannt wird, dann wird die Army etwas unternehmen, weil die Tugendwächter es verlangen.«

»Okay, ich werde mich darum kümmern«, sagte Lowell. »Danke für die Information. Glauben Sie, daß ich schon heute abend aktiv werden muß?«

»Morgen mit Sicherheit«, sagte Ski.

»Morgen ist seine Abschlußfeier«, sagte Lowell. »Können Sie arrangieren, daß er zu mir geschickt wird, Ski?«

»Das habe ich bereits getan«, sagte Ski.

»In diesem Fall zahle ich für den Hummer«, sagte Lowell.

»Darf ich fragen, von wem Sie alle reden?« erkundigte sich Barbara Gillis.

»Es geht um den Cousin vom Duke, das heißt um den Sohn seines Cousins«, erklärte Ski. »Der ist in der Ausbildung. Wir haben ihn sozusagen im Auge behalten.«

Barbara sprach aus, was sie dachte. »Ihr Leute kümmert euch wirklich umeinander, nicht wahr?«

»Klar, warum nicht?« sagte Ski. »Ich kenne den Duke sehr lange. Er kümmert sich um mich, und ich passe für ihn auf.«

»Wie kümmert er sich um Sie?« fragte Barbara.

»Ich nahm ihn auf Ausflüge mit dem Flugzeug in die Karibik mit«, sagte Lowell. »Zum Beispiel.«

Mrs. Wojinski lachte und schnaubte. »Er hätte nur zu leicht dabei draufgehen können.«

»Es brachte ihm auch eine Beförderung ein, vergessen Sie das nicht«, sagte Lowell.

»Ich hätte eher das Warrant-Examen machen sollen«, sagte Ski.

»Das hätten Sie nicht bestehen können«, sagte Lowell. »Dazu muß man lesen und schreiben können. Finden Sie sich mit der Tatsache ab, Ski, ohne mich wären Sie noch in der Carentan Terrace und müßten sich der Nachstellungen der Frauen erwehren.«

»Teufel, eine von den Nachbarinnen war ein verdammt heißer Käfer . . .«

»Ihr beide könnt zur Hölle gehen!« sagte Mrs. Wojinski.

Im Lobster House, als sich die Frauen die Nase puderten, erzählte Mrs. Wojinski Captain Gillis, daß sie das erste der ›Mädchen des Duke‹ sei, das sie jemals kennengelernt habe.

»Er mag Sie«, sagte sie. »Das sehe ich an der Art, wie er Sie anschaut.«

»Ich bin keines seiner ›Mädchen‹«, erwiderte Barbara.

»Sie könnten keine bessere Partie machen«, sagte Mrs. Wojinski. »Machen Sie nicht schon Schluß, bevor Sie es versucht haben.«

»Weil er reich ist?«

»Schöner werden sie alle nicht«, sagte Mrs. Wojinski. »Da kann ein bißchen Reichtum nicht schaden.«

Dr. Antoinette Parker hatte ebenfalls mit Dr. Barbara Gillis über Lowell gesprochen.

»Wie ein Hai im Meer automatisch alles frißt, was ihm in den Weg kommt, so paddelt Craig herum und ist genetisch gezwungen, jedes weibliche Geschöpf zu vernaschen, das er in eine horizontale Position bringen kann. Wenn Sie das erst einmal verstanden haben, dann ergibt sich der Rest des Bildes ganz von selbst.«

»Und warum sollte ich dann mit ihm ausgehen?«

»Nun, zum einen ist er ein sehr netter Typ«, hatte Toni Parker gesagt, »und nach allem, was ich hörte, hat er in der postkoitalen Kritik nur sehr wenige schlechte Bewertungen erhalten.«

»Wird er ein Nein als Antwort akzeptieren? Oder muß ich mit einem Ringkampf rechnen?«

»Ich weiß nicht. Ich glaube, er hat noch nie einen Korb bekommen«, hatte Toni gesagt.

»Ich glaube, Sie haben mir soeben gesagt, daß ich heute abend Dienst habe.«

»Oh, ich denke, Sie sollten hingehen«, hatte Toni gesagt. »Wie schon Oscar Wilde sagte, Doktor: Enthaltsamkeit ist die ungewöhnlichste aller Perversionen.«

»Sehr lustig.«

»Und vielleicht sind Sie die eine für ihn«, sagte Toni. »Er hat Sie gestern abend sehr sonderbar angeschaut.«

»Wie kommen Sie auf den Gedanken, daß ich die eine sein *will?*«

»Psychiater heilen sich selbst«, hatte Dr. Parker lachend erklärt.

Dr. Gillis war überrascht und enttäuscht, als sie von Fayetteville zurück zum Offizierskasino fuhren. Lowell schlug keinen ›Schlummertrunk‹ vor, und als er sie zu ihrem Wagen begleitete, berührte er nur kurz ihren Arm.

»Es war schön, daß Sie frei waren«, sagte er. »Wir sollten das irgendwann wiederholen.«

Je mehr sie darüber nachdachte, desto offenkundiger wurde die Wahrheit: Sie war von Duke Lowell getestet und für nicht ganz übel befunden worden.

Dieser arrogante Bastard! Zum Teufel mit ihm!

Und dann kam ihr ein anderer Gedanke.

Vielleicht hatte er nicht versucht, ihr ans Höschen zu gehen, oder sich benommen, als hätte der Gedanke keinerlei Reiz für ihn, weil er sie für anders als andere Frauen hielt. Sie hatte ihn ertappt, als er sie mehrmals sonderbar angesehen hatte, und sie glaubte nicht, daß sein Blick so ausgefallen war, weil sie Seegras von den Muscheln der Vorspeise zwischen den Zähnen gehabt hatte.

Aber wenn seine Blicke tatsächlich etwas zu bedeuten hatten, warum die Bemerkung: »Wir sollten das irgendwann wiederholen?«

Die Unterzeile bei der zweiten Gedankenkette war die gleiche wie bei der ersten: *Zum Teufel mit ihm! Dieser arrogante Bastard!*

Dr. Barbara Gillis sagte sich, daß es nur eine Möglichkeit gab, wie Lieutenant Colonel Craig W. Lowell zu behandeln war. Bei seinem Anruf – *wenn* er anrief – würde sie behaupten, andere Pläne zu haben.

2

Büro des Kommandeurs
U.S. Army Special Warfare School and Center

3. März 1962, 10 Uhr 40

»Treten Sie ein, Craig«, sagte General Hanrahan. »Setzen Sie sich neben Mac auf die Couch.«

Lowell ging zur Couch und nahm neben MacMillan Platz. Auf der Couch lagen zwei Green Berets, beide mit dem silbernen Blatt eines Lieutenant Colonels über dem Blitz der Special Forces. Ein Paar silberne Fallschirmjägerschwingen, auf ein Stück Karton geheftet, lag auf einem der Berets.

»Sie wirken unnatürlich ruhig, Craig«, sagte Hanrahan.

»Man hat mich reingelegt«, sagte Lowell. »Mit großer Raffinesse und nach sorgfältiger Planung. Was gibt es dazu zu sagen?«

»Obwohl es humorvolle Elemente gibt, werden Sie feststellen, daß wir weder grinsen noch die Absicht haben, über das zu spötteln, was Sie getan haben«, sagte Hanrahan.

»Was man mit mir getan hat«, korrigierte Lowell, und dann gewann der Zorn die Oberhand. »Ich hoffe, Sie denken nicht ernsthaft, ich werde mir diese Schwingen anheften, geschweige denn diese alberne Mütze tragen.«

»Ich bedaure, daß Sie es so sehen, Craig«, sagte Hanrahan ernst.

»Aus einem Flugzeug geworfen zu werden macht einen noch nicht zum Fallschirmjäger«, sagte Lowell.

»Manchmal schon«, erwiderte Hanrahan.

Lowell schaute ihn mit erhobenen Augenbrauen an, sagte jedoch nichts.

»Sagen Sie es ihm, Mac«, wandte sich Hanrahan an MacMillan.

»Ich verstehe nicht, was all das soll«, sagte Lowell.

»Sagen Sie's ihm, Mac«, wiederholte Hanrahan.

»Ich mußte Paul beim erstenmal aus dem Flugzeug werfen«, sagte MacMillan widerstrebend.

»Was?« Lowell staunte. Brigadier General Paul T. Hanrahans Fallschirmspringerabzeichen hatte zwei Sterne für zwei Kampfabsprünge in Griechenland während des Zweiten Weltkriegs. Hanrahan und MacMillan waren Fallschirmjäger geworden, als die 82. Luftlandedivision noch die 82. Infanteriedivision gewesen war und die gesamte Luftlandetruppe der U.S. Army aus zwei Test-Kompanien bestanden hatte.

»Ich sagte, beim erstenmal klammerte er sich an der Tür fest, und ich mußte ihn mit Gewalt losreißen und rauswerfen«, sagte MacMillan. »Machen Sie nur ja keine blöden Bemerkungen darüber.«

»Und bei all den Zwangsvorstellungen, die jemand hat, der sich fürchtet, habe ich meinen ersten HALO-Sprung immer wieder aufgeschoben«, sagte Hanrahan. »Sie sind mir also einen Punkt voraus, Craig. Sie haben Ihren gemacht.«

Hanrahan sagte offenbar die Wahrheit.

»Ich wurde hinausgeworfen«, wiederholte Lowell.

»Sie haben den Sprung gemacht«, sagte Hanrahan. »Nach einem Sonderkursus, den ein früherer stellvertretender HALO-Projektoffizier durchführte, haben Sie einen HALO-Sprung gemacht. Sie sind zur vorübergehenden Verwendung hier. Wir werden in Ihrer Akte bestätigen, die Sie jetzt HALO-qualifiziert und, in Anbetracht Ihrer früheren Erfahrung im Führen von Soldaten anderer Nationen in ihrem eigenen Land im Kampf, als Mitglied der Special Forces qualifiziert sind.«

»Ich wünsche, Sie würden das nicht machen, Paul«, sagte Lowell!

»Ich bedaure, daß Sie dieser Ansicht sind, aber es ist zu spät«, sagte Hanrahan. »Die Befehle sind erlassen.«

»Ich frage mich, warum«, sagte Lowell.

»Es gibt eine Reihe von Gründen. Einige davon sind egoistisch, andere gereichen Ihnen zum Vorteil.«

»Mir zum Vorteil? Viele Leute werden sich darüber schieflachen.«

»Ich habe soeben mit Jack Holson telefoniert«, sagte Hanrahan. »Ich weckte in ihm den Glauben, daß Sie nach den Instruktionen so begeistert von HALO waren, daß Sie darauf bestanden, sich zu qualifizieren. Er wirkte ziemlich erfreut. Tatsächlich ließ er sich zu der Äußerung hinreißen, daß Sie unter Ihrer klugscheißerischen Schicht stets ein ziemlich guter Offizier waren.«

»Da ist eine Schicht von Unlauterkeit bei alldem«, sagte Lowell.

»Sagen wir ›Unkorrektheit‹«, korrigierte Hanrahan. »Um mich zu wiederholen, Sie machten den Sprung. Und das Element der Unkorrektheit ist nichts im Vergleich zu der Art, wie Sie zum Offizier ernennt wurden, oder der Unkorrektheit, mit der Paul Jiggs Ihnen das Kommando über die Task Force Lowell gab. Kleine Unkorrektheiten sind manchmal nötig zum Besten der Army.«

»Und wie soll diese Sache zum Besten der Army sein?«

»Craig, gerade Sie sollten verstehen, was wir hier zu machen versuchen. Sie sollten nicht an der Seitenlinie stehen und Witze über die Berets reißen. Sie sollten es besser wissen, verdammt!«

Lowell erwiderte nichts.

»Die erste Pflicht eines Offiziers ist es, sein Land zu verteidigen«, sagte Hanrahan. »Seine zweite Pflicht ist es, seine Männer dabei am Leben zu erhalten. Nennen Sie mir irgend jemanden in der Army, der entschlossener ist, das zu tun, als wir. Mein egoistischer Grund ist die Tatsache, daß Sie gegenwärtig in einer Position sind, in der Sie den Mund nahe am Ohr des Verteidigungsministers haben. Ich hatte gehofft, Sie würden sich daran erinnern, daß Sie einst einer von uns waren, daß wir Sie immer noch als einen von uns betrachten und daß Sie unsere Interessen dementsprechend vertreten. Anscheinend habe ich mich geirrt.«

Lowell stand auf. Er schaute General Hanrahan an. Dann neigte er sich über den Tisch, nahm das Green Beret, ging zum Spiegel, der an Hanrahans Bürotür hing, und setzte die Mütze auf.

»Da ich jetzt ein Green Beret bin, nehme ich an, ich bin berechtigt, jedem in die Eier zu treten, der mich wegen dieses Mützleins auslacht, oder?«

»Das erwarten wir von Ihnen, Colonel«, sagte MacMillan. Dann erhob er sich und heftete Lowell das Fallschirmspringerabzeichen an den Uniformrock.

3

Apartment 2-C, Gebäude Q-404
Carentan Terrace 14
Fort Bragg, North Carolina

3. März 1962, 10 Uhr 45

Ursula Wagner kam aus dem Badezimmer. Sie trug ein Höschen mit der Aufschrift SATURDAY und sonst nichts. Geoffrey Craig, der unter dem Laken nackt im Bett lag, gingen verschiedene Gedanken durch den Kopf. Zuerst fragte er sich müßig, ob es Zufall oder teutonische Gründlichkeit war, daß sie das SATURDAY-Höschen am Samstag trug. Dann überlegte er, ob ihre sonderbare Sittsamkeit deutsch oder eine persönliche Marotte war. Sie zog selten ihr Höschen aus, weil sie befürchtete, daß er sie unten ohne sehen konnte. Andererseits, vielleicht weil sie die herrlichsten Bobbies hatte, die er je gesehen hatte, war sie von Anfang an völlig unbesorgt gewesen, sich oben ohne zu zeigen.

»Ich muß dir etwas erzählen«, sagte Geoffrey Craig.

»Sag's mir, wenn du dich angezogen hast«, erwiderte Ursula. Sie ging zum Schrank. Auf einem Kleiderbügel auf dem Türgriff hing eine frisch gebügelte Uniform. Darauf waren die Insignien der Special Forces und die drei Streifen eines Sergeants zu sehen. Ursula legte die Uniform aus Bett.

Am Vorabend hatte er im Bett gelegen und zugeschaut, während sie die Streifen und das Abzeichen aufgenäht hatte. Seine Gefühle waren zwiespältig gewesen. Einerseits war es ein rührender Anblick gewesen – die Frau, die liebevoll für ihren Mann nähte. Andererseits hatte er ihre Brüste unter dem Morgenrock gesehen, und dieser Anblick hatte bei ihm zu einer gewaltigen Erektion geführt.

»Du hast wunderschöne Titten«, sagte er.

Ursula schüttelte tadelnd den Kopf.

»Zieh dich an«, sagte sie im Befehlston. »Du darfst nicht zu spät kommen.«

»Ich bin reich«, sagte er.

»Zieh dich an«, wiederholte sie.

»Hast du gehört, was ich gesagt habe?«

»Ich bin auch reich«, sagte Ursula. »Ich bin sehr glücklich und reich.«

»Ich meine finanziell reich«, sagte er. »Reich an Geld.«

Sie schaute ihn merkwürdig an.

»Was unter anderem bedeutet, daß du mit mir nach Fort Belvoir ziehen kannst«, sagte er. »Ich dachte, es wäre besser, wenn wir heiraten, bevor wir dorthin fahren oder sobald wir dort sind, aber dein Argument, daß wir es uns nicht leisten können, ist nun entkräftet.«

»Was sagst du da?« fragte Ursula, und es klang beunruhigt.

»Ich will es mal so erklären«, sagte er. »Meine Einkünfte aus dem Treuhandvermögen, die ich jetzt habe, die natürlich nicht das Vermögen einschließen, das ich mit 25 erhalte, sind mindestens so groß wie das, was der Kommandeur verdient.«

»Du nimmst mich nicht auf den Arm?« fragte Ursula.

»Nein, es ist mein Ernst.«

»O mein Gott!« stieß sie auf deutsch hervor, als hätte sie soeben von einem tragischen Unglück erfahren.

»Es ist keine Geschlechtskrankheit«, sagte er. »Warum bist du so unglücklich?«

»Deshalb hast du nie über deine Familie geredet«, sagte sie vorwurfsvoll. »Das ist der Grund!«

»Nein, das ist er nicht.«

»Doch, das ist er. »Und dabei hast du von einer Ehe gesprochen!«

»Genau davon rede ich auch jetzt«, sagte er.

»Und was wird deine Familie sagen, wenn sie hört, daß du eine wie mich heiraten willst? Oh, sei verdammt, Geoffrey!«

»Eigentlich hielt ich es für das beste, sie vor vollendete Tatsachen zu stellen«, sagte er. »Tag, Daddy. Dies ist meine Frau.«

»Und dein Vater und deine Mutter würden mich für eine billige Ausländerin halten, die dich wegen deines Geldes geheiratet hat.«

»Nein, das würden sie nicht denken«, sagte er, obwohl er die Möglichkeit für äußerst wahrscheinlich hielt. »Und es ist mein Geld, nicht ihres. Und außerdem wärst du nicht die erste Kraut in der Familie.«

»Kraut«, zitierte sie bitter. »Da haben wir's!«

»Die zweite deutsche Lady«, sagte er.

»Wovon redest du?«

»Mein Cousin Craig, der Colonel, war mit einer deutschen Frau verheiratet«, sagte Geoffrey. »Sie kam vor vielen Jahren bei einem Autounfall ums Leben.«

»Er ist ein Offizier, und er hatte eine deutsche Dame geheiratet«, sagte Ursula. »Er würde denken, was deine Eltern denken.«

»Nun, das werden wir schon bald herausfinden«, sagte Geoffrey.

»Was meinst du damit?«

»Tourtillott sagte mir, daß mich nach der Parade ein Colonel Lowell sprechen will.«

»Ich gehe nicht zur Parade.«

»Und ob. Du wirst dabeisein, und wenn ich dich über meiner Schulter dorthin trage.«

»Ich will nicht hingehen«, sagte Ursula mit Tränen in den Augen.

»Es gibt nur einen Punkt, in dem du dich entscheiden mußt«, sagte er. »Liebst du mich, oder liebst du mich nicht?«

Sie schaute ihn an und schluchzte.

»Liebst du mich oder nicht?«

»Was hat das mit allem zu tun?«

»Ja oder nein, verdammt, Ursula!«

»Ja. Das weißt du, ja.«

»Nun, in diesem Fall geht es nur um uns beide, Liebling. Alle anderen können uns gestohlen bleiben, einschließlich meine Eltern, Staff Sergeant Karl-Heinz Wagner und Colonel Craig W. Lowell.«

4

Es war keine besondere Tribüne, aber sie wurde nicht oft benutzt, und so viele Abschlußparaden für Green Berets gab es ja auch nicht. Die übliche Prozedur für die Abschlußklasse bestand darin, auf den Paradeplatz zu marschieren (normalerweise der Sportplatz), und dann vor der Tribüne anzutreten, wo die Soldaten dem Kommandeur die Hand schüttelten. Er beglückwünschte jeden einzeln und namentlich. Sie traten dann zwei weitere Schritte vor, und in einer komplizierten und deshalb vorher geübten Prozedur schüttelten Sie die rechte Hand des Stellvertretenden Kommandeurs für Sonderprojekte, während sie gleichzeitig mit der Linken nach dem Diplom griffen. Dann traten sie ins Glied zurück.

Wenn sich alle wieder formiert hatten, gab Sergeant Major Taylor das Kommando »Mützen ab!«, und die Mützen wurden in die Luft geworfen, die Green Berets wurden aufgesetzt, und die Zeremonie war beendet.

Dies war das Ende der ersten Ausbildungsphase. Bis zur vollen Qualifikation gab es noch zwei Lehrgänge, die absolviert werden mußten. Bis dahin durften sie das Green Beret tragen, jedoch ohne den aufgenähten Blitz der Special Forces, den nur vollqualifizierte Green Berets tragen durften.

Dieser Abschluß bedeutete jedoch das Ende der Schleiferei. Wenn sie die ›John Wayne High School‹ abgeschlossen hatten, wie Camp McCall ein wenig respektlos genannt wurde, dann hatten sie bewiesen, daß sie in grundlegenden soldatischen Fähigkeiten außergewöhnlich gut qualifiziert waren. In der weiteren Ausbildung wurden sie wie verantwortungsbewußte Unteroffiziere behandelt.

Die heutige Zeremonie lief weniger glatt ab als sonst. Der sonderbare Lieutenant Colonel, der an Stelle von Colonel Mac die Diplome überreichte (jemand hatte den Lieutenant Colonel als ›einen der wirklich alten Green Berets‹ bezeichnet, als jemand, der mit Warrant Officer Wojinski und dem General in Griechenland gewesen war, bevor es überhaupt die Berets gegeben hatte), war nicht so routiniert in der Zeremonie ›Rechte Hand schütteln, mit der Linken des Diplom überreichen‹. Dem Lieutenant Colonel fiel mehrmals ein zusammengerolltes Diplom bei der Übergabe aus der Hand, und einmal stieß er einem Master Sergeant sogar die Diplomrolle zwischen die Beine.

Schließlich stand Geoffrey Craig vor dem tolpatschigen Lieutenant Colonel.

»Meinen Glückwunsch«, sagte der tolpatschige Lieutenant Colonel.

»Danke, Sir«, erwiderte Sergeant Craig.

»Bleiben Sie danach hier, ich möchte mit Ihnen sprechen.«

»Jawohl, Sir.«

Sergeant Geoffrey Craig fragte sich von neuem, weshalb er Craig Lowell nie zuvor mit einem Green Beret gesehen hatte oder, was das anbetraf, mit dem Fallschirmspringerabzeichen. Aber es gingen ihm wichtigere Dinge im Kopf herum. Als er von der kleinen Plattform heruntertrat, stand Ursula nicht mehr dort, wo sie gewesen war.

Sie holten sie in Geoffs Volkswagen auf der Straße von Smoke Bomb Hill zur Garnison ein.

»Schatz, steig ein«, sagte Geoff.

Ursula schüttelte den Kopf und weigerte sich sogar, einen Blick in den Wagen zu werfen.

»Fräulein«, sagte Lieutenant Colonel Lowell in tadellosem Deutsch, »wenn Sie nicht einsteigen, dann steige ich aus, lege Sie übers Knie und werfe Sie in den Wagen!«

Sie schaute ihn schockiert und ärgerlich und ein wenig furchtsam an. Aber er lächelte sie an, und sie hob in einer Geste der Kapitulation die Hände und stieg in den VW.

5

Tri-Delt House
Duke University
Durham, North Carolina

3. März 1962, 13 Uhr 20

Dianne Eaglebery hatte keinen Hunger gehabt. Anstatt zu Mittag zu essen, hatte sie sich nur zwei Birnen und einen Apfel aus der Küche geholt.

Als der Stabswagen der Army draußen am Bordstein hielt, saß Dianne am Fenster und beobachtete, wie der Wind in den Zweigen der Bäume vor dem Haus spielte. Sie schenkte dem Stabswagen keine große Aufmerksamkeit, als der Fahrer ausstieg. Der Mann war ein Captain, der Halbschuhe, eine Mütze mit ledernem Schirm und eine schwere Aktentasche trug. Er hatte kein Fallschirmspringerabzeichen auf dem Uniformrock. Dianne sagte sich, daß es irgendein Offizier vom Reserveoffizier-Ausbildungskorps war, der hier irgend etwas wollte. Es interessierte sie nicht.

Eine Minute später klopfte die Hausmutter an Diannes Zimmertür.

»Da ist ein Offizier für Sie, Dianne.«

»Wer ist es?«

»Er sagt, er kommt von Fort Bragg«, sagte die Hausmutter.

Dianne ging die Treppe hinab. Der Captain war ein knöchriger Gelehrtentyp, wie sie fand.

»Sie wollen mich sprechen?«

»Miß Dianne Eaglebury?« fragte er. Sie nickte. »Ich bin Captain LeMoyne vom Büro des Chefs der Wehrgerichtsbarkeit in Fort Bragg. Können wir uns irgendwo unterhalten?«

Sie wollte mit ihm nicht in den Aufenthaltsraum gehen, weil sie befürchtete, weinen zu müssen. Sie traute sich nicht einmal jetzt zu, normal sprechen zu können. So forderte sie ihn mit einer vagen Geste auf, ihr zu folgen, und ging die Treppe hinauf in ihr Zimmer.

Sie setzte sich aufs Bett und wies auf den Stuhl vor ihrem Schreibtisch. Als der Captain Platz genommen hatte, stand Dianne auf, ging zu ihrer Frisierkommode, nahm die Puppe mit dem kurzen Rock, dem schwarzen Höschen und dem Green Beret und trug sie zum Bett.

»Miß Eaglebury, ich bin Anwalt bei der Army«, sagte Captain LeMoyne, »und ich hatte die Aufgabe, die Angelegenheiten des verstorbenen First Lieutenant Thomas G. Ellis zu regeln, mit dem Sie bekannt waren, nehme ich an.«

»Ja«, erwiderte Dianne, und sie war überrascht, wie natürlich ihre Stimme klang. »Wir waren miteinander bekannt.«

»Kurz bevor er nach Vietnam abflog, machte der verstorbene Lieutenant Ellis ein Testament und hinterlegte es beim Adjutanten des Special Warfare Center in Fort Bragg. Es wurde schließlich mir übergeben. Hier ist eine Kopie von Lieutenant Ellis' Letztem Willen.«

»Legen Sie die Kopie auf den Schreibtisch«, sagte Dianne. »Ich werde sie mir später ansehen.«

»In seinem Testament bezeichnet Lieutenant Ellis Sie, Miß Eaglebury, als ›seine sehr gute Freundin‹ . . .«

»Sehr gute Freundin?«

». . . und er hinterließ Ihnen seinen gesamten Besitz«, schloß Captain LeMoyne. »Nach der Testamentseröffnung ist nun der Erbschein ausgestellt. Das Erbe ist nicht groß, es besteht im wesentlichen aus seinen persönlichen Dingen, ein Stereoradio und ein Fernseher, seine Uniformen, solche Dinge – sein Sold bis zum Todestag. Aber da ist auch ein Auto, ein Jaguar.

Darüber hinaus hat Lieutenant Ellis Sie als Begünstigte seiner Lebensversicherung, der National Service Life Insurance, benannt, und ich habe diesen Scheck bei mir und einen Scheck über die Summe seines letzten Solds und der Zulagen.«

Captain LeMoyne mochte Miß Dianne Eaglebury nicht. Der verstorbene Lieutenant Ellis war ihr anscheinend ziemlich gleichgültig. Sie hatte ihn vermutlich nur an die kleine Muschi gelassen, und jetzt bekam sie dafür 14 Riesen und einen Jaguar.

Wenn sie sich etwas aus dem verstorbenen Lieutenant Ellis gemacht hätte, sagte sich Captain LeMoyne, dann würde sie irgendwelche Gefühle zeigen und nicht nur einfach auf dem Bett herumsitzen, mit einer vulgären Puppe spielen und ihn nicht mal ansehen.

6

The Oak Room
Im Plaza Hotel
New York City, New York

3. März 1962, 13 Uhr 30

Porter Craig fuhr mit dem Taxi von seinem Apartment zum Plaza Hotel. Er verabscheute Taxis, und wenn er übers Wochenende in der Stadt blieb, verließ er selten das Apartment, um weiter als bis zur nächsten Ecke zu gehen. An den Wochenenden hatte er keine Hilfe im Apartment, weder ein Hausmädchen noch die Köchin, noch den Chauffeur. Es hätte eine halbe Stunde oder länger gedauert, den Wagen aus der Garage zu holen, und dann hätte er das Problem gehabt, einen Parkplatz zu finden. So war er mit dem Taxi gefahren, und die Kiste war drinnen genauso schmutzig und heruntergekommen, wie sie von außen aussah.

Porter betrat den Oak Room.

Craig Lowell war im Plaza abgestiegen, in Begleitung einer

›Lady‹, die er Porter vorstellen wollte. Und er wollte eine Neuigkeit über Geoff mitteilen. Wenn da nicht die Neuigkeit über Geoff gewesen wäre, dann hätte Porter seinem Cousin Lowell gesagt, er könne ihm den Buckel runterrutschen. Wenn er ihm etwas zu sagen hätte, dann könne er zu ihm ins Apartment kommen und es ihm erzählen. Aber Craig Lowell hatte sehr geheimnisvoll getan. Er müsse ihn unter vier Augen sprechen, und dann solle er, Porter, entscheiden ob oder wie oder wann es Geoffs Mutter beigebracht werden solle.

Jetzt stand Porter Craig im Oak Room am Ende der Bar, und von Craig Lowell war nichts zu sehen.

Porter sagte sich, daß Geduld das beste war. Er durchquerte fast den ganzen Oak Room bis zu einem Tisch am Fenster in der Ecke. Einer der Kellner (er sah wie ein Deutscher aus, war jedoch zweifellos Puertoricaner) kam, um seine Bestellung aufzunehmen. Porter entschied sich für Scotch und Wasser anstatt für eine Bloody Mary. Er argwöhnte, daß die Neuigkeit, die er von Craig Lowell erfahren würde, zusammen mit einer Bloody Mary zu Sodbrennen bei ihm führen würde.

Craig Lowell traf ein, als der Scotch serviert wurde. Lowell trug Zivilkleidung, ein Tweedsakko und einen Pullover mit Schildkrötenkragen. Da man den Oak Room nicht ohne Krawatte betreten durfte, mußte jemand diese Vorschriften außer Kraft gesetzt haben.

Lowell hielt eine Blondine an der Hand. Die Blonde trug keinen Hut, aber eine Nerzjacke. Als sie sich näherten, sah Porter, daß die Blonde jung war, viel zu jung für Craig Lowell. Sie war jedoch atemberaubend, das mußte man zugeben. Craig Lowell hatte Geschmack und wußte sie auszuwählen, das mußte man ihm lassen. Porter fragte sich, ob die Blonde so natürlich zu ihrem Nerz gekommen war wie die Nerze zu ihrem Pelz. Dann wurde ihm klar, daß das unfreundlich und unfair von ihm war. Craig Lowell hatte es noch nie nötig gehabt, die Gunst einer Frau zu gewinnen, indem er ihr Nerzjacken oder Juwelen schenkte.

Porter erhob sich, als sie am Tisch waren.

»Ursula, das ist mein Cousin Porter«, sagte Lowell. »Wie geht's dir, Pausbäckchen?«

»Guten Tag«, sagte Ursula und lächelte Porter Craig scheu an. Sie gab ihm die Hand. Sie trug einen Diamantring, vielleicht drei Karat, an der linken Hand. Einen Verlobungsring.

»Es freut mich, Ihre Bekanntschaft zu machen«, sagte Porter. »Hübscher Ring.«

»Nicht wahr?« sagte Craig Lowell. »Er ist neu. Heute morgen gekauft.«

»Heute morgen? Wie hast du das geschafft? Es ist Sonntag.«

»Da stand eine kleine Karte im Schaufenster von Van Cleef's«, sagte Lowell nüchtern, »mit einer Telefonnummer, die man in dringenden Fällen anrufen soll. Dies war ein dringender Fall, und so rief ich an und nannte den Leuten deinen Namen.«

»Und sie öffneten den Laden für dich?«

»Nein, aber sie schickten einen charmanten kleinen Schwulen mit einer Aktentasche voller Ringe ins Hotel. Dieser Ring paßt nicht ganz, aber man versprach, ihn am Montag für Ursula enger zu machen.«

»Glückwünsche sind angebracht, nehme ich an?« sagte Porter Craig.

»Ich denke, ja«, erwiderte Lowell. »Ich wußte nicht, wie du es aufnehmen wirst.«

Der Kellner kam an den Tisch.

»Scotch für mich«, sagte Lowell. »Ursula?«

»Nichts für mich, danke«, sagte sie mit deutschem Akzent und bestätigte Porters Vermutung, daß sie Ausländerin war. Das war keine Überraschung für ihn. Craigs Frau war eine Deutsche gewesen. Solange sie gelebt hatte, war Craig glücklich gewesen, und nun hatte er ein anderes deutsches Mädchen gefunden. Es war auch wirklich an der Zeit, und der große Altersunterschied zwischen den beiden war ihr eigenes Problem.

»Quatsch«, sagte Lowell, als Ursula nichts bestellen wollte. »Wir haben eine Regel in der Familie, daß niemand völlig nüchtern Porter ertragen muß. Du, Ursula, wirst bald zur Familie gehören, und so solltest du diese Regel nutzen. Wenigstens ein Glas Wein? Oder ein Bier?«

»Wenn es sein muß«, sagte Ursula.

Du Bastard hast sie unter Druck gesetzt! dachte Porter ärgerlich. *So solltest du keine nette, junge Frau behandeln!*

»Was ist mit Geoff?« fragte Porter.

»Was soll mit ihm sein?« fragte Lowell.

»Du sagtest, du hättest mir etwas über ihn zu erzählen«, erinnerte Porter.

»Oh, ja, das sagte ich, nicht wahr? Tatsache ist, daß ich ihn gestern sah.«

»Und wirst du mir sagen, wie es ihm geht?«

»Er ist fit«, sagte Lowell. »Sehr fit. Man hat ihn durch die Wälder gescheucht und auf dem kahlen Boden schlafen lassen. Das wäre auch gut für dich zum Abspecken.«

»Was machen sie mit ihm?«

»Er ist auf dem Weg nach Fort Belvoir.«

»Was ist in Fort Belvoir?«

»Da sind die Pioniere.«

»Er ist bei den Pionieren?«

»Eigentlich ist er ein Green Beret«, sagte Lowell.

»Soll das ein Witz sein?«

»Keineswegs«, sagte Lowell. »Er hat eine grüne Mütze und glänzende Fallschirmspringerstiefel und alles. Er sieht richtig gut aus in Uniform. Er ist jetzt Sergeant, mußt du wissen.«

»Was zur Hölle soll das?« sagte Porter. »Verzeihung, Miß . . .«

»Ursula«, korrigierte Lowell. »Da sie zur Familie gehört, mußt du dir ihren Namen merken.«

»Craig!« sagte das Mädchen verlegen.

»Was zur Hölle soll was, Porter?« fragte Lowell.

»Wie soll es möglich sein, daß Geoff ein Green Beret und ein Sergeant ist? Vor drei Monaten – du weißt, wo er noch vor drei Monaten war.«

»Ja, es war nicht leicht«, sagte Lowell. »Aber es liegt wohl in der Familie. Da ist eine Ader zum Krieger in unserem Clan, weißt du.«

»Warum geht er nach – wohin sagtest du?«

»Fort Belvoir.«

»Warum geht er nach Fort Belvoir?«

»Ich nehme an, man will ihm beibringen, Dinge in die Luft zu sprengen«, sagte Lowell. »Wir Green Berets machen allerhand solcher Sachen, weißt du.«

»Wo ist dieses Fort Belvoir?« fragte Porter.

»In Virginia. Nicht weit von Washington entfernt. Du kannst ihn besuchen, nehme ich an, wenn du willst, anstatt deine Wochenenden in einem muffigen Apartment herumzugammeln.«

»Warum kann er nicht heimkommen?« fragte Porter. »Ist er in einer Art Haft oder so?«

»Die Sache ist folgende: Er hat ein Mädchen«, sagte Lowell. »Genauer gesagt, sie ist mehr als nur eine hübsche Freizeitgestaltung. Er sagt, er will sie heiraten.«

»O Gott! Hat er den Verstand verloren?«

»Das glaube ich nicht. Ich habe sie kennengelernt, und ich mag sie ziemlich.«

»Du magst doch jede, die einen Rock trägt!«

»Du wirst erfreut sein, zu erfahren, dessen bin ich sicher, daß sie nichts von Geoffs ›gutsituierten Verhältnissen‹ – wußte, bevor die Romanze auf vollen Touren lief. Er hätte meiner Meinung nach verdammt Schlimmeres tun können.«

Porter Craig war kein völliger Dummkopf. Sein Kopf ruckte zu Ursula herum.

»Sie sind das, nicht wahr?«

Ursula wurde rot, wich jedoch nicht seinem Blick aus. Sie nickte.

»Und Sie lieben meinen Sohn?« fragte Porter Craig leise.

Sie nickte abermals.

»Sie sind deutsch?« fragte er. »Der Akzent?«

»Ich bin Deutsche«, sagte Ursula.

»Wir hatten ein anderes deutsches Mädchen in der Familie«, sagte Porter. »Unglücklicherweise verloren wir sie.«

Ursula nickte.

»Geoff erzählte es mir.«

»Geoffs Mutter ist nicht ganz der feuerspuckende Drache, wie Craig sie anscheinend beschrieben hat«, sagte Porter. »Ich bin überzeugt davon, daß sie so glücklich sein wird, Sie kennenzulernen, wie ich es bin. Ich schlage vor, wir steigen in ein Taxi, fahren zum Apartment, machen euch beide miteinander bekannt, und dann versuchen wir Geoff ans Telefon zu bekommen. Können wir das, Craig? Können wir ihn wenigstens ans Telefon bekommen?«

Lieutenant Colonel Craig W. Lowell hob die rechte Hand über den Kopf, ballte sie zur Faust und machte eine kreisende Bewegung.

»Was zur Hölle machst du da?« fragte Porter.

»Das ist ein militärisches Signal«, erklärte Lowell, »und zwar von einem Vorgesetzten als Befehl an seine Untergebenen, sich bei ihm zu sammeln.«

»Geoff ist hier?«

»So ist es.«

Aber es war ein weibliches Wesen, ein sehr gut aussehendes, das an den Tisch kam.

»Porter, dies ist Captain Dr. Gillis«, sagte Lowell. »Sie hat eine Doppelrolle bei dieser Sache. Sie ist die Anstandsdame, um die Form zu wahren, und sie ist eine Klapsdoktorin, was ich für eine gute Vorsichtsmaßnahme hielt.«

»Ich weiß nie, wann ich ihm glauben soll«, sagte Porter.

»Ich bin hier als Freund«, sagte Barbara Gillis. »Aber ich bin tatsächlich Ärztin bei der Army.«

»Das ist ihre Nerzjacke«, sagte Ursula.

»Das brauchtest du ihm nicht auf die Nase zu binden«, bemerkte Lowell.

Und dann sah Porter Craig einen Soldaten auf den Tisch zukommen. Er trug die Winkel eines Sergeants auf den Ärmeln, das silberne Fallschirmspringerabzeichen auf der Brust und ein Green Beret auf dem Kopf.

Porter Craigs Augen füllten sich mit Tränen.

Sergeant Geoffrey Craig erreichte den Tisch und streckte seinem Vater die Hand hin.

»Vater«, sagte er.

»Du bist tatsächlich ein Sergeant«, sagte Porter bewegt.

»Er wurde Drittbester des Lehrgangs«, erklärte Ursula mit stillem Stolz.

Porter Craig sah, daß sein Sohn beschützend die Hand auf die Schulter des Mädchens legte. Er sagte sich, daß er froh sein konnte, seinem natürlichen Empfinden gefolgt zu sein und das

Mädchen akzeptiert zu haben. Etwas anderes wäre vergeblich gewesen, das sah er am Ausdruck von Geoffs Augen.

»Bestell nichts«, sagte er. »Wir fahren heim.«

»Schau nicht so bekümmert drein«, sagte Lowell zu Geoffrey. »Sonderbar genug, aber dein Vater hat deine Mutter im Griff. Und vergiß nie den Psalm der Green Berets.«

Geoff lachte. Ursula wirkte sichtlich verlegen.

»Ich schrecke davor zurück, zu fragen, was das ist«, sagte Porter, »aber die Neugier überwältigt mich.«

»Wir ziehen ins Tal der Todesschatten«, zitierte Colonel Lowell, »und fürchten keinen Teufel . . .«

». . . denn ich«, fiel Sergeant Craig ein, »bin der gemeinste Hurensohn im Tal.«

»Schrecklich«, sagten Barbara Gillis und Ursula Wagner fast im Chor.

Sergeant Craig und Colonel Lowell, sehr zufrieden mit sich, lachten übermütig.

»Und jetzt fahren wir nicht ins Tal der Todesschatten, sondern zu meinem Apartment«, bemerkte Porter.

»Fahren Sie nur«, sagte Barbara Gillis. »Ich möchte nicht stören.«

»Unsinn, Sie stören doch nicht«, sagte Geoff.

»Craig und ich werden nachkommen«, sagte Barbara. »Erstens müssen wir uns hier abmelden, und ich möchte wirklich nicht . . .«

»Wir haben 14 Zimmer«, sagte Porter Craig. »Es gibt nicht den geringsten Grund, weshalb Sie überhaupt in einem Hotel wohnen sollten.«

»Ich bin mir nicht sicher, ob Craig und ich hierbleiben«, sagte Barbara Gillis fest. »Ich weiß nur, daß ich nicht dazugehöre, wenn Sie dies Geoffs Mutter beibringen.«

»Ich möchte auch nicht dabei sein«, sagte Lowell. »Fahrt voraus. Wir trinken noch was, melden uns ab und kommen dann in einer Stunde oder so mit einem Taxi rüber.«

»Wenn du meinst«, murmelte Porter.

»Ich lasse die Jacke hier«, sagte Ursula.

»Nimm sie mit«, sagte Lowell.

»Ich will sie nicht verlieren.«

»Dann setz dich drauf«, sagte Lowell. »Und jetzt ab!«

Als sie fort waren, blickte er Barbara Gillis an.

»Ich schulde dir etwas«, sagte er.

»Sei nicht albern«, erwiderte sie.

»Ohne dich hätten wir das kaum so gut hingekriegt.«

»Er ist nicht halb so schlimm, wie du ihn geschildert hast«, sagte Barbara.

»Ich meine, daß du ihr die Kleidung geliehen und ihre Hand gehalten hast. Sie hatte eine Heidenangst.«

»Wenn ich helfen konnte, so freut mich das. Die beiden jungen Leute sind nett, und ich habe das Gefühl, daß sie es schaffen werden.«

»Ja, das denke ich auch.«

Der Kellner kam an den Tisch.

»Der Zeitpunkt der Entscheidung«, sagte Lowell.

»Bestell nochmals das gleiche für mich«, sagte Barbara.

»Wenn ich noch einen trinke, kann ich nicht mehr fliegen«, sagte Lowell. »Was bedeutet, daß wir die Nacht zusammen verbringen müssen.«

»Trink noch einen, du hast es verdient, Amor. Ich finde, du hast die ganze Sache prima hingekriegt.«

Lowell bestellte noch einen Scotch.

»Porter hat ein sehr hübsches Apartment«, sagte Lowell. »Mit einem schönen Ausblick. Wenn Vollmond ist, können wir die Liebespaare im Park beobachten.«

»Ich finde, wir sollten nicht in ihrem Apartment bleiben«, sagte Barbara.

»Warum nicht? Es ist wirklich sehr hübsch. Und Geoffs Mutter ist zwar ein bißchen hysterisch, aber so schlimm nun auch wieder nicht.«

»Eine Frau muß irgendwo eine Linie ziehen«, sagte Barbara.

»Wo?«

»Eine Suite im Plaza ist die eine Sache«, sagte Barbara Gillis. »Ein Apartment von jemandem ist etwas anderes.«

»Da ich lüsterne und wollüstige Gedanken habe, befürchte ich, daß ich dir einen Vorschlag gemacht habe, der dir nicht in den Sinn kommt.«

»Ich habe Zimmerservice und Champagner und ein Herumtollen im Evaskostüm im Sinn«, sagte Barbara Gillis. »Da du nicht gefragt hast, dachte ich mir, sag du es ihm.«

Sie erhob sich.

»Kommst du, Craig? Oder mache ich dir immer noch angst?«

Sie ging davon.

Er nahm Geld aus der Tasche, warf es auf den Tisch und lief hinter ihr her. Er holte sie an der Tür ein, und sie gingen Hand in Hand zu den Aufzügen.

7

Sven-Hedin-Straße 21-29
Lichterfelde-West
West-Berlin

9. März 1962, 7 Uhr 40

Staff Sergeant Wagner erhielt das Telegramm am frühen Morgen. Lieutenant Colonel Sanford T. Felter teilte mit, daß Sergeant Geoffrey Craig und Ursula eine halbe Stunde zuvor in New York City kirchlich geheiratet hatten und anschließend sofort nach Fort Belvoir, Virginia, gereist waren. Er kündigte an, daß sie morgen versuchen würden, ihn in Berlin anzurufen.

Karl-Heinz Wagners erste Reaktion war Zorn. Dann Verzweiflung.

Sie waren beide fast noch Kinder, zu jung zum Heiraten!

Wovon würden sie denn ihren Lebensunterhalt bestreiten?

Er sagte sich, daß er die Sache durchdenken mußte, aber hier konnte er nicht in Ruhe denken. Hier war er unter Amerikanern und beim Geheimdienst. Er fühlte sich hier nicht heimisch.

Karl-Heinz ging zu seinem Vorgesetzten und fragte ihn, ob er sich den Morgen freinehmen könne, seine Arbeit sei erledigt.

»Klar können Sie sich freinehmen. Wohin wollen Sie?«

»Ich weiß es noch nicht. Ich möchte spazierengehen.«

»Es ist kalt. Zu kalt für einen Spaziergang. Nehmen Sie einen

Wagen. Wenn Sie nichts Besseres zu tun haben, schauen Sie sich die Mauer an.«

»Danke, Sir.«

»Gehen Sie in Uniform, Karl«, sagte der Offizier.

Das war ein Befehl. Einen Wagen zu nehmen (was bedeutete, einen Opel Kapitän mit Chauffeur) und sich die Mauer anzuschauen war ein Vorschlag.

»Jawohl, Sir«, sagte Karl-Heinz.

Er war jetzt in Zivilkleidung, Hemd, Hose und Pullover. Auf dem Militärgelände durfte er anziehen, was er wollte, aber wenn er es verließ, mußte er Uniform tragen. Es gab eine Art ungeschriebenes Protokoll zwischen West und Ost, daß Personal in Uniform in keiner Weise behelligt wurde, solange es auf seiner Seite der Grenze blieb. In Zivilkleidung waren sie Freiwild.

Er hatte seine Uniform sehr selten getragen, seit er in Berlin war, weil er kaum das Gelände verlassen hatte. Ein paarmal war er zum PX in der Truman Hall und ins amerikanische Kino gegangen, aber meistens war er auf dem Militärgelände geblieben oder nicht weiter als zum Gasthaus an der Ecke gegangen, das inoffiziell als Teil der Sven-Hedin-Straße betrachtet wurde und das er in Zivilkleidung besuchen durfte.

Sie wollten von ihm, was sie gesagt hatten: technische Informationen über die Mauer. Er hatte keine Ahnung, warum sie das wollten, aber er gab ihnen so viele Informationen, wie er aus der Erinnerung und nach dem Betrachten einer unglaublich großen Zahl von Fotos geben konnte.

Er hatte die Mauer noch nicht besichtigt, obwohl man es wollte. Man hatte ihm gesagt, es sei absolut sicher, solange er seine Uniform trage.

»Wir schnappen mehr auf als die Gegenseite, Karl«, hatte der Offizier gesagt. »Denen gefällt das Abkommen. Und Sie sind wirklich nicht so wichtig für sie.«

Sie dachten, er hätte Angst, und in gewisser Weise hatte er die auch, aber das war nicht der Grund, weshalb er sich die Mauer noch nicht angesehen hatte. Sie wollten, daß er seinem Gedächtnis auf die Sprünge half, doch in diesem Punkt irrten sie sich. Er hatte mehr von der Mauer auf Fotos gesehen als in natura, während er beim Bau der Mauer geholfen hatte.

Er hatte die Mauer noch nicht besichtigt, weil er sie nicht sehen wollte. Er war überzeugt, daß der Anblick eine Reaktion bei ihm auslösen würde – er wußte nicht genau, welche –, und das wollte er nicht. Er befürchtete, jemanden zu sehen, den er auf der anderen Seite der Mauer kannte, einen seiner Männer (obwohl die Männer nach seiner Flucht nach West-Berlin vermutlich weit fort von Berlin versetzt worden waren), oder ein Offizier, den er gekannt hatte, würde sehen, daß er seinen Eid gebrochen hatte und für die Amis arbeitete.

Er hatte ein kleines, jedoch gemütliches Zimmer im obersten Stock des Hauptgebäudes erhalten. Jetzt stieg er die Treppe hinauf auf sein Zimmer und zog die Zivilkleidung aus und die Uniform an.

Als er das Gebäude zu Fuß verließ, startete einer der Opel-Kapitän-Wagen, mit denen der Dienst reichlich versorgt war, und der Fahrer fuhr hinter ihm her.

»Sie sind berechtigt, sich fahren zu lassen«, sagte der Fahrer auf deutsch. »Man hat es mir gesagt.«

Karl-Heinz Wagner stieg ein. Es war einfacher, nachzugeben, als sich auf eine Debatte mit dem Fahrer einzulassen.

»Wohin wollen Sie?«

»Zur Mauer«, hörte Karl-Heinz Wagner sich antworten. »Beim Brandenburger Tor.«

Er sagte sich, wenn er die Besichtigung der Mauer ein für allemal hinter sich hatte, würde er einen freien Kopf haben, um sich mit dem Problem von Ursula und Geoffs Heirat und dem Beweis ihrer beiderseitigen Blödheit näher befassen zu können.

Der Wagen fuhr jetzt über die Clayallee (benannt nach dem amerikanischen General Lucius D. Clay), dann über den Hohenzollern Damm, schließlich an der Kaiser-Wilhelm-Gedächtnis-Kirche vorbei, deren Ruine als Denkmal so belassen wurde, und auf die Straße des 17. Juni.

Er kannte diese Gegend ziemlich gut vom Stadtplan her, aber weniger aus eigener Anschauung. Sein Interesse war jetzt mehr geweckt, als er gedacht hätte. Voraus war das Brandenburger Tor, und jetzt mußte irgendwo das sowjetische Ehrenmal . . .

»Stop!« wies er den Fahrer an.

»Sie wollen sich die Russen anschauen?« fragte der Fahrer und spuckte aus.

Karl-Heinz stieg aus, überquerte die Straße und sah zu den russischen Soldaten, die steif und mit großer Präzision vor dem Ehrenmal auf und ab marschierten.

Ein Teil seines Verstandes billigte das; er war selbst im Stechschritt marschiert. Sie konnten sehr gut marschieren. Und dann hatte er den sonderbaren Gedanken: Was können sie denn sonst?

Karl-Heinz beobachtete sie fast zehn Minuten lang, und dann wurde ihm bewußt, daß er fror. Er kehrte zum Wagen zurück, stieg ein und ließ sich zur Mauer fahren.

»Gibt es einen Weg, auf dem wir der Mauer folgen können?«

»Sagen Sie mir, wo Sie hinwollen, und ich fahre dorthin.«

»Suchen Sie eine Stelle, wo Sie an der Mauer entlangfahren können«, sagte Karl-Heinz.

Fünf Minuten später wies er den Fahrer an, abermals anzuhalten. Sie waren zu einer Beobachtungsplattform gelangt, wo die Mauer ein V in der Nähe der Leipziger Straße beschrieb.

Ein Schild bei einer primitiven Holztreppe wies darauf hin, daß das Betreten nur für befugtes Militärpersonal erlaubt war.

Er kletterte über die dünne Absperrkette und sagte sich, daß er sowohl militärisches Personal als auch befugt war. Sein Vorgesetzter hatte ihm vorgeschlagen, die Mauer zu besichtigen. Und genau das tat er jetzt.

Er war auf die Plattform hinaufgestiegen, als ihm klar wurde, daß er diese Denkungsweise von Geoff erwarten würde, nicht von sich selbst. *Geoff – mein Schwager, Ursulas Ehemann – hat sich immerhin kirchlich mit ihr trauen lassen. Die Denkungsweise von GIs: Sofern nicht ausdrücklich verboten, ist es erlaubt.*

Er war auf die andere Weise gedrillt worden: Sofern nicht ausdrücklich erlaubt, war es verboten.

Er schaute hinab auf die Leipziger Straße und sah mit eigenen Augen das Minenfeld, das er am Vortag auf Fotos betrachtet hatte und heute abend wieder sehen würde.

Wie konnte man so etwas Abscheuliches tun!

Kein Wunder, daß die Amerikaner nicht wütend waren – sie

konnten es einfach nicht fassen. Er hatte Mühe, es zu glauben, und er hatte mitgeholfen, die Minenfeld-Pläne zu entwerfen.

Karl-Heinz blickte über die Mauer zu einem ostdeutschen Beobachtungsturm.

Sie betrachteten ihn durch Feldstecher.

Eigentlich war nichts wirklich an Geoff auszusetzen. Er war ein netter Kerl, und er würde gut zu Ursula sein. Er, Karl-Heinz, hatte es kommen sehen, das konnte er ruhig zugeben. Es hätte ihn nicht überraschen sollen.

Sie würden ein wenig Hilfe für den Start brauchen, und er würde ihnen helfen. Er konnte es sich jetzt erlauben, mit Springerzulage, als Staff Sergeant.

Offiziere beobachteten ihn jetzt.

Er sah eine Kamera mit einem Teleobjektiv auf einem Stativ.

Machten sie Aufnahmen von ihm, weil sie nicht so viele Green Berets sahen? Oder hatten sie erfahren, daß er zurückgekehrt war?

Er schaute lange zum ostdeutschen Turm hinüber, die Arme vor der Brust verschränkt. Dann nahm er sein Green Beret ab.

»Schaut mich genau an!« rief er auf deutsch, obwohl er annahm, daß sie zu weit entfernt waren, um ihn zu hören.

Er hatte einen unangenehmen Gedanken. Colonel Felter hatte ihm in dem Telegramm mitgeteilt, daß Geoff und Ursula versuchen würden, ihn morgen anzurufen. Das war also heute, das war jetzt, und wenn er nicht da war, wenn sie anriefen, würden sie sich Sorgen machen und wieder telefonieren, und sie hatten doch nicht das Geld dafür.

Staff Sergeant Karl-Heinz Wagner von den Special Forces setzte sein Green Beret auf. Dann steckte er den Daumen in die Nase und popelte darin herum, damit der ostdeutsche Fotograf ein interessantes Foto machen konnte.

Schließlich ging er die Holztreppe hinunter, stieg in den Opel Kapitän und bat den Fahrer, zurückzufahren.

8

An Lac Shi
Provinz Kontum
Republik Südvietnam

10. März 1962, 16 Uhr 15

Hauptmann Van Lee Duc, Chef der 9. Kompanie des 53. Regiments, hatte von seinen Männern vier Tage lang die römisch-katholische Herz-Jesu-Kirche beobachten lassen. Weder seine Männer noch er hatten den Ort betreten, sondern ihn von einem Beobachtungsposten am Rand der Reisfelder aus beobachtet, wo der Dschungel begann.

Van Lee Duc hatte noch keine Zeit gehabt, um Kontakt mit dem neuen Bürgermeister zu knüpfen, und unter den gegebenen Umständen war es das beste, den richtigen Zeitpunkt abzuwarten, bevor er sich zeigte. Bis dahin konnte er sich nicht darauf verlassen, daß die Bewohner von An Lac Shi den Mund hielten.

Nachdem die Amerikaner das unglaubliche Glück gehabt hatten, auf seinen Gefechtsstand im Dschungel zu stoßen, war seine Einheit auf sieben Mann reduziert, und er hatte keinen Bewohner von An Lac Shi verlocken können, seinen Bauernhof zu verlassen und sich den Streitkräften der nationalen Befreiung anzuschließen.

Sowohl die Steitkräfte der Marionetten-Regierung in Saigon als auch die Amerikaner mit den grünen Mützen glaubten offenbar, durch die Eliminierung der Kompanie mehr Schaden angerichtet zu haben, als es in Wirklichkeit der Fall war. Sofort nach dem Feuergefecht im Dschungel hatten die Amerikaner den Sergeant, der eine Art Arzt war, wieder nach An Lac Shi geschickt. Zuerst war er mit einer schützenden Eskorte gekommen – ein paar andere Amerikaner in zwei Jeeps, gefolgt von Dreivierteltonner-Lastwagen mit Marionetten-Soldaten.

Weil Hauptmann Van Lee Duc nicht die Truppen hatte, um so starke Kräfte anzugreifen, und weil es auch zu wenig geführt hätte, war dieser kleine Konvoi nicht überfallen worden. Die Amerikaner und die Saigoner Marionetten hatten das anscheinend als Beweis betrachtet, daß die Streitkräfte der nationalen Befreiung keine Bedrohung mehr darstellen.

Eines Tages, kurz nachdem die Amerikaner den Ort verlassen hatten, hatte Hauptmann Van Lee Duc einen seiner Männer mit dem Befehl losgeschickt, eine brennende Fackel auf das Strohdach der Herz-Jesu-Kirche zu werfen.

Die Bewohner von An Lac Shi würden zweierlei denken: daß die Volksbefreiungsarmee das Dach in Brand gesteckt hatte, weil die Bewohner zugelassen hatten, daß der amerikanische Soldat die Kirche als Behandlungsraum benutzt hatte. Oder daß die Amerikaner oder die Marionettensoldaten die Kirche aus Fahrlässigkeit in Brand gesteckt hatten. Es war gleichgültig, was sie dachten. Die Kirche hatte kein Dach mehr, und die Kirchenbänke waren verbrannt. Die Kirche war kein guter Behandlungsraum für Kranke mehr.

Danach hatte Van Lee Duc nur beobachtet und auf Verstärkung gewartet.

Als er den Senegalesen zum ersten Mal sah, dachte er, daß die katholische Kirche Ersatz für Pfarrer Lo Patrick Sho geschickt hatte. Es stellte sich jedoch heraus, daß der Senegalese kein Priester, sondern ein Bruder war. Er konnte keine Messe zelebrieren und keine Beichte abnehmen, was schon mal gut war. Er war nur ein Bruder, und er setzte in An Lac Shi nur die Herz-Jesu-Kirche instand und reparierte andere Schäden.

Hauptmann Van Lee Duc sagte sich, er hätte wissen sollen, daß der Senegalese kein Priester war. Zum einen war der große Schwarze auf einem Fahrrad in An Lac Shi eingetroffen. Ein Priester hätte mindestens einen Vespa-Motorroller gefahren. Zum anderen waren für Van Lee Duc Senegalesen nichts als Tiere, rekrutiert in Afrika als Kanonenfutter für die französische Armee. Sie hatten nicht genug Verstand, um das Priesteramt zu erlernen.

Der Senegalese sprach nicht mal vietnamesisch, nur französisch und was diese afrikanischen Wilden sonst noch sprachen. Er hatte einen Dolmetscher bei sich, einen jungen Vietnamesen, Hauptmann Van Lee Duc hatte nicht nur erfahren, daß der große

Schwarze ein Senegalese war, sondern auch, daß der junge Dolmetscher aus einem der katholischen Waisenhäuser kam und bald das Priesterseminar besuchen würde.

Der Senegalese war voller Entschlossenheit, das mußte Hauptmann Van Lee Duc zugeben. Er machte sich sofort selbst an die Arbeit. Mit nacktem Oberkörper, nur mit einer Hose bekleidet, entfernte er die verkohlten Balken, die das Dach gestützt hatten, und sägte neue von den Baumstämmen, die ihm die Amerikaner geschickt hatten.

Er arbeitete den ganzen Tag in der heißen Sonne. Manchmal half der junge vietnamesische Dolmetscher, aber meistens sammelte der Vietnamese bei den Bewohnern Geld für Baumaterial. Er hatte nicht viel Erfolg, denn die Bewohner sahen wenig Sinn darin, für ein neues Dach zu spenden, da es ohnehin bald wieder niedergebrannt werden würde.

Der Senegalese scheiterte jedoch nicht ganz. Langsam schaffte er es, Balken um Balken von den Stämmen zu sägen, die ihm die Amerikaner gebracht hatten. Ein Balken nach dem anderen wurde eingefügt. Zuerst hatte er Mühe, Geld für die Materialien zusammenzubekommen, doch dann gab ihm der amerikanische Sanitäter Geld zum Kauf der notwendigen Dinge und für die Bezahlung der Frauen des Orts, die das Strohdach vorbereiteten und bei anderen Dingen halfen.

Hauptmann Van Lee Duc wußte, daß er nicht untätig bleiben durfte. Er durfte nicht zulassen, daß die Kirche wiederaufgebaut wurde, und er hielt es für das psychologisch Beste, abzuwarten, bis sie fast fertig war und die Bewohner von An Lac Shi wieder große Hoffnung hatten. Erst dann wollte er die Kirche von neuem niederbrennen.

Es würde ebenfalls erzieherisch sein, den Senegalesen und seinen Dolmetscher zu töten, und Hauptmann Van Lee Duc plante das sorgfältig. Dann geschah etwas Unerwartetes. Der Wächter, der den amerikanischen Sanitäter begleitet hatte, verschwand einfach. Der Sanitäter kam einmal pro Woche allein und unbewaffnet in seinem Jeep und richtete seinen Behandlungsraum in der Kirche ein.

Manchmal, wenn eine lange Schlange von Leuten wartete, um Medizin in Empfang zu nehmen oder sich Zähne ziehen zu lassen, blieb der Sanitäter sogar über Nacht. Manchmal auch nicht.

Schließlich entschied Hauptmann Van Lee Duc, daß es besser war, wenn er den Amerikaner zum gleichen Zeitpunkt tötete wie den Senegalesen und den Dolmetscher, kombiniert mit dem Brand der Kirche. Er würde sich nicht durch die Abwesenheit des Amerikaners davon abhalten lassen, die Kirche niederzubrennen, wenn das Dach fast fertig war.

Er war heute enttäuscht, als die Schlange der Leute, die auf den amerikanischen Sanitäter warteten, viel kürzer als sonst war. Um 16 Uhr 30 standen nur noch eine tuberkulöse alte Frau und zwei Mütter, deren Babys Durchfall hatten, vor der Kirche. Der Sanitäter würde um 17 Uhr mit ihnen fertig sein, und dann würde er in seinen Jeep steigen und wegfahren.

Um 17 Uhr sagte sich Hauptmann Van Lee Duc, daß heute sein Glückstag war. Als der Amerikaner in den Jeep stieg, um den Ort zu verlassen, streikte der Motor und sprang auch nicht an, als der Senegalese und sein Dolmetscher den Wagen anschoben.

Hauptmann Van Lee Duc fand, daß der Amerikaner blöde war. Dem Mann war nicht klar, wie sehr er sein Gesicht verlor, indem er sich in der Öffentlichkeit gehenließ, laut fluchte und in seinem Zorn gegen den Jeep trat, dessen Motor nicht ansprang.

Jetzt konnte er alle drei töten.

Hauptmann Van Lee Duc schickte einen Boten in den Dschungel, um den Leutnant zu suchen und ihm zu sagen, daß er fünf Männer brauchte. Sie sollten bewaffnet mit Ak-47 Automatik-Gewehren und jeweils einer Handgranate kommen. Er war fast sicher, daß er die Kirche mit einem Feuerzeug in Brand stecken konnte, aber es war gute militärische Praxis, auf jede Eventualität vorbereitet zu sein.

Er spielte mit dem Gedanken, die Leichen des Senegalesen, des Dolmetschers und des amerikanischen Sanitäters mitten in die Kirche zu legen, eine auf der anderen, und dann eine Brand-Handgranate auf ihnen zu zünden. Die Granate würde die Leichen zerfetzen, und der Gestank würde im ganzen Ort zu riechen sein.

Als die Männer kamen, war der Leutnant dabei, und

Hauptmann Van Lee Duc wurde wütend. Er hatte ihm nicht befohlen, zu kommen, und er hätte fortbleiben sollen. Er schlug ihm dreimal ins Gesicht, um ihn vor den anderen zu demütigen. Danach befahl er ihm, zu bleiben, wo er zuschauen konnte, aber er erlaubte ihm nicht, an der Operation teilzunehmen.

Hauptmann Van Lee Duc wartete, bis seine Armbanduhr fast 23 Uhr anzeigte. Er wollte sicher sein, daß die Bewohner von An Lac Shi ebenso wie der Senegalese, der Dolmetscher und der Amerikaner schliefen. Dafür gab es zwei Gründe. Er wollte sie in Angst und Schrecken versetzen, wenn sie von dem Lärm erwachten, und sie sollten keine Zeit haben, dem senegalesischen Bruder aus einer idiotischen Glaubenstreue heraus zu Hilfe eilen.

Er ließ jeden Mann aufsagen, welche Rolle er bei der Operation spielen würde. Sie würden die Tür paarweise stürmen, das Feuer sofort eröffnen, wenn sie drinnen waren, und das Innere von einer Seite zur anderen mit Feuer bestreichen.

Wenn der Senegalese, der Dolmetscher und der Amerikaner nicht im Kugelhagel der AK-47-Gewehre des ersten Paars starben, dann würden sie mit gezieltem Feuer vom zweiten Paar getötet werden. Das Dach war noch nicht ganz fertig, und es fiel genügend Licht durch die Öffnung herein.

Wenn die Leute in der Kirchte tot waren, würde Hauptmann Van Lee Duc in die Kirche gehen und sich von ihrem Tod überzeugen. Er würde die Leichen in die Mitte auf den Gang legen, das Strohdach von innen in Brand stecken und dann die Handgranate abziehen und auf die Leichen werfen.

Binnen drei Minuten würde er dann im Dschungel am Rand des Reisfelds verschwunden sein.

Nicht mal ein Hund bellte, als sie sich zur Eingangstür der Herz-Jesu-Kirche schlichen. Sie versuchten, die Tür leise zu öffnen. Sie war von innen abgeschlossen. Hauptmann Van Lee Duc hielt das für blöde. Sogar eine kranke alte Frau konnte das Schloß knacken, indem sie sich gegen die Tür stemmte.

Er gab das Handzeichen, und die ersten beiden Soldaten rammten die Tür auf, sprangen in die Kirche und deckten das Innere mit Feuerstößen aus ihren AK-47 Gewehren ein.

Dann stürmte das zweite Paar herein. Aber die Männer feuerten nicht, und als Hauptmann Van Lee Duc hinter ihnen her rannte und ihnen ärgerlich befahl, zu schießen, starrten sie ihn nur verwirrt an. Da war niemand in der Kirche.

Hauptmann Van Lee Duc schaute zum Dach hinauf und sah, wie die erste Handgranate in die Kirche fiel. Er war so überrascht, daß er einfach ihre Flugbahn verfolgte und dann auf die Granate starrte, als sie am Boden lag. Er starrte noch darauf, als sie explodierte.

Er wurde gegen die Wand geschleudert. Und dann tobte ein Feuer in seiner Schulter, und unglaubliche Schmerzen setzten ein. Die Brand-Handgranate, die er in seiner Hemdtasche hatte, war explodiert.

Er schrie und wälzte sich am Boden.

Etwas stoppte ihn.

Er schaute auf und sah den Senegalesen. Der Senegalese, nackt bis zur Hüfte, hielt immer noch einen Fuß auf seiner Schulter. Er hatte einen sehr großen Revolver in der Hand und zielte auf Van Lee Ducs Gesicht.

Der amerikanische Sanitäter kam herüber.

»Laß den Dreckskerl verbrennen, Phil.«

»Ich wünschte, ich könnte es«, sagte der ›Senegalese‹. »Ich hoffe, Sie verstehen mich, Captain«, fügte er für Van Lee Duc hinzu. »Dies ist für Tom Ellis.«

Das war das letzte, was Hauptmann Van Lee Duc hörte. Das letzte, was er sah, war ein orangefarbener Mündungsblitz aus einem Colt-Modell 1917 ACP Revolver Kaliber.45, der zuvor im Ersten Weltkrieg an der Marne, im Zweiten Weltkrieg in Nordafrika, Frankreich und Deutschland und in jüngerer Zeit in Korea benutzt worden war. Die Kugel drang oberhalb von Van Lee Ducs Nase ein, durchschlug das Gehirn und trat hinten am Schädel in einem Loch von etwa 8 cm Durchmesser aus.

ENDE DES FÜNFTEN BUCHES